현대 미디어 인터뷰

나남
nanam

박성희

이화여대 언론홍보영상학부 교수
미국 퍼듀대학 매스커뮤니케이션학 박사
연세대 언론홍보대학원 신문학 석사
미국 컬럼비아대학 사회학 학사
〈조선일보〉 기자를 지냄

나남신서 · 1683
현대 미디어 인터뷰

2013년 3월 5일 발행
2013년 3월 5일 1쇄

지은이_ 박성희
발행자_ 趙相浩
발행처_ (주) 나남
주소_ 413-120 경기도 파주시
회동길 193
전화_ (031) 955-4601(代)
FAX_ (031) 955-4555
등록_ 제 1-71호(1979.5.12)
홈페이지_ http://www.nanam.net
전자우편_ post@nanam.net

ISBN 978-89-300-8683-7
ISBN 978-89-300-8001-9 (세트)

책값은 뒤표지에 있습니다.

나남신서 · 1683

현대 미디어 인터뷰

박 성 희 지음

나남
nanam

Contemporary Media Interview

by

Park, Sung Hee

nanam

머리말

사람과의 만남, 그 신나는 탐험을 위하여

'소리소문'이라는 말이 있다. 그중에서 여러 사람에게 이롭고 사회에 필요한 것들을 걸러내 저널리즘에서는 '뉴스'라고 부른다. 그저 소리소문이 아니라 사실 확인 절차를 거쳐 진실에 근접하게 만든 (적어도 반드시 그래야 하는!) 상품이 뉴스다. '소리'라는 말처럼, 대개의 뉴스는 사람의 입에서 나온다. 사람이 뉴스를 만들고, 또 사람이 뉴스를 전한다. 뉴스를 찾아내 글 혹은 말로 바꾸어 전하는 기자들이 사람을 이해하는 것은 따라서 매우 중요하다. 말뿐만 아니라 말귀를 알아들어야 좋은 기자가 된다.

기자 시절에는 어떻게 해야 수많은 소리 중에서 진짜를 가려내 독자들에게 거울처럼 전달할 수 있을까 고민했고, 학교로 온 이후에는 어떻게 만남의 중요성과 대화의 기술을 학생들에게 가르칠지 고민했다. 이 책은 그 오랜 고민의 결과이다. 《현대 미디어 인터뷰》는 9년 전 펴낸 《미디어 인터뷰》를 기본 골격으로 하고 있다. 그동안 강의하며 부족하다고 생각한 부분을 보강하고, 제 3 부에 뉴 저널리즘과 내러티브 리포팅 부분을 추가하여 저널리즘 관련 논의를 풍성하게 하고자 했다. 인터뷰 역사 부분에서 한국 근대 언론 사례를 추가했고, 최근 부쩍 늘어난 방송인터뷰의 기능과 유형, 윤리에 주목했다.

인터뷰에 대한 관심은, 말하자면 인간을 이해하려는 시도에서 출발한다. 이론적으로 인터뷰는 대인 커뮤니케이션의 2인관계(*dyad*), 언어 커뮤니케이션과 비언어 의사소통을 아우르는 매우 심리적이고 복잡한 과정이며, 따라서 진지한 접근을 필요로 하는 커뮤니케이션 현상이다. 한편 인터뷰는 그 자체로서 도구이기도 하다. 좁게는 기자가 특종을 하거나, 예비사원이 취업에 성공하도록 도와주는 실제적인 조력자다. 실생활에서 인터뷰가 상대방의 말을 끌어내는 다양한 전략·전술과 동의어로 여겨지는 것도 이 때문이다. 이 둘 사이의 간극은 언뜻 멀어 보이지만, 실상은 동전의 양면처럼 매우 가까운 관계이다. 결국 인터뷰를 이해하려면 현상에 대한 진지한 접근과 전술적 이해가 함께해야 한다는 생각이다. 이론과 실제가 협력할 때 인터뷰라는 실체는 더욱 분명하게 다가올 것이다.

미디어 인터뷰는 기자들이 끈질기게 추구하는 6하의 세계, 그러니까 '누가', '언제', '어디서', '무엇을', '어떻게', '왜'라는 현실 구성요소 중에서 '왜'와 '어떻게'를 채워 넣어 비로소 이야기를 완성하도록 도와준다. '누가', '언제', '어디서', '무엇을'이라는 사실(팩트)의 뼈대 위에 '왜'와 '어떻게'라는 배경과 맥락, 사상과 감정이라는 피가 돌고 살이 돋아나기 시작한다. 몇 줄 활자의 모음에 불과한 기사가 비로소 사람의 목소리를 내고, 사람의 표정을 띠게 된다. 그래서 인터뷰를 함으로써 기자는 좀더 실제와 가까운 현실을 독자들에게 전달할 수 있다. 인터뷰하는 즐거움, 그리고 인터뷰 기사를 읽는 즐거움은 이러한 변화를 이끌어내고 경험하는 즐거움이라고 해도 과언이 아니다.

취재의 기본은 결국 인터뷰다. 신문과 잡지, 방송과 인터넷 등에서 좀더 인간의 냄새가 물씬 나는 인터뷰 기사들을 많이 접했으면 하는 바람에서 이 책을 썼다. 현역 기자들, 혹은 기자가 되기를 원하는 학생들이 이 책을 읽으며 사람과의 만남이 얼마나 신나고 중요한 일인가 새삼 깨닫게 되었으면 좋겠다. 또한 기자와 별 관계없이 살아가는 수많은 독자들이 좋은 인터뷰를 가려 읽을 줄 아는 눈을 갖게 되고, 우리를 둘러싼 인터뷰 현상에 눈뜨게 되길 바란다. 직종에 관계없이 우리는 수많은 인터뷰를 하고, 또 당하며 산다. 서로 마주보며(*s'entrevoir*) 이야기를 통해 정보를 캐내는 일은 지금 이 순간에도 곳곳에서 벌어지고 있다.

자, 그렇다면 좀더 진지하고 노련한 인터뷰어가 되어야 할 필요가 있다. 실로 상대방을 알아가는 행위란 그만큼 힘들고, 절실히 필요하며, 절대적으로 가치 있는 일이기 때문이다. 사람과 사람의 만남에 이 책이 작은 촉매 역할을 하기를 진심으로 바란다. 진리도, 사랑도, 뉴스도, 결국은 사람 사이에서 나온다.

2013년 2월
이화 포스코관에서
박 성 희

나남신서 · 1683

현대 미디어 인터뷰

차 례

제 1 부 인터뷰론

'인터뷰'라는 말은 상당히 기능적으로 들린다. 뭔가 기술적 냄새가 짙게 배어 있다. 추상적 현상이 아니라 구체적 도구, 그것도 딱딱하고 만질 수 있는 연장 같은 느낌을 준다. 인터뷰를 연구한 많은 학자들은 인터뷰를 종종 '피아노'나 '바이올린' 등에 비유하곤 했는데, 여기에는 인터뷰가 '교본'에 따라 꾸준히 연습하면 마스터할 수 있는 대상이라는 시각이 깃들어 있다.

그러한 접근은 어느 정도 옳다. 사회 구성원으로서 인간은 일생을 통해 수많은 인터뷰 상황에 직면하게 되는데, 그 상황에서 요구되는 것은 인터뷰의 매우 기능적인 측면이기 때문이다. 취업이나 진학의 각종 관문의 하나인 인터뷰라는 과정은 우선 넘고 극복해야 할 대상이지, 이해하고 분석할 대상은 아니다. 각종 사회조사 · 연구에서도 인터뷰는 조사의 충실한 '도구'일 뿐, 연구의 대상은 아니다. 기자들은 좋은 기사를 위해 취재를 하고, 취재의 수단으로 종종 인터뷰를 사용한다. 인터뷰는 주요 취재수단이지만, 유일한 수단은 아니다. 더욱이 '인터뷰를 하기 위해' 기사를 쓰는 기자는 없다. 자연히 사람들의 고민은 대부분 ‘어떻게 해야 인터뷰를 잘할까’에 집중되어 있었고, 인터뷰를 커뮤니케이션 현상의 하나로 이해하고 분석하려는 노력은 상대적으로 적었다.

그러나 인터뷰는 실용적 도구이기 이전에 커뮤니케이션 현상이다. 제 1부에서는 실무적 논의에 들어가기 앞서 그동안 각종 ‘수단’으로 머물던 인터뷰를 인간 커뮤니케이션의 주요 현상의 하나로 이해하는 데 중점을 두었다. 1장에서는 인터뷰의 의미와 정의, 좋은 인터뷰어의 조건을 다루었고, 2장에서는 대인 커뮤니케이션 현상으로서의 인터뷰를 다루었다. 3장에서는 인터뷰의 역사, 4장에서는 인터뷰 유형과 종류, 5장에서는 인터뷰 과정과 구조, 6장에서는 인터뷰 윤리의 문제를 각각 다루었다.

커뮤니케이션 이론을 통해 구조를 분석하고 과정을 나누는 동시에 이해의 틀이 되는 모델을 유출해 보는 이러한 모든 과정은, 결국 ‘미디어 인터뷰’가 어디에 위치하고 있는지 파악하기 위한 하나의 지형도(a road map)를 마련하기 위한 것이다. ‘미디어 인터뷰’를 이해하기 위해서는 인터뷰 자체를 이해해야 하며, 인터뷰에 대한 이해는 커뮤니케이션의 이해라는 큰 틀에서 이루어져야 한다. 인터뷰를 잘하는 방법과 관련된 여러 조언들 중에는 알고 보면 커뮤니케이션 이론에 기초한 것들이 많다. 이론을 추구하는 학문적 기쁨의 다른 한편에는 매우 실용적 제언들이 숨어있는 것이다. 이론적 이해는 따라서 실무에 능통하기 위해서라도 필요한 과정이라 하겠다.

인터뷰라면 흔히 기자들이 취재를 목적으로 하는 만남을 연상하게 되지만, 인터뷰의 의미는 그보다 깊고, 활용범위는 그보다 훨씬 넓다. 제 1부에서 그 넓은 인터뷰의 세계를 소개한다.

01 인터뷰란 무엇인가

1. 왜 인터뷰를 할까

우리는 '한때 철갑상어알처럼 귀했던 정보가 감자처럼 흔해진 시대'(David Shenk, 1997)에 살고 있다. 수많은 매체들이 주체할 수 없이 많은 정보를 쏟아내고 있고, 여기에 인터넷까지 가세해 정보의 바다를 이루고 있다. 정보는 넘쳐나지만, 새로운 정보, 가치 있는 정보를 얻는다는 것은 여전히 쉬운 일이 아니다. 속성상, 정보란 가진 쪽이 자발적으로 공개하지 않으면 알기 힘들기 때문이다. 가치 있는 정보일수록 얻는 과정도 어렵고 복잡하다.

컴퓨터가 주도하는 정보화 시대라고는 하지만, 여전히 정보를 가진 쪽은 기계가 아니라 사람이다. 인터뷰는 사람과의 커뮤니케이션을 통해 직접 정보를 얻어내는 매우 효과적인 방법이다. 노련한 인터뷰어는 사람이 갖고 있는 정보는 물론, 그 사람의 내밀한 의견이나 감정까지 읽어낸다. 살아있는 사람과의 인터뷰를 통해 알아낸 정보는 그래서 늘 살아있다. 살아있는 정보는 진실에 근접하고, 진실은 저널리즘이 추구하는 제일의 가치이다. 그런 점에서 인터뷰는 매우 충실하고 정확한 취재도구이다.

각종 취업에서 인터뷰는 최종 관문이다. 대개의 경우 취업절차는 서류전형을 통해 걸러진 사람들이 시험을 보고, 그 시험을 통과한 사람들 중 인터뷰를 통해 최종 합격자를 가리는 순서로 이루어진다. 시험도 보기 전에 인터뷰부터 하는 경우는 매우 드물다. 비슷한 자격요건을 갖춘 사람들이 객관적 실력을 겨룬 이후에 거쳐야 하는 과정은 인간적인 측면에서의 평가이다. 인간적인 평가를 하는 데에는 직접 얼굴을 보고 이야기를 나누는 인터뷰만한 도구가 없다.

사람의 몸을 진단하는 의사나 마음을 연구하는 심리학자들은 환자와의 인터뷰를 통해 아픈 곳을 짚어낸다. 상담심리 전문가들은 인터뷰를 통해 진단뿐 아니라 치료도 한다. 회사의 팀, 학교의 동아리처럼 공동목표를 지닌 각종 소그룹은 인터뷰를 통해 그룹 내 문제를 해결하기도 한다.

회사의 세일즈 담당자들은 물건을 팔기 위한 방법으로 우편판매, 전화판매, 방문판매 중에서 여건이 허락한다면 당연히 세 번째를 택한다. 얼굴을 맞대고 이야기를 나누는 방법이 가장 효과적인 세일즈 방법이기 때문이다. 고객과 이야기를 나누는 과정에서 자연히 고객의 취향과 관심을 파악할 수 있고, 거기에 맞춰 유연하게 세운 판매전략으로 설득효과를 극대화할 수 있다.

인터뷰는 이처럼 정보를 수집하고 평가하는 도구일 뿐 아니라, 그 자체로서 문제해결을 도모하고, 사람을 설득시키는 특별한 커뮤니케이션

과정이다. 인터뷰가 특별한 이유는 면대면 커뮤니케이션에 의한 매우 인간적인 정보수집이라는 점에 있다. 인터뷰에 대한 이해는 인간을 이해하고자 하는 욕구에 기초하며, 그것은 결국 인간적인 정보의 추구이다.

사람들은 왜 인터뷰를 할까? 편지나 설문지 같은 수단을 통해서도 정보를 알아낼 수 있을 텐데, 왜 굳이 사람을 만나 얼굴을 마주보고 이야기를 나누는 번거로운 과정을 선택할까? 이 물음에 대해 스튜어트와 캐쉬(Stewart & Cash)는 다음과 같은 9가지 해답을 제시한다.

첫째, 인터뷰 대상의 동기요인을 자극해 좀더 자유롭고 개방적이며 정확한 정보를 얻기 위해 인터뷰를 한다.

둘째, 얻어진 답변에 대한 후속 질문을 하기 위해 인터뷰를 한다.

셋째, 인터뷰 대상에 따라 질문과 답변의 내용을 조정해야 할 필요가 있기 때문에 인터뷰를 한다.

넷째, 질문의 내용을 설명하거나 정당화해야 할 필요가 있기 때문에 인터뷰를 한다.

다섯째, 긴 답변을 원할 때 인터뷰를 한다.

여섯째, 질문과 답변, 인터뷰이(*interviewee*)를 포함하는 인터뷰 상황을 조절하고자 할 때 인터뷰 방법을 택한다.

일곱째, 특정 연령, 성, 인종, 교육수준, 소득수준, 정치성향을 지닌 상대를 가려 정보를 얻고자 할 때 인터뷰 방법을 택한다.

여덟째, 인터뷰 대상의 비언어적 신호에 주목하거나, 커뮤니케이션 기술을 평가하고자 할 때 인터뷰를 한다.

아홉째, 감정이나 신념, 느낌, 태도 등의 미묘한 변화를 관찰하고 싶을 때 인터뷰를 한다.

위의 9가지 경우는, 설문지나 강연, 편지 등의 의사소통 수단이 갖고 있지 않은, 인터뷰만의 장점에 기인한 것이다. 레이몬드 고던(Raymond Gordon)은 인터뷰의 장점을 다음 5가지로 정리했다.

첫째, 인터뷰는 상대가 좀더 정확하고 완전한 정보를 즉각 제공하도록 동기를 불어넣는다. 이 '동기요인'은 답변의 범위를 제한하거나 조정하는 정도가 낮을수록, 또 정보제공에 대한 보상이 적을수록 더욱 늘어난다.

둘째, 인터뷰는 인터뷰어가 질문을 해석할 수 있는 기회를 높인다. 이 '해석요인'은 문제가 복잡하거나, 인터뷰 대상자의 이해도가 떨어질수록 더욱 중요하다.

셋째, 인터뷰는 질문을 던지는 데 많은 유연성을 허락한다. 인터뷰 목적이 탐색적일수록 인터뷰어는 다양한 형태의 후속 질문으로 답변에 근접할 수 있으며, 때로는 직감에 의존해 답을 이끌어낼 수도 있다.

넷째, 인터뷰어가 인터뷰 상황을 컨트롤할 수 있다. 질문의 순서를 배열하는 문제에서부터 특정 인터뷰이를 선정하는 일에 이르기까지 상황의 조절이 가능하다. 때로는 인터뷰이가 반드시 스스로 답을 해야만 하는 질문도 있다. 이 경우 인터뷰어가 감독자가 되어서 다른 사람의 도움을 받지 못하도록 상황을 조절할 수 있다.

다섯째, 인터뷰는 비언어 의사소통 신호(*non-verbal sign*)들을 관찰함으로써 답변의 타당성을 평가할 기회를 제공한다. 인터뷰 대상이 진지하게 답변을 하는지, 거짓말을 하지는 않는지, 답변하기를 꺼리는지 등을 인터뷰 상황에서는 훨씬 판단하기가 쉽다.

인터뷰에 대한 논의를 할 때 한 가지 알아야 할 전제는 인터뷰가 개인주의 전통에 바탕을 둔 지극히 서구적인 정보수집 방법이라는 점이다. 소유적 개인주의(*possessive individualism*, C. B. Macpherson, 2011) 사상을 근간으로 발달해온 서양에서는 의견, 혹은 정보란 개인이 소유하는 것이라는 시각이 지배적이다. 또한 개인마다 갖고 있는 고유의 견해를 자유롭게 표현하는 것이 미덕이라는 자유주의 전통 역시 무시할 수 없다. 따라서 일대일 대면접촉을 통해 정보와 견해를 알아내는 인터뷰라는 정보수집 방식이 주효했던 것이다. 서구 언론이 인용구를 사용할 때 반드시 실명으로 할 것을 원칙으로 하는 것은 그 정보의 원 소유주를 밝히라는 자연스러운 요구이다. 개인들이 표현한 의견을 모아 사회의 여론으로 읽어내는 여론조사라는 방식 역시 이러한 서구적 사고를 배경으로 발달해왔다고 할 수 있다.

이에 비해 우리나라를 포함한 동양의 문화에서는 정보나 견해의 소재가 개인보다는 집단 혹은 지역사회에 있으며, 개인이 자신의 견해를 자유롭게 표현하는 것보다는 집단의 규범에 우선 순응하는 것이 미덕이라는 시각이 지배적이다. 여론조사 결과가 빗나가거나, 인터뷰를 통해 솔직한 정보를 얻어내기 힘든 데에는 이러한 문화적 배경이 작용했다고 해석할 수 있다. 물론 최근에는 서구 문화의 유입과 함께 개인주의 성향도 강조되고 있으나, 여전히 우리나라 사회는 집단주의 성향을 기본 토양으로 한다. 집단주의와 개인주의가 혼재된 상황에서 인터뷰라는 과정이 지극히 개인에 초점을 맞춘 개인적 정보와 내밀한 의견, 혹은 사상을 찾아내는 서구적 방법론이라는 사실을 이해하는 것이 중요하다. 이는 인터뷰의 방법론적 한계를 인지하고, 우리의 문화적 상황에 맞춰 유연하게 접근하며, 그리하여 성공적 인터뷰를 수행하기 위해 반드시 필요한 과정이라고 하겠다.

2. 인터뷰의 정의

쉬운 예부터 시작하자. 어떤 두 친구가 재미있게 이야기를 나누는 장면을 상상해 보자. 한 친구가 "오늘 중간고사 어땠어?"라고 물어보자, 다른 친구가 "생각보다 쉬웠어"라고 답했다. 이어 "정말 날씨 좋은데! 시험도 끝났는데 우리 뭐라도 먹으러 갈까"라고 했고, 다른 친구는 "좋아, 가자, 어디가 좋을까?"라고 되물었다. 서로 주거니 받거니 정겨운 내용의 대화 한 대목이다. 가까운 거리의 두 사람이(*dyadic*) 얼굴을 맞대고(*face to face*) 전화나 이메일 같은 중간 매개체 없이(*non-mediated, direct*) 자신의 의사를 소통(*communicate*)하는, 대인 커뮤니케이션(*inter-personal communication*)의 전형이면서 그 커뮤니케이션 과정에 서로 번갈아 참가하는(*turn-taking*) 대화(*conversation*) 형식을 띠고 있다. 질문과 답이 오갔지만, 이 경우는 인터뷰가 아니다.

인터뷰란 이 모든 과정에 2가지 특성이 더 보태져야 한다. 특별한 목적을 갖고 전략적으로 이루어지는 커뮤니케이션이라는 점, 따라서 매우 구조적으로 짜인 만남이라는 것이 그것이다. 여기서 목적이란 정보를 주고받는 것을 의미한다. 기자들이 취재원을 인터뷰하는 경우처럼 정보를 얻기 위한(*information-seeking*) 목적이 있는가 하면, 환자가 진료를 위해 의사와 갖는 인터뷰처럼 정보를 주기 위한(*information-giving*) 목적도 있다.

일반 대화의 주제는 일관성이 없고 다양하며 방향성이 없는 반면, 인터뷰의 주제는 사전에 계획되어 연관된 주제를 벗어나지 않도록 조절되는 것이 특징이다. 로버트 칸과 찰스 캐널(Robert Kahn & Charles Cannell)이 도식화한 〈그림 1-1〉을 보면 대화와 인터뷰의 차이를 좀더 명확하게 알 수 있다.

〈그림 1-1〉에서 X는 인터뷰어의 목적에 부합하는 주제를 뜻하며, O, H, F, D 등은 연관성 없는(*irrelevant*) 토픽이나 주제를 뜻한다. 인터뷰의 경우 상호 커뮤니케이션의 과정을 통해 가급적 연관성이 없는 요소들을 제거하고 목적에 부합하는 주제들로만 이야기를 끌어나가는 것이 특징이다. 이 과정에서 인터뷰어나 대상 사이에 합의된 조절(*control*)이 이루어져야 한다.

인터뷰(*interview*)라는 말은 본래 불어 고어인 앙트르뷔(*entrevue*)에서 유래된 말로, '서로'라는 뜻의 'entre'와 '보다'라는 'voir'가 합쳐져 '서로

〈그림 1-1〉 토픽으로 본 대화와 인터뷰의 차이

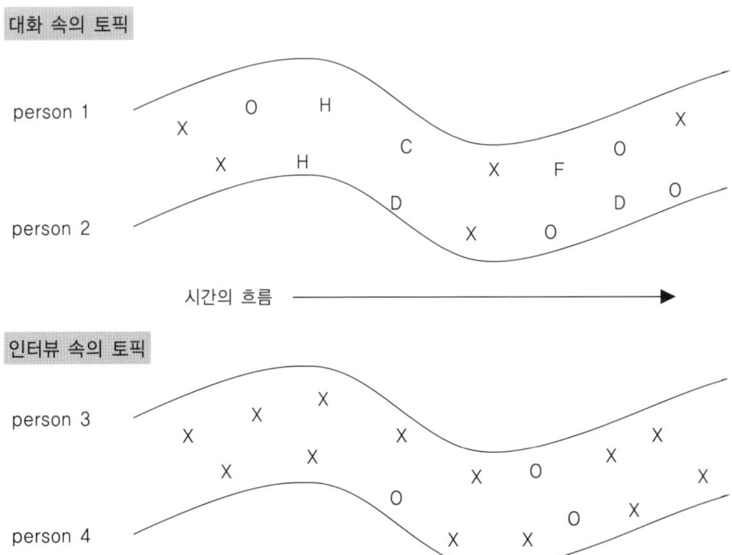

자료: Robert Kahn & Charles Cannell, *Dynamics of Interviewing*, 1963, p.15.
Cal Downs, *Professional Interviewing*, 1980, p.7에서 재인용.

마주보다'(*s'entrvoir*) 라는 뜻을 담고 있다. 인터뷰는 회견자(*interviewer*)와 응답자(*respondent*) 둘 사이(*dyadic*)의 커뮤니케이션이며, 질문하고 대답을 함으로써 미리 계획된 상황 안에서 이루어지는 의사소통을 말한다. 인터뷰는 역동적 과정이다. 인터뷰 참가자들은 상호작용 과정에 영향을 받고 변화되며, 질문을 통해 알게 된 정보와 상호작용을 조절하는 언어적, 비언어적 피드백으로 역동적 관계를 형성하게 된다.

스튜어트와 캐쉬(Stewart & Cash)는 인터뷰를 "질문과 답을 포함한 행위의 상호 교환을 위해 사전에 결정된 목적으로 이루어지는 양자 간 커뮤니케이션 과정"(p. 5)이라고 정의했다. 로버트 칸과 찰스 캐널은 인터뷰를 "인터뷰어와 응답자의 역할관계가 매우 전문화되고, 인터뷰의 목적과 성격에 따라 특별한 특징을 갖게 되는 언어교환의 형태"(p. 16)로 정의했다.

또 레이몬드 고던(Raymond Gordon)은 인간이 정보를 얻는 방법에는 감정이입(*empathy*), 참여(*participation*), 관찰(*observation*) 등 3가지가 있다고 지적했다. 여기서 감정이입이란 사람이 '느낌'으로써 정보를 얻는 것이고, 참여란 '행동'으로써, 관찰이란 '감각기관을 통한 인지'로써 정보를 얻는 것을 말한다. 인터뷰를 포함해 설문조사, 참여관찰자방법 같은 사회조사방법이 이 방법을 사용한다. 넓은 의미에서 인터뷰는 "두 사람 사이의 감정이입과 참여와 관찰을 통해 정보를 교환하는 과정"이라고 정의했다.

칼 다운즈(Cal Downs) 등은 위에 나열된 인터뷰의 다양한 정의를 종합해 "특별한 주제와 연관된 목적을 위해 대인관계 상황의 사람들이 교환하는 면대면, 구두 커뮤니케이션이 특화된 형태의 커뮤니케이션"이라는 다소 복잡한 정의로 풀어내면서, 다음과 같은 인터뷰의 3가지 특성을 지적했다.

첫째, 인터뷰는 대개 면대면(*face-to-face*), 구두(*oral*) 의사교환이다. 인터뷰 대상은 인터뷰어가 바로 앞에 있음으로 해서 자극과 동기를 부여받으며, 구두 의사는 좀더 즉각적이고 명백한 피드백을 가능하게 한다.

둘째, 인터뷰 상황의 두 개인은 대인관계(*interpersonal relationship*)를 형성한다. 이것은 인터뷰가 강연이나 그룹회의에서 이루어지는 면대면 상황과는 다르다는 것을 의미한다.

셋째, 사람들은 목적 수행을 위해 인터뷰를 한다. 취업을 하는 것이든, 데이터를 수집하는 것이든, 기사를 작성하는 것이든, 인터뷰에는 반드시 목적이 있다.

인터뷰는 사람의 인식으로부터 자유로울 수 없다는 점에서 심리적 커뮤니케이션 과정이라고 할 수 있다. 인식은 주관적이며, 배경과 경험으로부터 나온다. 인터뷰는 인터뷰어가 자신과 타인, 그리고 주위상황에 대해 어떤 인식을 갖고 있는가에 따라 영향을 받는다. 상호 인식이 다르다는 사실을 이해하지 못하거나 설명하는 데 실패할 경우, 인터뷰의 성공을 기대하기는 어렵다. 비록 대부분의 사람들은 이해와 경험, 기대를 공유하지만, 이런 요소들을 조직하는 방법에서 뚜렷한 차이를 보이는 경우가 종종 있으며, 그 차이가 인터뷰에 영향을 주기 쉽기 때문이다. 보내는 사람의 의도와는 관계없이, 메시지는 받는 사람의 해석에 달려 있다. 그 차이가 발생할 가능성을 예견하고, 상황에 적응하며, 공통 이해의 분야를 찾고자 시도할 때 성공적인 인터뷰가 가능하다.

3. 인터뷰의 목적

인터뷰의 가장 주요한 목적 중 하나는 정보의 '발견'(*discovery*)과 '측량'(*measurement*)이다(Gordon, p. 66, 72). 정보를 발견한다는 말은 어떤 문제의 질적인 부분에 대한 새로운 의식을 획득하는 것을 뜻하며, 측량한다는 말은 그렇게 얻어진 인식의 크기와 특성을 파악하는 것을 뜻한다.

사회과학에서 인터뷰는 데이터를 수집하는 주요한 절차이다. 정보의 수집이 가장 큰 목적인 것이다. 인터뷰에 대한 관심이나 연구가 각종 연구방법론에 밀려 활발하지 못했던 이유는, 정보의 수집보다 분석을 더 중시하는 학계의 관념 때문이었다. 수집은 쉽고, 분석은 어렵다는 시각이 지배적이었다. 그러나 아무리 분석방법이 정확하고 세련된 것이라도 기본적 데이터의 질이 떨어지면 분석결과의 신뢰도 역시 떨어진다.

저널리즘에서 인터뷰는 기사쓰기의 전단계로서 중요하다. 인터뷰의 목적은 기사에 필요한 뉴스거리를 모으는 것이다. 여기서도 정보를 수집한다는 점은 마찬가지이나, 킬렌버그(Killenberg) 등은 단순한 뉴스의 수집과 발견은 다르다고 말한다. 인터뷰는 뉴스를 단순히 모으는(*gathering*) 도구가 아니라, 발견하는(*discovering*) 도구이다. 인터뷰를 통한 취재는 따라서 기자와 취재원과의 대화(*dialogue*)에 기초한 것이며, 상호 간의 공동역할(*mutuality*)을 통한 합작품(*co-creation*)이라는 것이다. '발견'이란 새로운 것을 배우는 경험을 만족시키는 것을 말한다. 뭔가 새로운 것을 알아내는 것은 놀랍고 유쾌한 경험이라는 인식이 바탕에 깔려 있다.

언론인이면서 인터뷰어로 유명한 스터즈 터겔(Studs Terkel)은 '취재'

와 '발견'의 차이를 누구보다 잘 인식한 인물이다. 그는 인터뷰에 대해 다음과 같은 견해를 밝혔다.

> 나는 인터뷰라는 모험을 시작하면서 진작부터 알고 있었다. 재래적 수법으로 이루어지는 판에 박힌 인터뷰는 의미가 없다는 것을 말이다. 그런 인터뷰에서는 판에 박힌 어구들이 튀어나올 것이 분명하다. 좋아하는 치약이 무엇인지, 어떤 비누를 선호하는지 정도를 알 수는 있겠지만, 진정으로 사람을 알아내지는 못한다. 마음을 열고 나누는 대화와 귀 기울여 듣는 자세가 필요하다. 그래야만 새로운 것을 '발견'할 수 있다.

4. 인터뷰의 신뢰도와 타당도

인터뷰를 통해 얻어진 정보는 과연 정확할까. 유진 웹(Eugene Webb)과 제리 샐란시크(Jerry Salancik)는 1966년 이 물음과 관련, 한 가지 흥미로운 연구를 했다. 한 지역 언론을 대상으로 각기 다른 인터뷰어가 같은 질문으로 같은 사람에게 물어보았을 때, 답이 제각각이었다는 연구결과가 나왔다. 인종문제와 관련된 질문을 흑인이나 동양계 인터뷰어가 던지면 응답자는 좀더 사회적으로 물의를 일으킬 소지가 적은 답변을 하는 반면, 백인 인터뷰어에게는 그렇지 않았다. 미국 정부 내의 유태인 공직자 문제와 관련, 유태인 성을 갖고 유태인 용모를 한 인터뷰어가 질문을 던졌을 때도 역시 마찬가지였다. 비유태인 인터뷰어의 경우보다 사람들은 유태인 공직자에 대해 훨씬 더 호의적으로 답했다.

또 다른 재미있는 연구결과도 있다. 엘리스(Ellis)는 1947년 여대생을 대상으로 그들의 애정관계에 대해 인터뷰를 하며 상대 남성의 외모에 대해 물었다. 29%의 여성이 "매우 잘 생겼다"고 답했다. 1년 후, 같은 여성들에게 익명의 설문지를 던져 다시 같은 질문을 던졌다. 그런데 같은 답변을 한 학생은 단 2명에 불과했다. 이런 결과는 2가지로 해석될 수 있다. 시간이 흐를수록 사귀고 있는 남성의 외모에 대한 객관적인 판단이 생겼기 때문이기도 하고, 또 익명의 설문에는 좀더 정직하게 답한다는 해석도 가능하다. 인터뷰어 앞에서는 자기 남자친구의 외모가 일정 수준 이상이라는 점을 과시하고 싶은 자존심이 발동했다는 것이다.

인터뷰어가 어떤 반응을 보이느냐에 따라 응답자의 답이 달라진다는 연구도 있다. "아, 그래요", "맞습니다", "좋아요" 등의 추임새를 넣거나 고개를 끄덕이고 미소를 짓는 등의 비언어 신호(*sign*)를 보일 경우의 답변과, 찡그리는 얼굴로 부정적 추임새를 넣었을 경우의 답변에 차이가 난다는 연구결과가 그것이다.

인터뷰라는 방식을 비판하는 사람들은 흔히 인터뷰를 통해 얻어진 정보가 과연 믿을 만한가 하는 의문을 제기한다. 덴진(Denzin) 같은 사회과학자들은 어떠한 조사방법이든 모두 장점과 단점을 가지므로, 3가지 정도의 방법으로 데이터를 모아야 한다는 '삼각연구'(*triangulation*)를 주장하기도 한다. 인터뷰 역시 그 자체만으로 데이터 수집의 도구로 삼을 때에는 장점 못지않게 약점도 적지 않은 것이다.

일반적으로 사회과학자들은 연구의 목적으로 조작된 정의가 실제 현상을 얼마나 정확하게 반영하는가 여부를 판단하기 위해 타당도(*validity*)와 신뢰도(*reliability*)라는 개념을 사용한다. 신뢰도란 연구자나 연구시기를 바꾸어 같은 연구를 반복할 때 동일한 결과를 얻는지에 따라 결정되고, 타당도란 얻어진 결과가 얼마나 사실과 부합하느냐에 따라 결정된다. 그러나 연구의 신뢰도가 높다고 해서 그 결과가 반드시

'믿을 만하다'는 보장은 없다. 예를 들어 2명의 다른 인터뷰어가 각기 다른 시기에 무작위로 선발된 25명의 청와대 직원에게 대통령 측근의 비리에 대해 물어보았다고 가정해 보자. 25명의 응답자가 2명의 인터뷰어에게 공통적으로 "모른다"고 답했을 때, 그들의 답변은 완벽하게 일치했으므로 신뢰도는 100%가 된다. 그러나 그들의 답변이 진실인지 여부와는 관계가 없다.

방안의 온도가 몇 도인지는 수은주를 보고 판단한다. 온도를 보는 것이 아니라 수은주를 보는 것이다. 따라서 그 온도가 맞는지 알아보기 위해서는 그 이전에 온도에 따라 수은주가 어떻게 변하는지 먼저 증명해야 한다. 사회과학에서도 어떤 사람의 신념이나 태도를 직접 눈으로 보거나 자로 잴 수는 없다. 온도계의 수은주처럼 던져진 질문에 대한 답변이라는 지시자(*indicator*)를 통해 미루어 알 수 있을 뿐이다. 간단한 답변 하나만으로는 실체적 진실을 측량하기 어렵다는 문제가 타당도의 문제로 이어진다. 인터뷰를 포함한 모든 사회조사가 타당성을 지니려면, 우선 신뢰도를 갖춰야 한다. 그러나 신뢰도가 있다고 해서 반드시 타당하다는 결론을 도출할 수는 없다. 다시 말해 신뢰도는 타당도의 필요조건이지 충분조건이 아니다.

스튜어트와 캐쉬에 따르면, 이론적인 측면에서 볼 때 인터뷰 상황에서 얻어진 답변은 모두 타당(*valid*)하다. 어떤 개인이 처한 상황에서 그의 인식이 어떤 특정한 방식으로 답변을 하도록 유도하거나 이끌었다면, 바로 그 특정한 상황 아래에서 특정한 시기에 그 응답자가 보인 반응은 진실되고 믿을 만하다는 결론이다. 저널리즘적 진실(*journalistic truth*)이란 기본적으로 상황적 진실에 기초한다. 저널리즘에서 사실(*fact*)이 신봉되는 이유도 사실이야말로 상황적 진실을 가장 충실하게 대변하기 때문이다. "그가 그 상황에서 그 말을 했다"는 사실은 불변이다. 이런 상황적 진실의 조각들이 오랜 시간에 걸쳐 쌓일 때 비로소 실체적 진실이 조금씩 모습을 드러내게 된다. 저널리즘에서 진실이란 바로 그런 사실과 시간의 상호작용 과정을 통해 천천히 구축되는 것이다.

《사회조사방법론》을 쓴 로이스 싱글톤(Royce Singleton, Jr.)은 사회조사방법으로서의 '면대면 인터뷰'에 대해 다음과 같이 쓰고 있다.

> 조사방법론 중 가장 오래되었고 가장 높게 평가되는 면대면 인터뷰는 여러 가지 장점이 있다. 우선 인터뷰어가 질문의 포맷을 유연하게 사용할 수 있고, 답변의 내용을 명확하게 할 수 있으며, 필요하면 후속 질문으로 심도 있게 접근할 수도 있다. 그밖에도 응답률이 높다는 장점이 있다. 연구대상집단(*sample*)의 인터뷰 응답률은 대략 80% 정도 된다. 응답률이 높다는 것은 그만큼 비참여로 인한 연구 상의 편견을 줄일 수 있다는 뜻이다. 아마도 그런 높은 응답률은 인터뷰라는 방식이 지닌 본래의 매력 때문일 것이다. 누군가가 자신에게 관심을 가져주고, 의견을 존중하며, 질문을 한 후에는 충실히 답변에 귀를 기울여 주는 것은 매력적인 경험이다. 사람이 직접 면전에서 인터뷰 요청을 하기 때문에 거절하기 힘들다는 것도 또 다른 이유가 될 것이다. 인터뷰로 인한 연구결과가 믿을 만하다는 또 다른 증거는 인터뷰 대상이 면대면 상황에서 신원을 드러내고 제공하는 정보라는 점이다. 그러나 단점도 있다. 면대면 인터뷰 방법의 가장 큰 단점은 비용과 시간이 많이 든다는 점이다. 인터뷰어를 훈련시키는 시간과 비용, 출장에 따른 경비소요가 크다. 또한 개인 인터뷰 방식에서는 인터뷰어의 성, 인종, 나이에 따라 편견이 개입될 소지가 높다. 따라서 인터뷰어를 훈련시킬 때는 이러한 편견적 요소들을 최소화하고, 부지불식간에 인터뷰 대상에게 필요 없는 메시지를 주지 않도록 훈련시켜야 한다(p. 262).

5. 좋은 인터뷰어의 조건

줄리아 로버츠(Julia Roberts) 주연의 영화 〈에린 브로코비치〉(Erin Brockovich)를 보면 인상 깊은 장면이 하나 나온다. 주민들이 하나둘씩 암으로 세상을 떠나는 지역의 한 조그만 법률사무소에 취직한 에린은 피해상황과 원인을 조사하기 위해 지역주민의 집을 방문해 일련의 '인터뷰'를 한다. 한 주민의 집에서 주인이 차를 한 잔 내온다. 오염된 것이 확실한 물로 탄 차를 앞에 놓고 동행한 변호사는 마시기를 꺼린다. 그러자 에린이 눈짓을 하며 마시기를 권유하고, 자신도 태연히 차를 마신다. 에린은 주민들이 마시는 물로 끓인 차를 자신도 마시는 행위를 통해 자신의 마음의 귀가 열려 있다는 사실을 간접적으로 증명해 보인 것이다. 집주인은 비로소 마음을 열고 이야기를 하기 시작한다.

에린이 연달아 새로운 정보를 찾아내 법률사무실로 보고하자, 그때마다 변호사는 "아니, 어떻게 이걸 알아냈지?"라며 혀를 내두른다. 사건이 생각보다 중하다는 것을 깨달은 변호사는 조그만 법률사무소로서는 감당하기 어렵다고 판단해 대형 로펌으로 사건을 넘기고, 투피스 정장 차림에 깐깐한 인상의 전형적 여변호사가 에린의 뒤를 이어 조사에 나선다. 주민들은 이 생소한 분위기의 변호사를 냉대한다. 물론 그 변호사는 한마디의 정보도 얻지 못하고, 사건은 다시 에린의 몫으로 넘어간다.

기자도, 변호사도 아닌 에린이 주민들로부터 값진 정보를 얻어낼 수 있었던 것은 그녀가 무엇보다도 뛰어난 '인터뷰어'였기 때문이다. 좋은 인터뷰어는 직감적으로 상대방과 신뢰 관계를 구축하는 것(*establishing rapport*)의 중요성을 알고, 상대의 입장에서 생각하며(*empathy*), 상대의 말에 귀와 마음을 열고 경청한다(*listening*). 일단 원활한 커뮤니케이션의 기본 토양이 마련되면 어떠한 질문을 던져도 진실된 답변을 들을 수 있다. 좋은 인터뷰의 시작은 결국 따뜻한 마음과 좋은 인간관계에서 비롯된다는 단순한 진리를 예린은 몸소 실천한 것이다.

토크쇼의 여왕으로 불리는 오프라 윈프리(Oprah Winfrey)도 좋은 인터뷰어로 꼽힌다. 미시시피 주의 가난한 농가에서 태어나 할머니 밑에서 자란 그녀는 현재까지 미국에서 가장 영향력 있는 인물의 하나로 꼽힌다. 자신의 이름을 딴 토크쇼가 크게 흥행하여 미 전역에 신디케이트 방식으로 방송되면서 많은 부를 축적하기까지, 그녀는 어린 시절의 임신과 사산 등 아픈 기억을 이겨내야 했다. 백인남성이 주류를 이루는 사회에서 흑인여성이라는 이중 장애를 극복한 그녀는 흑인의 인권문제나 여성문제도 과감하게 다룬다. 인터뷰어로서 오프라 윈프리의 장점은 이렇게 넓은 스펙트럼을 가진 그녀의 세계에 있다. 그녀는 지독한 가난과 대단한 부를 모두 경험했고, 주류사회의 지도층으로 인정받지만 여전히 흑인이며 여성이다.

미국인들은 오프라에 대해 저 여성이라면 내가 무슨 이야기를 해도 이해해줄 것 같다는 생각을 갖고 있다고 한다. 여성들은 그녀가 여성이기에, 또 흑인들은 그녀가 흑인이기에 자신들의 입장을 이해할 것이라고 믿는다. 그녀 앞에서라면 뚱뚱한 사람도 마음을 터놓을 수 있고, 아픈 가족사를 지닌 사람도 자신의 이야기를 술술 풀어놓을 수 있다. 뿐만 아니라 당당히 주류사회의 일원인 그녀는 백인남성들의 세계도 잘 이해한다. 실제로 〈오프라 쇼〉의 주 방청객층은 흑인이 아니라 백인이다. 스스로 갑부인 그녀는 부자들 앞에서 주눅 드는 법이 없고, 동시에 가난한 사람의 아픔도 충분히 이해한다. 이렇듯 넓은 오프라의 세계가 대중과의 공감대를 형성하는 비결이 되는 셈이다. 오프라 윈프리보다 앞서 토크쇼의 명사회자로 이름을 날린 필 도나휴(Phil Donahue)는 이런 오프라 윈프리의 토크쇼 스타일을 가리켜 보도형 토크(*report talk*)가 아니라 관계형 토크(*rapport talk*)라고 이름 짓기도 했다.

좋은 인터뷰어의 조건이란, 이렇듯 좋은 대인관계의 조건과 같다. 이론적으로 설명하자면 대인관계이론 중 자신과 비슷한 사람을 좋아한다는 '유사성의 원리'와도 통한다. 유사성은 기본적인 관계의 바탕을 형성하는 공통기반을 제공하며, 인간관계에서 매력을 일으키는 요소로 작용한다(나은영, p. 169).

여기에 질문을 잘하는 능력 또한 중요하다. 흔히 기자가 되기 위해 가장 필요한 자질을 물으면, 첫 번째로 '호기심'을 꼽는다. 인터뷰어 역시 마찬가지이다. 좋은 인터뷰어가 되려면 우선 어린이 같은 호기심을 잃지 말아야 한다. 어린이 같은 호기심이란 가장 자연스러운 호기심을 말한다. 어른이 되면서 사람들은, 묻는다는 것이 무지를 드러내는 것이라 믿고, 쉽고 뻔한 질문은 되도록 삼가려고 의식적으로 노력한다. 기자들 중에도 질문은 뭔가 복잡하고 어려운 것을 물어야 한다고 믿는 사람들이 있다. 그 결과 지나치게 현학적이거나 불성실하고, 혹은 현실과 동떨어져 있으면서 판에 박힌 질문들을 늘어놓기 십상이다. 이런 질문들은 자연스러운 호기심에서 우러나온 질문들이 아니다. 어린이의 호기심은 건강하고 순수하다. 상대방의 아픈 곳을 헤집거나, 개인적 궁금증을 충족시키려는 의도를 지닌 호기심은 상대방을 불쾌하게 한다. 인터뷰를 하기 전에 가장 알고 싶은 것이 무엇인지, 그리고 왜 알고 싶은지 등의 물음들을 머릿속에서 정리할 필요가 있다.

리처드 피어(Richard Fear)는 좋은 인터뷰어의 자질로 다음과 같은 것들을 꼽는다.

첫째, 따뜻하고 호감이 가는 사람이어야 한다(남들이 이야기하고 싶은 마음이 들어야 한다).

둘째, 사회적 상황에 민감해야 한다(눈치가 빨라야 한다).

셋째, 적어도 보통 정도의 지적 능력이 있어야 한다(말뜻을 이해할 줄 알아야 한다).

넷째, 분석적 사고와 비판적 판단을 할 줄 알아야 한다(말을 액면 그대로 믿거나 현혹되어서는 안 된다).

다섯째, 적응능력이 뛰어나야 한다(상대에 따라 유연하게 대처해야 한다).

여섯째, 인간적으로 성숙한 사람이어야 한다(건전한 판단과 사고를 하기 위해 필수적이다).

반면 좋은 인터뷰어라면 다음과 같은 일은 하지 않는다. 켄 메츨러(Ken Metzler)는 인터뷰할 때 빠지기 쉬운 오류들을 다음과 같이 정리한다.

첫째, 인터뷰의 목적을 분명하게 설명하지 못한다.

둘째, 준비를 충분히 하지 않고 인터뷰에 임한다.

셋째, 후속질문을 하지 않는다.

넷째, 모호한 질문을 던진다.

다섯째, 외모나 차림새를 신경 쓰지 않는다.

여섯째, 보기도 전에 단정 짓는다.

여섯째, 너무 복잡한 질문을 던진다.

일곱째, 상대방의 감정을 고려하지 않는다.

여덟째, 잘 듣지 않는다.

아홉째, 좋은 질문을 찾는 데 게으르다.

열째, 수다스럽다.

열한째, 인터뷰 주제에서 벗어나 방황한다.

피어 역시 인터뷰할 때 범하기 쉬운 실수로 상대방을 근거 없이 짐작하고 넘겨짚는 것과 개인의 두드러진 특성에 주목한 나머지 전체적인 이해를 하지 않으려는 것을 꼽았다. 특히 짧은 시간에 많은 사람을 만나야 하는 기자들이 빠지기 쉬운 함정이다. 가령 광대뼈가 나온 사람은 고집이 세다거나, 특정 학교를 나온 사람들은 사치스럽다는 등의 근거 없는 인상으로 사람을 판단하는 것은 그 사람의 진실된 측면을 발견하려는 인터뷰의 본래 의도와는 멀어지는 것이다. 또 한 가지 키워드를 통해서만 사람을 파악하려는 시도 역시 바람직하지 않다. 예를 들어 유명한 피아니스트를 인터뷰한다면, 그의 인생에서 피아노가 중요한 부분인 동시에 그밖에 다른 부분도 중요할지 모른다는 가능성에 항상 마음을 열어놓아야 한다는 것이다.

인터뷰의 성공 여부는 언어적, 비언어적 메시지 전달과정의 장애요소를 얼마나 최소화하느냐에 달려 있다. 언어적 메시지 전달과정의 장애를 극복하기 위해 상대방을 탈언어적 정향(*extensional orientation*)으로 파악해야 하고, 지나친 일반화를 경계해야 하며, 다양성과 차이를 인정하려는 자세를 가져야 한다. 대인관계에서 올바른 커뮤니케이션을 위해 학자들이 정리해 놓은 조언들, 즉 먼저 잘 듣는다, 판단을 최대한 뒤로 미룬다, 상대방의 지식체계(*schema*)를 염두에 둔다, 미디어 전달과정의 착오를 생각한다(나은영, pp. 86~90) 등의 요소들은 인터뷰 상황에서도 여전히 유효하다.

02 인터뷰와 대인 커뮤니케이션

1. 대인 커뮤니케이션으로서의 인터뷰

인터뷰의 이론적 배경을 이해하기 위해서는 대인 커뮤니케이션 현상을 이해하는 것에서 출발해야 한다. 커뮤니케이션 학자들은 연구목적이나 범위에 따라 커뮤니케이션 영역을 구분해 놓았는데, 그 영역은 대체로 다음 5가지이다. 첫째, 자신과의 커뮤니케이션을 뜻하는 '자아 커뮤니케이션'(*intra personal communication*), 둘째, 두 사람 사이의 커뮤니케이션을 뜻하는 '대인 커뮤니케이션'(*inter personal communication*), 셋째, 공동의 목표를 지닌 3명에서 10명 사이의 커뮤니케이션을 다루는 '소그룹 커뮤니케이션'(*small group communication*), 넷째, 강의나 연설 등 공적 커뮤니케이션을 다루는 '공적 커뮤니케이션'(*public communication*), 그리고 다섯째로 매체를 중간에 끼고 대중과 의사소통을 하는 '매스 커뮤니케이션'(*mass communication*) 등이다. 이 같은 분류는 컴퓨터를 매개로 한 커뮤니케이션이 보편적인 현상으로 자리 잡기 이전에 이루어진 것이어서 최근 새로운 미디어가 주도하는 커뮤니케이션 현상을 설명하는 데는 한계가 있다. 가령 페이스북이나 트위터 같은 소셜미디어는 자아 커뮤니케이션의 요소가 강하지만 사회적 맥락에서 소통되어 공적 요소를 띠기도 하고, 신문이나 방송 같은 대중매체가 개입하면 매스 커뮤니케이션 현상으로 이어질 수 있다. 기술의 발달로 인해 매체가 융합하듯, 사이버스페이스에서는 다양한 커뮤니케이션 유형이 융합되고 있는 것이다. 그러나 이러한 융합적 현상을 분석적으로 접근하기에는 위에 나열한 고전적 분류법이 여전히 유효하다.

인터뷰 중에는 기자회견 같은 그룹 인터뷰나 2명 이상의 인터뷰 대상을 놓고 이루어지는 공동 인터뷰 등 특수한 상황에서 발생하는 인터뷰도 있으나, 대부분의 경우 인터뷰는 기자와 취재원, 즉 인터뷰어와 인터뷰이라는 두 사람 사이의 의사소통으로 이루어진다. 둘 사이에 면대면으로 이루어지는 구두 커뮤니케이션의 한 형태가 인터뷰인 것이다. 따라서 인터뷰라는 커뮤니케이션 현상을 이해하기 위해서는 위의 5가지 커뮤니케이션 영역 중에서 대인 커뮤니케이션을 이해하는 것에서 시작해야 한다.

두 사람 사이의 대인관계는 모든 관계의 가장 기본이 되는 단위이다. 나은영(2002)은 물질을 더 이상 쪼갤 수 없는 단위까지 쪼개면 분자가 되듯이, 사람들 간의 커뮤니케이션 관계를 더 이상 쪼갤 수 없는 단위까지 쪼개면 2인 관계가 된다고 말한다. 2인 관계는 한 사람과 또 다른 사람 간의 '상호 교환'과 '상호 의존'을 기본으로 하는 관계이며, '집단'을 이루는 최소단위이기도 하다. 모든 관계와 거시적 커뮤니케이션은 2인 커뮤니케이션의 확장에서 비롯된다(나은영, pp. 161~162).

그렇다면 사람들은 왜 커뮤니케이션을 할까. 인터뷰에 앞서 자연스럽게 떠오르는 이 물음에 대한 해답은 인간의 의사소통 욕구에서 찾을 수 있다. 사람들은 일반적으로 다음과 같은 동기로 커뮤니케이션을 한다.

① 생리적 욕구: 충분한 공기나 음식을 가지는 것, 건강한 신체적 기능을 가지려는 욕구.
② 사회적 욕구: 다른 사람들과 어울리는 것, 그들의 활동에 참가하려는 욕구.
③ 자아욕구: 자신에 대하여 좋은 감정을 가지려는 욕구, 자아 존중감, 자아 만족감 등이 포함.
④ 안전에 대한 욕구: 공포나 결핍으로부터 자유로워지려는 욕구, 불쾌와 위험을 피하려는 욕구.
⑤ 성취의 욕구: 원하는 바를 실행하거나 목적을 달성하려는 욕구.
⑥ 사랑의 욕구: 사랑하거나 사랑받고자 하는 욕구.
⑦ 조정/권력의 욕구: 자신의 주변환경에 영향을 미치고자 하는 욕구.
⑧ 의존의 욕구: 자신을 위해 다른 사람들이 결정해 주었으면 하는 욕구.
⑨ 개인주의 욕구: 남과 다르고 싶은 욕구, 혼자 일하고 싶어하는 것도 포함.
⑩ 지위에 대한 욕구: 다른 사람에게 존경받는 것, 자리를 획득하는 것, 중요하게 되는 것, 인정받는 것에 대한 욕구.
⑪ 성장에 대한 욕구: 자극받고 도전받고자 하는 욕구.
⑫ 이타주의 욕구: 자신에게 이익이 없어도 다른 사람에게 도움을 주고 싶은 욕구.
⑬ 경제적 욕구: 돈을 갖는 것, 재정적인 든든함에 대한 욕구.
⑭ 건강에 대한 욕구: 질병으로부터 자유롭고 싶은 욕구.

타인과의 커뮤니케이션을 유발하는 위의 동기들은 사람에 따라, 또 처한 환경에 따라 우선순위가 달라질 것이다. 어린아이가 엄마에게 "엄마, 물 좀 주세요"라고 하는 것은 목마름을 해소하고자 하는 생리적 요구에서 비롯된 의사소통 행위이다. 동료 몇몇과 식사약속을 하기 위해 서로의 일정을 조정하는 의사소통의 과정은 생리적 욕구보다는 사회적 욕구에서 비롯된 것이다. 이렇듯 커뮤니케이션이 인간이 갖고 있는 갖가지 욕구들에 기초한다는 사실은 인터뷰 대상으로부터 목적한 정보를 알아내고자 하는 인터뷰어가 필수적으로 염두에 두어야 할 사항이다. 욕구의 파악은 설득의 기본 조건이다. 즉, 인터뷰어는 자신이 계획한 의사소통의 목적이 인터뷰 대상의 어떤 욕구와 가장 밀접한 연관이 있는지 파악해야 원하는 정보를 얻을 수 있다. 그 욕구를 자극하는 것이 곧 인터뷰 대상의 의사소통 동기를 유발하는 일이기 때문이다. 특히 인터뷰에 대해 그다지 적극적이지 않은 사람을 인터뷰에 응하게 하려면 상대방의 욕구를 정확히 읽는 것이 중요하다.

커뮤니케이션 동기가 대인관계에 어떻게 적용될 수 있는가를 설명한 이론으로 다운즈(Downs) 등은 윌리엄 슈츠(William Schutz)의 이론과 데이비드 맥크릴랜드(David McClelland)의 이론을 들고 있다(pp. 19~22). 슈츠는 대인관계를 가능하게 하는 개인의 성향을 크게 ① 소속감(*inclusion*) ② 애정(*affection*) ③ 통제(*control*)로 구분했고, 맥크릴랜드는 ① 연합(*affiliation*) ② 권력(*power*) ③ 성취(*achievement*)로 구분했는데, 이 두 학자의 분류법에는 겹치는 부분이 많다. 즉, 슈츠의 '소속감'은 맥크릴랜드의 '연합'과 유사한 개념으로, 의사소통에 참가하는 두 사람의 참여욕구와 관련이 깊다. 슈츠는 인터뷰어와 인터뷰 대상이 공히 높은 참여욕구가 있다면, 둘 사이의 의사소통은 풍부하고 역동적일 것으로 설명했다. 반대로 인터뷰어의 참여욕구는 높은데 인터뷰 대상이 인터뷰에 적극적이지 않은 경우, 인터뷰어가 강하게 참여를 요구할수록 상대방의 욕구는 더욱 감소할 것이라고 보았다. '소속감' 혹은 '상호 연대'의 문제는 비단 인터뷰 상황이 아니라 일반적 대인 커뮤니케이션 상황에도 적용되는 개념이라고 할 수 있다.

슈츠의 '통제'와 맥크릴랜드의 '권력'도 상통하는 개념이다. 통제 혹은 힘에 대한 욕구는 명성과 지위를 가져다주는 강력한 행동에 관여하고자 하는 욕구이다. 이 욕구를 가진 사람들은 공중의 평가에 관심을 가지며, 종종 다른 사람들로부터 강한 감정적 반응을 끌어낸다. 그러한 사람들이 인터뷰 대상이라면 지위와 통제권을 제공하는 방법을 통해 욕구를 만족시킬 수 있다. 권력에 대한 욕구의 정도가 높은 사람은 상대적으로 욕구가 낮은 사람과 의사소통에서 조화를 이룬다. 똑같이 통제욕구가 높은 두 사람은 곧 권력갈등을 빚기 쉽다.

슈츠의 '애정'은 사람이 다른 사람과 가까워지고 싶고, 그러기 위해 우호적이고 친밀한 의사소통을 원한다는 개념이다. 다른 사람으로부터 사랑받고, 또 사랑하고 싶은 욕구가 대인 커뮤니케이션에 영향을 미치는 중요한 개인적 성향(*interpersonal orientation*)이라는 것이다.

맥크릴랜드의 '성취' 항목으로 잘 설명될 수 있는, 성향이 강한 사람은 현실적 목표를 정하고, 그 목표를 실행하기 위한 요구를 위해 의사소통을 한다. 자연히 개인적 성장과 경쟁이 중요한 관심사이다. 이런 성향의 사람들은 자신이 다른 사람에 비해 어떤 부분이 우월한지, 혹은 스스로에 대한 평가에 관심이 많기 때문에 원활한 의사소통을 위해서는 그들의 관심을 충족시키는 정보를 주어야 한다.

인터뷰라는 상황 속의 두 개인 간의 관계를 이해하고 분석하려면 그

둘 간의 대인관계 성향을 파악해야 한다. 예를 들어, 만일 인터뷰 대상이 소속감을 중시하는 성향을 지닌 사람이라면, 인터뷰어는 상대방이 어떤 조직에서 차지하는 중요성에 대해 강조하거나 격의 없이 이야기를 나누면서 시간을 보내는 것이 도움이 된다. 이런 인터뷰 상대와의 의사소통은 매우 원활하고 역동적일 것으로 기대해도 좋다. 만일 인터뷰 상대가 혼자 일하길 좋아하고 타인과의 유대보다는 개인의 성취를 중요하게 여기는 사람이라면, 인터뷰어는 격의 없이 교제하는 것을 줄이고 인터뷰 대상이 개인으로서 지닌 중요성을 강조하거나, 그의 개별적 우월성을 지목함으로써 효과적 의사소통을 이끌어나갈 수 있을 것이다.

만일 인터뷰 대상이 높은 통제욕구를 갖고 있다면, 인터뷰어는 상대방이 인터뷰에서 보다 많은 역할을 하도록 허용해도 좋을 것이다. 상대방이 통제욕구가 높은 사람이라면 인터뷰어는 반대로 스스로의 통제욕구를 줄여야 이른바 '권력갈등'이 생기지 않는다. 만일 높은 애정욕구를 가진 사람이라면, 그 사람이 사랑과 이해를 받고 있다고 느끼게 함으로써 욕구를 충족시켜 효과적 커뮤니케이션을 기대할 수 있다.

권력, 애정, 유대, 성취를 둘러싼 인터뷰어와 인터뷰이의 대인관계 성향이 둘 사이 의사소통의 양과 질과 성격을 결정한다. 인터뷰어의 입장에서 인터뷰 대상의 성향을 파악하는 일이 더욱 유용한 것은 그 때문이다. 몇 마디 말 속에 숨은 단서들 중에서 상대방이 소속감 혹은 유대를 기본축으로 하는 성향의 사람인지, 아니면 성취를 기본축으로 하고 있는지를 말해 주는 단서를 포착할 수 있다면 인터뷰의 사전계획으로 매우 훌륭한 것이라고 할 수 있다.

다운즈는 여기에 대부분의 사람들이 갖는 '스스로의 이미지를 개선

〈그림 2-1〉 커뮤니케이션 모델

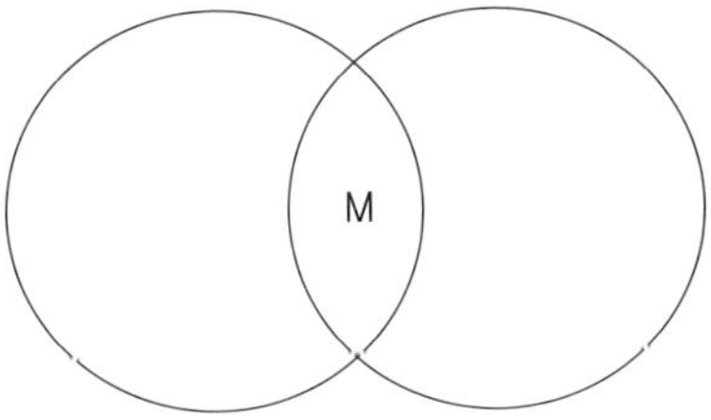

M: 공유된 의미

하고 보호하고자 하는 욕구'를 대인관계 성향의 중요한 부분으로 첨가한다. 사람들은 누구나 자신이 알고 있는 자신의 이미지가 있는데, 다른 사람이 그 이미지에 동의하는지는 중요한 것이 아니다. 중요한 것은 그 이미지를 보호하고, 더 낫게 개선하고자 하는 욕구이다. 인간의 심리적 구조에서 스스로에 대한 이미지는 자아개념을 구성하는 매우 중요한 요소이며, 그 이미지가 왜곡되거나 부정되는 것을 방어하기 위해서 사람들은 열렬하게 의사소통을 한다고 설명한다.

2. 인터뷰의 커뮤니케이션 모델

커뮤니케이션의 가장 단순한 정의는 쌍방 간 의미를 공유하는 것이다. 이를 도식화하면 〈그림 2-1〉 같은 모델이 될 것이다.

〈그림 2-1〉에서 두 원이 만나 공유하는 부분이 실제로 커뮤니케이션이 이루어진 부분을 뜻한다. 여기서 공유하는 것은 '의미'이지 '메시지'가 아니다. 이 모델에는 어떤 메시지를 어떤 언어 혹은 비언어 기호들을 사용하여 내보냈냐는 맥락상의 논의는 생략되어 있어 커뮤니케이션

〈그림 2-2〉 커뮤니케이션 과정 모델

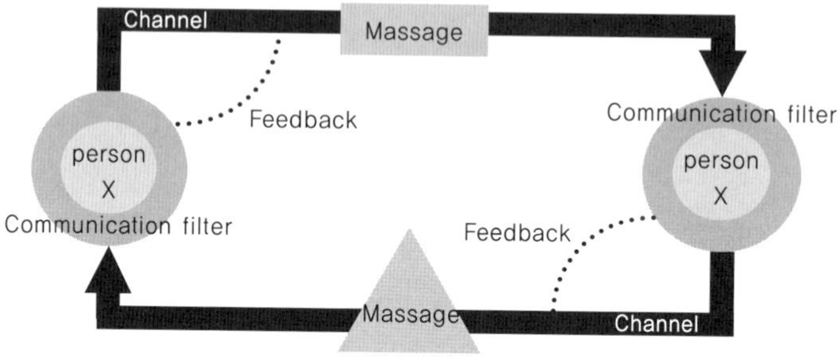

출처: Downs, Smeyak & Martin, *Professional Interviewing*, p.8.

과정이라기보다는 커뮤니케이션 결과에 초점을 둔 모델이라는 설명이 적합하다.

커뮤니케이션 과정에 초점을 맞춘 모델로는 〈그림 2-2〉를 들 수 있다. 여기서 커뮤니케이션 모델을 구성하는 요소들은 송신자, 수신자, 메시지, 채널, 피드백, 방해요소(*noise*), 효과 등이다. 초기 학자들이 개념화한 커뮤니케이션 모델인 SMCRE(*Source*, *Message*, *Communicator*, *Receiver*, *Effect*)를 바탕으로 조지 거브너(George Gerbner)는 커뮤니케이션 과정의 복잡성을 반영하는 모델을 개발하기 위해 다음과 같은 요소들로 설명을 시도했다. 거브너에 따르면 커뮤니케이션은 ① 누군가가 ② 사건, 사람, 자극 등을 지각하고 ③ 그에 반응하여 ④ 어떤 주어진 상황 아래에서 ⑤ 몇 가지 수단을 통해 ⑥ 활용 가능한 자료를 만드는데, 그 자료란 ⑦ 일정한 형태를 지니며 ⑧ 일정한 맥락에서 ⑨ 내용을 전달하여 ⑩ 어떤 결과를 가져오도록 하는 과정이다.

인터뷰 커뮤니케이션을 두 사람 사이의 의사소통이라는 포괄적 의미로 이해하면 위에 언급된 커뮤니케이션 모델을 인터뷰 상황에 적용시켜 설명하는 데 무리가 없다. 다만 인터뷰가 갖는 몇 가지 특성을 감안해야 하는 과제가 남는다. 인터뷰의 특성을 이해한다면 인터뷰 커뮤니케이션에 가장 근접한 커뮤니케이션 모델을 추출해낼 수 있다. 다운즈 등이 설명하는 인터뷰의 특성은 다음과 같다.

- 인터뷰에서의 의사소통은 상호적 과정(*mutual process*)이다. 인터뷰에서 쌍방 모두 상호 과정에 기여하고, 그 노력에 대한 효과 역시 그들의 상호적 협동에 의존한다. 쌍방 중 누구도 상대에 대한 의사소통의 행동을 독단적으로 조절할 수 없으며, 누구라도 의사소통을 중지시키는 선택을 할 수 있다. 의사소통 과정의 상호성은 또한 인터뷰 대상이 되는 사람의 의사소통 의지를 만들기 위한 노력을 필요로 한다. 상하관계의 인터뷰에서도 아랫사람이 협조하지 않는다면 윗사람이 목적을 달성하는 데는 한계가 있다.
- 인터뷰에서 양방향 의사소통은 일반적으로 일방적 방법보다 더 효과적이다. 일방통행의 의사소통은 기본적으로 한 방향으로 가는 메시지를 나타낸다. 예를 들어 사장으로부터 부하직원에게, 또는 질문자인 인터뷰어로부터 질문을 받는 인터뷰이에게 일방적으로 흘러가는 메시지이다. 일방적 인터뷰에서 송신자는 수신자의 대답, 질문, 코멘트, 기타 반응에 관심을 기울이지 않으므로 결과적으로 상호 이해나 효과적 메시지를 기대할 수 없게 된다. 양방향 의사소통을 위해서는 상대방의 피드백이 필수적이다. 피드백이란 수신자가 받은 효과에 대해 정보를 공유함으로써 수정하는 과정을 뜻하며, 서로 배워가면서 실수에 대한 수정을 반복하는 과정이다. 많은 사람들은 일방통행식 인터뷰 상황에 편안함을 느끼는데, 그 이유는 시간이 절약되고, 또한 그들 자신이 질문과 코멘트에 관해 걱정하지 않아도 되기 때문이다. 반면에 양방향성 의사소통은 반드시 피드백을 포함한다. 메시지는 양쪽 방향으로 보내지므로 양쪽 개개인이 발송인이자 수신자로서 참가하며, 각각의 대답

에 귀 기울이거나 피드백을 주어야 한다. 시간이 걸리는 방법이지만, 학자들은 수백 건의 연구와 실험을 통해 그렇게 시간과 노력을 투자하려는 의지가 사람들 사이의 이해를 증대시킨다는 것을 증명했다. 인터뷰는 목적이 있는 커뮤니케이션이다. 그리고 목적은 특정 정보에 초점을 맞춘다. 좋은 인터뷰어에게 요구되는 자질 중 하나가 바로 상호 간의 조절 능력이고, 그에 따라 인터뷰의 목적이 성취되는 것이다. 피드백이 인터뷰에서 중요한 요건인 만큼 피드백을 획득하기 위해 노력할 필요가 있다. 다음의 제안들은 피드백을 발생시키기 위한 아주 유용한 기술들이다. ① 피드백을 요구해라. ② 피드백이 왔을 때 잘 들어라. ③ 잘 들어주는 사람이라는 인상을 주어라. ④ 피드백을 가능케 하는 분위기를 유지하라.

- 인터뷰어와 인터뷰이 사이에 메시지를 보내고 받는 기술의 균형이 필요하다. 커뮤니케이션은 흔히 한 사람이 메시지를 보내고 다른 사람이 받는 것이라고 생각하기 쉽다. 이것은 한 사람은 말하는 사람으로, 또 다른 사람은 듣는 사람으로 계획되었다는 인상을 주기 쉽다. 인터뷰에서 이상적 의사소통은 양쪽 모두 송신자이자 수신자가 되는 것이다. 쌍방향 의사소통의 질적 효과를 기대하기 위해서는 쌍방의 양적 균형과 기술적 균형이 동시에 요구된다. 이는 성공적인 대화를 하기 위해서 상호 지적 능력과 경험, 기대수준 등이 비슷해야 하는 것과 같은 이치다.
- 개개인은 모두 독특한 자신만의 의사소통 방식이 있다. 그 개별성과 차이를 이해하는 것이 좋은 의사소통의 첫걸음이다. 사람의 얼굴이 제각각이듯이, 사람들마다 주변의 의사소통 신호들을 받아들이고 해석하는 방식도 모두 다르다. 이것은 인간 사이의 커뮤니케이션이 흥미로운 이유이기도 하다. 사람은 자신의 목적에 따라, 혹은 동기요인에 따라 다르게 메시지를 수신한다. 때로는 그들의 태도, 인식, 기대, 사고방식, 지식, 기술 등도 커뮤니케이션 신호들의 거름장치(*filter*) 역할을 한다. 인터뷰 상황에서 상대방을 이해하려면 상대방의 지식체계

(*schema*)를 염두에 두고 의사소통을 해야 한다. 가장 중요한 자세는 상대방의 다른 점을 기대하고 인정하는 것에서 비롯된다.

- 인터뷰 효과를 측정하는 일정한 도구는 없다. 인터뷰가 과연 성공적이었는가 하는 물음에 대한 답은 아마도 인터뷰어가 원하던 결과를 얻었는가 여부에 의해 결정될 것이다. 이 기준이 유효하려면 스스로의 목적이 인터뷰 이전에 분명히 설정되어 있어야 한다. 때로는 인터뷰 방법이 성공의 판단기준이 되기도 한다. 인터뷰 질문이 매우 공정했다거나, 방법이 과학적이라고 판단될 때 성공이라고 여길 수 있다. 그러나 기술적 문제가 모두 해결된 인터뷰라고 해서 반드시 성공적 인터뷰가 되는 것은 아니다. 인터뷰 성공의 판단기준은 결국 2가지 측면에서 이루어져야 한다. 하나는 인터뷰의 내용(*content*)이고, 다른 하나는 인터뷰 대상과의 관계(*relationship*)이다. 이 기준에 의거하면 오로지 정보의 획득에만 초점을 맞춘 인터뷰는 성공적 인터뷰라고 보기 힘들며, 또한 내용 없이 상호관계의 증진에만 기여한 인터뷰 역시 성공이라고 할 수 없다.

커뮤니케이션은 결코 사회적 진공상태에서 발생하지 않는다. 의사소통의 사회적 문맥을 강조하는 이 말은 취재와 보도를 목적으로 하는 미디어 인터뷰의 경우 더욱 적합하다고 할 수 있다. 미디어 인터뷰는 대인 커뮤니케이션으로 분류되나 순수한 인간 커뮤니케이션의 영역에 머무르지 않는다. 미디어 인터뷰에서 인터뷰어는 독자 혹은 시청자로 대표되는 대중과의 교감을 바탕으로 질문을 준비하고, 그에 대한 답변을 인터뷰이로부터 이끌어내기 위해 인터뷰를 한다. 결국 공중이 메시지의 원천이 되고, 질문의 결과 얻어진 메시지가 다시 공중에게 전달된다. 이 점에서 미디어 인터뷰는 인간 커뮤니케이션의 범위를 넘어 사회적 의사소통 과정이다. 위의 3가지 커뮤니케이션 모델이 주로 인간 커

〈그림 2-3〉 인터뷰의 사회적 문맥 모델

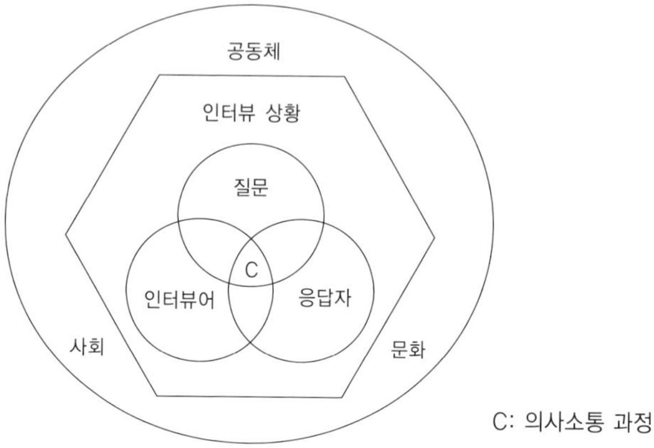

출처: Gordon, *Interviewing: Strategy, Techniques, and Tactics*, p.86.

뮤니케이션의 관점에서 의사소통을 도식화했다면, '미디어 인터뷰의 모델'에는 여기에 사회 · 문화적 문맥이 강조되거나 첨가되어야 할 것이다. 레이몬드 고던(Raymond Gorden)이 제시한 아래 모델은 인터뷰 상황을 둘러싼 사회, 문화 공동체를 포함하고 있어 눈길을 끈다.

고던이 인터뷰의 문맥적 모델(*a contextual model*)로 구축한 〈그림 2-3〉에서 한가운데 있는 C가 의사소통 과정을 나타낸다. 이 과정은 인터뷰 상황에서 인터뷰어, 응답자, 질문으로 구성된 3가지 요소 사이의 상관관계에 따라 결정된다. 이 셋의 상호작용에 따라 커뮤니케이션의 영역이 확대되기도 하고 축소되기도 하는 것이다. 3개의 원으로 나타나는 이 3가지 요소들을 묶는 '인터뷰 상황'에는 인터뷰가 시작되기 이전에 이미 결정된 상황도 포함된다. 즉, 인터뷰 시간이나 장소, 인터뷰어가 속한 조직, 응답자의 익명성과 관련된 두려움, 인터뷰의 잠정적 가치에 대한 응답자들의 이해능력 같은 것을 포함한다. 이런 사회적, 심리적 요소들이 모두 인터뷰어와 응답자에 의한 상황을 정의하고 결정한다. 인터뷰를 사전에 계획하고 그에 대한 전략을 세우는 일은 이 상황을 조정하는 것과 관계가 깊다. 전략을 결정할 때는 인터뷰 상황이 응답자에게 미칠 영향을 고려해야 한다. 그러기 위해서는 인터뷰에서 메시지, 인터뷰어, 응답자 간의 삼각관계가 어떻게 더 큰 사회나 공동체 또는 문화 등과 관련된 외부요소들과 연관되는지 알아야 한다.

고던은 위의 사회적 문맥모델에 대해 다음과 같은 사항들을 실질적으로 고려할 것을 주문한다.

첫째는 인터뷰를 통해 해결하고자 하는 문제가 무엇인지 가장 먼저 파악해야 한다는 것이다. 인터뷰를 성공적으로 이끌기 위한 전략과 기술은 많다. 그러나 더 중요한 것은 왜 그 기술을 구사할 것인가 하는 문제이다. 문제를 정확히 파악한 후에 최종적으로 방법을 선택해야 한다고 고던은 주장한다.

둘째는 인터뷰어와 응답자, 그리고 둘 사이에 오고 가는 정보의 삼각관계를 하나의 단위로 간주하라는 것이다. 정보찾기의 성격과 응답자의 성격, 그리고 인터뷰어의 성격 간 상호관계는 인터뷰 과정에서 분석의 기본적 단위이다. 이 모델은 만약 알고자 하는 정보가 어떤 종류의 것인지 알지 못한다면, 특정 유형의 응답자와 인터뷰어의 관계가 정보의 흐름에 어떤 방식으로 영향을 미치는지 이야기하는 것은 불가능하다고 가정한다. 마찬가지로, 만약 누구에게 정보를 전달해야 할지 모른다면 특정 응답자가 특정 유형의 정보를 주고자 하는지의 여부에 대해서도 말할 수 없는 노릇이다. 또한 만약 누구에게 질문을 던져야 할지 알지 못한다면, 인터뷰어의 유형이 특정 질문을 물어보기에 적합한지 여부를 예측할 수도 없다.

셋째는 필요한 정보를 분류하라는 것이다. 필요한 정보의 목록을 모으는 데 최상의 방법이 한 가지 정답처럼 나와 있는 것은 아니다. 가장 적합한 인터뷰어, 가장 적합한 응답자, 그리고 가장 적당한 방법 등 3가지 측면에서 얻어진 정보를 모아서 필요한 것을 분류하는 것이 좋다. 연구를 계획할 때 필요한 자료를 수집하는 데 가장 적합한 한 가지 특정한 방법이 있다고 여기는 경향이 있다. 그러나 인터뷰 방법이 수학의 공식처럼 단일하게 적용되지는 않는다. 같은 방법을 사용하더라도 응답자에 따라, 또 인터뷰어에 따라 정보의 내용과 질이 달라질 수 있다. 방법의 효율성에만 집착하게 되면 정보의 내실을 잃을 수가 있다.

넷째, 특정 정보의 흐름을 극대화해야 한다. 일단 필요한 정보를 분류한 후에는 각기 다른 정보의 흐름을 극대화할 방법이나 기술, 전략 등을 세우는 것이 좋다. 그렇게 해서 얻어진 정보들을 취합하면 보다 실체에 가까운, 즉 완성도 높은 정보를 기대할 수 있다. 이와 관련하여 고던은 대도시의 성폭행 현상에 대한 인터뷰 조사의 예를 들어 보인다. 어떤 도시에서 연구팀은 팀원 개개인이 성폭행에 대한 각기 다른 정보를 수집하는 방식을 채택한다. 그 정보들은 나중에 전체적 그림으로 취합, 재구성된다. 의사는 성폭행 피해자의 의학정보에 주력하고, 경찰은 성폭행 피의자의 진술과 시간, 장소, 범행 당시 상황 등과 관련된 정보들을 집중 수집한다. 이외의 다른 정보는 경찰정보와 대조-확인 과정을 거친다. 이러한 다중적 인터뷰어 전략은 자료의 적절성, 타당성 및 완전성을 향상시킬 수 있다.

다섯째, 고던은 인터뷰 결과를 지나치게 일반화하지 말 것을 주문한다. 인터뷰 상황의 개별성, 인터뷰어와 응답자의 특수한 상황을 고려하라는 뜻이다. 인터뷰의 여러 전략이나 기술은 만약 사회적 맥락을 신중히 고려하지 않는다면, 완전히 모순되는 결과를 초래할 것이라고 고던은 경고한다. 문맥적 모델은 특정 연구에 있어 인터뷰 방법을 계획하는 데 유용할 뿐만 아니라, 특정 상황에서 인터뷰 방법의 실험과 연구의 적용을 결정하는 데도 유용하다. 그러나 아무리 같은 전략과 기술을 사용했더라도 상반되는 결과가 나올 수 있는데, 이것은 인터뷰 내 3자관계의 차이 때문이거나 그들을 둘러싼 인터뷰 상황의 차이 때문이다. 이런 차이를 이해한다면 지나친 일반화의 오류로부터 자유로울 수 있다.

3. 인터뷰의 포지셔닝

인터뷰와 일반 대화의 차이점은 1장에서 살펴본 바와 같이 뚜렷한 목적의식에 있다. 인터뷰는 또 질문과 답이 오가는 과정과 그를 둘러싼 사회 · 문화적 맥락에 의존한다는 점에서도 다른 형태의 대인 커뮤니케이션과 구별된다. 그렇다면 인터뷰는 얼마나 공식적인 커뮤니케이션일까. 이 물음에 대해서 스튜어트와 캐쉬(Stewart & Cash)는 비공식에서 공식에 이르는 연속선 위에서 인터뷰가 다른 커뮤니케이션 유형들과 어떻게 구별되는지 다음과 같이 나타낸다.

친밀한 대화 × 일반 대화 ×

비공식 ―――――――――――――――――――――――――――― 공식

비공식 커뮤니케이션이란 쌍방 간에 참여가 평등하게 이루어지고,

주제의 범위가 넓으며, 목적이 미리 정해지지 않은 커뮤니케이션을 말하고, 이에 비해 공식 커뮤니케이션이란 잘 짜인 구조에 쌍방의 참여가 불평등하며, 제한된 주제로 목적이 분명한 커뮤니케이션을 말한다. 친밀한 대화나 일반 대화는 비공식 커뮤니케이션에 속한다.

친밀한 대화	일반 대화	공공연설	매스미디어
×	×	×	×
비공식			공식

이 연속선에서 공공연설은 비교적 공식적인 형태의 의사소통으로 꼽힌다. 얼굴을 마주보고 해야 하는 상황임에도 불구하고 공공연설은 주로 구두적인 상호성이 없는 일방적 진행과정이고, 상호작용 역시 제한적이기 때문이다. 공공연설이 어려운 이유는 메시지의 송신자와 수신자 사이의 심한 불균형, 주제의 제한, 그리고 엄격한 구조 때문이다. 강의실 상황에서 강사가 학생들에게 전하는 의사소통은 공공연설보다 조금 비공식적인 형태를 띠게 되며, 이 경우 화자와 청중의 의사소통 참가비율은 약 8:2 정도 될 것이다.

친밀한 대화	일반 대화	그룹 의사소통	강의	공공연설	매스미디어
×	×	×	×	×	×
비공식					공식

스튜어트와 캐쉬가 비공식-공식 연속선에서 중간에 자리 잡고 있다고 주장한 것은 그룹 내 의사소통이다. 공동의 과제나 목표를 성취하기 위한 그룹토론이 그것이다. 그룹 의사소통이 원활하게 이루어지기 위

해서는 그룹의 구성원이 동등하게 참여해야 한다. 그러나 각종 포럼이나 심포지엄, 원탁회의, 문제해결을 위한 팀원 사이의 의사소통에서 개인은 종종 자신을 드러내지 않거나, 그룹의 분위기에 이끌려가는 일도 발생한다. 참여의 상호성, 주제, 상호 간의 관계는 그룹의 유형과 스타일에 따라 다양하다. 공개토론회나 원탁회의에서 참가자는 토론을 지배할 수도 있고, 주류의 의견 뒤에 스스로 몸을 숨길 수도 있다. 그룹토론은 중간 정도의 강도로 조직화되어 있으며, 잠재적으로 가장 민주적 의사소통 방식이라고 할 수 있다. 문제해결 그룹이나 업무 그룹은 또 다른 경우이다. 이런 그룹의 역동성은 업무의 내용, 문제점, 복잡성, 개인의 역할, 이뤄야 할 목적 등에 따라 다양하다. 정보가 모두 개방되어 자유롭고 평등하게 흐른다는 생각은 하나의 이상이다. 기득권, 비밀스런 의제, 그룹 간이나 혹은 개인 간의 경쟁이 진정한 의미의 민주주의의 실현을 막기도 한다.

친밀한 대화	일반 대화	인터뷰	그룹 의사소통	강의	공공연설	매스미디어
×	×	×	×	×	×	×
비공식						공식

인터뷰가 비공식-공식 연속선에서 위치하는 자리는 일반 대화와 그룹 의사소통의 중간 정도이다. 다시 말해 인터뷰는 그룹 내 의사소통이나 강의, 공공연설보다는 비공식적이고 덜 구조적이지만, 일반 대화보다는 공식적이고 구조적이어야 한다는 뜻이다. 인터뷰에 참가하는 쌍방의 참여 역시 그룹 내 의사소통보다는 평등해야 하지만, 일반 대화보다는 불평등해야 한다. 여기서 인터뷰어와 응답자 사이의 참가비율은

3:7 정도가 적당하다고 스튜어트와 캐쉬는 주장한다. 인터뷰어의 말이 전체 대화의 40%를 넘어가면, 인터뷰어는 연설을 하는 것이지 인터뷰를 하는 것이 아니라는 뜻이다.

인터뷰는 또 참여자의 끊임없는 적응능력을 요구한다. 인터뷰어와 응답자는 질문과 답변이라는 과정을 통해 서로에게 자극받고 적응하면서 매우 역동적이며 상호작용적인 의사소통의 영역을 구축해간다.

그밖에도 인터뷰가 다른 의사소통과 구별되는 특성으로 다음과 같은 것을 꼽을 수 있다.

① 인터뷰는 상대방의 태도나 감정, 사상과 신념체계, 그리고 그 4가지 요소를 묶는 다양한 설명을 이해하는 데 더욱 유용한 도구이다.

② 인터뷰에는 모든 종류와 유형의 질문들이 적극적으로 동원된다.

③ 인터뷰는 개인과 관련된 욕구나 문제점을 주로 다루는 반면, 다른 의사소통은 덜 민감한 분야를 다루는 경향이 있다.

④ 주제에서 벗어나는 것은 일부 의사소통 환경에서 흔히 나타나는 현상이지만, 인터뷰에서는 필요에 의해 미리 계획된 경우가 많다.

⑤ 모든 유형의 의사소통이 사실에 입각한 자료를 필요로 하지만, 인터뷰어는 특히 자신의 생각을 뒷받침하는 자료나 증거들을 반드시 확보하고 있어야 한다. 왜냐하면 응답자가 인터뷰 과정에서 요구할 수 있기 때문이다.

⑥ 연사나 토론자, 강사는 자신의 지식이나 생각을 체계적인 언어로 전달하기 위해 상당한 시간을 투자해야 한다. 그러나 인터뷰의 경우 질문을 하는 경우를 제외하고는 그런 노력이 별도로 필요하지 않다.

⑦ 인터뷰만큼 개인을 드러내는 커뮤니케이션은 없다. 따라서 인간적인 위험(*personal risk*)을 수반한다.

4. 인터뷰 상황의 커뮤니케이션 요소들

앞서 논의했듯 인터뷰는 진공상태에서는 존재할 수 없는 사회적 의사소통 과정이다. 한 사람을 떠난 의미가 또 다른 사람에게 전달되는 과정을 커뮤니케이션이라고 요약할 때, 그 의미가 변형되지 않고 그대로 전달되느냐 하는 논의는 별개의 문제이다. 전달된 의미와 받아들여진 의미는 같지 않다. 원래의 의미는 여러 요소들과 상호작용하거나 부딪히면서 새로운 의미로 변형되기도 하고, 일부만이 걸러져 상대방에게 전달되기도 한다. 인터뷰 상황에는 의미전달을 방해하거나 돕는 각종 요인들이 있다. 가령 두 사람이 같은 언어를 사용하는 것은 분명 커뮤니케이션을 돕는 요인일 것이다. 그러나 그 둘이 언어의 사전적 의미만 이해하고 함축적 의미에 대한 이해를 달리한다면, 의사소통이 제대로 이루어지지 않을 것이 분명하다. 인터뷰 상황을 구성하는 커뮤니케이션 요소들에 대한 이해야말로 인터뷰 커뮤니케이션의 이해에 필수적 과정이라고 할 것이다.

일단 인터뷰 상황을 거친 정보들을 받아들인다는 뜻에서 이들 요소들을 다운즈(Downs) 등은 인터뷰 커뮤니케이션 거름장치(*filter*)라고 부르기도 했다. 이들 중 지각, 사고 패턴, 언어 전문성, 편견, 기억에 대해 살펴보기로 한다.

• 지 각

사람들은 무수히 많은 신호에 둘러싸여 있는데, 그것들에 모두 주의를 기울인다는 것은 불가능하다. 한 사람과 만나 이야기를 할 때, 접수

〈그림 2-4〉 두 사람 사이의 메시지 선택과 공유

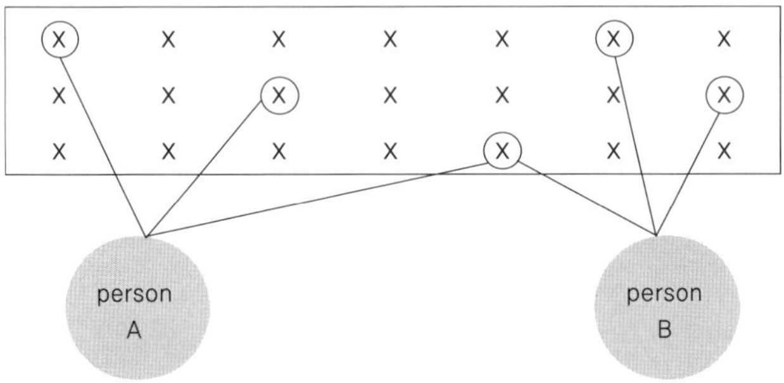

출처: Downs, Smeyak & Martin, *Professional Interviewing*, p.24.

되는 신호들은 외모, 몸짓, 얼굴 표정, 자세, 움직임, 목소리 등 비언어적인 것에서부터 언어의 사용, 언어가 담고 있는 사고, 언어가 구사되는 방식 등 언어적인 것에 이르기까지 무수히 많다. 결과적으로 사람은 스스로의 목적에 맞거나 스스로에게 이해되는 방식으로 메시지를 선택, 조직, 해석한다. 여기서 자신이 의사소통을 지각하는 방식이 거름장치의 역할을 한다.

사람들은 모든 메시지에 관심을 기울일 수 없기 때문에 어떤 것을 선택하고 나머지는 버린다. 〈그림 2-4〉는 이 선택의 과정을 통한 의사소통을 보여준다.

〈그림 2-4〉에서 사람 A는 여러 가지 메시지(X) 중에서 3가지를 선택해 인식했고, 사람 B 역시 3가지를 선택했다. 그러나 이 두 사람이 공통적으로 선택한 것은 한 가지 메시지뿐이다. 같이 선택한 이 메시지를 통해 두 사람 사이의 의사소통은 이루어졌으나, 다른 메시지에 대해서는 다른 인식을 갖고 있다.

사람들은 많은 메시지를 접하고 있으나 사실상 그중 오직 몇 가지의 성격만을 보거나 듣는 것에 불과하다. 일부가 항상 전체를 대표하지는 않는다. 두 사람이 같은 메시지를 들었을 때, 그들은 아마도 같은 특성의 몇몇은 들었겠지만, 또 다른 특성에는 서로 다른 초점을 둘 것이다. 그들의 경험은 동일하지 않으며 메시지에 관한 그들의 이해 역시 동일하지 않다. 인터뷰어는 따라서 상대방의 인식에 대한 차이점을 예상하는 훈련부터 해야 한다. 그러기 위해 인터뷰어는 과거의 습관들을 뛰어넘어야 한다. 인식은 현실을 구성하기 때문에, 사람들은 만약 경험이 그들에게 현실적이면, 그 경험은 다른 사람에게도 역시 현실적이어야 한다고 가정하기 쉽다. 이것은 반드시 극복해야만 할 가정이다. 인식에서 선택의 과정은 불가피하지만, 더 중요한 것은 사람들이 같은 자료로부터 다른 현실들을 창조한다는 것을 인식하는 일이다. 왜냐하면 인터뷰의 성공 여부는 인터뷰어가 응답자의 인식을 제대로 발견했는지 여부에 달려 있기 때문이다.

인식에 영향을 미치는 것으로 동기를 빼놓을 수 없다. 의사소통의 동기는 욕구에서 출발한다. 사람들은 종종 그들의 욕구를 충족시키기 위해 스스로 원하는 대로 메시지를 선택하고 구성한다. 동기는 인식에 상당히 영향을 미치기 때문에, 얼마나 강하게 그들이 상호작용하는지 지적하지 않고서 인식이나 동기 둘 중 하나에 관해서 이야기하는 것은 불가능하다.

과거의 경험도 인식에 영향을 미친다. 사람들은 과거 경험에 의거해 현재의 경험들을 해석하기 때문이다. 시간이 흐를수록 경험에 의한 인식은 일정한 패턴을 형성한다. 똑같은 과거 경험을 가진 두 사람은 있을 수 없으므로, 인식에서도 자연히 차이가 날 것을 예상할 수 있다.

<표 2-1> 관찰과 추론의 차이

관찰의 진술	추론의 진술
• 관찰 당시나 관찰 이후에만 가능하다. • 관찰한 범위를 벗어나서는 안 된다(가령 어떤 여자가 다이아몬드 반지를 끼고 있다고 가정하자. 관찰자의 입장에서 "그 여자는 다이아몬드 반지를 끼고 있었다"고 진술할 수 있으나 "그 여자는 부자다", "그 여자는 사치스럽다"는 진술은 관찰의 범위를 넘어선 것이다). • 관찰자에 의해서만 가능하다. • 확실성에 접근할 수 있다.	• 아무 때나 만들어질 수 있다. • 관찰의 범위를 넘어서 상상의 한계까지 허용된다. • 누구나 할 수 있다. • 각기 다른 정도의 개연성을 지닌다.

출처: Downs, Smeyak & Martin, *Professional Interviewing*, p.28.

그밖에도 자신이 속한 그룹이 지향하는 추론의 틀, 사람이 처한 환경, 내면적 상태 등도 인식에 영향을 준다.

• 사고 패턴

어떤 사람들은 구체적 관계는 잘 이해하면서 추상적 자료를 이해하는 데에는 한계를 드러낸다. 어떤 사람은 귀납법적 사고를 주로 하고, 어떤 이는 연역법적으로 사고한다. 이는 그들의 사고 패턴이 다르기 때문이다. 이 사고의 패턴은 의사소통하는 방식에도 영향을 미친다.

사고 패턴의 차이를 이해하기 위해서는 추론과 관찰의 차이를 살펴보아야 한다. 추론이란 정신적 비약(*mental leap*)이다. 관찰이 우리의 오감 중 하나를 통한 실질적 경험이라면, 추론이란 알려진 것을 기초로 알려지지 않은 것에 대한 진술이나 결론을 예측하는 것을 의미한다. 윌리엄 헤이니(William Haney)는 <표 2-1>과 같이 추론과 관찰을 구분하여 설명했다.

인터뷰에서 추론과 관찰을 혼동하는 것은 위험하다. 우선 추론은 개연성을 포함하기 때문에 틀릴 위험이 존재하기 마련이다. 그러나 인터뷰어가 그 위험을 미리 추측하고 준비한다면 더욱 탄탄한 의사소통의 토대를 마련할 수 있다. 그리고 추론에 의거한 인터뷰어는 실제 진술되거나 보도되지 않은 정보를 작성하기 쉽다. 메시지의 정확한 해독, 즉 정보의 올바른 수용은 추론과 관찰을 분리해서 사고하는 데에서 시작한다고 해도 과언이 아니다.

식별 패턴 역시 사고 패턴의 중요한 부분이다. 식별 패턴이란 사람들이 어떻게 같은 것과 다른 것을 구분하느냐의 문제인데, 이 과정에서 중대한 의사소통의 오류를 범하기 쉽다. 첫째 유형으로, 사람들은 비슷한 속성에 의거해 사람, 사건 혹은 상황을 한데 묶으려는 경향이 있다. 성이나 인종 같은 고정관념의 틀을 사용하는 것은 그릇된 식별 패턴이라고 할 것이다. 잘못된 식별의 둘째 유형은 사람이나 사물이 시간이 지남에 따라 바뀐다는 것을 인식하지 못했을 때 발생한다. 셋째 유형은 흑백논리에 의한 식별이다. 찬성/반대, 흑/백, 성실/불성실, 충성/불충성, 그리고 능력/무능력 등 2가지의 극단적 식별 패턴은 실제로 존재하는 모든 선택의 여지를 남겨 놓지 않으므로 적합한 방식이라고 할 수 없다.

가장 고질적으로 의사소통을 방해하는 사고의 패턴 중 하나는 닫힌 마음이다. 현 상태에 대한 지나친 방어가 종종 원활한 의사소통을 막는다. 사람은 늘 새로운 생각에 노출되어 있는데, 새로운 생각을 위험하거나 버거운 대상으로 생각하는 사람들은 그 생각에 저항하게 마련이다. 새로움을 수용할 수 있는 열린 마음은 상호 간의 커뮤니케이션을 가능하게 하는 기본 토양이 된다.

• 언어 전문성

올바른 언어 사용 역시 인터뷰 상황을 구성하는 중요한 요소 중 하나이다. 언어가 가져오는 의사소통의 문제점들을 극복하기 위해 다운즈(Downs) 등은 다음과 같은 원리를 제시한다.

① 메시지와 의미는 다르다. 같은 말을 쓰더라도 의미는 달라질 수 있다. 중요한 것은 그 메시지를 통해 전하고자 하는 의미가 무엇인지 파악하는 일이다.
② 의미는 사람들 안에 존재한다. 의미란 메시지의 해석을 뜻한다. 커뮤니케이션은 두 사람이 공통된 메시지에 관하여 비슷한 의미를 가질 때 효과적이다.
③ 의미는 경험을 통하여 학습된다. 단어와 의미 사이에는 본래의 연관성이 없다. 언어는 상징적이고 임의적인 상징체계로, 배워야만 하는 것이다. 이런 요지는 외국어를 말할 때 분명하게 드러나나 모국어를 구사할 때는 종종 간과하기 쉽다. 더욱이 사람들은 같은 단어에서도 다른 뜻을 배우며, 시간이 흐름에 따라 뜻이 변하기도 한다. 단어가 단지 하나의 의미를 가졌다고 여기지 말아야 한다.
④ 상대방이 의미를 임의대로 해석할 때 실질적으로 막을 수 있는 방법은 없다. 사람들은 같은 메시지나 단어를 공유했기 때문에 같은 것을 의미한다고 생각하지만, 실제는 그렇지 않다.
⑤ 피드백을 주고받는 것은 상호 간의 오해를 해소할 수 있는 매우 바람직한 방법이다.

• 편 견

칸과 캐널(Kahn & Cannell)은 편견을 인터뷰에서 계획되지 않거나 원하지 않았던 영향력이라고 정의했다. 일반적으로 편견은 커뮤니케이션에 대한 제도적 영향력을 행사한다. 편견은 고정된 태도, 세계를 인식하는 특정한 정신적 장치, 기대, 동기, 특정 언어에 대한 반응 또는 추론을 만드는 특정한 패턴에서부터 유래한다고 할 수 있다. 편견과 판단 사이를 명확히 구분하는 것은 상당히 중요하다. 판단은 근거 있는 비판적 설명을 포함하지만 편견은 그렇지 못하다. 편견은 인터뷰 상황을 실패로 이끌 수 있는 제도적 실수이다.

인터뷰어와 응답자는 모두 배경적 요인, 성격적 요인, 심리적 요인, 행위적 요인으로 편견을 표출할 수 있다. 배경이나 성격적 특성은 커뮤니케이션의 일반적 여과시스템에 매우 중요한 영향을 미친다. 심리적 요인은 행동을 결정하는 데 중재적 패턴이 되기 때문에 중요하다. 마지막으로 행동적 요소도 상당히 중요하다. 왜냐하면 인터뷰 내에서 실제 내용이나 관계를 결정하기 때문이다.

편견을 줄이는 가장 좋은 방법은 일단 편견의 존재를 인식하는 것이다. 인터뷰어는 효율적으로 의사소통을 이루기 위해 편견을 없애도록 스스로를 훈련시킬 필요가 있다.

• 태 도

태도는 메시지를 구성하고 해석하는 측면에서 공통적으로 중요한 구성요소이다.

첫째, 상대방에 대한 태도는 의사소통의 상황을 결정짓는 매우 중요한 요소이다. 인터뷰 상대가 마음에 드는 사람이라면 호의적으로 의사소통을 할 것이고, 거부감이 있는 사람이라면 그 반대일 것이다. 마찬가지로 인터뷰어는 자신을 향한 응답자의 자세가 커뮤니케이션을 방해한다는 것을 인식할 필요가 있다. 사람들은 그들이 신임하지 않거나 반대의견을 가진 사람으로부터 아이디어를 받아들이는 것을 꺼리는 경향이 있다.

둘째, 메시지에 대한 태도는 행동에 영향을 미친다. 메시지의 내용을 지지하거나 좋아한다면 표현하는 데 상당히 열정적일 것이다. 그러나 메시지를 싫어하거나 지지하고 싶지 않을 때는 그냥 지나치고 싶거나 그것을 믿지 못하겠다는 행동을 보일 것이다. 마찬가지로, 인터뷰 대상에게도 같은 방식이 적용된다. 인터뷰 대상은 메시지의 내용에 대한 그들의 태도 때문에 일부 메시지만 받아들이고 다른 것은 거부한다.

셋째, 대인관계에 대한 태도, 즉 일대일의 커뮤니케이션에 대한 태도가 영향을 미칠 수 있다. 어떤 사람들은 말로 하는 인터뷰를 즐기고 다른 사람은 오히려 글로 쓰는 것을 선호한다. 대화를 즐기는 사람은 인터뷰 상황에 좀더 유연하게 적응할 가능성이 높다. 말을 통해 자신을 드러내는 것을 좋아하거나 외향적 성향을 지닌 사람들 역시 인터뷰를 통해 소통의 폭을 넓힐 가능성이 높다.

넷째, 스스로에 대한 태도 역시 커뮤니케이션에 중요한 여과의 역할을 한다. 스스로 확신에 차 있을 때, 사람들은 열정적으로 표현하고 소통한다. 자신에 대한 신념이 부족하다면 자신의 생각을 밝히는 데 주저하거나 외부 시각에 대해 걱정을 할 것이다. 자신에 대한 태도는 상황에 따라 변하기도 하므로 인터뷰 당시 상대방이 어떤 상황인가를 파악하고 임하는 것이 중요하다.

• 기억

의미를 해석하고 추상화하는 일련의 과정은 기억력에 의존한 지속적 의사소통의 과정이다. 기억력은 개인적 여과작용에서 상당히 중요한 부분이다. 앞서 말했듯 사람들은 수많은 메시지들에 노출되고, 많은 정보가 주어지기 때문에 기억이라는 여과장치를 필요로 한다.

기억을 하는 가장 일반적 방법은 인터뷰할 때 메모를 하는 것이다. 이 방법은 그 순간 중요하다고 인식되는 것을 문서화함으로써 인터뷰가 끝난 후에 잊어버린 것들을 기억해 되살리는 역할을 한다. 메모를 하는 데 유의할 점은 인터뷰어와 인터뷰 대상 사이의 상호성에 기인한 영향력을 고려하는 것이다. 인터뷰 도중 받아 적는 행위를 그치지 않을 경우 커뮤니케이션의 흐름을 방해할 수 있다. 인터뷰 대상 중에는 인터뷰어가 무엇을 적는지 궁금해 하는 사람도 있다.

기억을 되살리는 또 다른 방법은 인터뷰를 하는 동안 귀 기울여 듣다가 인터뷰가 끝난 즉시 내용을 요약하여 적는 것이다. 이 과정이 성공하기 위해서는 핵심을 파악해 요점을 정리하는 능력이 있어야 한다. 인터뷰 대상의 협조를 구하고 인터뷰를 테이프에 녹음하는 방법도 생각해볼 수 있다. 이 방법은 특히 인터뷰어가 자신의 기술을 향상시키기 위한 훈련과정으로 중요하고, 또 상대방의 반응이나 상호성을 심도 있게 분석하고자 하는 상담 인터뷰에서 매우 유용하다.

5. 인터뷰의 2가지 접근: 전통적 시각과 해석적 시각

인터뷰에 대한 인식론적 관점은 크게 2가지다. 전통적 시각은 인터뷰를 정보를 얻는 하나의 수단으로 보는 시각이다. 여기서 인터뷰는 사회의 실제를 반영하는 거울이며, 지식과 의미를 전달하는 하나의 통로로 인식된다. 이 시각에 따르면 조사자는 자신이 찾고자 하는 정보나 메시지가 어떤 고유의 형태로 인간 내부에 존재한다고 믿는다. 인터뷰라는 수단은 그 정보나 메시지에 이르기 위한 통로에 불과하다는 것이다. 인터뷰의 가치는 따라서 조사와 발견의 수단이라는 데 있으며, 정확한 묘사와 체계적 코딩작업의 중요성을 강조한다.

이와 다른 좀더 해석적인 시각은 인터뷰를 상호작용적 관점에서 파악하는 것이다. 이 시각을 가진 연구자는 자신이 찾으려는 정보나 메시지가 따로 존재하는 것이 아니라 연구자와 연구 대상자, 혹은 인터뷰어와 응답자 사이의 상호작용에 의해 만들어진다는 능동적 자세를 갖는다. 해석적 인터뷰론에 따르면 인터뷰 참여자들에 의해 내러티브 버전이 창조되며, 그 과정에서 세계에 대한 정보가 생성된다. 사람들이 의미를 구성해 간다는 의미에서 인터뷰를 해석적 과정으로 보는 것이다.

전통적 견해에 따르면 응답자는 수동적이며, 지식을 저장하고 있는 대상에 불과하다. 반면 해석적 견해에 따르면 그들은 적극적인 의미의 창조자들이며, 지식을 수정하고 중재하는 대상이다. 전통적 견해에 입각한 인터뷰에서는 인터뷰를 통해 얻어지는 정보가 무엇이냐(*what*)에 더 관심이 있는 반면, 해석적 견해에 입각한 인터뷰에서는 어떤 정보를 얻었는지와 어떻게 얻었는가(*how and what*)의 상호작용을 중요하게 여기면서 둘 다 분석대상으로 삼는다.

위의 2가지 관점은 미디어 인터뷰 논의에도 유효하다. 미디어 인터뷰를 크게 나누면 뉴스 인터뷰와 인물 인터뷰로 나뉘는데, 뉴스 인터뷰는 전통적 시각에 좀더 충실한 인터뷰인 데 비해, 인물 인터뷰는 인터뷰 대상과의 상호작용을 통해 생성되는 새로운 내러티브에 의미를 부여하는 인터뷰이다. 뉴스 인터뷰에서 기자들이 찾아내야 하는 것은 취재원과 분리된 정보로서의 뉴스인 반면, 인물 인터뷰에서 기자들이 발견해야 하는 것은 취재원과의 상호작용을 통해 새로 구축해낸 현실로서의 뉴스라는 것이다. 인물탐구형 인터뷰를 창조적 인터뷰(*creative interview*)라고 부르는 데에는 이러한 시각이 녹아있다고 할 수 있다.

뉴스의 구성주의적 관점에서 미디어 사회학자들은 뉴스 인터뷰의 목적인 '뉴스'의 의미를 해석적으로 접근한다. 이들은 뉴스가 세상에 이미 존재하는 것이 아니라 보도과정을 통해 만들어지는 것이라고 주장한다. 기자 자신이 속한 사회나 조직의 제작공정을 통해 만들어내는 산물이라는 것이다. 뉴스의 사회적 의미구성(*social construction of meaning*)이라는 말엔 뉴스가 '발견'의 대상이 아니라 '만들어지는 것'이라는 뜻이 담겨 있다. 만들어지는 과정에 영향을 미치는 요소는 다양하다. 우선 기자가 어떤 교육을 받은 사람들로 구성되었으며 어떤 사회적 계급에 속해 있는지가 영향을 미칠 것이다. 이들이 속한 조직이 지향하는 이념적 성향이 무엇인지, 기업의 운영형태는 무엇인지에 따라서도 영향을 받을 것이다. 더 넓게는 그 조직이 생성, 유지되는 사회 시스템과 국가형태로부터 뉴스는 결코 자유롭지 않을 것이다. 미디어 사회학자들은 이런 논의들을 정리해 뉴스 공정에 영향을 미치는 요소들로 기자들의 구성과 사회화 과정, 뉴스 제작의 물리적 제약들, 언론조직의 특성, 언론사가 지향하는 이념, 언론사 밖의 이념과 사회체제 등을 꼽는다.

03 인터뷰의 역사

1. 인류 최초의 인터뷰

세상에서 가장 먼저 인터뷰를 한 사람은 누구일까. 프리랜서 작가인 존 크리스티(John Christie)는 인류 역사상 최초의 인터뷰어는 아마도 모세일 것이라고 했다. 시나이 산에 올라간 모세는 신을 만난 후 "당신 이름이 무엇이냐"고 묻고, 신으로부터 "내 이름은 여호와"라는 답변을 얻어낸다. 성경에 따르면 신과의 대화(인터뷰)를 계속한 모세는 여호와로부터 십계명을 받아와 후세에 전했다. 그는 뛰어난 인터뷰어이면서 커뮤니케이터이기도 했던 것이다.

인터뷰를 어떤 욕구에 기반을 둔 두 사람 사이의 말 주고받기로 폭넓게 해석한다면 인터뷰의 역사란 곧 커뮤니케이션의 역사라고 해도 무리가 없을 것이다. 질문의 형태로 던지고 답을 통해 정보를 수집하는 기능적 활동으로서 인터뷰의 역사는 사실 인류가 의사소통을 하고 문자로 기록하기 시작한 때로 거슬러 올라갈 정도로 오래된 것이다.

인터뷰의 역사에 대해 비교적 소상히 기록한 존 브레이디(John Brady)는 인터뷰의 시초를 인간이 질문을 던지기 시작한 때로부터라고 본다. 질문한다는 것은 인간이 호기심을 충족시키고 배워가는 주요한 수단이라는 것이다. 가장 오래된 책의 하나로 꼽히는 *Instruction of Ptah-Hotep*은 4천 년 전 이집트의 한 관료가 저술한 것으로, 대화하는 방법을 기술하고 있다. 굳이 오늘날 개념의 인터뷰는 아니라고 하더라도 대화의 기술은 고대 이래로 줄곧 관심의 대상이었다는 것을 말해준다. 소크라테스(B. C. 469~399)는 단 한 권의 책도 남기지 않았지만 위대한 철학자로 꼽힌다. 그는 책을 쓰는 대신 질문과 답으로 진리를 탐구했다. 소크라테스가 살았던 시절은 문자는 존재했으나 구전 형식의 커뮤니케이션이 지배하던 '말의 시대'였다. 질문을 던지고 얻은 답에 다시 반박하는 그의 독특한 대화법은 글이 보편적 커뮤니케이션 도구가 되기 이전에 말을 통해 진실을 탐구하는 도구가 되었다. 좋은 인터뷰어란 종종 좋은 질문자와 동의어로 통하는데, 그런 관점에서 소크라테스는 뛰어난 철학자이면서 뛰어난 인터뷰어였다.

인터뷰의 형태를 띤 문서는 중세시대와 르네상스 시기에서도 찾아볼 수 있다. 종교적 계시를 받은 중세시대의 한 부인이 쓴 *The Book of Majorie Kemp*는 사제, 주교, 왕 등과 인터뷰한 내용을 담고 있으며, 르네상스 시기에 나온 토마스 모어의 《유토피아》(*Utopia*) 역시 그가 나눈 다양한 대화의 보고서 형식이다.

브레이디는 기능적 인터뷰가 자리 잡게 된 배경으로 출판을 지적한다. 인쇄술이 발명되고 대량으로 정보를 유통시키는 것이 가능해지면서 사람들이 출판되기 위한 정보를 모으는 수단으로 인터뷰라는 방법을 고안하게 되었다고 말한다. 그리고 다른 발명품들과 마찬가지로 인터뷰 역시 초기에는 조롱과 회의의 기간이 있었고, 여러 시도와 오류의 시대를 거쳐 오늘날에는 글 쓰는 사람들을 위한 가치 있는 도구로 인식되기에 이르렀다고 한다.

역사상 명멸한 수많은 위인들의 행적이 오늘날까지 전해 내려오는 것은 취재와 기록의 결과이다. 취재는 결국 당사자나 주변인물의 증언들로 이루어지는데, 이런 증언들을 모으는 과정으로 인터뷰가 필수적이다. 서구의 일부 기자들은 셰익스피어 같은 인물이 오늘날 신비 속에 감춰져있는 이유는 아마도 셰익스피어를 직접 인터뷰한 사람이 없기 때문일 것이라고 말한다. 마찬가지로 예수가 신비로울 수 있는 것도 그가 어떤 인터뷰도 하지 않았기 때문이라는 것이다.

사실 인터뷰라는 말은 '서로 방문한다'는 의미의 불어 s'entrevoir에서 왔으며, 반드시 대화를 인용하고 기록했다는 것을 의미하지는 않았다. '인터뷰'의 원래 의미는 단지 만남이 일어났다는 것이었다. 사회적 만남과 정보 수집을 위한 만남 간의 구별은 훨씬 나중에 생겨났다.

2. 미디어 인터뷰 발생기

미디어 인터뷰란 출판을 위한 정보를 얻기 위한 인터뷰이다. 취재도구로서의 인터뷰 역사는 저널리즘의 역사와 맥을 같이한다. 미국의 언론인 빌 코바치와 탐 로젠스티엘(Bill Kovach & Tom Rosenstiel)은 《저널리즘의 기본요소》(*Elements of Journalism*)라는 책에서 근대 저널리즘의 시초를 17세기 초 영국의 커피하우스의 등장에서 찾는다. 훗날 '펍'(*Pub*)

이라고 불리게 된 공적 공간인 그곳에는 당시 지식층과 상인들이 모여들었고, 그들의 이야기를 받아 적어 출판하려는 업자(*Publican*)들이 붐볐다. 초기 형태의 신문이 발간된 1609년 무렵 영국의 커피하우스를 근대 언론의 산실로 보는 것은 이러한 사회적 분위기 때문이다. 당시 커피하우스에는 직업적 출판인이 모여들어 정치적 논쟁은 물론 선박 정보나 가십거리를 모아 인쇄했는데, 이는 훗날 시민의 탄생, 민주주의의 발달과도 연결되는 매우 의미 있는 사건이다.

저널리즘의 탄생은 필연적으로 유명 저널리스트를 수반한다. 소설 《로빈슨 크루소》로 유명한 다니엘 디포(Daniel Defoe, 1659~1661)는 무역인, 작가, 팜플렛티어를 겸한 저널리스트다. 그가 3주에 1번씩 10년이 넘게 발행한 잡지 〈리뷰〉(*Review*)에는 수많은 사람들과의 인터뷰가 실렸다. 그를 '현대 저널리즘의 아버지'라고 부르는 사람들은 그의 취재기법과 사실성에 충실한 글쓰기를 높이 평가한다. 당시 대부분의 잡지들이 허구의 이야기를 실었던 반면, 〈리뷰〉는 사람들의 성공을 더욱 생생하게 보이도록 만드는 풍부한 리얼리즘에 바탕을 두었다. 디포의 작품에 나오는 사실성은 물론 인터뷰를 통해 확보된 정보에 의거한 것이었다.

앞서 말했듯 영국에서 신문이 대중적으로 유통되기 이전 대화의 중심지는 커피하우스로 불리는 선술집이었다. 당시 가장 인기를 끌었던 연설가인 사무엘 존슨(Samuel Johnson)을 인터뷰한 보스웰(Boswell)의 글 "라이프 오브 존슨"(*Life of Johnson*)은 직접 대화의 내용이 고스란히 살아있는 훌륭한 인터뷰로 꼽힌다.

영국의 극작가 헨리 테일러(Henry Taylor, 1800~1886)는 1836년 자신의 에세이를 모아 《정치가론》(*The Stateman*)을 펴냈다. 이 책은 마키아

벨리(Machiavelli)가 《군주론》(*The Prince*)에서 권력을 유지하기 위해 취한 기술들을 비난하면서 자신이 개발한 다른 전략들을 소개하기 위한 것이었다. 이 책에서 그는 리포트를 쓰는 방법에서부터 부인을 고르는 방법에 이르기까지 수많은 전략을 소개했는데, 그중에는 "인터뷰에 대하여"라는 제목의 장도 있다. 이 장에서 테일러는 원활한 의사소통을 위한 조언과 함께 인터뷰의 비언어적 요소들에 대한 언급을 한다. 가령, 그는 가구를 어디에 어떻게 배치하는가도 인터뷰의 성공이나 실패를 결정짓는 요소가 된다고 적었는데, 이는 대인 커뮤니케이션에서의 공간학(*proxemics*) 개념과 일치한다.

미국의 경우 초기 인터뷰 기사는 18세기 초로 거슬러 올라간다. 1719년 3월 2일 〈보스턴 뉴스레터〉(*Boston News-Letter*)는 '검은 수염'이라는 별명이 붙은 해적의 죽음을 당시 선장과의 인터뷰 기사로 작성했다. 그 후 인터뷰는 저널리즘에서 간간이 사용되기는 했으나, 그다지 중요한 취재의 수단으로 여겨지지는 않았다. 미국에서의 인터뷰 기사가 전기를 맞은 것은 1835년 〈뉴욕 헤럴드〉(*New York Herald*)의 발행인 제임스 고든 베네트(James Gorden Bennett)가 "경찰 보도를 새롭고 진보된 방법으로 하겠다"고 천명하면서부터다. 베네트는 기존의 보도방식이 '사람과 범죄에 대한 황폐한 보도에 불과하며, 결국 아무것도 아닌 것보다 더 못한 이야기'라고 반성하며, '왜 좀더 독자들에게 새롭고 우아한 옷을 입혀서 보도할 수 없는 것일까'라는 문제의식을 갖기 시작했다. 〈뉴욕 헤럴드〉의 후속 이슈들은 오늘날 알려진 인터뷰의 2가지 형태, 즉 인간적 관심(*human interest*)을 위해 세부적 묘사를 허용하고, Q&A 형식을 도입해 상대방의 말을 있는 그대로 실어주는 과감한 실험을 했다. 미첼 찬리(Mitchell V. Charnley)는 그의 저서 《보도론》(*Reporting*)에서 미국에서 인터뷰 기사를 쓴 최초의 언론인으로 베네트를 꼽는다. 보도의 새로운 양식을 도입하고, 과감한 실험을 한 노력을 인정한 것이다.

베네트의 실험이 비평과 도전을 맞게 된 것은 1836년 4월 뉴욕에서 벌어진 한 살인사건을 보도하면서부터이다. 베네트는 뉴욕의 한 사창가에서 벌어진 '엘렌 쥬위트(Ellen Jewett) 살해사건'과 관련, 그의 시체를 발견한 마담 로지나 타운센드(Rosina Townsend)를 만나 살인사건에 대한 일문일답을 갖고 그 내용을 직접 인용한 기사를 실었다. 훗날 베네트의 전기를 쓴 작가 올리버 칼슨(Oliver Carlson)은 당시를 회고하며, 신문 1면을 장식한 그날 그의 기사는 뉴욕 전체를 흔들었다고 적었다. 비평가들은 베네트의 보도를 놓고 '새로운 무덤을 찾아 돌아오는 흡혈귀, 썩은 고기를 찾는 새' 등에 비유하며 악하고 추잡한 보도라고 혹평했다. 런던의 언론 역시 즉각 '품위를 떨어뜨리는 미국식 인터뷰'라며 '인터뷰 상대에게는 불쾌감을, 국민들에게는 피곤을 안겨준다'고 비평했다.

그럼에도 불구하고 베네트의 질문과 답변 형식은 독자들이 직접 현장에 있다는 기분을 느낄 수 있도록 해주었고, 당시 1년도 채 안 되었던 〈뉴욕 헤럴드〉지의 판매부수를 늘리는 데 기여했다. 다음의 구절은 베네트식 보도의 전형이다.

> 내가 문을 노크하자, 한 경찰관이 슬며시 문을 열었다. 나는 그에게 내가 누구인지를 밝혔다. "B씨, 들어오세요." 그는 굉장히 정중한 태도로 말했다. 뒤에서 입구를 찾던 군중들도 뛰어 들어왔다.
> "더 이상은 안 됩니다." 경찰관이 말했다.
> "왜 그 남자는 들여보냈소?" 사람들 중 한 명이 물었다.

"그는 편집장이오. 공적 임무를 수행중입니다. B씨, 사건현장을 보고 싶습니까?"

"그렇습니다."

"여기 있습니다." 경찰이 말했다. "여기 그 불쌍한 사람이 있소."

며칠 후 베네트는 후속보도를 했다. 미국 신문에서 공식적인 첫 번째 사례로 꼽히는 Q&A 포맷의 인터뷰였다. 베네트는 인터뷰 서문에서 자신이 가진 대화의 정확성을 증명할 목격자가 있다고 밝혀 기사의 정확성에 대한 자신감을 보였다. 그는 마담 로지나에게 사건이 있던 날 밤에 대해 물었다. 마담 로지나는 "내가 노크하자, 엘렌이 들어오라고 말했어요. 문을 열고 안으로 들어갔죠. 나는 프랭크가 침대에 누워있는 것을 봤어요"라고 답했다고 한다. 이 대목에서 베네트는 마치 법정에서 증인을 심문하듯 다음과 같이 인터뷰를 해내려갔다.

Q: 그가 무엇을 하고 있던가요?

A: 그는 침대 위에서 한 팔로 머리를 받친 채 오른쪽으로 누워 있었어요. 이불은 그의 아래에 던져져 있었고, 그의 다른 한 손에는 무엇이 들려 있었어요.

Q: 그게 뭐였죠?

A: 말할 수 없어요.

Q: 책이었나요?

A: 책이거나 신문이었던 것 같아요. 그리고 나는 그의 얼굴을 봤어요.

Q: 그가 뭐라고 말했나요?

A: 아무 말도 하지 않았어요. 엘렌이 나에게 "로지나, 오늘 컨디션이 안 좋아 보이는데 우리와 함께 샴페인 한 잔 하지 않겠어요?"라고 물었어

요. 나는 "아니, 그러고 싶지만 마시지 않는 게 좋겠어"라고 답했죠. 그러고 나서 다른 여자애들이 아래층에서 나를 부르는 소리를 듣고 그 방에서 나왔죠. 그 이후로 새로 보거나 들은 것은 없어요. 집은 자정이면 문이 잠겨요. 나는 약 새벽 3시경에 쉬려고 방으로 돌아왔어요. 그때 출입문에서 어떤 소리가 나는 것을 들었고, 평소에 자주 방문하던 한 젊은 남자를 발견했어요. 나는 일어나서 그를 들어오게 했죠. 그가 들어오자, 그에게서 담배냄새가 났어요. 그리고 난 응접실로 가다가 뒷문이 열려있는 걸 발견했고, 문 옆의 대리석 테이블 위에 엘렌의 램프가 눈에 들어왔어요. 나는 곧장 엘렌의 방으로 갔는데, 문이 닫혀 있었어요. 문을 열자, 연기가 밖으로 나오기 시작했고, 난 거의 질식할 뻔했어요. 서둘러 화재경보기를 들어 올렸어요. 조금 있다가 경비원이 달려왔고, 그는 방으로 들어와 불타고 있는 침대와 거기에 누워있는 엘렌을 발견했어요. 그녀는 이미 불타버린 상태였어요. 연기가 창문 밖으로 다 빠져나간 후에, 경비원은 엘렌이 살해당한 다음 침대에 눕혀진 상태로 불타버린 것 같다고 말했어요.

베네트의 기사가 나가자 경쟁지인 〈선〉(*Sun*) 지의 발행인인 벤저민 데이(Benjamin Day)는 로지나 타운센드가 그런 인터뷰를 한 사실이 없다고 말했다면서 베네트를 거짓말쟁이라고 몰아세웠다. 엎친 데 덮친 격으로 마담 로지나는 베네트가 자신을 보러 왔을 때 한마디도 하지 않았으며, 그저 사진을 관찰하고, 남아있는 여자들 중 1명에게 접근을 시도하는 데 열중하는 것처럼 보였다고 말했다. 이에 베네트는 또다시 그런 일이 없었다고 지면을 통해 항의하는 등 진위를 둘러싼 공방을 벌였다. 모든 과정을 통해 베네트는 〈뉴욕 헤럴드〉의 판매부수를 올려놓았을 뿐 아니라 뉴욕의 모든 사람들이 그 살인사건에 대해 이야기하도록 했고, 마침내 살인죄로 기소된 젊은 남자가 범행을 저지르지 않았다는 것을 입증하는 것을 돕는 데 성공했다. 사건의 유력한 용의자는 무죄로 풀려났고, 마담 로지나 타운센드 역시 사라졌다. 이후에도 엘렌의 살인자는 끝내 밝혀지지 않았다. 사건을 둘러싼 인터뷰 기사만 남았을 뿐이다.

3. 미디어 인터뷰 시련기

인터뷰에 대한 비판은 계속되었다. 인터뷰가 인기를 얻는 동안, 일부 언론인들은 인터뷰는 경솔한 보도방식이고 믿을 수 없는 것이라며 공격했다. 당시 언론인들은 인터뷰라는 방식이 보도의 도구라기보다 사생활을 침해하는 데 더 능하다는 인식을 갖고 있었다. 〈더 네이션〉(*The Nation*)지는 인터뷰란 엉터리 정치인과 신문기자가 야합한 작품이라고까지 했다. 영국의 언론들은 인터뷰를 저급한 미국 저널리즘의 산물로 여겼다. 이는 인터뷰라는 방식이 지향하는 인간적 정보의 양면성과도 일맥상통한다. 직접 취재한 정보는 1차적 정보로서의 가치를 지니지만 어디까지나 개인 정보이므로 개인성을 노출시킴과 동시에 사생활을 침해하는 경향도 무시할 수 없다. 그러나 비판 속에서도 인터뷰라는 방식의 장점은 유효했고, 시간이 흐르면서 취재도구로 인정받게 되었다. 결국 취재의 성공은 양질의 정보를 획득하는 데 달려 있고 가장 신뢰도가 높은 정보는 취재원으로부터 직접 들은 1차 정보에 있기 때문이다. 이 무렵 〈시카고 데일리 뉴스〉(*Chicago Daily News*)의 에드워드 벨(Edward Bell)은 인터뷰를 가리켜 '천재와 보편적 이해의 간격을 좁히는 중요한 취재도구'라고 인정하기에 이르렀다.

미국에서 인터뷰가 편집자로부터 주목을 얻기 시작한 것은 〈뉴욕 헤럴드〉지가 1869년 아프리카에서 사라진 데이비드 리빙스톤(David Livingston) 박사를 찾기 위해 헨리 모턴 스탠리(Henry Morton Stanley)를 보내면서부터이다. 2년 뒤 스탠리는 박사를 찾아 그와 인터뷰하는 데 성공했고, 그 대화를 바탕으로 한 기사는 전 세계에 알려졌다.

세련된 취재도구로 자리 잡기 이전 초기의 인터뷰 기사는 내용이나 구성이 모두 엉성하고, 심지어 때로는 우스꽝스럽기까지 했다. 가치 있는 뉴스나 사실을 담아내기보다는 어색한 만남의 증언에 머무는 경우가 종종 있었다. 1871년 〈뉴욕 헤럴드〉지의 특파원이 이집트 카이로에서 한 황제와 만나 인터뷰를 했다. 형식만 인터뷰의 형태를 갖추었을 뿐 내용은 빈약하기 짝이 없었다. 당시 보도된 인터뷰 기사의 내용은 다음과 같다.

특파원 : 테이블 위에 폐하가 〈뉴욕 헤럴드〉의 시워드(Seward) 기자와 가진 인터뷰를 실은 *Galignani*의 복사본이 보이는군요. 폐하도 읽으셨습니까?

페드로 돔 : 네. 흥미롭게 읽었습니다. 시워드 기자는 관찰의 기회들을 잘 발전시킨 훌륭한 여행가인 것 같더군요. 그가 다녀본 지역까지 내가 갈 수 있을 것 같지는 않군요. 그런데 말이죠, 내가 지금 '인터뷰' 당하고 있다고 생각되는군요. '인터뷰'라는 용어가 맞지요?

특파원 : 그렇습니다, 폐하. 그러나 만약에 폐하가 삭제하길 원하는 부분이 있다면, 저는 기꺼이 제 대본을 폐하의 비서에게 전달할 것입니다.

페드로 돔 : 고맙습니다. 하지만 그것은 아마도 문제가 되지 않을 것입니다. 나는 지금까지 살아오면서 끊임없이 인터뷰를 해왔습니다. 그리고

결과적으로 나는 사람들에게 알리려고 하지 않는 것에 대해서는 결코 말하지 않습니다. 피라미드 그늘 아래에서 〈뉴욕 헤럴드〉의 특파원과 이야기를 나누다니, 매우 독특한 경험입니다.

특파원 : 〈뉴욕 헤럴드〉의 특파원들은 매우 진취적인 사람들이라 어디든지 갑니다.

페드로 돔 : 글쎄, 당신들은 진취적인 사람들이고, 대단한 번영을 누릴 자격이 있습니다. 그러나 당신에게 양해를 구해야겠습니다. 왕자를 보러 갈 시간이 되었거든요. 좋은 아침 보내시길 바랍니다.

소설가 마크 트웨인(Mark Twain)은 1875년, 인터뷰를 비꼬는 "인터뷰어와의 만남"이라는 글을 썼다. 이 글에서 트웨인은 자신을 인터뷰하러 찾아온 〈데일리 선더스톰〉(*The Daily Thunderstorm*) 기자와의 만남을 소재로 삼았다. 기자가 "아시다시피, 이제는 악명을 떨치는 사람을 인터뷰하는 것이 관습이 되어버렸습니다"라고 말하자, 트웨인은 "정말입니까? 나는 그런 말을 들은 적이 없는데요. 매우 흥미롭군요. 그래 그 인터뷰라는 것은 어떻게 하는 겁니까?"라고 질문했다. 인터뷰 기자는 머뭇거리며, "글쎄요. 통상적으로 제가 질문을 던지고, 그것들에 대한 답변을 얻습니다. 당신의 공적 역사와 사적 역사 중에서 두드러진 부분들을 끄집어내기 위해 계산된 특정 질문들을 던지도록 허락하실 겁니까?"라고 답했다. 그러자 트웨인은 "오, 기꺼이 그러지요. 나는 매우 기억력이 나빠요. 그래도 괜찮으시다면 인터뷰를 하지요"라고 답했다. 이 둘 사이의 대화는 다음의 내용으로 이어졌다.

Q: 당신은 몇 살입니까?

A: 6월에 19살이 됩니다.

Q: 정말이에요? 나는 당신이 35살 내지는 36살이라고 예상했는데. 당신은 어디서 태어났죠?

A: 미주리에서요.

Q: 당신은 언제부터 글을 쓰기 시작했나요?

A: 1836년부터.

Q: 당신이 이제 겨우 19살이라면, 어떻게 그럴 수 있었죠?

A: 나도 몰라요. 어쨌든 글쓰기는 흥미롭게 보였어요.

Q: 정말 그랬던 것 같네요. 당신이 지금까지 만났던 사람들 중에서 가장 기억에 남는 사람은 누구입니까?

A: 아론 버(Aaron Burr)에요.

Q: 하지만 당신은 그를 만난 적이 없잖아요. 만약에 당신이 19살이라면.

A: 지금 당신이 나보다 나에 대해 더 잘 안다면, 나에게 더 듣고 싶은 게 뭐죠?

Q: 글쎄요, 방금 제가 한 말은 단지 가정 그 이상은 아닙니다. 어떻게 그를 만나는 게 가능했죠?

A: 어느 날 나는 그의 장례식에 갔어요. 거기에서 그가 나에게 좀 조용히 해달라고 요구하더군요. 그리고….

Q: 세상에! 만약에 당신이 그의 장례식에 참석했다면, 그는 죽었음이 틀림없어요. 그가 죽었는데, 어떻게 그가 당신이 시끄럽게 했는지 안 했는지를 알 수 있나요?

A: 나도 모르죠. 그는 항상 그런 식으로 특별한 사람이었으니까요.

인터뷰를 한 기자는 당황해서 어찌할 바를 몰라 자리를 떠났고, 트웨인은 "매우 유쾌한 상대였다. 그가 떠나는 것을 보니 마음이 안됐다"고 적었다.

4. 취재도구로 자리 잡다

비평과 우여곡절을 겪으면서 인터뷰는 계속 발전하고 정교화되었다. 1875년 찰스 윈게이트(Charles F. Wingate)는 당대 최고의 기자들을 인터뷰하여 《저널리즘에 대한 견해와 인터뷰들》(*Views and Interviews on Journalism*)을 펴냈고, 몇 년 후 조세프 매컬로(Joseph McCullagh)는 《글로브 데모크라트》(*Globe-Democrat*)의 편집자로 있으면서 대규모 보급이 가능한 인터뷰 기술을 만들었다.

19세기가 저물 무렵, 인터뷰는 저널리스트들을 위한 도구로 자리를 잡아갔다. 미국의 언론인이자 칼럼니스트인 제임스 레스턴(James Reston)은 "19세기가 소설가들의 세기였다면, 20세기는 저널리스트의 세기"라고 말했는데, 이는 독자들의 관심이 '픽션'에서 '논픽션'으로 옮겨가는 현상을 지적한 것이다. 논픽션에 대한 관심이 높을수록 기자의 역할에 대한 기대도 커졌으며, 아울러 인터뷰를 통한 취재방식의 유용성도 높아졌다.

1902년 프랑시스 리처드슨(Francis A. Richardson)은 앞서 매컬로가 고안한 인터뷰 기술을 비판하며, 당시 앤드루 잭슨(Andrew Jackson) 대통령을 자주 인터뷰한 매컬로의 기사는 선정적이고 비판받아 마땅하다고 했다. 리처드슨은 1902년 한 연설에서 "그랜트(Grant) 대통령 이후 현재까지 대통령 중 인터뷰라는 방법에 호의적인 대통령은 없었다. 신문을 향한 대통령의 말 자체가 매우 귀했다"고 말했다.

그러나 리처드슨의 그 발언은 몇 년 지나지 않아 곧 빛을 잃었다. 시어도어 루스벨트(Theodore Roosevelt) 대통령이 기자들을 자신의 사무실로 초청해 기자회견을 갖고, 늦은 오후에 면도하는 동안 하루의 사건들을 기자들에게 브리핑하는 기자간담회를 열기 시작한 것이다. 당시 모든 기자들은 똑같은 대우를 받았다. 루스벨트 대통령은 심지어 기자들을 위한 백악관 방을 따로 두었고 전화기도 설치해 주었다. 1차 세계대전 당시 날리던 인터뷰어였던 아이작 마르코손(Issac Marcosson)은 훗날 회고하기를 "루스벨트 대통령은 인터뷰 기자들과 전반적으로 독특한 관계를 형성했다. 루스벨트가 자신의 말을 인용하기를 허락하는 일은 드물었지만, 그는 가끔 놀라울 정도로 솔직한 것들을 얘기하곤 했다. 그는 국가의 특급비밀도 드러냈다"고 했다.

인터뷰가 힘을 얻기 시작한 것은 대통령이 인터뷰라는 취재방식을 인정한 것과 무관하지 않다. 언론과 대통령의 관계는 정부가 바뀔 때마다 다른 양상으로 변해온 것이 사실이지만, 정기 기자회견의 운영, 때때로 이루어지는 기자들과의 사적 인터뷰들은 인터뷰를 기사를 위한 정보를 모으는 힘 있는 수단으로서 자리 잡도록 도왔다.

마르코손은 《인터뷰의 모험》(*Adventures in Interviewing*)이라는 책에서 자신의 일을 세일즈맨의 일에 비유했다. 세일즈맨이 물건을 팔 때, 고객의 성격과 필요에 맞게 접근해서 물건을 사도록 설득하듯이, 인터뷰 역시 인터뷰 대상의 개별성에 주목해야 한다는 것이 그의 논지였다. 1919년 그는 이렇게 썼다.

> 사람이 좀더 특별해지고 유명해질수록, 그의 개별성은 더욱 두드러진다. 당신이 더글라스 헤이그(Douglas Haig) 경의 만성적 침묵을 깨기 위해 사용한 수법을 갖고 로이드 조지(Lloyd George)에게 다가가는 것은 어리석은 일이다. 그렇게 두드러지는 사람들에게는 전적으로 다른 접근방식이 필요하다. 즉, 그들의 일, 홍미, 야망, 그리고 개성에 기초한 접근이 필요하다.

1920년대 유명 인터뷰어들의 인터뷰 방식은 인터뷰 상대를 몰아세우거나 답변을 유도하는 것과는 거리가 먼, 다소 수동적 성격을 띠었다. 그들은 주로 긴 질문 리스트를 작성해 질문을 던지고, 상대방이 답을 하면 그 답을 받아 적어 기사를 작성했다. 기자는 자신의 성격이나 의견을 최대한 자제하면서 상대방의 인생이나 성품 등의 부정적 측면이나 무의식적 측면은 파고들지 않으려고 애썼다.

인터뷰 방식의 발전은 잡지 저널리즘의 발달과 밀접한 관계가 있다. 1920년대 후반 〈뉴요커〉(*The New Yorker*) 지가 시작한 인물탐구형 인터뷰, 즉 프로필 시리즈는 인터뷰라는 장르를 더욱 발전시키는 전기를 마련했다. 〈뉴요커〉의 프로필 작가는 단순히 질문하는 데 그치지 않고, 인터뷰 대상의 모든 생애와 주변인물, 인생관과 가치관, 그가 지닌 선악 기준 등 모든 것을 파고들었다. 중상층을 겨냥한 다른 잡지인 〈파리 리뷰〉(*The Paris Review*) 또한 인터뷰를 발전시켰다. 1953년 봄에 첫선을 보인 Q&A 인터뷰는 유명한 작가들과의 인터뷰를 실어 발행부수를 늘리는 데 기여한 것은 물론, 인터뷰의 격을 높인 것으로 평가된다. 당시 편집을 담당한 말콤 카울리(Malcolm Cowley)는 "잡지를 팔기 위해서는 유명인이 필요한데, 그들로부터 원고를 받으려면 돈이 너무 많이 든다. 대신 그들을 찾아가 그들의 이야기를 듣고, 그들을 싣는다면 같은 효과를 낼 것으로 기대하고 인터뷰를 제안했다"라는 경영상의 이유를 들었다.

인터뷰 기사의 일반적 패턴, 그러니까 개괄적 소개가 있은 후 심층적 Q&A로 이어지는 이러한 방식은 더욱 인기 있는 다른 출판물의 탄생을 예고했다. 1960년대 초반 발행된 〈플레이보이〉(*Playboy*) 지가 그 예다. 문답 형식의 글은 인터뷰 기사뿐만 아니라 인생상담을 하는 "디어 애비"(*Dear Abby*) 같은 칼럼에서도 즐겨 이용되면서 친숙한 형태로 자리 잡았다.

인터뷰에 대한 학문적 관심은 1960년대와 1970년대에 대인 커뮤니케이션 연구가 활발해지면서 높아지기 시작했다. 취재도구로서가 아니라 커뮤니케이션 현상의 하나로, 더 나아가서는 사회과학자들의 연구도구, 치료와 상담의 도구로 인터뷰의 다양한 기능을 발견하게 되었고, 그에 따른 연구도 활발히 진행되었다. 인터뷰 방법론에 대한 실험이 실시되었고, 이론과 모델이 생성되었으며, 용어가 확립되었다.

인터뷰를 의사소통의 관점에서 규명하려는 다양한 이론적 연구가 활발한 가운데, 실무적 관심도 계속 높아지고 있다. 인터뷰 경험을 축적한 언론인들이나 사회과학자들이 경험을 바탕으로 한 실무서들을 꾸준히 펴내고 있으며, 인터뷰의 결과물로서의 기사들이 끊임없이 언론을 통해 보도되고 있다.

각종 저널리즘 실무서에는 당연히 '인터뷰'의 장이 포함되며, 매우 비중 있게 다루어진다. 이들 실무서는 한결같이 좋은 기자는 좋은 인터뷰어라는 점을 강조한다. 취재란 결국 사람을 상대로 이루어지며, 사람으로부터 정보를 얻는 과정이 바로 인터뷰이기 때문이다. 의사소통의 채널이 많아지면서 정보가 늘어날수록 사람들은 좀더 인간의 체취가 느껴지는 정보를 원한다. 이는 인터뷰가 불완전한 형태의 의사소통이라는 한계에도 불구하고 지금까지 꾸준히 발전할 수밖에 없었던 이유이기도 하다.

5. 한국 언론의 초기 인터뷰 기사들

상업주의 전통이 강한 서양의 언론과 달리 한국의 언론은 계몽적인 성격이 강한 수직적 의사소통의 특성을 보인다. 특히 초창기 언론은 뉴스 발굴이나 사실 전달을 통해 수익을 극대화하기보다 대중을 계몽하고 독립의식을 고취시키는 등의 의견을 형성하고 전파시키는 데 발행 목적을 두었다. 우리나라 최초의 근대신문으로 꼽히는 〈한성순보〉나 〈한성주보〉 등에는 국왕의 명령, 중앙과 지방관청의 보고, 관리의 임면, 물가변동 등의 소식이 실렸는데, 현장 취재에 의한 기사보다는 공문서나 외국에서 반입된 신문 등의 자료를 받아서 보도하는 방식이 대부분이었고, 따라서 인터뷰에 대한 인식이 없었던 것으로 보인다. 인터뷰는 사람과의 만남을 전제로 하는 것이므로 기자에 의한 직접 취재 활동이 제한적인 상황에서 개인의 의견이나 사상, 스토리에 초점을 둔 인터뷰 기사가 도입되어 관행으로 정착되기까지는 오랜 시간이 걸렸다. 뿐만 아니라 인터뷰 기사가 도입되어 보편적으로 활용된 이후에도 인터뷰이를 정확히 소스로 인용하거나, 인용구의 내용에 가감이 없도록 완결된 구조로 전달하려는 노력은 여전히 부족해서, 개인이 아닌 단체를 따옴표 속에 넣어 인용하거나, 소스가 없이 따옴표만으로 내용을 전달하는 등의 부정확한 '따옴표 저널리즘'의 관행이 현재까지 문제점으로 지적된다.

그럼에도 불구하고 〈독립신문〉의 전통을 가진 우리나라에서 기자의 직접 취재에 의한 인터뷰 형식의 글은 근대 언론 초창기부터 발견된다. 기자를 '긔쟈', '보고원', '탐보원' 등으로 칭한 당시 〈독립신문〉의 경우 기자가 직접 (출입처를) 방문하여 정보를 수집(취재)하고 소문을 확인하는 절차를 가진 글이 다음과 같이 보도되었다.

> 본사 보고원이 고등 재판소에 갓더니 문금이 절엄 ᄒᆞᆫ대 명함을 드린 후에 하인이 이삼ᄎᆞ 드러갓다 나왓다 ᄒᆞ다가 정동 신문샤에 왓단말을 ᄌᆞ세히 안후에야 드러오라고 ᄒᆞ매 드러간니ᄁᆞ 판ᄉᆞ 검ᄉᆞ가 안자ᄂᆞᆫ대 여긔ᄂᆞᆫ 아직 아모 쇼문도 업시려니와 구류 ᄒᆞ노지인도 없고 공파니 되야야 방청을 허ᄒᆞ겠다 더라 경무청에 갓더니 경무관이 말하기를 살고ᄌᆞ 고원닌줄 아시ᄂᆞᆫ지 신보샤 고원 이시오 대답 ᄒᆞᆫ말이 살고ᄌᆞ 고원이 아니요 고홀 고ᄌᆞ 보고원이라고 ᄒᆞ며 여긔죄인이 몃치냐 되거슬 물은대 경무권 말이 경무ᄉᆞ 끠셔 아니 계시니 계실 때에 죄인을 알아가라 ᄒᆞ니 … (이하 생략)
>
> — 〈독립신문〉, 1896년 4월 11일자(제 1권 제 3호) 잡보

한국신문의 인터뷰 기사 도입과 변천에 관한 연구를 한 김소형의 석사논문(2000)에 따르면 우리나라 초기 인터뷰 기사의 도입과정에는 〈독립신문〉 발행인이었던 서재필의 역량이 컸다. 서재필이 미국 유학 당시의 새로운 저널리즘 사조를 독립신문에 적용하고 영자신문 *The Independent* 에서 영문 기사형식을 도입하며 신문의 한글 전용으로 언문일치를 시도하고 인용의 사실성을 강화하는 등 초기 인터뷰 기사 도입의 결정적 역할을 한 것으로 지적하고 있다.

연구자 김소형은 〈독립신문〉에서 가장 먼저 나타난 인터뷰 기사로 기자가 새로 부임한 일본 공사를 만나서 조선과 일본과의 관계에 대하여 들은 바를 적은 1896년 7월 16일자 논설을 들고 있다. 단 이 기사는 7월 14일자 *Local News* 에 있는 기사를 한글로 번역한 것이다. 기자가 취재했던 인터뷰 상황과, 인터뷰이의 말, 인터뷰이에 대한 소개와 평가가 들어 있고, 무엇보다 간접적으로 들은 말이 아닌 현장을 통해 기자가 직접 보고 들은 내용을 기록했다는 점에서 획기적인 시도로 평가

된다. '매우 잘 생기고' 등의 주관적인 어휘와 '백발이 만히 셕겨 노슉ᄒᆞ야 보이더라'라는 말로 인터뷰이를 묘사한 이 최초의 인터뷰 기사는 다음과 같이 진행된다.

> 일젼에 독립 신문 긔ᄌᆞ ᄒᆞᆫ 분이 일본 공ᄉᆞ관에 가셔 새로 온 공ᄉᆞ를 차자 보고 각색 말을 물어 본즉 공ᄉᆞ 하라씨가 다른 외교관과 ᄀᆞᆺ치 무슨 말이든지 명치에 샹관 되ᄂᆞᆫ 말은 대답 홀슈 업노라 ᄒᆞ고 다만 한담셜화로만 이약이를 ᄒᆞ랴 ᄒᆞ되, 신문긔ᄌᆞ가 이말 뎌말 하다가 혹시 ᄒᆞᆫ 두마디씩 말을 물어 그러케 들은 말을 합 ᄒᆞ여 보니 대강 좌와 ᄀᆞᆺ더라. ○하라씨 생각에ᄂᆞᆫ 죠션이 필경 열녀 진보ᄒᆞ기만 ᄒᆞ면 어느 나라에셔 도와 주어셔 진보ᄒᆞ던지 일본뎡부와 인민들이 죠션이 진보 ᄒᆞᄂᆞᆫ것만 즐거워 ᄒᆞ지 엇던 나라이던지 도와 주ᄂᆞᆫ거슨 샹관 아니 ᄒᆞ노라 ᄒᆞ며 일본이 애를 써 죠션이 열니도록 ᄒᆞ랴고 ᄒᆞ다가(…중략…) 일본 슌ᄉᆞ들의에게도 엄히 신칙ᄒᆞ야 죠션 인민을 무리ᄒᆞ게 대졉지 안케 ᄒᆞ며 아모쪼록 죠션과 일본 인민들이 평화ᄒᆞ게 지내기를 ᄇᆞ란다고 ᄒᆞ며 일본과 외국 ᄉᆞ이에 졍분이다 죠흐나 별노이 어느나라ᄒᆞ고 동맹ᄒᆞᆫ 일은 업다고 ᄒᆞ더라. 새 공ᄉᆞᄂᆞᆫ 불란셔 말도 잘 ᄒᆞ고 외국도 만히 단니고 일본 외부에 열 여섯 해 동안을 잇셧ᄂᆞᆫ 고로 외국 교제샹 일에ᄂᆞᆫ 매우 능통ᄒᆞ고 얼골도 매우 잘생기고 보기에 남방 구라파 사룸과 비스름ᄒᆞ더라 나흔 ᄒᆞᆫ ᄉᆞ십 되얏스나 머리ᄂᆞᆫ 백발이 만히 석겨 노슉ᄒᆞ야 보이더라.
>
> — 〈독립신문〉, 1896년 7월 16일(제 1호 43호) 논셜

인터뷰의 본래 뜻은 목적이 있는 계획적인 만남이나, 당시 인터뷰는 보도의 목적이라기보다 우연한 기회에 이루어진 경우가 상당부분이었음 연구자는 지적한다. 독립신문에 자주 등장하는 '—와 만나 슈작을 하였난데', 혹은 '신문사에 들른 —를 만나' 등의 어휘는 비계획적 인터뷰 상황을 짐작하게 하는 어구라는 것이다. 다음과 같이 〈독립신문〉

영자신문의 인터뷰 기사 경우에는 외국신문으로부터 인터뷰 기사 전체를 그대로 옮겨놓은 경우가 종종 발견된다.

"Ex-Minister Denby's Impressions of China"
Colonel Denby, until recently U.S. Minister at Peking, has lately been interviewed by a representative of the New York Sun, to whom he confided some impression, not politically important, regarding China.
He says; "Ever since the settlement of the war with Japan there has been nothing the Chinese Government would not do for me, because of the help I gave them in bringing about peace … 이하 생략.

— *The Independent*, 1989년 12월 3일.

개화기 이후 한국 언론에서의 인터뷰 기사는 인물보도의 발달과 함께 1920년대에도 간헐적으로 이어지며 1930년대 이후에는 '일문일답' 형식이나 '—와 만났다'는 표현과 함께 다양한 형태로 계속된다. 1950년대와 1960년대를 거치면서 직업으로서의 언론이 정착되고 현장취재가 보편화되면서 인터뷰를 통한 사실 확인과정의 중요성이 부각되었다. 인터뷰라는 용어가 정기적인 기사 형식이 되어 지속적으로 나타나게 되는 것은 1970년대에 이르러서이다. 《조선일보 70년사》(1990) 에 따르면 1970년 9월 26일 '인터뷰' 고정란이 처음 등장한다. 1980년대 경제성장을 바탕으로 하여 1990년대 이후 신문이 급속도로 증면경쟁에 돌입했다. 이러한 변화는 인터뷰 기사의 양적 확산을 가져왔고, 그에 따른 다양한 기사쓰기 형태와 인터뷰 방법론을 적용한 다양한 기획기사가 아울러 발달하며 저널리즘을 더욱 풍성하게 주도했다.

04 인터뷰의 유형과 종류

인터뷰는 유용한 커뮤니케이션 도구이다. 망치는 못을 박을 때 쓰고 톱은 나무를 자를 때 쓰는 것처럼, 대부분의 도구는 한두 가지 정해진 용도에 따라 사용된다. 그러나 인터뷰라는 도구는 쓰는 사람과 환경, 목적에 따라 매우 다른 기능을 수행한다. 의사가 사용하면 진료의 도구가 되고, 학자가 사용하면 데이터 수집의 도구가 된다. 회사의 경영주는 고용의 도구로 인터뷰를 사용한다. 흔히 인터뷰라는 말을 들으면 기자들이 취재원을 상대로 하는 미디어 인터뷰를 떠올리지만, 이 역시 사회 전반에 걸쳐 폭넓게 사용되는 여러 가지 인터뷰의 한 부분에 불과하다. 앞의 장에서 인터뷰를 커뮤니케이션 현상의 맥락에서 이해하려고 했다면, 이 장에서는 인터뷰의 다양한 유형과 종류를 통해 미디어 인터뷰의 성격을 좀더 명확히 파악하도록 한다.

1. 전문 인터뷰와 보조 인터뷰

인터뷰를 분류하는 방법에는 여러 가지가 있다. 우선 인터뷰를 하는 사람이 전문인이냐 아니냐 라는 큰 범주로 나누어 분류할 수 있다. 레이몬드 고던(Raymond Gordon)은 인터뷰를 크게 전문 인터뷰(*specialized interview*)와 보조 인터뷰(*auxiliary interview*)로 나누었다. 전문 인터뷰란 '인터뷰어'라는 직함을 가진 사람들이 전문적 목적으로 하는 인터뷰를 말한다. 사회조사자들의 여론조사 인터뷰, 사회학자들이 지역사회연구나 사회사업을 목적으로 하는 사회조사 인터뷰, 기자들이 취재를 위해 하는 미디어 인터뷰, 카운슬러가 하는 상담 인터뷰 등이 이에 속한다. 보조 인터뷰란 '인터뷰어' 직함이 없는 사람들이 직무수행의 한 수단으로 하는 인터뷰를 말한다. 교사, 간호원, 의사, 목사, 변호사, 인사 담당자들이 각기 다른 목적과 필요에 따라 행하는 인터뷰가 여기에 속한다.

2. 지시 인터뷰와 비지시 인터뷰

인터뷰를 어느 쪽에서 통제하느냐에 따라 인터뷰어가 통제하는 지시적 접근(*directive approach*)과 응답자가 통제하는 비지시적 접근(*nondirective approach*)으로 나눌 수 있다. 지시적 접근의 경우 인터뷰어는 인터뷰의 목적을 결정하고 질문의 유형과 인터뷰의 간격에 대해 통제력을 행사한다. 전형적으로 이 접근은 인터뷰 시간에 제약이 있거나, 짧고 기본적인 반응이 필요하거나, 대답의 범위를 조절할 때 사용된다. 지시적 접근에서는 인터뷰어가 질문과 답을 통제하므로 다른 접근에 비해 대단한 기술을 필요로 하지 않는다. 반면에 비지시적 접근을 사용할 때 인터뷰어는 인터뷰의 간격, 내용, 응답자와의 관점 등에서 인터뷰 대상의 통제를 받으므로 자신이 원하는 정보를 얻기 위해 상당한 기술이 요구되며 시간도 많이 소요된다.

지시적, 비지시적 접근을 통한 인터뷰의 예는 다음과 같다.

지시적 접근

인터뷰어: 현 주소에서 얼마나 살았죠?

응답자: 8년이요.

인터뷰어: 당신 소유의 집인가요?

응답자: 예.

인터뷰어: 지금 직장이 있나요? 어디죠?

응답자: 네. 전 지방대학에서 일한답니다.

인터뷰어: 직위가 어떻게 되나요?

응답자: 기술자 정도로 해두죠.

비지시적 접근

인터뷰어: 현재 당신이 하고 있는 직업에 대해 이야기해 주세요.

응답자: 글쎄요. 저는 지방대학에서 관리, 보수하는 일을 하고 있어요. 저는 필요에 따라 여러 곳을 이사하면서 10년째 같은 일을 하고 있답니다. 이러한 일들을 한다는 게 어떨지 당신은 알 수 없겠지만, 내가 이 일을 좋아하긴 하나 봅니다. 안 그랬다면, 아마 오래 전에 그만두었을 테니까요.

〈표 4-1〉 지시 인터뷰의 장점과 단점

장 점	단 점
• 배우기 쉽다. • 시간소요가 적다. • 계량화된 자료를 제공한다. • 설문조사, 참여자 관찰 같은 다른 자료수집의 방법을 보충할 때도 사용된다. • 언어, 목소리, 인터뷰어의 성, 외모 등의 변수를 통제함으로써 반복 연구(replication)가 가능하다.	• 인터뷰어에게 유동성을 제공하지 않는다. • 주제의 다양성과 심도 측면에서 한계가 있다. • 인터뷰어에게 다양한 기술을 허락하지 않는다. • 더 효과적이고 효용이 높은 자료수집에 의해 대체될 수 있다. • 목소리, 얼굴 표정, 외모 같은 변수가 작용할 경우 타당도가 위협받는다.

이 2가지 유형의 인터뷰 중 어느 쪽을 택해야 보다 효과적일까 라는 물음에 대한 답은 인터뷰의 목적이나 유형에 따라 달라진다. 자신의 상태를 솔직하게 전달해야 하는 상담 인터뷰는 전형적으로 비지시적 방법으로 이루어져야 하며, 수많은 응답자를 대상으로 여론이나 사회현상을 파악하기 위해 하는 사회조사 서베이에서는 지시적 접근을 취해야 할 것이다. 미디어 인터뷰 상황에서도 정보와 뉴스를 빠른 시간에 구해야 하는 뉴스 인터뷰는 지시적 접근이 보다 효율적이고, 인물에 초점을 둔 인물탐구형 인터뷰는 비지시적 접근을 통해야 다양한 정보의 흡수가 가능할 것이다. 같은 유형의 인터뷰라도 상대방에 따라서 앞서 기술한 대인관계 성향에 초점을 맞춰 지시적 접근이 좋을지 아니면 비지시적 접근이 효과적일지 생각해 보면 해답을 찾을 수 있을 것이다.

스튜어트와 캐쉬(Stewart & Cash)는 인터뷰를 누가 통제하느냐를 기준으로 하여 지시 인터뷰(*directive interview*)와 비지시 인터뷰(*non-directive interview*)로 나누고, 종류와 관계없이 모든 인터뷰는 이 둘 중 한 가지 범주에 속한다고 주장했다. 지시 인터뷰는 인터뷰어가 인터뷰의 목적을 정하고 의사소통 상황의 속도를 조정하는 인터뷰를 일컫는

〈표 4-2〉 비지시 인터뷰의 장점과 단점

장 점	단 점
• 주제를 포괄적이고 심도 있게 다룰 수 있는 기회를 제공한다. • 인터뷰어에게 많은 유동성을 제공한다. • 인터뷰어가 응답자와 지속적인 관계를 형성할 수 있는 기회를 제공한다. • 응답자에게 최대한의 표현의 자유를 허용한다.	• 시간이 많이 소요된다. • 정확한 심리적 통찰력과 개인적인 세심한 감지를 요구한다. • 계량화가 불가능한 자료를 생성한다. • 필요하거나 수행할 수 있는 수준 이상의 정보를 생성한다.

출처: Stewart & Cash, *Interesting-Principles and Practices*, p.15.

다. 정보수집 인터뷰, 고용 인터뷰가 여기 속한다. 지시 인터뷰의 대표적인 인물은 여론조사 전문가인 조지 갤럽(George Gallup)과 루이스 해리스(Louis Harris)를 들 수 있다. 지시 인터뷰의 장점과 단점은 〈표 4-1〉과 같다.

비지시 인터뷰 상황에서는 응답자가 인터뷰의 주제와 목적, 속도를 통제한다. 응답자가 많은 정보를 편안하고 자유롭게 공개해야 성공할 수 있는 인터뷰의 경우 비지시 인터뷰 유형을 따라야 한다. 전형적인 비지시 인터뷰로는 상담 인터뷰, 평가 인터뷰, 문제해결 인터뷰 등을 꼽을 수 있다. 상담 인터뷰의 아버지로 불리는 칼 로저스(Carl Rogers)는 비지시 인터뷰 이론을 정립하고 가장 잘 설명한 사람이다. 비지시 인터뷰의 장점과 단점은 〈표 4-2〉와 같다.

3. 표준화 인터뷰와 비표준화 인터뷰

인터뷰 방법에 따라 표준화 인터뷰(*standardized interview*)와 비표준화 인터뷰(*non-standardized interview*)로 나눌 수 있다. 표준화 인터뷰란 구조화된 인터뷰(*structured interview*)라고도 하며, 여론조사, 선거예측 등 미리 준비된 질문의 내용과 방법에 따라서 실시하는 것이 특징이다. 한 번에 많은 응답자를 인터뷰하거나, 수집된 정보를 계량화할 필요가 있을 때 유용한 방법이다. 이러한 표준화 인터뷰는 다시 둘로 나누어진다. 계획 표준화 인터뷰(*schedule standardized interview*)와 비계획 표준화 인터뷰(*non-schedule standardized interview*)가 그것인데, 전자는 사전준비 질문을 각 응답자에게 똑같은 순서로 던지는 데 비해, 후자는 질문순서를 인터뷰어가 바꿀 수 있고, 같은 질문의 표현을 바꿀 수도 있으며, 필요하면 보완질문을 할 수도 있는 것을 말한다.

비표준화 인터뷰란 통제된 엄격한 내용과 순서를 지킬 필요 없이 융통성 있게 수행하는 인터뷰 방식이다. 인터뷰 상황에 적응이 쉽고 정확한 답을 구하며 새로운 사실 등을 발견하는 데 이점이 있으나, 가변성 때문에 신뢰도가 낮고 자료의 처리가 어렵다. 비구조화(*unstructured*), 비통제화(*uncontrolled*) 인터뷰라고도 하며, 예비 비표준화 인터뷰(*preparatory nonstandardized interview*)와 독립 비표준화 인터뷰(*independent nonstandardized interview*)로 다시 세분하기도 한다.

중요한 질문은 표준화시키고 그렇지 않은 질문은 비표준화시키는 방법도 있는데, 이를 준표준화(*semi-standardized interview*)라고 한다. 2가지의 장점만을 취하고자 하는 방식이다.

4. 공식 인터뷰와 비공식 인터뷰

인터뷰어와 인터뷰 대상의 만남이 얼마나 공식적인가의 정도에 따라 공식 인터뷰와 비공식 인터뷰로 나누기도 한다. 민족지학(*ethnography*)에서는 평범한 마을주민들을 편안한 곳에서 만나 면접하는 초가집(*grass hut*) 인터뷰와, 그 마을의 원로나 대표가 거주하는 곳(*white room*)에서 이루어지는 인터뷰의 내용을 각기 다른 맥락에서 해석하는데, 정보를 얻어낸 절차의 공식성 여부가 각기 다른 해석의 근거가 된다.

미디어 인터뷰 중에서 공식 인터뷰(*formal interview*)는 인터뷰의 시작이 분명한 인터뷰를 일컫는다. 녹음이 허락된 경우라면, 대개 녹음기를 튼 순간부터 인터뷰가 시작되어 녹음기가 꺼지면서 인터뷰도 끝난다. 녹음기가 아니라면 취재노트와 펜을 들고 적는 순간부터 인터뷰는 시작된다. 시작과 끝이 분명한 인터뷰인 만큼, 사전에 응답자와의 접촉, 인터뷰 시간과 취지 등을 상세히 설명하고 계획을 세워야 한다.

비공식 인터뷰(*informal interview*)는 인터뷰의 시작과 끝이 분명치 않다. 자연스럽게 만나 이루어지는 인터뷰이며, 녹음을 하거나 받아 적는 등의 절차가 반드시 필요하지 않은 경우를 말한다. 평상적 인터뷰(*casual interview*)는 인터뷰라기보다는 대화에 가까운 커뮤니케이션이며, 자발적 응답을 이끌어낼 수 있는 장점이 있는 반면, 신뢰도가 낮은 것이 단점이다.

공식 인터뷰의 경우 자발적 응답의 가능성이 낮은 반면, 기자에 의한 왜곡 가능성 역시 낮은 것이 장점이다. 비공식 인터뷰나 평상적 인터뷰의 경우, 자발적 응답의 가능성이 높지만, 기자에 의한 왜곡 가능성 또한 높다.

5. 인터뷰의 기능별 분류

인터뷰가 어떤 기능을 수행하는가에 따라서 정보교환 인터뷰(*information-exchange interview*)와 문제해결 인터뷰(*problem-solving interview*), 의사결정 인터뷰(*decision-making interview*)로 나누어 볼 수 있다. 앞서 정의했듯, 인터뷰는 유형을 막론하고 정보교환을 목적으로 한 계획된 만남을 말한다. 그러나 가장 우선적인 기능이 무엇인가에 따라 세분할 수 있다.

정보교환 인터뷰란 양자 간의 즉각적 정보교환을 첫째 목표로 하는 것으로, 여론조사, 시장조사, 미디어 인터뷰 등이 이에 속한다. 문제해결 인터뷰란 얻어진 정보를 토대로 문제를 해결하는 것이 궁극적 목적인 인터뷰를 일컫는다. 의사들이 환자를 대상으로 하는 의료 인터뷰, 정신치료 인터뷰 등이 이에 속하며, 이러한 인터뷰의 일차적 목표는 응답자의 경험을 아는 데 있다. 의사결정 인터뷰는 역시 정보를 얻되, 궁극적으로 의사결정을 하는 것이 목적인 인터뷰다. 고용 인터뷰, 선택 인터뷰, 취업 인터뷰 등이 이에 속한다.

피어슨(Pearson)과 넬슨(Nelson)은 인터뷰를 '정보수집 인터뷰'(*information seeking interview*), '정보제공 인터뷰'(*information giving interview*), '설득 인터뷰'(*persuasive interview*) 등 3가지로 나누었고, 스튜어트와 캐쉬(Stewart & Cash)는 이것을 더욱 세분화한 레딩(Redding)의 정교한 분류법을 적용시켜, 위의 3가지 인터뷰에 선택 인터뷰(*selection interview*)와 문제해결 인터뷰(*problem solving interview*)를 추가했다. 여러 학자들의 다양한 분류법을 모아보면 대략 다음의 5가지 유형으로 정리된다.

① 정보제공 인터뷰: 오리엔테이션, 훈련, 지시, 카운슬링, 강의, 강습, 고객을 위한 설명, 취업 브리핑, 평가 인터뷰, 규율훈련 등.
② 정보수집 인터뷰: 사회조사와 여론조사, 퇴사 인터뷰, 연구 인터뷰, 보험회사 사원이나 경찰 등의 조사, 심리학, 정신의학, 사회복지 상담원의 의료 목적의 인터뷰, 언론인의 취재 인터뷰, 심층보도 등.
③ 선택 인터뷰: 심사 및 고용, 결정, 인사 배치를 위한 인터뷰.
④ 문제해결 인터뷰: 상호 공감하는 문제를 해결하기 위한 인터뷰, 문제해결을 위해 제언을 얻기 위한 인터뷰.
⑤ 설득 인터뷰: 상품의 판매, 서비스 판매, 준상업적 판매를 위한 인터뷰.

첫 번째 유형인 정보제공 인터뷰는 새로운 고용인이나 구성원들을 그들의 기구에 적응시키고, 특별한 행위와 관련해 개인들을 훈련, 지시 혹은 코치하기 위해 수행되는 인터뷰이다. 보험 설계사에게 보험의 이익을 설명하거나, 회의 진행자가 회의를 위한 진행과정이나 규율을 주지시키는 것, 관공서에서 필요한 각종 신청양식을 작성하는 방법을 알리고 훈련시키는 것 등이 포함된다. 직업과 관련된 지시 혹은 명령 역시 이 유형에 속한다. 예를 들어, 병원에서 수간호원이 순번 간호사에게 보고서를 주는 경우가 있다. 그들은 조건, 약제, 환자의 행동에 대한 지시나 특별정보를 주어야만 업무의 연속에 차질이 생기지 않는다. 공장에서도 역시 교대하기에 앞서 직원에게 이러한 지시를 함으로써 공정의 연속성을 유지한다.

두 번째 유형인 정보수집 인터뷰는 응답자로부터 정보를 얻고자 고안된 인터뷰이다. 여론조사, 퇴사 인터뷰, 언론 인터뷰, 연구 인터뷰, 조사 인터뷰를 포함한다. 이 유형의 인터뷰에는 상대의 감정이나 태도, 혹은 특정 청중이나 시장의 경향을 평가하기 위해 고안된 조사도 포함한다. 퇴사 인터뷰는 피고용인이 왜 직장을 그만두었는가를 알아내는 것이 일차적인 목적이다. 그러나 그 외에도 "왜 직원들이 우리를 떠났는지 알기 위해 우리는 최선을 다했다. 그들의 정보는 소중하게 활용될 것이며, 우리가 얼마나 성실하게 조직원을 대했는지 사람들은 알 것이다"라는 고용주의 메시지를 전달하기 위한 공공관계 장치로 사용된다. 퇴사 인터뷰는 어떤 조직도 성실한 사람은 잃고 싶지 않다는 기본적 가정에 입각해, 왜 피고용인이 그만두었는지 정확한 이유를 밝혀내는 데 목적이 있다. 만약 인터뷰를 통해 직장을 떠난 사람들의 이유를 알게 된다면, 다른 고용원이 같은 이유로 떠나는 일을 막을 수 있다. 작업환경을 향상시키고자 하는 곳에서 퇴사 인터뷰는 성공적으로 사용된다. 연구 인터뷰는 주로 상품 사용, 공동체 계획, 여가 활용방법 같은 흥미로운 주제에 깊이 파고든다. 조사 인터뷰는 경찰, 정부요원, 다른 조사기관이 사용하며, 증인으로부터 정보를 얻고자 할 때 사용되거나 사건, 사람, 장소, 사물에 관한 정보를 얻고자 할 때 사용된다.

세 번째 유형인 선택 인터뷰는 심사, 고용, 사람들의 배치를 위해 수행된다. 첫 단계의 심사 인터뷰는 특정 조직원의 자격조건에 충족되지 않는 신청자들을 가려내기 위한 것이고, 선별 인터뷰는 사업, 정부, 대학에서 가장 흔하게 사용하는 인터뷰이다. 결정 인터뷰는 선별 인터뷰 이후에 이루어지며, 즉각 고용할 것인지, 시험을 보게 할 것인지를 포함하는 공식적 절차를 결정짓기 위해 이루어진다. 조직 내에서 자리가 일단 확보되면, 배치 혹은 이전 인터뷰를 통해 적절한 곳에 인재를 배치한다.

네 번째 유형인 문제해결 인터뷰는 인터뷰어나 인터뷰 대상이 되는 사람의 개인적 행동과 관련된 문제를 다루는 것이 아니라 상호 문제의식을 공유하는 사안에 대해 이루어진다. 어떤 그룹이나 팀이 공동의 문제를 해결하고 목적을 달성하게 상호 의사를 타진하며 공유하는 과정이 이에 해당한다고 할 수 있다. 이 형태의 인터뷰는 주로 의사결정 인터뷰로 이어져 종결된다.

마지막 유형인 설득 인터뷰는 가장 자주 사용되는 반면, 가장 이해가 적은 인터뷰 유형의 하나이다. 설득이란 억압이나 강요 없이 인터뷰 대상의 사고방식이나 감정, 행동을 바꾸려는 노력을 의미한다. 설득당하는 사람, 즉 인터뷰이는 메시지를 선택할 자유가 있을 뿐만 아니라 메시지의 결과에 대한 행동의 자유도 있다. 설득자, 즉 인터뷰어는 아이디어, 행사들, 정책, 혹은 상업적이거나 준상업적인 문제들을 다룬다. 설득 인터뷰는 상품이나 서비스의 판매를 포함하는 판매상황에서 주로 이루어지나, 그 밖의 여러 상황에서 인터뷰 상대자의 생각이나 마음을 움직여야 하는 경우에 적용된다. 여기서는 인터뷰 대상과 정보를 교환하는 목적이 궁극적으로 상대방을 설득시키는 데 있으므로 인터뷰어의 피드백과 함께 상대의 욕구를 파악하려는 노력이 중요한 요소가 된다.

6. 미디어 인터뷰

휴 셔우드(Hugh Sherwood)는 "직책과 직급을 막론하고 모든 언론인은 기본적으로 기자이며, 기자는 기본적으로 인터뷰어이다"라고 말했다. 취재원으로부터 정보를 얻는 것을 직업으로 하는 기자들은 사건을 스스로 목격한 경우(*first-hand account*)를 제외하고는 대개 목격자나 제

3자를 통해서 정보를 얻게 되는데, 이 모든 과정에서 인터뷰는 필수적이다.

미디어 인터뷰는 뉴스 취재를 위해 기자들이 전문적으로 실행하는 인터뷰를 일컫는다. 여기서 미디어란 신문, 잡지, 방송, 인터넷 등 언론의 기능을 수행하는 매체 전부를 가리키며, 기자들의 인터뷰는 기사의 형태로 독자들에게 전달되는 것으로 정보전달의 임무를 완수한다. 미디어 인터뷰는 기사작성의 전단계로 매우 중요하며, 따라서 보도(기사작성)의 한 부분이라고 볼 수 있다. 미디어 인터뷰가 다른 인터뷰와 구별되는 점이 있다면, 인터뷰어와 인터뷰 대상 사이의 배타적 2인 커뮤니케이션(*dyad*)이 아니라, 여기에 보이지 않는 독자들이 제 3의 요소로 중요한 위치를 차지한다는 점이다. 다운즈(Downs)는 기자를 가리켜 독자의 '대리인'(*surrogate*)이라는 표현을 하기도 했다. 즉, 인터뷰어인 기자는 자신의 호기심보다는 독자들의 궁금증 혹은 알 권리를 위해 인터뷰를 하고, 인터뷰 결과를 독자들에게 전달함으로써 공익에 기여하는 것을 목적으로 한다는 것이다.

앞서 나열한 인터뷰 분류법에 따르면, 미디어 인터뷰는 인터뷰를 전문으로 하는 전문가인 언론인이 수행하는 '전문 인터뷰'이며, 인터뷰어가 인터뷰 내용과 상황을 조절하는 '지시 인터뷰'이다. 미디어 인터뷰는 경우에 따라 비공식적으로 행해질 수도 있으나(오프 더 레코드를 전제로 한 경우), 기사화한다는 전제로 이루어지는 '공식 인터뷰'의 형태가 대부분이다. 미디어 인터뷰는 특정한 뉴스 소스를 대상으로 하기 때문에 표준화시키기 어려운 '비표준화 인터뷰'이거나 '준표준화 인터뷰'인 경우가 많다. 또한 말할 필요도 없이 미디어 인터뷰는 '정보 수집' 인터뷰의 전형이다.

미디어 인터뷰는 크게 다음 3가지 유형으로 분류된다. 첫째, 정보를 얻기 위한 인터뷰, 둘째, 인용구나 사례를 얻기 위한 인터뷰, 셋째, 사람을 이해하기 위한 인터뷰이다. 휴 셔우드는 기자의 역할을 '촉매제'에 비유했다. 적절한 시기에 적절한 질문을 던져 사실이나 감정, 일화 따위를 얻어내는 역할을 담당한다는 것이다.

윌리암 버로(William Burrow)는 뉴스 인터뷰를 ① 가두 인터뷰(*short 'man on the street' interview*) 또는 반응 인터뷰, ② 표준 인터뷰(*standard interview*), ③ 포괄 인터뷰(*inclusive interview*)로 나눈다. 가두 인터뷰는 사건의 증인이나 일반 시민에게 간단한 코멘트를 요청하는 경우이고, 표준 인터뷰는 사건의 중심인물에게 뉴스의 내용을 집중적으로 묻는 것이며, 포괄 인터뷰는 사건보다는 사건에 관련된 사람까지 포괄적으로 다루는 인터뷰이다.

존 호엔버그(John Hohenberg)는 뉴스 취재 인터뷰를 다음과 같이 6가지로 나누었다.

① 뉴스 인터뷰(*news interview*) : 가장 보편적인 뉴스 취재수단으로 사무실, 식당, 호텔 등에서 언론인과 취재원의 만남과 대화로 이루어진다.
② 대기 인터뷰(*curbstone interview*) : 인도의 돌 위에 걸터앉아 취재원이 나타나기를 기다려 인터뷰한다는 뜻이다. 중계차를 놓고 대기하기도 하고, 뉴스메이커에게 접근이 어려우면 소리쳐 질문하기 때문에 점잖지 못한 면이 없지 않으나, 법정 밖이나 회담장소, 공항 등에서 흔히 볼 수 있다.
③ 약식 조사(*informal survey*) : 가두 인터뷰로서 어떤 시사적 문제에 관해서 의견과 반응을 비공식적으로 알아보는 인터뷰이다. 과학적인 조사는 아니나 시간과 경비를 줄일 수 있고 일반의 태도를 알아보는 데 편

리하기 때문에 많이 쓰인다.

④ 인물 인터뷰(*personality interview*) : 기자라는 직업의 매력은 성공한 사람, 유명한 사람과 스스럼없이 만나 직업적 대화를 나눌 수 있다는 점이다. 그만큼 명사(*celebrity*) 인터뷰는 인기가 높다. 잘 알려진 어떤 인물과의 대화를 통해 인간적인 면모를 밝히려는 데 목적이 있는 인터뷰이다.

⑤ 전화 인터뷰(*telephone interview*) : 직접 만나기 어렵거나, 굳이 만날 필요가 없는 간단하고 짧은 인터뷰는 주로 전화로 이루어진다. 복잡한 상황을 취재하기보다는 적절한 인용구를 얻고자 할 때 주로 전화 인터뷰를 사용한다.

⑥ 서면 인터뷰(*prepared question*) : 뉴스 소스에 접근할 수 없을 때 미리 준비된 질문을 서면으로 제출하여 회신을 받는 방식이다. 요즘은 이메일 등을 적극 활용해 외국의 취재원에게까지 범위를 넓히고 있다.

다운즈(Downs)는 미디어 인터뷰가 다음의 6가지 과정을 거쳐 이루어진다고 보았다. ① 인터뷰의 목적을 정한다 ② 인터뷰 대상을 찾아 섭외한다 ③ 인터뷰 주제나 사람에 대해 사전조사를 한다 ④ 인터뷰 대상을 만나 상호 신뢰관계를 형성한다 ⑤ 전략과 질문을 결정한다 ⑥ 인터뷰를 마감한다. 각 과정에 따른 기술적 논의들은 제 2부에서 자세하게 다루도록 하고, '정보수집 인터뷰'의 또 다른 예인 조사 인터뷰(*survey interview*), '정보제공 인터뷰'이자 '비지시 인터뷰'인 상담 인터뷰(*counseling interview*), '선택 인터뷰'인 취업 인터뷰(*employment interview*), 그리고 '설득 인터뷰'(*persuasive interview*)를 통해 다양한 인터뷰의 과정과 기술에 대해 알아보도록 한다.

7. 조사 · 상담 · 취업 · 설득 인터뷰

1) 조사 인터뷰

사회학자들에게 인터뷰는 매우 유용한 연구의 도구이다. 각종 사회조사에 응용되는 조사 인터뷰는 모든 정보수집 인터뷰 중 가장 세심하게 계획되고 실행되는 인터뷰이다. 조사는 어떤 문제에 대한 결론을 도출하고, 그 결론을 해석함으로써 적절한 행동을 결정짓는 데 필요한 기초를 마련하기 위해 실시된다. 제조업자들은 소비자의 욕구, 의도, 경향들을 파악하기 위해 조사를 실시하고 광고업자들은 광고 캠페인과 방법의 성공 여부를 판단하기 위해 조사를 한다. 정치인들은 유권자의 의견과 태도를 알기 위해, 기자들은 보도를 할 만한 확고한 사실을 얻기 위해 조사기술을 이용한다. 기자가 여론조사를 포함하는 사회조사 기법을 보도에 사용하는 것을 '정밀 저널리즘'(*precision journalism*)이라고 한다.

정확하고 충분한 자료를 확보하기 위해 조사 인터뷰는 다음의 10가지 단계를 거쳐야 한다.

1단계 | 목적 정하기(Purpose)

가장 처음 단계는 인터뷰의 목적을 확실하게 정하는 일이다. 인터뷰 주제가 정해지는 대로 무엇을 위해(어떤 데이터를 수집하기 위해) 인터뷰를 하는지 분명히 해야 한다. 인터뷰의 목적은 조사의 본질에 영향을 미친다. 목적에 따라 어떤 구조를 택할 것인지, 어떤 질문을 던질 것인지, 누구를 대상으로 할 것인지, 어떤 인터뷰어를 투입할 것인지, 세부적인 계획이 달라진다. 조사의 목적을 서술할 때에는 얼마나 빠르게 조사를 완성해 결과를 내야 하는지, 각 인터뷰에 얼마만큼의 시간을 소요할 것인지, 조사를 통해 얻어진 정보는 어떻게 이용할 것인지, 조사의 단기 혹은 장기적 목적은 무엇인지 등을 고려한다.

2단계 | 사전조사(Research)

목적이 정확히 정해지면 관련자료를 모은다. 신문, 잡지, 각 분야 전문가들과의 인터뷰, 정부문서, 책, 그리고 같은 주제에 대한 선행조사들을 통해 이미 알려진 정보와 새로 알아내야 할 정보를 가린다. 사전조사의 과정을 통해 용어와 기술적 개념에도 친숙해질 수 있고, 선행조사의 약점을 파악하여 보완해 나갈 수도 있다. 사전조사는 과거의 태도와 의견뿐만 아니라 현재의 태도와 의견에 대한 사고도 드러내기 때문에 주제에 대한 총체적 지식을 얻을 수 있다. 다음 단계인 샘플링에서 샘플링 대상이 되는 그룹의 크기와 속성, 본질에 대한 통찰력을 갖게 된다. 또 복잡한 이슈를 이해함으로써 필요로 하는 정보의 범위와 인터뷰 가이드를 준비하는 데 도움을 받을 수 있다.

3단계 | 샘플링(Sampling)

질문에 답하는 표본이 적다면 모든 응답자를 인터뷰하는 것이 가능할 것이다. 그러나 대부분의 조사는 시간적 제약과 재정적 한계를 함께 안고 있다. 모든 사람을 다 인터뷰할 수 없다면, 그중 일부를 인터뷰해 그 결과를 전체로 확장시키는 방법을 택한다. 이때 샘플은 대표성을 갖기 위해 체계적으로 모집되어야 한다. 샘플링은 조사시간의 제약과 재정적 한계를 보완하지만, 잘못된 샘플링은 당초 목적과 어긋나는 결과를 낼 수 있다. 체계적 샘플링은 조사대상 모집단의 명확한 정의, 현실적으로 가능한 인터뷰 대상자의 숫자, 앞서 정의한 모집단을 대표하도록 고르게 분포한 응답자 등과 관련된다. 조사에 유효한 샘플을 결정짓는 일정한 백분율이나 마술공식은 없다. 어떤 연구자들은 모집단의 30%를 샘플링해야 최소한의 정확도를 유지할 수 있다고 주장하기도 하지만, 갤럽은 1,500명의 샘플을 통해서도 놀랄 만큼 정확한 연구결과를 내놓는다. 중요한 것은 샘플의 크기가 아니라 '어떻게' 그들을 선별하였는가의 문제이다.

무작위 샘플링은 대표성이 희박한 샘플을 양산하기 쉽다. 상점에 들어오는 사람들을 대상으로 한다면, 상점의 종류에 따라, 또 무슨 요일 몇 시인지에 따라 들어오는 사람의 구성이 이미 정해져 있을 수 있으므로 정확한 샘플이라고 할 수 없다. 전화번호부에 의존한다면, 전화번호부에 등재되지 않은 사람들은 애당초 배제된 샘플이라고 할 수 있다. 이에 비해 체계적 샘플링은 면접관이 특정 부류의 사람에 대해 갖기 쉬운 편견이나 기호에 따른 문제를 최소화하고, 조사의 오차범위를 줄일 수 있다.

4단계 | 구성(Structure)

조사는 모든 응답자들이 동일한 인터뷰를 경험할 수 있도록 구성해야 한다. 인터뷰의 첫머리는 자신과 조사기관에 대한 소개로 시작한다. 면접관은 자기 자신을 포함, 조사기관을 소개하고 조사의 목적을 설명해야 한다. 이때 소개 문구는 모든 사람에게 똑같이 보여주거나 읽어주어야 한다. 조사의 본론은 매우 계획화되고 표준화된(*highly-scheduled-standardized*) 것이어야 한다. 질문을 읽을 때는 글자 그대로 같은 톤으로 질문을 해야 하며, 비언어 신호도 동일한 것을 주어야 한다. 질문의 내용을 다른 말로 설명 혹은 해석하거나, 질문을 정당화하거나, 예상 답변을 대신 늘어놓는 식의 행위를 해서는 안 된다. 질문에 있어서의 사소한 변화는 인터뷰의 본질을 변화시키고 조사결과에 영향을 줄 수 있기 때문이다. 인터뷰를 끝낼 때는 감사의 뜻을 전하고, 인터뷰 결과나 내용에 대해 궁금해 하는 응답자가 있다면 친절하게 답해준다.

5단계 | 질문(Questions)

질문에 대해 응답자마다 일일이 해석하거나 설명해줄 수 없기 때문에 처음부터 매우 신중하게 작성해야 한다. 질문은 명료한 언어를 사용하여 조사와 직접 관련된 내용으로 작성되어야 하며, 응답자의 지식수준에 맞춰야 한다. 질문이 너무 복잡해서는 안 되며 사회적으로 또 심리적으로 답변 가능한 질문이어야 한다. 응답자들은 나이, 수입, 교육적 배경, 지적 능력, 직업, 성별이 모두 제각각이므로 이들이 모두 쉽게 답할 수 있는 질문을 만드는 것은 쉬운 일이 아니다. 또한 질문은 중립적으로 기술되어야 한다. 편견이 작용한 질문은 응답자의 답변을 일정방향으로 유도할 수 있으므로 조심해야 한다.

답변의 종류나 순서에 따라서도 응답자가 영향을 받을 수 있다. 응답자들은 대체로 극단적인 답변을 회피하고 중간에 위치한 답변을 선택하는 경향이 있으며, 듣는 순서로는 가장 마지막에 들은 것을 선택하는 경향이 있다.

면접관은 피면접자의 지식수준이나 일관성, 정직성을 알아보기 위해 여러 질문 전략을 마련해야 한다. 현재의 지식수준을 알아보기 위해서는 여과식 질문(*filter approach*)이 좋으며(가령, '~에 대해 들어보신 적이 있습니까?' 등의 질문), 반복 질문(*repeat question*)은 대답이 일관성을 지니는지 알아보는 전략이다. 또한 '아직 결정하지 못했다'라는 대답의 수를 줄이기 위해서는 사고의 폭을 좁혀주는 전략(*leaning strategy*)을 쓴다. 순서를 섞어놓는 전략(*shuffle strategy*)은 질문의 순서로 인한 편견은 제거하지만, 면접관이 잘 훈련되지 못했거나 질문이 세내로 만들어지지 않았을 경우에는 오히려 혼란을 초래한다. 좀더 깊이 파고들기 위해서는 사슬식 질문(*chain strategy*)을 사용한다.

6단계 | 면접관 선택(Select Interviewers)

인터뷰에 앞서 마지막 단계는 그 조사를 행하기 위해 필요한 면접관들을 선택하는 것이다. 면접관을 선택할 때 다음 3가지 질문을 염두에 두어야 한다. 첫째, 몇 명이 필요한가? 둘째, 어떤 특별한 자격이 요구되는가? 셋째, 어떠한 개인적 특성이 요구되는가?

7단계 | 사전 테스팅(Pretesting)

본격적인 조사를 하기 전, 시험 삼아 인터뷰 스케줄을 검증해 보는 것이 중요하다. 면접대상은 아니지만 면접대상과 비슷한 유형의 피면접인을 선정해 전체 인터뷰를 시행한다. 준비된 모든 질문을 하고, 계획한 대로 인터뷰를 마친다. 이런 과정을 통해 인터뷰어는 물리적 환경을 포함한 인터뷰의 모든 측면에 적응하고 익숙해져야 한다.

8단계 | 인터뷰(Interviewing)

잘못된 인터뷰 시행은 준비한 모든 것을 수포로 돌아가게 할 수도 있다. 이상적인 인터뷰어는 사전에 완벽하게 준비된 상태로 임해야 하며, 진정으로 조사하려는 주제와 응답자에게 관심이 있어야 한다. 커뮤니케이션의 기본에 능숙해야 함은 물론이다. 아울러 태도나 복장에도 신경을 써야 한다.

몇 가지 주의사항은 다음과 같다. 편안하게 행동하고 미소를 지을 것, 천천히 또박또박 이야기할 것, 고개를 끄덕이거나 과장된 제스처를 피할 것, 인터뷰 도중 농담을 삼갈 것, 인터뷰 시간을 빼앗은 데 대해 사과하지 말 것, 답변을 중간에 막지 말 것, 개인적인 이야기를 삼갈 것, 밤늦게 인터뷰하지 말 것, 사무적일 것 등.

9단계 | 코딩과 도표작성(Coding and Tabulation)

이 단계는 주로 컴퓨터로 이루어진다. 개방형 질문에 대한 답은 별도로 분석자료를 준비한다. 일단 답이 코딩화되면, 컴퓨터에 자료를 입력해 최종 자료를 도출해낸다.

10단계 | 분석(Analysis)

결과의 부호화와 도표화가 끝난 후 결과를 분석한다. 어떤 결론이 도출되었는가? 그 자료는 과연 일반화할 수 있는 것인가? 인터뷰 샘플이 제기한 문제의 한계는 무엇인가? 왜 사람들이 어떤 질문에 어떤 방식으로 대응했는지 알 수 있는가? 조사에서 오차의 범위는 얼마인가? 정밀 저널리즘을 추구하는 언론인들이라면 이 단계에서 기사화할 경우 헤드라인의 선정이나 기사의 구성, 예측 등에 매우 세심한 주의를 기울여야 한다. 궁극적으로 이 단계에서는 당초 세운 조사의 목적이 달성되었는지 자문해 보아야 할 것이다.

2) 상담 인터뷰

상담 인터뷰는 우리 주변에서 매우 흔하게 벌어지는 현상이다. 상대방에 대한 세심한 배려와 열린 마음으로 상대방이 직면한 문제에 대한 통찰력을 갖도록 돕고, 문제에 대처할 방법을 발견하는 과정이 상담 인터뷰이다.

상담 인터뷰는 대체로 매우 민감한 상황에서 이루어지는 인터뷰이다. 상담 인터뷰는 인터뷰 대상이 스스로 문제를 처리할 수 없음을 깨닫고 도움을 청하지 않는 한 일어나지 않는다. 자신의 문제를 드러내 보인다는 것은 자아노출로 인한 자아개념의 변화를 전제하는 심리적 부담을 동반한다. 여기서 문제는 지극히 개인적인 것, 즉 금융상태나 가족관계, 성생활, 정서적 안정과 같은 사적인 문제와 연관되어 있다. 두 당사자가 문제의 본질을 파악하고 해결책을 찾기 위해서는 상당한 신뢰와 열린 마음이 요구된다. 상담 인터뷰의 또 다른 이름이 도움 인터뷰(*helping interview*)인 것은 우연이 아니다.

주목할 만한 사실은 이러한 민감한 인터뷰가 상대적으로 덜 훈련된 면접관들인 교사, 감독관, 부모들에 의해 일반적으로 행해진다는 것이다. 그나마 다행스러운 것은 직업적 상담가가 아니라도 이들이 많은 상황에서 성공적인 상담원이나 인터뷰어로 판명된다는 점이다. 그들의 성공은 애당초 상담을 요청한 사람의 신뢰에 기초한다. 상담을 하고자 하는 사람들은 직업적인 상담원이나 의사보다 자신의 처지를 잘 아는 주변 인물을 더 신뢰하는 경향이 있다.

개인을 상담하는 방법에 대해 접근을 달리하는 두 학파가 있다. 가장 오래된 것은 지시적(*directive*) 학파로서, 이 학파는 피상담원에 대한 정보를 획득하고 피상담원이 취해야 할 행동을 제안하는 데 초점을 맞춘다. 상담원은 해결책을 제시하는 현명한 제공자로서의 역할을 하고 해결책을 설득시키기 위해 노력한다. 여기에는 2가지 가정이 뒷받침된다. 하나는 상담을 받는 사람은 자신의 문제를 깨닫지만 적절한 해결책을 찾을 능력이 없으며, 두 번째 가정은 상담원은 더 많은 경험을 했고 현명하기 때문에 문제에 적절히 대응할 수 있다는 것이다.

이러한 지시적 접근에는 여러 약점이 있다. 피상담원이 상담원의 문제인식에 동의하지 않을 수 있고, 따라서 해결책도 '상담원의 방식'이지 자신의 방식이 아닐 수 있다는 것이다. 이런 피상적 과정을 통해 피상담원은 상담원이 문제의 핵심을 이해하지 못하거나 거만하다는 인상을 받기 쉽다.

보다 최근의 학파로 칼 로저스(Carl Rogers)가 주도하는 비지시적(*non-directive*) 방법은 상담원보다 피상담원에게 초점을 맞춘다. 상담원의 역할은 피상담원이 스스로의 문제에 대한 통찰력을 갖도록 돕고, 만족스럽고 실현 가능한 해결방식을 스스로 찾도록 돕는 것이다. 상담원은 결코 해결책을 강요하지 않는다. 고객이 중심이 된 인터뷰는 비지시적 접근이며 상담원은 '조언자'라기보다는 '청취자' 혹은 '관찰자'로 기능한다.

비지시적 접근에도 문제가 없는 것은 아니다. 피상담원이 스스로의 문제를 명료하게 보지 못하는 경우가 그것이다. 그러나 대부분의 경우 상담이 성공을 거두려면 고객 중심, 즉 비지시적 방식을 염두에 두어야 한다.

(1) 상담 인터뷰 준비

보통 상담을 하러 오는 사람은 자발적으로, 사전 약속이나 설명 없이 상담원을 찾는 경우가 대부분이다. 이럴 경우 교사나 감독자들은 스스로 성공적이라고 판단되는 이전의 경험에 의존하게 된다. 이때 주의해야 할 점이 있다. 사전에 정보가 충분하지 않은 상태에서 섣불리 문제를 단정짓거나 조언하는 것은 위험하다. 가능하다면 상대방에게 사전에 약속을 하도록 권유하는 것이 좋다. 왜냐하면 상담원이 상대방에 대한 자료를 미리 구해 알아보고 생각할 시간을 가질 수 있기 때문이다.

또한 상담에 좋은 영향을 줄 수 있는 분위기를 만드는 것이 중요하다. 상담원이 스스로에 대해 소개하고, 피상담원이 편안하게 접근하도록 유도해야 한다. 개인적인 문제를 이야기하기에는 딱딱한 분위기의 사무실보다 아늑한 느낌의 커피라운지가 적합하다. 조용하고 개인적이며 편안한 장소를 찾아야 한다. 전화나 비서 혹은 다른 직원의 방해가 적은 곳이어야 하며, 자리 또한 자유롭게 이야기할 수 있도록 조절되어야 한다. 가구의 위치, 상담원과의 자리배치 또한 대화 분위기에 기여한다.

(2) 상담 인터뷰 시작

따뜻하고 친근한 매너로, 자연스럽고 진지하게 피상담원을 맞는다. 너무 겸손하거나 선심 쓰는 듯한 행동을 해서는 안 된다. 단순한 추측 역시 금물이다.

피상담원이 자신의 문제를 꺼내면서 인터뷰를 시작할 때, 상담원은 왜 특별히 자신이 상담의 대상으로 '선정'되었는지 물어보고, 왜 상담을 하러 왔는지, 그리고 왜 자신이 도움이 될 것으로 생각했는지에 대해 이야기하도록 해야 한다. 반대로 상담원이 인터뷰를 요청했을 경우라면, 왜 상담원이 피상담원을 만나고자 했는지 정직하고 확실하게 설명해야 한다. 상담 인터뷰는 상호 신뢰관계를 구축하는 데 상당한 시간이 소요된다. 일단 관계가 구축되면 피상담원이 가장 관심 있어 하는 주제로 화제를 옮길 필요가 있다. 이는 피상담원이 안고 있는 문제의 정확한 본질과, 그 문제를 스스로 해결할 수 없는 이유를 발견하기 위한 첫 단계로써 매우 중요하다.

(3) 상담 인터뷰 실행

상담 인터뷰에서 상담원은 다양한 역할을 한다. 때로는 청취자이자 관찰자의 역할도 하고, 반응자인 동시에 질문자가 되기도 한다. 피상담원의 문제에 공감을 표현하고, 정보를 제공하는 것도 상담원의 몫이다. 여기서 가장 중요한 역할은 듣기와 관찰이다. 피상담인이 무엇을 말하는지 관심을 기울이면서 듣지 않으면 문제의 본질에 접근할 수 없다. 만일 피상담원이 잠시 동안 이야기를 멈춘다고 해서 침묵을 깨기 위해 이야기를 해서는 안 된다. 오히려 침묵을 피상담원이 이야기를 계속할 수 있도록 용기를 북돋아주는 기회로 삼아야 한다.

피상담원이 어디에 어떻게 앉아 어떤 움직임을 보이며 시선을 어디에 고정시키는지 세심하게 관찰해야 한다. 또한 피상담원의 목소리도 주의 깊게 들어야 한다. 이러한 관찰을 통해 상담원은 피상담원의 문제가 얼마나 심각한지, 또 얼마나 힘들어 하는지 알 수 있는 단서들을 발견할 수 있다.

① 상호작용 단계

전형적인 상담 인터뷰는 기본적 상호 신뢰관계를 확립하는 단계에서 시작한다. 이어 두 번째 단계에서는 피상담원이 안고 있는 문제의 본질을 발견하고, 세 번째 단계에서는 피상담원의 감정에 좀더 깊숙이 파고들며, 마지막 네 번째 단계에서는 어넌 소치를 취해야 할 것인지에 내한 결정을 내린다. 생명을 위협하는 급박한 상황이 아니라면 첫 번째 단계에서 네 번째 단계로 비약하는 일은 하지 말아야 한다. 세 번째 단계에 성공적으로 진입하지 못했다면, 다음 단계로 진입하는 것은 불가능하다.

② 정보와 반응

터너(Tuner)와 롬바드(Lombard)는 상담 중의 피상담원이 ① 목적, 사건, 아이디어, 개념 등에 대해 이야기하기도 하고, ② 다른 사람에 대해 이야기하기도 하며, ③ 자기 자신에 관해 이야기하기도 한다고 정리한다. 이 중에서 상담원이 반응해야 할 것은 자기 자신에 관한 이야기 부분이다. 상담원은 피상담원이 하는 수많은 말 중에서 직접 스스로와 관련된 말이나 생각을 추려내 반응해야 한다. 상담원의 반응은 피상담원에게 ① 의견, 충고, 제안을 하고 ② 피상담원이 말한 것을 해석하거나 ③ 피상담원의 말이 스스로의 해석이나 관점이라는 점을 받아들이고 명확히 하는 식으로 이루어진다.

상담원은 피상담원이 자기 자신에 대해 이야기하는 것에 대해 ① 만족하고 받아들이는 차원 ② 표현된 느낌의 차원 ③ 표현되지 않은 느낌의 차원에서 각기 반응할 수 있다. 표현된 느낌은 긍정적이거나, 혼란스럽거나, 부정적인 느낌일 수 있다. 이 중 상담원이 피상담원의 문제에 통찰력을 얻기 위해서는 긍정적인 감정보다는 혼란스럽거나 부정적인 감정에 반응해야 한다. 왜냐하면 상담의 이유가 바로 거기 숨어있기 때문이다.

③ 상담원 대응과 반응

상담원은 피상담원의 말과 행동, 질문과 대답에 반응하게 된다. 이러한 반응을 비지시적인 것에서 매우 지시적인 것까지 연속선 위에서 살펴볼 수 있다.

매우 비지시적인(*highly nondirective*) 반응은 피상담원에게 그가 이야기를 계속하고 있으며, 상담원은 그 이야기를 이해하고 있다는 것을 확신시켜주는 반응이다. 확인하는 질문은 상담원에게 중요한 도구가 된다. 비지시적인(*nondirective*) 반응은 단순히 이야기를 듣는 데 그치지 않고 피상담원에게 충고하고 정보를 제공하려는 경향까지 포함한다. 어떤 정보나 충고를 강요하려는 의도는 없다. 성공적인 인터뷰 상황이라면 피상담원은 이러한 반응을 도움을 주려는 행위로 받아들일 것이다.

지시적인(*directive*) 상담원 반응은 격려나 정보제공, 조언이나 충고의 정도를 넘어선다. 상담원들은 충고를 받아들이도록 답에 대한 평가를 제공함으로써 피상담원에게 압력을 가한다. 매우 지시적인(*highly directive*) 상담원 반응은 모든 상담방법이 소진됐을 경우 사용되어야만 한다. 제안은 최후통첩과 위협을 포함한 충고로 대체된다.

피상담원이 충격적인 발언을 하더라도 상담원은 충격을 받아서는 안 되며, 적어도 충격받았다는 것을 내색해서는 안 된다. 목소리 톤과 제스처는 편안하고 서두르지 않고 자신감이 있어야 한다. 너무 차갑거나 예의바른 모습은 오히려 역효과를 낸다.

④ 질 문

질문은 상담 인터뷰에서 중요한 역할을 하지만 상담원이 너무 자주 질문을 하면 상담의 흐름을 방해할 수 있다. '예, 아니오'로 대답될 수 있는 질문이나 무거운 질문은 피하는 것이 좋고, 물어보기 전에 신중하게 숙고한 후 질문해야 한다. 피상담원이 감정을 말로 표현할 수 있도록, 그래서 문제의 본질에 보다 쉽게, 더 깊이 들어가 문제를 해결하는 데 도움을 주는 질문을 해야 한다.

⑤ 도움과 정보제공

피상담원에게 도움이 되려면 피상담원 중심으로 사고해야 한다. 무엇보다 상대방의 입장에서 생각하고, 섣불리 설교하지 말고, 가능한 도움을 주는 데 집중해야 한다. 가능한 한 피상담원이 자기 자신에 대해 스스로 생각해 계획이나 해결책을 만들어갈 수 있도록 격려해야 한다.

따라서 충고보다는 정보를 제공하는 것이 좋다. 즉, 가능한 해결책을 제안하는 것이다. 자극을 주는 사람, 동기를 부여하는 사람, 피상담원의 생각과 기분을 반영하는 거울 같은 사람이 되어야 한다. 그리고 무엇보다 정직해야 한다. 상담원이 모든 답을 아는 사람이 아니라는 사실을 인정하고 보다 전문적인 사람에게 피상담원을 추천하는 것도 좋은 방법이다.

(4) 상담 인터뷰 종료

민감한 상담 인터뷰를 잘 종료하는 것은 전체 인터뷰의 성공에 필수적이다. 상담원이 서두르는 인상을 주거나 급하게 나가야 하는 듯한 인상을 피상담원에게 주면 인터뷰 동안 이뤄졌던 신뢰관계 등 많은 것들이 사라질 수 있다. 특히 상호작용 관계가 깨질 수 있다.

인터뷰를 마치는 데 유용한 가이드라인의 하나는 인터뷰가 사실상 끝났을 때 새로운 주제를 시작하지 말아야 한다는 것이다. 또한 인터뷰의 결과로 완벽한 해결책이 나왔다는 기대도 해서는 안 된다. 피상담원이 상담원과 문제를 이야기했다는 것에 만족해야 하고, 항상 더 많은 대화를 위해서 문을 열어둬야 한다.

인터뷰를 끝낼 때는 정직하고 진실해야 한다. 인터뷰를 마치는 방법은 인터뷰 동안 이뤄놓았던 것을 향상시킬 수도, 망칠 수도 있다는 점에 각별히 유의해야 한다.

3) 취업 인터뷰

취업 인터뷰가 고안되기 이전의 고용주들은 주로 '우리 사람'으로 빈자리를 채웠다. '우리 사람'이란 친척이나 현 고용인들의 친구, 고용주와 같은 고향, 학교, 윤리, 종교를 가진 사람들이었다. 잠재적 고용인을 평가하는 신뢰할 만한 기준과 훈련이 없었기 때문에 '그 사람 괜찮아 보인다'라는 막연한 기준으로 사람을 선택했다.

미국의 경우 이런 주먹구구식 방법이 바뀌기 시작한 것은 1950년대 초반 고용을 위한 선발과정이 객관화되기 시작하면서부터이다. 1960년대와 1970년대 들어 다양한 고용기회균등법안이 입법화되고, 부당한 고용을 감시하기 위한 고용기회균등위원회(EEOC: Equal Employment Opportunity Commission)의 활동이 활발해지면서 취업 인터뷰는 획기적 전기를 맞는다. 고용기회균등과 관련된 2가지 중요한 사항은 첫째, 회사가 법을 위반하지 않는다면 법은 자격미달자를 고용하도록 강요하지 않는다는 것, 둘째, 고용기준은 직업 수행에 따른 최적의 자질(BFOQ: Bona Fide Occupational Qualifications)에 따라야 한다는 것이다. 취업 인터뷰에서 던져지는 질문 역시 이 2가지 조건에 부합해야 위법의 소지가 없다. 가령 '어떤 외국어를 쓰고 말할 수 있느냐?'는 질문은 직업 수행에 필요한 자질과 관련이 있으므로 불법적인 질문이 아니지만, '그 언어를 어떻게 배웠느냐?'는 질문은 자질과 관련이 없으므로 불법적인 질문에 해당한다.

취업 인터뷰를 발전시킨 또 다른 계기는 학자들에 의한 활발한 연구의 결과였다. 법적 테두리 안에서 이루어진 각종 취업 인터뷰가 반드시 최적의 고용자를 선택하는 것으로 이어지지 않았고, 고용주들은 법적 소송을 피하기 위해 각종 연구를 발주하고 그 결과를 적용하기 시작했다. 연구결과들은 인터뷰를 구조화하며, 질문을 만들고 답을 해석하는 가이드라인을 제공했다. 미국에서 1915년과 1976년 사이에 이루어진 수많은 취업 인터뷰 관련 연구결과에서 일반화할 수 있는 몇 가지 결과를 살펴보면 다음과 같다.

- 질문의 형태는 답에 영향을 미치지 않는다.
- 면접관의 태도는 지원자의 대답을 해석하는 데 영향을 미친다.
- 면접관은 같은 종류의 정보를 얻고 이용하지만, 해석과 평가는 다르게 한다.
- 면접관은 긍정적 정보보다는 부정적 정보에 더 큰 영향을 받고, 부정적 정보가 일찍 접수될수록 더 큰 영향을 받는다. 면접관들은 대체로 부정적 정보에 대한 평가를 할 때 더 자신감을 얻는다.
- 지적 능력을 가장 신뢰할 만한 특징으로 꼽는 경향이 있다.
- 면접관은 누구나 스스로 머릿속에 그리고 있는 '좋은 사원'의 고정관념

이 있으며, 그 고정관념에 인터뷰 상대를 맞추는 질문을 하려는 경향이 있다.

- 면접관들은 인터뷰 대상의 부정적 측면에 더 강하게 동의한다.
- 비구조화된 인터뷰에서 면접관은 지원자보다 더 말을 많이 하며, 인터뷰 초기에 결정을 내리는 경향이 있다.
- 나이 든 인터뷰 대상이 젊은 사람보다 사생활관련 질문을 덜 민감하게 받아들이는 경향이 있으며, 여성은 개인적인 가치관이나 사생활관련 질문에 더 민감한 데 비해, 남성은 개인의 재정적인 질문에 더 민감한 반응을 보인다.
- 면접관들의 일치된 의견을 통해 입사한 사원은 고액의 급료를 받고 빠른 승진을 하는 반면, 면접관들 사이에 의견이 엇갈렸던 사원은 입사 후에도 어긋난 평가를 받는 경우가 많다.

• 취업 인터뷰의 과정

인터뷰가 이루어지기 전의 고용희망자는 아직 그 조직의 일원이 아닌 비고용자이다. 그들을 판단하기 위해서는 법적 자료만을 사용해야 한다. 지원서의 빈칸은 반드시 지원자로 하여금 메우게 하고, 대리인이 한다면 대리인의 서명이 반드시 들어가야 한다. 미국의 경우 지원서를 성별, 인종별, 학교별, 종교별 등으로 분류하는 것은 불법이다.

면접관은 지원자에게는 회사 자체이다. 면접관의 나쁜 인상은 회사에 대한 나쁜 인상으로 이어진다. 면접관은 인터뷰에 앞서 지원자의 정보를 검토하고, 인터뷰 준비가 끝났을 때 지원자를 따뜻하게 맞이해야 한다. 인터뷰를 녹음하고 싶다면 그 사실을 밝히고 이유를 설명해 주어야 한다.

① 시 작

인터뷰의 시작과 관련해서 2가지 견해가 있다. 전통적 견해는 날씨나 스포츠, 잘 알려진 지역사건과 같은 가벼운 이야기로 시작해 긴장을 풀도록 해야 한다는 것이다. 이러한 방법이 지원자를 편하게 한다. 그러나 다른 견해도 있다. 지루한 잡담은 오히려 지원자를 긴장시킬 수 있다. 만일 지원자가 긴장해서 질문에 적절히 답하지 못한다면, 면접관은 기술을 바꿔야 한다. '자기소개를 해보시오'라는 개방형 질문으로 인터뷰를 시작하는 것도 지원자들을 편하게 하려는 목적이 있는 것이다.

② 질 문

모든 질문은 큰 소리로, 잘 들리게 해야 한다. 이미 아는 정보나 필요 없는 정보를 알기 위해 질문을 낭비하지 말라. 면접관은 자신의 비언어적 사인들, 즉 눈동자의 움직임이나 목소리의 높고 낮음, 몸동작 등에 주의를 기울여 불필요한 신호를 보내는 것을 중단해야 한다. 예스나 노로 대답될 질문은 피하고, 상대방이 대답할 여유 없이 퍼붓는 기관총식의 질문 또한 피한다. 압박형 질문, 유도형 질문은 반드시 필요한 경우에만 한다. 그리고 나중에 지원자에게 질문할 기회를 준다.

면접관이 공통적으로 직면한 문제는 민감한 정보를 다루는 문제이다. 면접관은 그 정보가 취업 결정과 관련해 얼마나 중요한지를 명확하게 판단해야 한다. 중요하다고 판단되면 다음과 같은 방법으로 질문을 한다. ⓐ 명확한 대답을 얻을 때까지 질문을 계속한다. ⓑ 민감한 사안에 대한 후속 질문은 다음 질문에 영향을 주지 않도록 나중의 순서로 미룬다. ⓒ 후속 질문 따위는 피하고, 추천인 등 다른 경로를 통해 알아본다.

③ 맺음

인터뷰가 끝날 때쯤 면접관은 앞으로의 절차에 대한 표준적 설명을 해야 한다. 만일 그 자리에서 고용할 권한이 있는 사람이라면 당장 직책을 제안할 수 있다. 만일 그러한 권한이 없다면 언제쯤 결과가 나올지 지원자에게 설명해줘야 한다. 또한 인터뷰를 끝낼 때는 지원자가 결과를 알 수 없도록 중립적이어야 한다.

• 취업 지원자가 염두에 두어야 할 사항

인터뷰에 임하는 사람은 예상 질문에 대한 답변을 미리 준비하는 것이 좋다. 예상 질문을 준비하는 것은 긴장을 줄여주는 장치가 되기도 한다. 지원자는 반드시 시간을 엄수해야 하며, 늦을 경우에는 반드시 통보해야 한다. 물론 복장도 단정해야 한다.

면접관들이 불평하는 공통의 리스트는 다음과 같다. 거짓말의 탄로, 면접에 관심이 부족한 듯한 태도, 무례한 태도, 진지함 부족, 분명치 않은 설명, 단지 월급에만 관심을 보이는 것, 집중하지 못하는 태도, 진취성 부족, 우유부단함, 거만한 태도, 학대하는 태도, 연줄을 활용해 보려는 시도, 더러운 손이나 얼굴, 냉소적인 것, 참을성 부족과 강한 편견, 인터뷰 지각, 힘없는 악수, 자신을 분명히 표현하지 못하는 것, 직업계획의 부족, 회사의 상품이나 역사에 대한 지식 부족, 간부 위치에서 시작하려는 태도, 성숙함 부족, 낮은 도덕기준, 지나친 외모 꾸미기, 높은 자기평가 등.

긴장하는 것은 당연하지만, 면접관이 요구하는 정보에 대해 대답하는 것에 집중한다면 긴장이 사라지는 것을 느낄 수 있을 것이다. 충분히 대답하되 요점을 전달하는 것이 중요하다. 모든 질문에는 정직하게 대답하고 이해하지 못한 질문에 대해서는 자신의 말로 바꾸거나 명확한 말로 다시 질문해야 한다. 때때로 당황스런 질문을 받더라도 당황하지 말고 몇 초 생각할 여유를 갖고 대답해라. 또한 당신의 능력을 과대평가하거나 과소평가하지 말라.

면접을 끝내고 면접관에게 감사하다는 내용의 메모를 전달하고 가능한 한 빨리 결과를 통보해달라고 요구해라. 감사하다는 내용의 메모는 이력서에 연락처가 없을 경우 당신에게 연락할 수 있는 정보를 제공하기도 하며 호의적으로 받아들여질 것이다.

4) 설득 인터뷰

설득 인터뷰란 정보교환을 통해 상대방의 생각이나 태도, 신념을 바꾸기 위해 계획된 만남을 뜻한다. 매스미디어를 통한 광고나 홍보 등이 대중을 상대로 한 설득이라면, 설득 인터뷰는 대인관계에서의 설득에 초점을 맞추는 점이 다르다. 면대면 상황에서 언어적 메시지와 비언어적 신호들을 주고받으면서 전략적으로 상대방의 생각이나 행동에 변화를 가져오기 위한 목적으로 이루어지는 설득 인터뷰는, 따라서 일상생활과 매우 밀접하다. 집을 방문한 외판원, 백화점의 판매원, 자선을 호소하는 불우이웃돕기 캠페인, 서로 다른 의견을 조정하고 있는 남편과 아내 사이 등에서도 쉽게 찾아볼 수 있는 커뮤니케이션 상황이다.

설득의 요체는 자발적 태도변용이라는 점이다. 설득 대상은 세뇌의 대상이 아니라 자율적으로 판단하고 행동하는 사람들이며, 이들을 설득하기 위해 동원하는 정보교환 방법은 다분히 전략적일 수밖에 없다. 설득의 목적은 반드시 즉각적 결정이나 행동에 있는 것이 아니다. 보험

회사 세일즈맨은 설득 대상인 잠재적 고객에게 우선 생명보험에 대해 생각해 보고 사랑하는 사람들에 대한 책임감을 갖도록 첫 번째 인터뷰를 이끈다. 변화된 행동은 두 번째나 세 번째 인터뷰에서나 일어날 수 있고, 끝내 일어나지 않을 수도 있다.

설득 대상이 되는 사람은 강요당하는 것이 아니라, 합당한 대안 중에 선택할 권리를 갖는다. 이슈나 제안에 대한 사고나 감정의 수정은 한 번의 설득 인터뷰에서 이뤄질 수 있지만, 제품을 사거나 특정인을 지지하는 등의 태도 및 행동 변화는 연속된 인터뷰를 통해서만 가능하다.

모든 인터뷰가 그러하듯, 설득 인터뷰 역시 성공에 대한 보장은 없다. 그러나 다음과 같은 경우 성공의 가능성을 높일 수 있다.

- 인터뷰어의 제안이 긴급한 필요나 동기를 만족시킬 때
- 인터뷰어의 제안이 설득 대상인 사람의 신념이나 태도, 가치관과 일치할 때
- 제안이 실용적이고 유연성 있게 보일 때
- 제안에 대한 불이익보다 이익이 클 때
- 별다른 유력한 대안이 없을 때

• 설득의 단계

설득 인터뷰는 상대방의 태도에 영향을 미치는 복잡하고 어려운 과정이기 때문에 체계적으로 접근해야 성공의 가능성을 높일 수 있다. 조사 인터뷰나 미디어 인터뷰에서와 마찬가지로 설득 인터뷰도 순환적 과정을 거친다. 일반적 목적을 결정하는 것에서 시작해 결과를 분석하는 것으로 끝나는 점은 조사 인터뷰와 동일하다.

① 목적을 정한다

설득하고자 하는 내용을 분명히 한다.

② 피설득자를 분석한다

인터뷰를 피설득자에게 맞출 수 있도록 필요한 자료를 찾아야 한다. 한 사람의 요구와 가치관에 맞춘 제안은 다른 사람에게는 완전히 맞지 않을 수 있다. 어떠한 자료라도 간과해서는 안 된다. 피설득자의 현재와 과거 행동에 관한 정보를 찾고 피설득자와 친한 사람이나 직장동료, 친구와 이야기해 보는 것이 좋다. 다음과 같은 정보에 주목한다.

ⓐ 신체적이고 정신적인 특성: 신체적이고 정신적인 특성은 나이, 성별, 인종, 육체 건강, 외모, 지적 능력과 관계가 있다.

ⓑ 사회·경제학적 배경: 사회·경제학적 자료는 피설득자의 그룹 멤버십(교회, 클럽, 노조 등), 직업, 취미 등을 포함한다. 참고 프레임(사람, 장소, 사물, 아이디어를 보는 방법)은 경험, 환경에 의해 창조되고 변경된다.

ⓒ 심리학적 구조: 피설득자의 일상적인 기분을 고려해야 한다. 심각한지 낙관적인지 의심스러운지, 피설득자의 기분이 건강이나 날씨, 인간관계 등 때문에 빠르게 변화하지는 않는지 등을 살핀다. 인터뷰의 성공은 상담원 자신이 신뢰가 있고, 피설득자의 중심 가치관과 조화되며, 피설득자의 근심이나 두려움이 줄어든 후 가능하다.

ⓓ 동기와 가치관: 동기는 피설득자가 특별한 방식으로 생각하고 느끼고 행동하도록 하는 무언가를 말한다. 동기는 배고픔이나 목마름 같은 신체적 요구일 수도 있으나 종종 가치관과 연결된다. 가치는 한 그룹이 애정을 갖는 사회적 삶의 요소들, 신뢰의 형태, 하거나 하지 말아야 할 일 등이다. 가치는 추상적인 아이디어로, 이상적 행동방식과 이

상적 목적에 관한 사람의 신념이다. 설득자는 어떤 가치가 설득하려는 노력, 상황, 피설득자와 연관되어 있는지 결정하고, 언제 어떻게 인터뷰에 적용해야 하는지 결정해야 한다.

ⓔ 신념: 피설득자의 정치, 경제, 사회, 종교적 신념을 알아보는 것이 필요하다. 이는 피설득자의 가치관과 밀접하게 관련되어 있다.

ⓕ 설득자에 대한 태도: 피설득자가 인터뷰어의 이미지와 신뢰도에 대해 어떻게 생각하는지는 인터뷰어에 대한 태도로 알 수 있다. 만일 피설득자가 인터뷰어를 싫어하거나 신뢰하지 못한다면, 인터뷰 동안 피설득자가 이미지를 바꿀 수 없는 한 설득이 성공할 확률은 없다. 신뢰도는 인터뷰에 앞서 인터뷰어의 명성, 업적, 인간성에 대한 피설득자의 지식에 의해 만들어진다. 만일 인터뷰어에 대해 피설득자가 잘 모를 경우, 정형화된 이미지가 인터뷰 과정과 결과에 영향을 줄 것이다. 호감이 가는 이미지는 설득 인터뷰의 결과에 중요한 역할을 미친다.

ⓖ 제안에 대한 태도: 피설득자의 태도에 대해 인터뷰어는, 자신의 제안에 대해 피설득자가 받아들일 가능성이 어느 정도인지 알아볼 필요가 있다. 피설득자가 찬성 쪽에 가까우면 설득이 덜 필요할 것이며, 반대쪽에 가까우면 설득은 불가능하다.

③ 상황을 분석한다

인터뷰가 이루어지는 장소의 분위기를 신중하게 고려해야 한다. 방의 크기, 가구 배열, 의자, 온도, 빛은 중요한 물리적 고려 대상이다. 또한 다른 멤버들과의 경험이나 경쟁, 이전 인터뷰 등 인터뷰 전 선행되었던 사건은 어떤 것이 있는지를 알아보는 것도 필요하다.

시간과 정확한 환경은 설득 인터뷰에 매우 중요하다. 또한 인터뷰어와 피설득자의 역할 관계는 설득 접근방법의 선택과 피설득자의 설득 가능성에 영향을 미친다.

④ 설득 주제를 조사한다.

설득할 이슈에 대해 고려할 수 있는 모든 측면을 연구해 보는 단계다. 이슈를 만든 사건, 변화에 찬성하거나 반대하는 이유, 이슈의 모든 측면과 가능한 해결책 등을 조사한다.

- 정보의 출처: 인터뷰 기사, 개인적 경험, 편지, 질문, 출판되지 않은 연구, 팸플릿, 신문 등 아무리 작은 정보도 소홀히 하지 않는다.
- 믿을 만한 자료의 확보: 주제를 뒷받침할 만한 자료(사실과 의견)를 찾아야 한다. 증거 없는 주장은 증거 없이 부인될 수 있다. 설득 인터뷰는 본질적으로 인터뷰어가 자신의 생각과 방법을 뒷받침하는 자료를 갖도록 요구한다. 근거 자료에는 ① 예시 ② 비교나 유추 ③ 통계 ④ 권위 있는 증언 등 4가지가 있다.

⑤ 세부 목적을 정한다

피설득자에 관한 연구가 끝나면, 인터뷰의 특정한 목적에 맞게 상황과 자료를 준비해야 한다. 인터뷰어의 목적은 추측이나 가정이 아닌 완벽한 분석에 기초한 현실적인 것이어야 한다.

⑥ 전략과 전술 선택

인터뷰에 가장 적합한 전략과 전술을 택한다. 선택할 수 있는 수많은 전술이 있지만 설득 인터뷰를 진행하는 데 있어 인터뷰어 자신의 개인적이고 직업적인 윤리 코드를 기억해야 한다.

ⓐ 전략적 배열: 인터뷰에 총체적으로 접근하는 데 필요한 몇 가지 전략은 잠재적으로 적대적인 피면접자에 응용할 수 있다. yes-but 접근의

경우, 면접관은 동의하는 부분으로 인터뷰를 시작하고 '그러나 여기에는 우리가 동의하지 않는 부분이 있다'며 설득하고자 하는 포인트에 접근한다. yes-yes 접근은 많은 판매상황에서 사용된다. 동의와 yes의 답을 연속적으로 이끌어내어 피설득자가 가진 호의적 태도를 발전시키는 방법이다. 함축적 접근은 설득자가 분명히 말하지 않고도 메시지의 의미를 피설득자가 알도록 하는 방법이다. 또한 피설득자가 변화에 대한 이유를 발견하거나 해결책에 관해 스스로 생각하도록 한다. 이는 고도로 숙련된 설득자만이 사용할 수 있다.

ⓑ 추론의 패턴: 이슈의 2가지 측면에 대한 추론을 나타내거나, 첫 번째 혹은 마지막 추론을 아는 것이 첫 번째 단계이다. 두 번째 단계는 이러한 추론을 유효하고 받아들일 만한 형태로 발전시키는 방법을 아는 것이다. 조건으로부터의 추론은 어떤 것이 일어나거나 일어나지 않을 가능성에 대한 주장에 기반한다. 진술되거나 의미가 부여된 조건은 조건추론에서 매우 중요하다. 2가지 선택으로부터의 추론은 오로지 2가지 가능한 제안이 있다는 주장에 기반한다. 인터뷰어는 하나의 제안을 제거하고 명백히 결론 맺게 된다. 예시로부터의 추론은 사람, 장소 혹은 한 집단으로부터의 표본에 기초한 것에 관한 일반화를 말한다. 원인과 효과로부터의 추론은 인과관계의 증명으로 표본을 사용하기 때문에 예시로부터의 추론과 관련이 있다. 사실로부터의 추론은 사실을 가장 잘 설명하는 증거를 결론으로 고르는 것이다. 유추로부터의 추론은 2가지가 공통적으로 많은 특성을 갖고 있고, 둘 중 하나에 관한 결론으로 이끌어내는 것을 인터뷰어가 지적하면서 일어난다.

ⓒ 설득 전술: 추론의 형태가 피설득자의 이성적 측면에 호소한다면 설득 전술은 감성적 측면에 호소하는 것이다. 그러나 이 전술이 너무 남용되면 비윤리적으로 흐르기 쉽다. 전술은 추론의 형태, 증거, 가치관에 호소, 피면접자의 필요 및 요구와 관련되어 다양하게 구사된다. 동일시(*identification*), 연상(*association*), 관계부인(*dissociation*), 부화뇌

동(*bandwagon*), 권위 있는 증언(*testimonial*), 양분화(*bifurcation*), 모호한 표현을 통한 일반화(*glittering generalities*), 슬로건식 사고(*Tabloid thinking*), 제안(*suggestion*), 나쁜 이름 붙이기(*name-calling*), 통일(*unification*), 모욕(*activation*), 수사적 질문(*rhetorical question*), 예측(*projection*), 격찬(*panegyric*), 은유(*metaphor*), 과대화(*maximization*), 과소화(*minimization*), 비교(*comparison*) 등 다양한 전술이 있다.

ⓓ 질문의 사용: 질문은 설득 인터뷰에서 중요한 역할을 하지는 않지만 피설득자는 대부분 질문을 한다. 질문은 인터뷰어와 피설득자에게 전략적 기능을 할 수 있다.

- 인터뷰어는 피설득자의 요구, 흥미, 가치관, 태도, 배경 등을 알아보기 위해 초기에 질문을 한다.
- 인터뷰어는 인터뷰를 시작하거나 중요한 점으로 넘어갈 때 질문을 한다.
- 인터뷰어는 자신과 피설득자 간 상호작용을 고양시키기 위해 질문을 한다.
- 인터뷰어는 주의를 다시 집중시키고 흥미, 도전, 생각을 하게 하는 질문을 제시함으로써 흥미를 끈다.
- 인터뷰어는 질문을 책임감이 없는 피설득자가 반응하는 방법이나 그가 생각하는 것을 발견하는 데 사용된다.
- 인터뷰어가 인터뷰 동안 명백한 동의를 확인하기 위해 질문을 사용한다.
- 인터뷰어나 피설득자가 일반화, 증거, 추론, 개념이나 용어를 분명히 하기 위해 질문을 한다.
- 인터뷰어나 피설득자가 말하고 있거나 동의하고 있는 것을 확신하기 위해 질문을 사용한다.

⑦ 인터뷰 구조

인터뷰어는 피설득자, 주제, 환경과 전략전술에 관해 아는 것과 일치하도록 인터뷰의 구조를 선택해야만 한다. 인터뷰어는 기대하지 않은 상황과 피설득자의 태도, 잠재적 반대 등에 대해 대처할 수 있도록 유연성을 가져야 한다.

가장 일반적 구조는 대체로 다음의 5단계로 구성된다. ① 필요를 충족시키는 제안을 한다. ② 인터뷰어의 제안은 기본적으로 피설득자의 생각과 호흡을 같이하고 있다는 것을 분명히 한다. ③ 제안이 실현 가능한 것임을 보인다. ④ 제안으로 인한 이익이 훨씬 크다는 점을 보인다. ⑤ 마지막으로 다른 더 좋은 대안은 존재하지 않다는 사실을 강조한다.

⑧ 인터뷰 예비시행

조사 인터뷰에서와 마찬가지로 현실적으로 피설득자의 역할을 할 사람을 물색해 예비적으로 설득 인터뷰를 해본다. 여러 번에 걸쳐 인터뷰를 해보면서 상호 신뢰관계를 구축하도록 시도하고 더 나아가서는 인터뷰어와 피설득자가 편안한 상황이 될 때까지 인터뷰 방법을 수정한다. 수정할 때는 이유를 밝히고, 다른 피설득자가 인터뷰의 기준을 수정할 기회를 열어둔다.

⑨ 인터뷰 시행

특정 피설득자, 상황, 주제, 목적에 맞게 만들어진 설득 인터뷰의 틀이 완성되면 비로소 실전 인터뷰에 들어간다. 인터뷰할 때 유의해야 할 사항은 다음과 같다. ① 피설득자를 존중하는 자세로 다뤄야 하며,

정직하고 유연한 태도가 필요하다. ② 피설득자의 생각이나 반대의견에 귀를 기울여야 하지만, 인터뷰의 주도권을 빼앗겨서는 안 된다. ③ 충실하고 진실되고 완벽하게 질문에 답하고 반대의견을 비판할 때는 조심해야 한다. ④ 충분히 준비하고 쌍방 커뮤니케이션 과정을 유지하며, 상대가 다른 사람이라는 사실을 기억해야 한다. ⑤ 너무 장황하게 이야기를 늘어놓지 말아야 하며, 압박하는 세일즈 방식은 피한다. ⑥ 평상시의 자신이 아닌 딴 사람처럼 행동하지 말고, 쉽게 논쟁에 휩쓸리거나, 쉽게 사과하지 말라. ⑦ 필요 없이 시간을 끌거나, 협박을 하거나, 지킬 수 없는 약속을 해서는 안 된다.

⑩ 결과분석

인터뷰가 끝나면 결과를 분석한다. 계획한 목적을 이뤘는지, 목적을 넘어선 결과를 얻어냈는지, 일반적인 목적에는 얼마만큼 다가갔는지, 특정한 목적을 이루는 데 왜 실패했는지 등 성공과 실패에 대한 이유를 평가하기 위해 많은 질문을 해야 한다.

05 인터뷰 과정과 구성

1. 인터뷰 과정

인터뷰가 이루어지는 과정은 크게 미시적인 과정과 거시적인 과정으로 나누어 생각할 수 있다. 미시적인 과정은 인터뷰 참가자들, 즉 인터뷰어와 응답자 사이의 의사소통 과정을 말하고, 거시적인 과정은 전체 인터뷰의 계획에서 완료에 이르는 한 주기의 완성을 뜻한다. 전자가 인간 커뮤니케이션의 한 현상으로서의 인터뷰에 초점을 맞추고 있다면, 후자는 보다 효과적인 인터뷰 계획이라는 전략적 측면에서 인터뷰를 조명하는 것이 특징이다.

1) 상호 인식의 과정

인터뷰어와 응답자 양자 간의 커뮤니케이션 과정은 대인 커뮤니케이

〈그림 5-1〉 인터뷰어와 인터뷰이의 상호 지각

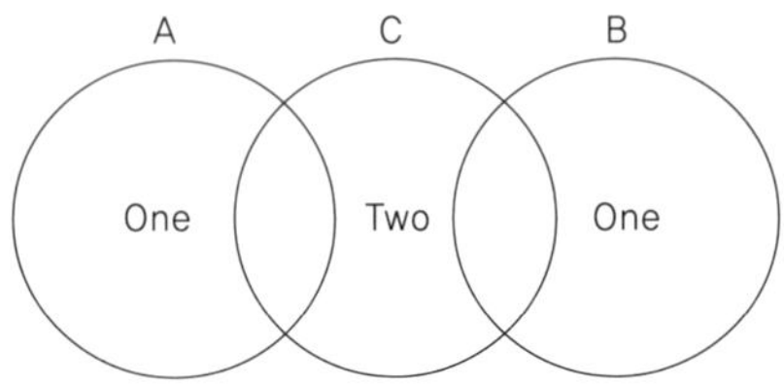

출처: Stewart & Cash, *Interviewing: Principles and Practices*, p.25.

션의 첫 단계인 상호 인식에서 출발한다. 첫 만남을 사회심리학 용어로 설명하면, 상대방에 대한 사회적 인식이라고 할 수 있다. 상대방의 '사회적 자아'와의 첫 대면은 대개 첫 인상, 혹은 기존의 선입견 등으로부터 자유롭지 않으며, 인터뷰를 통해 상호 인식이 변하기도 하고 더 강화되기도 한다. '특정 언론의 기자' 혹은 '특정 정당의 정치인', '특정 직업의 사람'이라는 상호 인식은 인터뷰의 첫 단계에서 매우 중요하다.

상호 인식의 출발점은 결국 스스로에 대한 '자아 개념'이라고 할 수 있다. 자아 개념에 따라 상대방과의 커뮤니케이션 양상이 우호적으로 변할 수도 있고, 적대적이 될 수도 있다. 여기까지 인터뷰의 첫 단계는 일반 대인관계의 첫 단계와 동일하다. 존 켈트너(John Keltner)는 "2인 커뮤니케이션 과정에서 한 사람과 다른 한 사람의 의사소통을 통해 제3의 영역이 창조되며, 이 영역을 통해 두 사람 간의 의사소통이 이루어진다"고 주장하고 있다. 〈그림 5-1〉에서 보듯, A와 B가 의사소통을 한다고 가정할 때, A와 B를 잇는 C라는 영역이 생기게 된다는 것이다. 여기서 A는 '실제적 자아'(*real self*)와 '남에게 인식되는 자아'(*perceived self*)로 구성되는데, 실제 인터뷰를 하는 자아는 C와 A가 만나는 부분의 '남에게 인식되는 자아'이다.

2) 상호 교환의 과정

상호 인식의 과정은 이어서 상호 교환의 과정으로 연결된다. 상호 간에 사회적 인식이 완료되면, 인터뷰 당사자들은 서로 정보를 교환하는 단계에 접어든다. 스튜어트와 캐쉬(Stewart & Cash)는 이 상호 교환의 과정을 다시 3단계로 나누었다. 첫 번째 단계는 사회적으로 용납되는 질문, 상대방의 감정을 상하게 하지 않는 질문, 혹은 피상적인 질문으로 얻어질 수 있는 매우 낮은 단계의 정보교환이다. 위험이 적은 반면, 교환의 수위가 깊지 못하다. 이 단계의 정보만이 오간다면 수박 겉핥기식 인터뷰가 될 확률이 높다. 두 번째 단계는 상대방의 자아가 깊이 개입되지 않은 어떤 사실이나 사안에 대한 솔직한 느낌, 태도, 생각 등을 묻는 단계로, 반은 피상적이나 절반 정도는 자아를 드러내는 단계를 말한다. 처음 만나는 사람과의 인터뷰나 상하관계에서의 인터뷰는 대개 이 단계에서 이루어지는 경우가 많다. 세 번째 단계의 상호 교환은 이어지는 질문과 답변, 또 반복되는 인터뷰를 통해 진짜 자아가 드러나는 단계를 일컫는다. 생소한 사람과의 첫 인터뷰에서 이 단계에 이르기는 쉬운 일이 아니다. 바람직한 단계이긴 하지만 실제라기보다는 이상에 가깝다고 할 수 있다.

상호 교환은 다시 언어적 교환의 차원과 비언어적 교환의 차원으로 나누어 생각할 수 있다. 언어는 의사소통의 중요한 수단이며, 동시에 상징체계이다. 상징체계는 추상적(*abstract*)이고, 다의적(*ambiguous*)이며, 임의적인(*arbitrary*) 특성이 있다. 언어는 의미를 전달하는 상징일 뿐 의미 그 자체는 아니기 때문에 정확한 의사소통을 위해서는 다음과 같은 사실을 염두에 두어야 한다. 첫째, 모든 사람이 같은 단어를 같은 뜻으로 사용하지는 않는다. 둘째, 상대방이 언어를 잘못 이해하고 있거나 해석을 다르게 하고 있다고 비난하지 말고, 상대방이 어떻게 그 언어를 이해하고 해석하며 사용하는지를 먼저 파악해야 한다. 상호 이해가 언어보다 더 중요하다. 셋째, 언어의 변화에 민감해야 한다. 특히 속어나 신조어의 경우, 정확한 뜻을 파악하기 위해 노력해야 한다. 넷째, 어휘력을 기른다. 올바르고 정확한 의사소통을 위해서는 적은 어휘보다 많은 어휘가 훨씬 도움이 된다.

비언어 의사소통 역시 매우 중요한 차원의 상호 교환이다. 고개를 끄덕이거나 얼굴 표정을 짓는 것, 목소리의 높낮음 등이 모두 의사전달의 중요한 수단이기 때문이다. 비언어 의사소통에 대해서는 10장에서 자세하게 살펴보기로 한다.

커뮤니케이션의 범위를 정의하는 학자들은 신호를 보내는 사람과 받는 사람의 '의도'(*intention*)를 중요한 변수로 계산에 넣는다. 즉, 송신자가 의도하지 않은 신호가 수신자에게 접수된 경우를 커뮤니케이션으로 정의할 것인가, 혹은 송신자가 의도한 신호만을 포함시킬 것인가 하는 논의는 학자들마다 다소 차이가 있다. 마이클 모트리(Michael Motley) 같은 이는 송신자가 의도적으로 신호를 보내고, 받는 사람도 적극적으로 이를 수신한 경우를 커뮤니케이션의 영역으로 보는 '수신자-송신자 모델'을 제안했고, 피터 앤더슨(Peter Andersen)은 송신자가 의도하지 않고 보낸 신호라도 수신자가 이를 접수했다면 커뮤니케이션으로 본다는 '수신자 모델'을 주장했다. 이에 비해 클리븐저(Clevenger) 같은 학자는 수신자가 접수하지 못했더라도 송신자가 의도적으로 신호를 보냈다면 커뮤니케이션으로 보아야 한다고 주장하기도 했다. 인터뷰가 목적을 갖고 이루어지는 계획된 만남이라는 정의에 비추어 생각해 보면,

인터뷰어는 가급적 의도하지 않은 메시지는 보내지 않도록 조심해야 한다. 단어의 사용이나 표정 관리 측면에서 응답자에게 불필요한 메시지를 주지 않도록 훈련해야 한다.

3) 피드백의 과정

상호 교환에 이어 상호작용을 위한 피드백의 과정이 뒤따른다. 인터뷰어와 응답자 사이의 상호작용은 상호 간의 피드백에 의해 이루어지며, 이에 따라 인터뷰의 방향과 분위기가 결정되므로 매우 중요한 과정이라고 할 수 있다. 피드백 과정을 통해 이미 전달된 메시지가 부인되거나 확인되기도 하고, 인터뷰 참여자들이 서로 적응하기도 한다. 피드백 과정은 연속적으로 이루어지지만, 그 과정을 이끄는 각종 신호들이 정확히 감지되고 해석되기 위해서는 상호 간의 인내와 노력, 그리고 통찰력이 필요하다. 가령 응답자가 어떤 특정 질문을 껄끄럽다고 느낀다면, 그는 침묵하거나 목소리를 떨거나 하는 식의 각종 신호를 통해 그런 느낌을 전달할 것이다. 이때 인터뷰어는 그의 그러한 피드백을 정확히 읽어내 다른 방향에서 문제를 접근하는 등 계획을 수정해야 한다.

스튜어트와 캐쉬(Stewart & Cash)는 피드백을 주고받는 요령을 다음과 같이 정리한다. 우선 피드백을 줄 때는 상대방이 감당해낼 수 있는 수준에서 하고, 양보다 질이 중요하므로 같은 피드백을 반복하지 말아야 한다. 자신의 만족을 위해서가 아니라 상대방의 이해를 돕기 위해 피드백을 주고, 질문을 하거나 내용이 담긴 반응으로 피드백을 주는 것이 좋다. 피드백을 받을 때는 잘 듣고 메시지를 이해하려고 노력해야 한다. 피하거나 억누르거나 부인하는 행위는 좋은 피드백이라고 할 수 없다. 스스로 의사소통이 잘 되고 있는지 확인하기 위해 피드백을 사용하며, 피드백에 따라 스스로의 의사소통 방식을 조정해야 한다.

4) 듣기의 과정

피드백이 있은 후에는 원활한 듣기의 과정이 뒤따라야 한다. 듣는다는 행위는 외부의 소리가 고막에 전달됨으로써 이루어지는 물리적인 듣기(*hearing*)와 적극적인 듣기(*listening*), 2가지가 있다. 적극적인 듣기는 다시 비평적으로 듣기(*critical listening*), 능동적으로 듣기(*active listening*), 감정을 이입해서 듣기(*empathetic listening*)로 나눌 수 있다. 각각의 자세한 내용은 11장에서 다루도록 한다.

5) 부호화와 해독의 과정

듣는 과정을 통해 메시지를 수신한 후에는 코드화된 명령을 처리 가능하도록 해독(*decoding*)하고 다시 부호화(*encoding*)하는 과정을 거치면서 의사소통의 한 주기가 완성된다. 아무리 많은 정보가 수신되었다고 하더라도, 그 정보의 내용을 이해하지 못하면 의사소통은 이루어지지 않은 것이다. 인터뷰어의 경우 자신이 던진 질문에 대한 충분한 답변을 얻었는지, 이 과정에서 해석하고 평가해야 한다. 답변의 초점이 어긋났거나 불충분하다고 판단되면, 후속 질문을 상대방이 해독하기 쉽도록 부호화하는 계획을 세워야 한다.

미시적 인터뷰 과정을 그림으로 정리하면 〈그림 5-2〉와 같다.

〈그림 5-2〉 인터뷰의 순환 모델

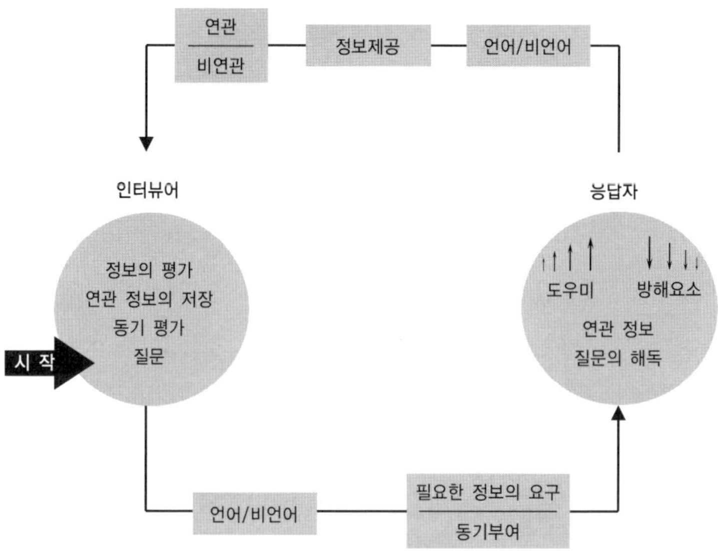

출처: Raymond Gordon, *Interviewing: Strategy, Techniques, and Tactics*, p.464.

한편 거시적 차원의 인터뷰 과정은 상황에 따라 다소 차이가 있겠으나, 일반적으로 계획-실행-평가의 순서로 진행된다. 켄 메츨러(Ken Metzler)는 기자들의 인터뷰가 다음의 10단계를 거친다고 분석한다.

첫째, 인터뷰의 목적을 정한다.
둘째, 주변 취재를 한다.
셋째, 인터뷰 대상을 섭외한다.
넷째, 구체적인 질문을 준비한다.
다섯째, 인터뷰 대상을 만나 어색함을 없앤다.
여섯째, 준비한 질문을 한다.
일곱째, 좀더 단단한 신뢰관계를 구축한다.

여덟째, 본격적으로 묻기 어려운 질문을 비로소 던진다.

아홉째, 다시 관계를 회복하고 정상화한다.

열째, 충분한 답변을 들었다고 판단되는 시점에서 감사의 인사와 함께 인터뷰를 마무리한다.

이에 비해 스튜어트와 캐쉬(Stewart & Cash)가 정리한 기자 인터뷰의 9단계에는, 질문의 난이도에 따른 2단계 전략이 생략된 대신 인터뷰어가 스스로를 파악하는 단계와 기사작성의 단계, 인터뷰 분석의 단계가 첨가되어 있다.

여기서도 역시 첫 단계는 인터뷰의 목적을 정하는 일이다. 목적이 뉴스를 얻기 위한 것인지, 사례를 얻기 위한 것인지, 아니면 인물을 파악하고자 하는 것인지 명확히 한다.

두 번째는 목적에 맞는 인터뷰 대상을 선정하는 일이다. 인터뷰 대상으로는 우선 필요로 하는 정보를 갖고 있고, 만날 수 있는 사람인 동시에, 정보를 내놓을 준비가 되어 있으면서 정보를 정확하고 자유롭게 명확한 언어로 전달할 줄 아는 사람이 적합하다.

세 번째 단계는 인터뷰 토픽이나 인물에 대한 철저한 사전조사다.

이어 네 번째로 인터뷰를 어떤 식으로 진행할지 대강의 윤곽을 잡는다. 맨 처음 말은 어떻게 해야 하는지, 어떤 토픽들을 어떤 순서로 접근할지 등을 계획한다.

다섯 번째로 질문을 준비한다. 질문에 대한 답변이 미흡할 경우를 대비해 여러 가지 후속 질문도 함께 준비한다.

여섯 번째 단계는 인터뷰어가 스스로를 파악하는 단계이다. 즉, 인터뷰 대상과의 관계에서 우월한 위치인지, 열등한 위치인지, 대등한

〈그림 5-3〉 인터뷰 진행 과정

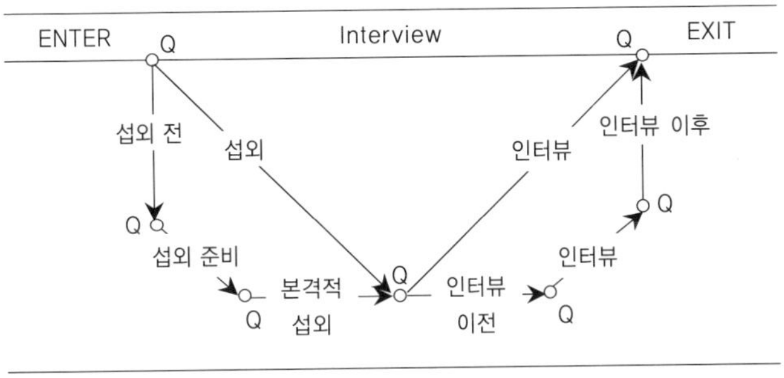

출처: *Systematic Fieldwork*, p.292.

위치인지, 또 인터뷰 대상과 비교해 나이와 성별에서 고려해야 할 점은 없는지 등을 미리 생각해서 대비해야 한다.

일곱 번째는 본격적인 인터뷰의 단계이다. 이때 인터뷰어는 불필요하게 인터뷰를 끌거나, 답변을 넘겨짚거나, 은어나 비속어를 남발하거나, 듣는 대신 말을 많이 하거나, 지나치게 기자처럼 행동하려 애쓰는 따위의 일을 삼가야 한다. 역시 이 단계에서 기자는 상대방의 말을 받아 적거나 녹음을 하게 된다.

여덟 번째로, 인터뷰가 끝난 후 답변을 분석하고, 마지막 단계인 아홉 번째로 기사를 작성한다.

모든 인터뷰는 크게 계획하고 섭외하는 과정과 인터뷰를 수행하는 과정, 2가지로 구성된다. 인터뷰는 계획 단계에서 시작해 인터뷰 이후에 발생하는 상황을 마무리 짓는 것으로 마감한다. 이러한 인터뷰 진행 과정을 그림으로 나타내면 〈그림 5-3〉과 같다.

2. 인터뷰 구성

계획한 인터뷰가 효과적인 커뮤니케이션이 되기 위해서는 메시지의 교환과 인터뷰 참가자들 사이의 상호작용이 활발해야 한다. 이를 위해 인터뷰를 준비할 때 인터뷰의 시작, 본론, 맺음 세 부분으로 나누어 체계적으로 구성해야 한다.

인터뷰를 구성할 때 가장 먼저 고려해야 할 사항은 인터뷰 유형이다. 어떤 유형의 인터뷰인가에 따라 인터뷰 구성 역시 달라진다. 가령 기자들과 취재원 사이의 인터뷰는 취업 인터뷰나 상담 인터뷰와는 다르게 구성되어야 한다. 사용하는 질문의 종류, 질문배열의 순서 역시 인터뷰 구성에 따라 달라진다. 사회조사 인터뷰에서는 폐쇄형 질문을 주로 사용하고, 인물탐구용 인터뷰에서는 개방형 질문을 사용하는 것은, 인터뷰가 목적으로 하는 정보의 종류와 양이 각기 다르기 때문이다.

인터뷰 유형을 고려해야 하는 이유는 인터뷰어의 역할이 달라지기 때문이다. 미하엘 할러(Michael Haller)는 인터뷰 상황에서 기자가 수행하는 역할을 3가지 기본 형태로 분류하며, 어깨 두드리기(긍정), 등 두드리기(설명), 손가락으로 후벼파기(대립)라는 표현을 사용해 각각을 설명했다. 어깨 두드리기형 인터뷰에서 기자는 상대방의 권위를 존중하고 그의 지식을 대중하게 전달하는 역할을 하게 되는데, 이때 기자는 감정이입 능력을 보여주고 경우에 따라서는 적극적인 관심을 보여주며 비판적이라기보다는 탐구적인 질문을 던진다. 등 두드리기형 인터뷰에서 기자는 대중의 대변인 역할을 수행한다. 응답자의 답변은 기본적으로 대중을 향하며, 따라서 사전준비를 할 때 기자는 대중의 입장에서 대중의 이해관계에 맞도록 질문을 구성한다. 라디오나 TV 방송에서 흔히 등장하는 이러한 인터뷰는 대개 지식의 확장, 이해 폭의 확대, 선입관 증명 등에 기여한다고 할러는 설명하고 있다. 마지막으로 손가락으로 후벼파기형 인터뷰에서 기자는 적극적인 논쟁자로 나서서 스스로 전문 지식을 갖고 논증한다. 논리정연해야 하며 반박할 수 있는 정보로 무장해야 한다. 대중의 입장에서 이러한 인터뷰는 두 사람이 서로 논쟁을 벌이고 대중은 관객이 되는 무대와 비슷하다.

위에 나열한 역할을 결정한 후 효과적인 인터뷰 구성을 위해 반드시 고려해야 할 것이 인터뷰의 중심을 인물에 둘 것인지 이슈에 둘 것인지 정하는 일이다. 질문조사방법을 사용할 것인지, 대중의 입장에서 캐묻는 인터뷰를 할 것인지, 아니면 반대 입장의 논쟁자로서 인터뷰할 것인지 결정한 후에는 사건 중심 인터뷰를 할지, 혹은 인물중심 인터뷰를 할지를 결정한다. 사건에 관한 질문이 중요하다면 상대방에게 인터뷰 목적을 분명히 밝히고 그의 역할이나 능력을 주지시켜야 한다. 성공적인 인터뷰를 위해서는 인터뷰 상대자가 최대한 자신이 알고 있는 사실을 솔직하고 충분히 말할 수 있도록 고무·격려하는 분위기를 유지해야 한다. 한 인물의 신뢰성이나 인간성, 평가 등이 중요한 인물중심 인터뷰의 경우 기자는 철저한 사전 준비를 통해 핵심 질문을 준비해야 하고, 신뢰를 구축하여 원활한 의사소통이 되도록 노력하는 것이 중요하다. 사건과 인물을 결합시킨 인터뷰의 경우 기자는 뛰어난 적응력을 발휘하여 적절한 질문을 던지고 답변을 얻어내야 한다. 이 경우 기자는 캐묻는 질문에서 시작해서 논쟁하는 질문으로 바꾸는 등 다양한 스타일을 구성할 수 있다. 미하엘 할러는 조사형, 대화형, 논쟁형 인터뷰에 대한 다양한 상호작용과 그에 따른 구성 요소들을 〈표 5-1〉과 같이 정리했다.

〈표 5-1〉 인터뷰 상호작용 형식

	조사형 인터뷰	대화형 인터뷰	논쟁형 인터뷰
인터뷰의 목적	사건 및 인물 설명	+ 판단과 구별	+ 평가와 해석
주요 사용대상	전문가, 목격자 (키워드: 능력), 책임자, 피해자	저명인사, 정치가, 특정 의견 대변자 (정부 각료, 책 저자 등)	오피니언 리더, 결정권자(정당대표, 위원회 설립자 등)
독자를 위한 기능	정보 제공 또는 자기주장	+ 인물과 사건의 연결	+ 심화 ('특정 견해의 시험대')
인터뷰 상대자의 역할	지식 전달자 또는 행위 당사자	+ 해설자이자 (또는) 자기 자신을 보여주려고 하는 자	+ 특정 견해 주창자이자 (또는) 특정 이해관계 대변자
인터뷰 기자의 역할	질문자와 탐문자	+ 분류하는 사람이자 논증자	+ 논쟁의 상대이자 대화 주도자
인터뷰 사전 준비	정확한 사건지식, 순서가 정해진 질문 목록	+ 이의를 제기할 수 있는 논거들	+ 반대 정보
인터뷰 진행	정해져 있음	유동적임	드라마 구조를 지님
인터뷰 기자의 전략	해명 목적	주로 구분 전략	구분 전략과 대립 전략의 교체 사용
대화 방식	중립적인 거리를 두고	대화 파트너십을 토대로	적대적 대응이나 논박 가능

출처: Michael Haller, *Interview*, p.219에서 수정·재인용.

인터뷰를 구성하는 방법은 인터뷰 유형만큼 다양하지만, 인터뷰의 시작부분인 서론, 그리고 질문과 답변이 오가는 본론, 마지막으로 2인 관계(*dyad*)의 해체를 선언하는 맺음 등 세 부분으로 구성된다는 것은 모든 인터뷰 유형의 공통분모이다.

1) 인터뷰의 시작

인터뷰 서론의 기능은 인터뷰 대상에게 동기를 부여하고, 상호작용의 기본적 분위기를 조성하는 데 있다. 인터뷰어는 인터뷰 첫머리에 자신을 소개하고, 인터뷰의 목적과 소요시간 등을 응답자에게 정확하게 알려주어야 한다. 상호 불신을 최소화하는 이 과정은 모든 인터뷰에 반드시 필요한 과정이다. 상대방에 대한 의심이나 오해가 있었다면 푸는 과정을 거쳐야 진솔한 대화가 가능해진다. 인터뷰에서도 마찬가지로 최소한의 신뢰를 구축하고, 인터뷰에 대한 기대치를 상대방에게 전달하는 과정이 필요하다. 이 과정을 통해 인터뷰 대상은 비로소 안심하고 답변에 열중할 수 있게 된다.

2) 본 론

인터뷰의 본론을 구성하는 가장 좋은 방법은 큰 주제와 작은 주제를 설정하고 중요도를 선정하는 일이다. 인터뷰 주제들을 잘 정리한 것이 곧 인터뷰의 길잡이가 된다. 어떤 분야라도 논리적으로 접근할 수 있도록 빈틈없이 본론을 구성해야 한다. 인터뷰를 구성하는 방법에는 크게 토픽을 어떤 순서로 접근하느냐를 다루는 배열(*sequence*)의 문제와, 얼마나 체계적으로 혹은 느슨하게 구성하느냐에 관한 스케줄(*schedule*)의 문제가 있다.

우선 내용을 배열하는 것과 관련된 것으로 ① 주제별 배열 ② 시간별 배열 ③ 공간별 배열 ④ 원인과 결과의 배열 ⑤ 문제해결의 배열 등을 들 수 있다. 인터뷰 주제를 정할 때 가장 먼저 고려해야 할 것이 우선 주제별 중요도에 따른 배열이다. 어떤 토픽을 가장 중요하게 다룰 것인지, 어떤 토픽을 부수적으로 다룰 것인지 정한다. 시간별 배열이란 주제들을 어떤 순서로 다룰 것인가의 문제와 연관된다. 어떤 토픽을 먼저 다루고 어떤 토픽을 나중에 다룰 것인지 정한다. 공간별 배열이란 주제를 공간에 따라 배열하는 것을 말하고, 원인과 결과의 배열이란 어떤 문제의 원인이 되는 것들을 다루고 그에 따른 결과를 다루는 것을 말한다. 문제해결의 배열은 어떤 문제를 먼저 제시한 후 그에 대한 해결을 모색하는 식의 배열을 말한다.

인터뷰 질문을 얼마나 치밀하게 구성하느냐에 따라 스케줄 인터뷰(*the scheduled interview*)와 비스케줄 인터뷰(*the non-scheduled interview*)로 나눌 수 있다. 전자는 인터뷰 질문을 단어 하나 틀리지 않게 같은 톤으로 응답자마다 똑같이 물어보는 방식이고, 후자는 인터뷰어가 정해진 주제 안에서 자유롭게 질문을 던지는 방식이다. 전자의 경우 답변의 신뢰도는 높아지겠지만 정보의 깊이나 양은 제한되기 쉽다. 후자의 경우에는 상황에 따라 유연하게 대처할 수 있다는 장점이 있으나, 숙련된 인터뷰 기술을 요하고 정확도나 신뢰도가 떨어질 위험도 있다.

3) 맺 음

자아 노출이라는 위험을 무릅쓰고 상호 간의 인지와 상호 신뢰를 구축하며 시작된 인터뷰는, 직업적으로 계획된 만남임에도 불구하고 인터뷰가 진행될수록 인터뷰어와 응답자 사이에 인간적 유대를 형성하게 된다. 이 시점에서 인터뷰를 어떻게 마무리하느냐 하는 문제는 매우 중요하다. 필요 이상으로 인터뷰를 끌어도 바람직하지 않지만, 그렇다고 딱 잘라서 인터뷰를 성급히 끝내면 그동안 쌓아올린 상호 신뢰가 무너질 수 있기 때문이다.

인터뷰를 끝낸다는 것은 2인 커뮤니케이션의 과정이 종결되었음을 알리는 의미가 있다. 그 과정은 구두 형태와 비언어 형태의 커뮤니케이션을 통해 이루어진다. 구두 커뮤니케이션 형태로는 '그런데 이번 휴가에는 뭘 하실 건가요?' 등의 개인적 질문을 함으로써 인터뷰가 끝났음을 알리는 방법이 있고, '정말 즐거웠습니다'라는 식의 인사말로 알리는 방법이 있다. 그밖에도 '자…'라는 짤막한 표현을 통해 인터뷰가 거의 끝날 때가 되었다는 뜻을 전할 수도 있다. 그동안 인터뷰의 내용을 정리하는 것, 다음 번 만남을 기약하는 것 역시 인터뷰를 마치려는 구두적 표현이라고 할 수 있다.

비언어 형태의 커뮤니케이션으로는 앉은 자세를 바꾼다거나 벽에 있는 시계를 보는 등의 행동이 포함된다. 자리를 정돈하거나, 자리에서 일어서거나, 눈 마주치기를 끝내는 것, 그리고 악수를 하자고 제안하는 것 등은 인터뷰가 끝날 때가 가까워온다는 비언어 신호들이다.

인터뷰 맺음이 매끄럽지 못할 경우 참가자가 당혹감을 느끼거나 화를 낼 수 있는데, 그럴 경우 애써 구축해 놓은 인간적 신뢰가 무너질 수 있다. 성공한 인터뷰란 단순히 정보 얻기의 수단이 아니라 상대방에 대한 진정한 이해의 과정이라는 측면에서 인터뷰를 잘 마치는 것은 인터뷰를 하는 것만큼이나 중요하다.

06 인터뷰 윤리

1. 3가지 윤리

인터뷰 윤리는 곧 취재 윤리이다. 인터뷰를 주요 취재도구로 사용하는 기자들이 정보를 취득할 때 지켜야 할 윤리적 기준이 곧 인터뷰의 윤리적 기준이 된다. 기자들은 경찰이나 여타 국가기관과 달리 사람들 관련 정보를 얻기 위해 공권력을 사용할 수 없다. 뉴스의 공공성을 위해 취재를 하지만 방법은 매우 사적인 방법을 쓸 수밖에 없는 한계가 있다. 따라서 언론인의 사적인 직업윤리와 언론의 공적 책임 사이에는 늘 긴장관계가 형성된다.

각종 이해가 엇갈리는 다양한 긴장 상황에서 무엇이 옳고 그른가에 대한 판단은 사람이나 상황에 따라 다르다. 그것은 그때마다 적용되는 윤리적 원칙이 다르기 때문이다. 언론인이 고민해야 하는 윤리적 기준을 이해하기 위해 윤리에 대한 보편적인 원칙들을 먼저 살펴보자.

윤리에 대한 해석과 입장은 대략 다음 3가지로 정리될 수 있다. 우선 의무론적 윤리(*deontological ethics*)이다. 이는 글자 그대로 의무의 윤리이다. 이 원칙에 따르면 옳은 일을 하는 것은 인간의 의무이며, 어떤 행동은 언제나 옳고, 어떤 행동은 언제나 그르다. 가령 거짓말하는 것이 잘못된 일이라는 원칙에 따르면 어떤 상황에서도 거짓말을 해서는 안 된다. 이 원칙에 충실한 이른바 '절대론자'들에게는 하나의 명백한 의무가 있다. 어떤 규칙을 발견해 그 규칙을 준수하는 일이다. 대표적 철학자로는 임마누엘 칸트(Immanuel Kant, 1724~1804)가 있다.

목적론적 윤리(*teleological ethics*)는 어떤 행동을 윤리적으로 하는 것은 그 행동 자체가 아니라 행동의 결과라고 믿는 것을 말한다. 따라서 결과는 수단을 정당화할 수 있다고 믿는다. 이 원칙에 충실한 사람들은 윤리를 상대적인 것으로 보고, 행동 자체보다는 그 행동을 하는 사람의 의도에 주목한다. 극단적인 윤리적 상대론자로는 15세기 철학자인 마키아벨리(Machiavelli)를 꼽을 수 있을 것이다. 그리고 20세기에 들어서는 실용주의를 주창한 존 듀이(John Dewey)를 들 수 있다. 일반적으로 상업적 이윤을 추구하는 사업장이나, 저널리즘의 경우에 자주 적용되는 원칙이기도 하다.

상황윤리(*situation ethics*)는 윤리적 기준이 상황에 따라 그때그때 달라질 수 있다는 믿음에 기초한다. 완전한 상대주의를 신봉하는 도덕적 폐기론자(*antinomians*)들은 모든 상황에 적용되는 한 가지 규칙은 없다고 믿는다. 그보다 덜 극단적인 상황윤리자들은 행동과 행동의 결과가 똑같이 중요하다고 믿는다. 저널리즘 학자이며 윤리학자인 존 메릴(John Merrill)의 의무-목적론적 윤리(*deontelics*: *deontology*와 *teleology*를 합성한 말)가 여기에 포함된다. 이와 비슷한 원칙으로 에드문드 램베스

(Edmund Lambeth)의 복합의무론(*mixed-rule deontology*)이 있다. 조셉 프레처(Joseph Fletcher)는 '네 이웃을 네 몸과 같이 사랑하라'는 기독교적 가치관에 기초해 '타인에 대한 사랑'을 윤리적 원칙으로 내세웠으며, 이어 존 스튜어트 밀(John Stewart Mill)은 또 다른 형태의 상대론인 공리주의(*utilitarianism*)를 주창했다. '최대 다수의 최대 행복'을 최고의 가치로 여긴 이 원칙은, 실행에 옮기기는 쉽지만 유용한 도덕적 기준으로 삼기에는 너무 모호하다는 단점이 있다. 가장 훌륭한 도덕적 위치는 모든 극단에서 중간입장을 취한 것이라는 아리스토텔레스의 중용(*Golden Mean*) 이론 역시 상황윤리에 바탕을 둔 상대론적 이론이다.

예를 들어 '결과가 수단을 정당화할 수 있을까'라는 단순한 물음에, 의무론적 윤리자들은 "그렇지 않다"고 답할 것이고, 목적론적 윤리자들은 "그렇다"고 답할 것이다. 그리고 상황론적 윤리자들은 "때에 따라 다르다"고 답할 것이다. 기자를 포함한 모든 사람들은 윤리적 딜레마에 처할 때마다 위의 3가지 원칙 중 한 가지를 선택하여 자신의 행동원칙으로 정한다.

2. 기자는 비윤리적 직업?

언론인들에게도 분명 엄격한 직업적 윤리가 강조됨에도 불구하고, 막상 취재현장에서 기자는 종종 그런 기준을 망각하거나 준수하기 어려운 상황에 직면하기 쉽다. 공익을 위해서 진실을 캐내야 하는 저널리즘과, 상대를 배려하며 절차의 정당성을 강조하는 윤리는 종종 상호 부합하기 어려운 조합이기 때문이다. 심지어 조지 킬렌버그(George

Killenberg) 등은 《기자들을 위한 커뮤니케이션 기술과 인터뷰》라는 책에서 '언론 윤리'라는 단어 자체가 '군사 두뇌' (*military intelligence*) 처럼 어울리지 않는 2개의 단어를 붙여 놓은 모순된 말(*oxymoron*) 이라고 표현하기도 했다. 킬렌버그 등은 "지켜도 욕먹고 지키지 않아도 욕먹는 것이 언론 윤리이다. 속속들이 캐내려다 보면 자칫 선정주의나 저급한 저널리즘으로 오해받기 십상이고, 점잖게 대응하면 대중의 알 권리를 무시한 직무유기로 받아들여진다"(p. 195) 고 적고 있다. 미주리 그룹의 저널리즘 실무서에는 "진료를 충분히 하지 않고 진단서를 발부한 의사는 의사 윤리를 어긴 대가로 면허취소 처분을 받을 것이다. 고의로 의뢰인을 거짓 방향으로 유도한 변호사도 변호사 윤리를 어겼으므로 면허증을 취소당할지 모른다. 공인회계사도 마찬가지다. 그러나 서류를 훔치거나, 경찰관 등을 사칭해 특종을 한 기자는 기자 윤리를 어겼음에도 불구하고 특종상을 받는다"(p. 487) 는 표현도 나온다.

물론 위의 표현들은 언론의 자유를 헌법에 명시한 미국적 상황을 배경에 둔 것이다. 표현의 자유를 제한하는 그 어떠한 법률도 만들지 못하도록 정해 놓은 강력한 헌법 조항인 수정헌법 제 1조가 든든한 바람막이가 되어주는 미국의 언론은 다른 어떤 업종보다도 훨씬 더 넓은 윤리적 자유를 누려온 것이 사실이다. 건국 초기 미국의 국부(國父) 들은 국가의 통합과 발전에 언론과 표현의 자유가 매우 중요하다고 믿었고, 그 전통은 기자들의 열띤 진실추구 노력이야말로 사회의 어둠을 밝히고 부패를 막는 가치 있는 것이라는 신념을 낳았다. 그 결과 언론에 대한 윤리적 요구는 다른 업종에 비해 상대적으로 관대했고, 기자들은 그 넓은 울타리 안에서 비교적 자유롭게 진실을 추구할 수 있었다. 할리우드 영화 등에 등장하는 기자들이 특종을 위해서라면 악마와도 계약을 할 '야비한 인간형'이라는 고정관념과 함께 자유를 위한 투사로 종종 묘사되는 것은 우연이 아니다.

그러나 언론의 자유가 민주주의의 기본조건이라고 해서 기자들에 대한 윤리적 기준이 느슨해도 되는 것은 아니다. 기자는 비윤리적 직업이 아니며, 또 그렇게 되어서도 안 된다. 윤리적 기준에 충실한 언론은 '좋은 저널리즘'으로 대중의 신뢰를 얻고 건강한 영향력을 행사한다. 반면 윤리적 원칙을 무시한 '저급한 저널리즘'은 대중의 눈살을 찌푸리게 할 뿐 아니라 직접적 피해자를 양산하고 언론의 신뢰도를 떨어뜨린다.

저널리즘의 속성에 기인한 다양한 딜레마에 마감시간의 압박이 보태질 때, 기자들은 종종 윤리의식의 부재를 나타내기 쉽다. 그러나 '좋은 저널리즘'은 긴박한 상황에서 얼마나 현명한 판단을 내리느냐에 달려 있다. 필립 윌라이트(Philip E. Wheelwright)는 윤리기준을 범하는 것으로 우려되는 행동을 데스크로부터 요구받거나, 스스로 그런 행동의 유혹에 빠질 경우 현명한 판단을 내리기 위하여 다음과 같은 5가지 지침을 따를 것을 제시한다.

첫째, 정보를 취득하는 방법이 그것밖에 없는지 검토한다.

둘째, 그 행동으로 인한 결과와 그밖에 예상되는 여러 가지 경우를 명확히 따져본다.

셋째, 상대방(취재원)의 입장에서 고려해본다.

넷째, 과연 그럴 만한 가치가 있는지 가늠해본다.

다섯째, 결정을 내린다.

윤리학자 클리포드 크리스티안스(Clifford Christians), 킴 로트졸(Kim Rotzoll), 마크 패클러(Mark Fackler) 등은 하버드 신학대학의 랠프 포터

〈그림 6-1〉 상황, 충성, 가치관, 원칙으로 이루어진 '포터박스' 모델

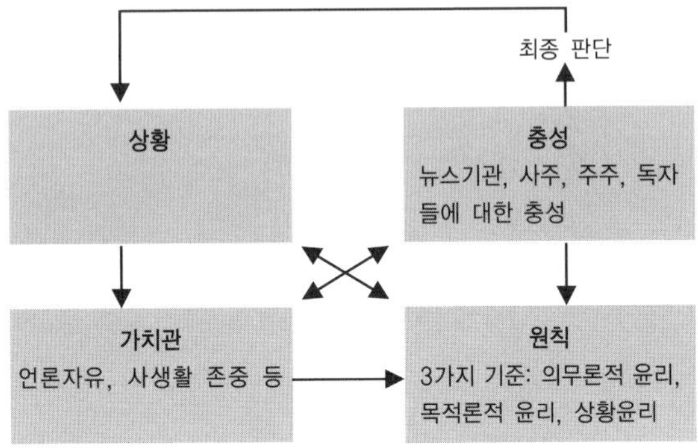

주: 언론인들은 이 모델을 이용해 윤리적인 문제를 해결할 수 있다.
출처: 미주리그룹, *News Writing and Reporting*, p.496.

(Ralph Potter) 박사가 고안한 도덕적 추론 모델(일명 '포터 박스')을 저널리즘에 적용해, 다음과 같은 4가지 요소를 제시했다.

첫째, 상황을 평가한다. 올바른 윤리적 판단을 하기 위해서는 올바른 보도라는 전제가 있어야 한다. 다양한 취재원으로부터 충분히 취재를 했는지 진단한다.

둘째, 가치관을 구별해 파악한다. 개인적 가치관, 언론기관의 가치관, 사회의 가치관, 국가의 가치관은 무엇인지 구분해 정리하고, 그중 어느 가치관이 우선해야 하는지 판단한다.

셋째, 윤리적 원칙을 정한다. 실용주의적 해결책을 따를 것인지, 아리스토텔레스의 중용을 따를 것인지, 칸트의 도덕적 윤리를 따를 것인지 정한다.

넷째, 충성도를 정한다. 기자는 자신이 속한 언론사에 충성해야 하지만, 동시에 독자들에게도 충실해야 하고 아울러 취재원에도 충실해야 한다. 어느 쪽에 가장 충성할 것인지 판단한다.

이 4가지 요소 사이의 유기적 흐름을 '포터 박스'로 정리하면 〈그림 6-1〉과 같다.

3. 준수해야 할 인터뷰 윤리

앞서 살펴보았듯 윤리의 원칙과 그 바탕을 이루는 철학은 추상적이고 복잡하며 판단 기준이 모호하다. 그러나 실생활에서 기자들이 맞닥뜨리는 윤리적 상황이란 매우 구체적이고 단순한 판단을 필요로 하는 것이 대부분이다. 인터뷰를 거부하는 사람에게 기자라는 신분을 속이고 다가가도 될까? 몰래 녹취한 테이프를 바탕으로 기사를 작성하는 것이 옳을까? 취재원의 명예가 심각하게 훼손될 것이 명백한 정보를 공개하는 것이 마땅할까? 취재원이 특정 정보의 미공개를 요구할 때 어디까지 들어주는 것이 과연 독자들을 위한 것일까? 등등.

인터뷰 상황에서 발생할 수 있는 비윤리적 행태에 대해 킬렌버그(Killenberg) 등은 다음과 같이 지적하고, 각각의 경우 기자들의 현명한 판단을 요구한다.

첫째, 거짓말을 하는 경우이다. 기자들은 진실을 캐내기 위한 수단으로 거짓말을 사용한다. 심지어 워터게이트 사건 보도로 유명한 〈워싱턴 포스트〉지의 칼 번스타인(Carl Bernstein)과 밥 우드워드(Bob Woodward)도 취재원에게 거짓 정보를 흘려 취재했다. 거짓말은 어떤 경우에도 정당화하기 힘든 일이지만, 그로 인해 얻은 정보의 공적 가치가 크다고 판단될 때 기자는 거짓말에 대해 관대해진다. 이 경우 기자는 과연 거짓말을 해야 할 만큼 중요한 사안인지 판단해야 한다. 취재의 편의를 위해 거짓말을 사용하는 것은 옳지 않다. 또한 거짓말을 하지 않고 정보를 취득할 수 있는 다른 방법이 있는지 고민해야 한다.

둘째, 기자 스스로 신분을 위장하는 경우다. 특히 탐사 보도의 경우 기자들은 종종 자신의 신분을 다르게 위장하고 특정 취재원에게 다가가 내밀한 정보를 캐내는 경우가 있다. 커뮤니케이션 윤리의 차원에서 이 방법은 상대방을 기만하고 대인관계를 착취한 방법이라는 비난을 면할 수 없다. 상호 이해와 신뢰를 수단으로 이용했다는 윤리적 문제를 제기할 수 있다. 취재원이 경계심 없이 정보를 공개하는 것은 신뢰에 바탕을 둔 행위이며, 그 신뢰가 거짓으로 조작된 것일 때 상대방은 배신감을 느끼게 될 것이다. 기자가 자신의 신분을 적극적으로 위장하지 않더라도 소극적으로 자신의 신분을 밝히지 않고 정보를 얻는 경우도 여기에 속한다. 취재원이 이야기할 때 상대방이 기자인 사실을 알고 공개하는 정보와 일반인에게 자연스럽게 털어놓는 정보 사이에는 큰 차이가 있다. 특히 정보공개의 정도와 표현 등에서 그 차이가 크다. 따라서 이렇게 사적으로 수집된 정보를 공적 목적으로 사용하려 할 때에는 각별한 주의가 요구되며, 의도하지 않은 정보공개로 인해 취재원이 명예를 심하게 훼손당하거나 프라이버시가 침해당하지 않도록 배려하는 마음이 필요하다. 이러한 부담에서 자유롭기 위해서 기자는 당당하게 신분을 밝히고 취재를 통해 정보를 습득하는 것이 바람직하다.

셋째, 거짓말과도 관계된 것으로, 기자들이 취재 의도를 감추는 경우도 윤리적으로 문제가 된다. 기자라고 분명히 신분을 밝힌 후에도 지금 얻으려는 정보가 어떤 맥락에서 필요한 것이며 어떤 취지의 기사에 사용될 것인지 명확하게 설명하고 협조를 구하는 것이 옳은 일이다. 취재원이 제공하는 정보가 전체적인 기사의 내용을 지지하는 증거로 사용될 것인지, 혹은 반박하는 증거로 사용될 것인지 미리 알고 답변하는 것은 큰 차이가 있다. 기자가 만약 "취재원이 기사의 의도를 알고서도 이렇게 이야기할 수가 있을까"라는 질문을 던져, "기사의 의도를 알았다면 분명 이렇게 답하지는 않았을 것"이라는 답이 나온다면 윤리적으로 문제가 있는 취재방식이라고 볼 수 있다.

넷째, 기자로서 신분을 밝힌 후에도 사적인 대화와 취재를 구분하지 않고 얻은 정보를 무조건 기사화한다면 취재윤리에 어긋난다고 할 수 있다. 기자가 친분을 이용해 들은 이야기라면, 그 이야기를 기사에 사용해도 되는지 취재원에게 먼저 양해를 구한다. 또한 취재에 대한 의식이 없는 일반인이 자유롭게 건넨 정보를 사용할 때에도 양해를 구하는 것이 좋다. 커뮤니케이션 학자 허버트 갠즈(Herbert Gans)는 취재원을 '알려진 사람'과 '알려지지 않은 사람', 두 부류로 나누었다. '알려진 사람'이란 공무원이나 관리 등 기자와 상대해 본 사람들이고, '알려지지 않은 사람들'은 보통 일반 시민들을 말한다. '알려지지 않은 사람들'은 그들이 기자와 나눈 이야기가 어떻게 기사에 이용되는지 감을 잡지 못하고 무심코 정보를 건네는 경우가 있다. 그들의 그러한 점을 이용해서는 안 된다는 것이다. 기자와 형사는 상대방으로부터 말을 이끌어내는 것을 직업적으로 하는 사람들이지만, 형사의 경우에는 체포 직전 "당신은 묵비권이 있으며…"로 시작하는 '미란다 헌장'이 있다는 점이 다르다. 버지니아의 한 옴부즈맨은 언론도 "나는 신문기자이다. 당신이 내 질문에 답할 필요는 없다. 만약 답할 경우에는 당신이 제공하는 정보가 당신이 원하지 않는 방식으로 수많은 독자들에게 공개될지도 모른다"는 취재의 '언론인 미란다'를 채택해야 한다는 제안을 하기도 했다. 이런 원칙을 실천하는 기자로 AP의 마이크 파인실버(Mike Feinsilber)를 들 수 있다. 그는 기자들과의 경험이 적은 취재원들에게 "기사화되기를 원치 않는다면 나에게 아무 이야기도 하지 말라"고 사전에 주의를 준다. 또한 〈로스앤젤레스 타임스〉의 데이비드 쇼(David Shaw) 역시 "나는 사적인 대화에서 나온 이야기는 다시 돌아가 정식으로 취재하기 이전에는 기사화하지 않는다"는 개인적 원칙들을 세우고 준수한다.

다섯째, 상대방의 약점을 이용하는 것은 비윤리적이다. 슬픔에 잠긴 사람들이나 곤경에 처한 사람, 혹은 극도로 화가 난 사람들이 종종 보이는 감정적인 미처리를 이용해 취재를 하는 것은 옳지 않다. 감정이 격앙된 상태에서 하는 말이나 표정, 혹은 의견은 평상심에서 하는 것과 매우 다르다. 기자는 생생한 인터뷰를 위해 분노와 슬픔을 분출할 준비가 된 취재원을 선호하기 쉽다. 그러나 이들 입장에서 이런 정보 취득은 정당하다고 할 수 없다. 기자는 가급적 감정을 가라앉힌 취재원으로부터 객관적 정보를 수집하려 노력해야 한다. 이런 정보가 오히려 설득력을 지닌다. 상대방의 감정 상태에 동요하지 않고 오히려 그것을 역이용해 집요하게 질문을 파고드는 인터뷰어로는 바바라 월터스(Barbara Walters)가 대표적이다. 그러나 바바라 월터스는 프로답게 위험수위를 넘기기 직전에 질문을 자제하는 능력이 있다.

여섯째, 기사는 취재를 통해 얻는 것이지, 인터뷰를 통해 '만들어 내는 것'이 아니다. 간혹 기자들 중에는 상대방의 라이벌과 가진 의견 차이를 고의적으로 부추기거나 하는 수법으로 기사를 만들어내는 사람들이 있다. 이런 과정을 통해 나온 기사는 기사가 아니라 '유사 기사'(*pseudo stories*)에 가깝다. 더구나 그 '유사 기사'가 현실을 전혀 반영하지 않을 때는 조작 및 허위 의혹을 벗을 수 없다. 기자는 특정 방향의 정보를 반드시 얻어내야겠다는 마음으로 취재를 해서는 안 되며, 건강한 호기심을 갖고 어떤 정보를 갖고 있는지 찾아내야겠다는 자세로 취재에 임해야 한다.

일곱째, 취재 전 동의사항을 준수해야 한다. 기자와 취재원의 만남은 대략 다음과 같은 4가지 조건 아래에서 이루어진다. ① on the record(모든 정보가 기사화될 수 있으며, 취재원의 정확한 신원을 밝힐 수 있다), ② not for attribution(취재원의 말을 기사화할 수는 있으나, 취재원의 신원은 밝힐 수 없다), ③ on background('한 시청 관리' 등을 일반적 취재원으로 인용할 수 있다), ④ off the record(기사화할 수 없다). 기자는 위의 4가지 중 취재원이 응하는 조건을 인터뷰 이전에 명백하게 이해하게 한 후, 기사를 작성할 때 그 조건을 준수해 주는 것이 좋다. 취재원의 신원을 최대한 밝히는 것이 최선이겠으나, 그 부분을 타협하는 대가로 양질의 정보를 얻을 수 있다면 일단 타협에 응한다. 또한 익명의 소스는 가급적 피하는 것이 좋다.

여덟째, 상대방의 말을 몰래 녹음하거나 몰래카메라 등을 이용해 촬영하는 것은 취재 윤리에 어긋난다. 다만 그 결과 밝혀진 뉴스의 내용이 심대하거나 모두가 공감할 만큼 중요한 경우에는 언론의 공적 사명이라는 측면에서 암묵적으로 대중의 용인을 얻을 수는 있다. 경찰이 도청을 할 때는 법적 허락을 얻는 절차를 거쳐야 하지만, 기자의 경우에는 스스로의 양심에 따라 결정을 내려야 한다. 또한 이러한 비윤리적 취재 방법이 불가피할 정도로 공적 사안인지 기자는 늘 스스로 반문해야 한다.

4. 방송 인터뷰에서의 윤리

인쇄매체와 달리 방송 인터뷰는 취재원의 말을 직접 영상으로 전달한다는 특징이 있다. 따라서 기자로서 신분을 감추거나 특별히 취재 전조건을 준수해야 하는 것과 다른 차원의 윤리적 기준을 요한다. 취재원의 말의 내용 못지않게 표정이나 용모, 배경 등이 복합적으로 전달되는 만큼 기자는 취재원이 말하고자 하는 바가 공정하게 시청자들에게 전달될 수 있도록 주의를 기울이고 배려해야 한다.

첫째, 취재 장비에 하자가 없는지 점검하고 기술적으로 완벽하게 준비된 인터뷰를 한다. 조명이 어둡거나 카메라의 앵글이 비뚤어져 있다면 취재원이 어두운 사람이거나 비뚤어진 사람이라는 인상을 주기 쉽다. 최대한 사실에 가까운 영상과 소리를 최대한 객관적으로 전달할 수 있는 최상의 장비를 갖춘다.

둘째, 카메라 앵글은 취재원의 눈높이에 맞춘다. 카메라를 위에서 비추면 취재원이 약하게 보이는 효과가 있고, 밑에서 비추면 강하게 보이는 효과가 있다. 여러 사람을 인터뷰할 때 역시 동일한 앵글에서 인터뷰를 해야 공정하게 화면에 비춰질 수 있다. 각기 다른 앵글에서 취재한 취재원은 시청자들에게 다른 인상으로 다가가기 쉽다. 최대한 동일한 크기와 동일한 각도, 동일한 배경을 유지해 취재원 간 공정함을 유지해야 한다.

셋째, 얼굴은 상체 위에서부터 드러나는 중간 클로즈업 상태로 잡는 것이 좋다. 얼굴이 지나치게 크게 나오도록 카메라 가까이서 잡으면 극적 효과가 배가되는 대신 객관적인 신뢰도가 반감될 것이고, 얼굴이 작게 잡히면 미세한 표정을 놓치기 쉬운 단점이 있다. 시청자들이 취재원의 얼굴을 편안하게 보면서 표정까지 읽게 하기 적당한 거리에서 인터뷰 샷을 잡는 것이 좋다.

넷째, 취재원이 모자를 쓰거나 선글라스를 쓰고 있다면 뭔가 감추고 있다는 인상을 주므로 벗도록 조언하는 것이 좋다. 눈을 가리지 않도록 해야 신뢰감을 준다.

다섯째, 인터뷰 화면의 배경을 정돈하여 취재원에 집중되도록 한다. 지나치게 화려한 배경은 취재원을 왜소하게 보이게 할 수 있고, 의도적으로 어떤 메시지나 간판, 혹은 포스터를 배경으로 한다면 부가적 설득 효과를 노린다는 인상을 주어 인터뷰의 신뢰를 떨어뜨린다. 백색 배경이나, 인터뷰 내용을 압도하지 않는 배경을 선택한다.

5. 상충하는 충성

레이몬드 고던(Raymond Gordon)은 인터뷰 윤리의 문제를 인터뷰어가 처한 상황에서 발생하는 충성의 상충(*conflicting loyalties*)이라는 측면에서 조명했다. 사회과학 분야에서 실시되는 대부분의 인터뷰는 공통적으로 인터뷰어가 속한 조직, 조직을 스폰서하는 더 큰 조직이나 사회, 응답자 차원에서 각기 다른 기대와 의무를 부여받게 되는데, 인터뷰어는 그 충돌을 피하면서 각기 다른 쪽에서 요구되는 윤리적 기준을 준수해야 한다. 고던에 따르면 사회조사 인터뷰 등 학술적 목적의 경우 커다란 이해의 충돌은 발생하지 않는다고 한다. 그러나 앞서 지적했듯, 기자들이 취재를 목적으로 하는 '미디어 인터뷰'의 경우는 충성이 충돌할 소지가 많다. 즉, 기자는 자신이 속한 조직에도 충성해야 하고,

독자들에게도 충성해야 하는 동시에, 취재원에도 충성해야 하는데, 이 3가지 요구조건이 상호 부딪히는 경우가 종종 있다. 기자가 각종 인터뷰 상황에서 부딪히는 윤리적 기준의 문제가 다른 직종에 비해 복잡한 이유도 그 때문이다.

고던이 지적한 '사회에의 충성' 측면에서, 사회연구를 재정적으로 보조한 기관이나 사회가 대중을 기만하고자 하는 의도로 인터뷰를 지시할 때 인터뷰어는 윤리적 딜레마에 빠진다. 이미 밝혀진 데이터를 억압하는 행위, 데이터 수집과정에서의 의도된 조작, 해석상의 의도적 조작 등이 이 경우에 속한다.

'조직에의 충성' 측면에서, 인터뷰어가 준수해야 할 윤리적 기준은 다음과 같다. 첫째, 공정한 샘플링을 할 것, 둘째, 응답자의 반응을 있는 그대로 기술할 것, 셋째, 후속 질문을 충실히 할 것, 넷째, 응답자의 반응에 대한 편견을 버릴 것 등이다.

'응답자에 대한 충성' 측면에서, 인터뷰어는 다음과 같은 사항을 고려해야 한다. 첫째, 섭외는 정당한 과정을 통했는가, 둘째, 상대방의 참여는 자발적이었는가, 셋째, 응답자에게 해를 입히지는 않았는가, 넷째, 익명과 비밀 보장이라는 응답자의 요구를 존중했는가, 다섯째, 응답자를 속이지는 않았는가, 여섯째, 인터뷰 결과를 응답자와 함께 나누었는가.

기자들의 경우, 인터뷰를 발주하는 주체는 자신이 속한 언론사이거나 스스로의 뉴스 판단인 경우가 대부분이다. 그렇다면 고던의 분류 중 첫 번째 '조직을 스폰서하는 더 큰 조직이나 사회'가 야기하는 윤리적 이해상충은 그다지 심각한 문제가 아닐지도 모른다. 기자의 경우 이해상충은 대중의 알 권리와 취재원의 초상권이나 사생활권 보호 사이에서 주로 발생한다. 또한 특종 경쟁에 따른 무리한 취재관행이 페어플레이와 어긋나는 데서 오는 윤리적 요구도 있다.

인터뷰 윤리의 문제는 결국 정보를 얻는 절차의 정당성을 강조한다. 윤리의 세부적 기준들은 일견 복잡한 것 같지만, 해답은 의외로 간단하다. 미디어 인터뷰든 사회조사 인터뷰든, 귀착점은 응답자를 존중하고 절차를 중시하는 데 있는 것이다. 인터뷰의 으뜸가는 장점이 '가장 인간적인' 정보의 획득에 있다면, 그 정보를 제공하는 인간을 존중해야 하는 것은 당연하다. 절차의 정당성은 정보 자체의 정당성과도 연결된다. 그러나 앞서 논의했듯 인터뷰어의 양심 이외의 다른 제재수단은 없다는 점에 비추어, 언론분야에서 윤리기준과 관련된 논의가 더욱 활발하게 이루어져 자체적인 기준이 마련되고, 그 기준을 준수하려는 자발적인 노력이 뒤따라야 할 것으로 보인다.

제 2 부 인터뷰 기법과 전략

인터뷰를 잘하는 것은 모든 기자들의 바람이다. 좋은 인터뷰 대상을 만나 알찬 정보를 건네받은 하루는 행복하다. 그들로부터 들은 이야기가 때로는 사회의 어두운 곳을 밝히는 작은 불씨가 되기도 하고, 독자들의 가슴을 적시는 감동 어린 사연이 되기도 한다. 어떻게 해야 인터뷰를 보다 효과적으로 잘할 수 있을까. 기자의 관점에서 이 물음은 취재원의 가슴을 열어 특종이 될 만한 정보를 얻는 것과 직결되고, 대인관계라는 측면에서는 열린 의사소통을 위한 구체적 고민과 연결될 것이다. 제 1부에서 논의된 이론적 틀을 이해의 바탕으로 하여, 이제 관심을 실질적인 곳으로 돌려보도록 하자.

인터뷰는 기술이다. 이 말은 인터뷰가 학습 가능한 대상이라는 뜻을 담고 있다. 좋은 인터뷰는 타고난 재주나 영감, 천재성에서 나오는 것이 아니라, 기민한 상황판단과 시행착오를 줄이려는 꾸준한 노력에서 나온다. 상황판단은 경험에서 나오며, 노력은 진지함의 산물이다. 따라서 공부하듯 접근하면 인터뷰 점수도 올릴 수 있다. 모든 목적에는 그 목적을 달성하기 위한 전략과 방법이 뒤따르게 마련이다. '목적 있는 대화'로 정의되는 인터뷰도 예외가 아니다.

미디어 인터뷰의 구체적 요건은 무엇이며, 그 요건들을 충족시키기 위한 전략적 접근에는 무엇이 있는가? 다양한 인터뷰 상황에 고루 적용되는 인터뷰 기술은 무엇이며, 그 기술들을 뒷받침하는 논리적 배경은 무엇인가? 인터뷰의 대인 커뮤니케이션 속성, 인터뷰의 역사와 종류의 이해, 구조와 과정의 분석 등 지금까지의 내용은 결국 성공적 인터뷰로 통하는 문의 열쇠를 제조하는 재료들이라고 할 수 있다. 그 재료들을 적절한 비율로 알맞게 혼합하는 방법이 바로 인터뷰 전략이고, 기술이다.

제 2부에서는 미디어 인터뷰를 보다 효과적으로 수행할 수 있는 다양한 지침들을 정리하는 데 역점을 두었다. 7장에서는 인터뷰를 이론이 아닌 기술로 보는 시각을 서술했고, 이어 8장에서는 인터뷰 섭외, 9장에서는 인터뷰 실제상황에서의 노하우를 정리했다. 10장에서는 인터뷰에서 비언어적 커뮤니케이션의 중요성, 11장에서는 질문 짜기, 12장에서는 기술, 섭외에서 기사작성에 이르는 전체 미디어 인터뷰 과정에 적용 가능한 다양한 방법들을 포괄적으로 다루었다.

07 미디어 인터뷰 기술

언론인 링컨 스테픈즈(Lincoln Steffens)가 루스벨트(Theodore Roosevelt) 대통령을 인터뷰하기 위해 세운 전략은 매우 독특하다. 루스벨트는 속사포처럼 말을 하고 기자들에게 후속 질문을 용납하지 않는 것으로 유명했다고 한다. 즉, 자신이 하고자 하는 말이 끝난 후에는 더 이상의 질문을 받지 않는 것이다. 그의 그런 스타일을 익히 아는 스테픈즈 기자는 대통령이 이발하는 시간에 인터뷰 일정을 잡았다. 그는 이발사에게 특별히 부탁해서 자신이 질문을 할 동안에는 주로 루스벨트 대통령의 입술 아랫부분을 면도하도록 했다. 입술 부분에 날카로운 칼이 있는 동안은 말을 할 수 없을 것이기 때문이었다. 이러한 그의 전략은 적중하여 루스벨트 대통령은 입을 다물고 있어야 했고, 그동안 스테픈즈 기자는 복잡한 질문들을 던질 수 있었다(Metzler, Creative Interviewing, p. 62).

1. 전략과 전술, 방법과 기술

인터뷰 실무에 관련된 경험적 지식을 지칭하는 말의 종류는 다양하다. 우리말로 '기술' 정도에 해당하는 영어표현인 'technique, skill', 방법을 뜻하는 'method', 전략을 뜻하는 'strategy', 세부적 전술을 말하는 'tactic'에 이르기까지, 인터뷰를 실행하는 과정에 도움을 주는 각종 아이디어들이 각기 다른 용어로 표현된다. 각종 언론 실무서들은 그 실무서가 나온 언론환경과 사회·문화적 분위기에 걸맞은 다양한 인터뷰 기술들을 제안하는데, 이들 대부분은 실험실 지식이 아닌 경험의 산물로서 가치가 높지만 보편성은 떨어진다.

비록 임상실험을 거친 의약품이라도 실제 복용에는 주의할 사항이 있는 것처럼, 기자들의 경험에서 우러나온 지식이라도 선별해서 적용하는 지혜가 필요하다. 그러기 위해서는 특수한 상황에 유효하게 적용되는 한 가지 기술(*the technique*)과 보편적 인터뷰 상황에 공통적으로 적용 가능한 일반적 기술(*techniques*)로 나누어 접근할 필요가 있다.

인터뷰를 기술로 접근한 학자들 중 콜코드(Colcord, 1929) 같은 이는 전자의 분류를 시도한 사람이다. 그는 80가지나 되는 인터뷰 기술을 나열했으나, 그 기술들은 보편성이라는 벽에 부딪혀 비판을 받았다. 크로스(Cross, 1974)는 인터뷰 기술이란 전자제품을 작동시키는 매뉴얼이나 외과의가 수술을 집도하는 방법과는 다르다고 하면서, 콜코드가 나열한 기술의 불합리성을 지적했다. 애당초 인터뷰가 매뉴얼처럼 기술될 수 있는 것이라면, 그 매뉴얼을 따른 후 예상된 결과가 나와야 하는데, 사실상 그렇지 않다는 데 허점이 있다는 것이다. 리치(Rich, 1968)는 그보다 한 발짝 더 나아가 인터뷰의 기술을 의료 인터뷰, 심리

치료 인터뷰 등 직업상 요구되는 기능에 따라 세분하고, 그에 따른 각기 다른 기술들을 추출했다. 여기서 인터뷰 기술이란 특정한 직업을 수행하는 데 필요한 기술과 부합하지만, 그 역시 보편적 인터뷰 기술로 인정하기는 어렵다.

인터뷰의 기술, 혹은 테크닉에 대한 각기 다른 접근과 혼동은 기술을 사전적 의미로 해석한 데서 기인한다. 《옥스퍼드 사전》에 따르면 '테크닉'이란 '공식적이고 실제적인 세부사항과 관련된 기술적 실행이나 업무수행 능력의 방식들'을 통칭하는 것으로, 여기에는 상황적 특수성이나 맥락이 생략되어 있다. 의사가 환자를 상대로 하는 인터뷰와 기자들이 취재원을 대상으로 하는 인터뷰는 인터뷰의 목적과 내용이 판이하게 다를 수밖에 없으며, 따라서 요구되는 기술도 다르다.

인터뷰의 일반적 기술(*techniques*)에 대한 논의는 직업적 특수성과 관계없이 인터뷰를 커뮤니케이션의 과정으로 이해할 때 가능하다. 앞서 기술했듯 모든 인터뷰는 직업적 상황과 관계없는 공통점을 갖고 있다. 첫 번째는 만나기 이전부터 결정된 뚜렷한 목적을 갖고 이루어지는 만남이라는 점, 두 번째는 상대방의 심리상태에 영향을 받는다는 점, 세 번째는 언어적 상징체계와 비언어적 신호들을 의사전달의 수단으로 삼는다는 점이 그것이다. 목적이 분명하다는 말은 상호 간의 역할에 대한 기대가 분명하다는 것을 뜻하며, 심리상태에 영향을 받는다는 말은 의사소통의 동기와 자세에 영향을 받는다는 뜻을 내포한다. 상담 인터뷰의 경우 상대방의 심리상태에 더욱 관심을 집중시켜야 하는 등 정도의 차이는 있으나, 위의 3가지는 모든 인터뷰 유형을 일정하게 관통하는 커뮤니케이션 특징이다.

'기술'과 '기술들'이 가져오는 혼동을 피하기 위해 어떤 학자들은 아예 방법(*method*)이라는 말을 사용하기도 한다. 여기서 말하는 '방법'은 실무에 적용하기 적합한 기술들을 모아 놓은 개념으로, 역시 직업적 맥락은 생략되어 있다. 마찬가지로 인터뷰 전반에 걸친 커뮤니케이션 기술을 개발하는 데 초점을 맞춘 개념이다.

고던(Gorden)은 인터뷰를 전략(*strategy*)과 전술(*tactic*), 그리고 기술(*technique*)의 차원에서 각기 접근한다. 그가 말하는 전략이란 인터뷰의 사회-심리학적 상황을 결정하는 데 필요한 결정들을 말한다. 인터뷰를 연극에 비하자면, '플롯'(인터뷰 목적), '배경'(인터뷰 시간과 장소), '등장인물'(누가 누구를 인터뷰할 것인가), '대사'(누가 누구에게 무슨 말을 하나)를 정하는 과정이라고 할 수 있다. 연극과 다른 점이 있다면 등장인물은 대개 2명으로 한정되어 있고, 대사가 질문과 답변의 형식을 띤다는 점이다.

전술이란 인터뷰어가 무슨 말을 어떻게 할 것인지에 대한 구체적 계획을 세우고, 상대방에 대한 질문을 적절히 배열하는 방법을 말하는 개념이다. 11장에서 논의될 질문짜기의 갖가지 유형이 여기에 속한다고 할 수 있다. 전술적 차원의 기술은 셀 수 없이 많으나, 크게 상대방의 자아를 위협하지 않는 순서대로 질문을 던지는 방법과 상대방의 기억을 환기시키는 방법 등이 있다. 그밖에도 인터뷰어 자신이 스스로를 노출시켜서 상대방이 마음을 열게 만드는 폭로전술(*revealing*), 관련 질문으로 파고 들어가는 탐색전술(*probing*), 상대방의 부담을 최소화하는 거울전술(*reflecting*)이 있으며, 이 중 '탐색전술'이 가장 효과적이라는 연구결과가 있다.

모든 인터뷰 상황의 공통분모, 즉 심리적 차원의 상호작용, 상호 역할에 대한 기대, 언어적 상징체계와 비언어 신호 등을 그림으로 정리하

<그림 7-1> 인터뷰를 지배하는 구조적 요소와 심리적 조건들

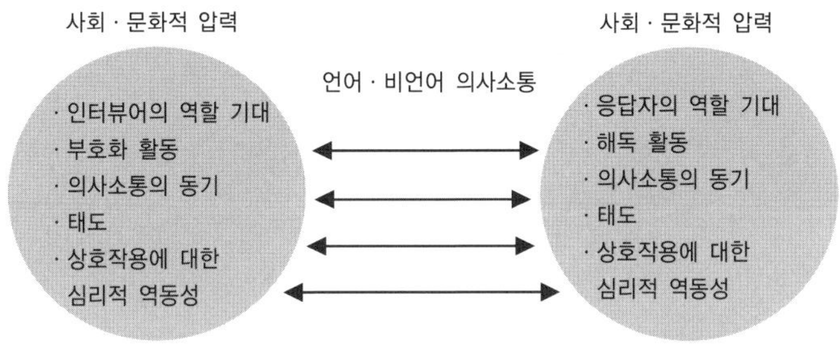

출처: Cross, *Interviewing and Communication in Social Work*, p.100.

면 인터뷰의 구조적 요소들이 보다 분명하게 나타난다. 크로스가 제시한 그림은 <그림 7-1>과 같다.

인터뷰 기술이란 <그림 7-1>에 나오는 구조적 요소들과 심리적 요소들 간의 상호작용을 어떻게 조절하는가의 문제와 직결된다. 인터뷰 상황을 둘러싼 사회 · 문화적 압력을 조절하는 것은 전략적 차원에서, 또 상대방의 심리와 상호작용이 가져오는 역동성의 문제는 인터뷰의 질을 높이는 전술적 차원에서 각각 다루어져야 하는 기술이라는 뜻이다. 언어적 상징체계와 비언어 신호에 대한 이해는 커뮤니케이션 수단의 적극적 이해와 활용이라는 측면에서 매우 중요한 기술의 하나이다.

고트리에브(Gottlieb, 1986)는 인터뷰의 기본 기술로 다음 3가지를 들고 있다.

- 인식의 벽을 넘는 기술
- 상호 교감(*empathy*)의 기술
- 공간 조절 기술

여기서 인식의 벽을 넘는 기술이란 '보이는 것만 보고 들리는 것만 듣는' 인간의 본능적 경향을 극복하고 적극적으로 새로운 정보를 찾으려는 의도적 노력을 뜻한다. 인터뷰어는 사회화의 결과에 따른 특정한 시각이나 편견을 뛰어넘어 열린 마음으로 소통하는 기술을 습득해야 한다. 상호교감이란 그러한 소통의 결과물이다. 자신과 상대방의 공통분모를 찾아내 공감대를 형성하거나 상대방의 입장에서 바라보는 훈련을 하다보면 자연스럽게 신뢰가 구축되고 원활한 의사소통을 할 수 있게 된다. 여기에는 언어-비언어 의사소통 능력이 포함된다. 공간 조절이란 에드워드 홀(Edward T. Hall)의 공간학 이론(*proxemics*)에 근거, 인터뷰 조건의 최적 거리와 공간을 선택하고 확보하는 능력을 말한다. 홀은 인간의 공간지각 능력이 커뮤니케이션 상황에 지대한 영향을 미친다고 주장하면서, 인간 사이의 물리적 거리에 따라 친근한 거리(0~45cm), 개인적 거리(45cm~1m 22cm), 사회적 거리(1m 22cm~3m 66cm), 공적 거리(3m 66cm~무한)로 나누었다. 여기서 친근한 거리와 개인적 거리는 서로 만질 수도 있고, 목소리를 높이지 않아도 잘 들리는 가까운 거리이다. 개인적 거리와 사회적 거리의 경계는 주도권의 경계(*limit of domination*)이기도 하다. 경우에 따라 차이는 나겠으나 인물탐구 인터뷰는 주도권의 경계 안쪽에서 이루어지는 것이 바람직하며, 상담 인터뷰나 평가 인터뷰의 경우는 약 2~3.5m 정도의 거리에서 이루어지는 것이 바람직하다.

고던(Gorden)은 인터뷰어가 갖춰야 할 가장 기본적 기술로 다음과 같은 것들을 들었다.

· 정보를 정확하게 받아들이는 기술

· 정보를 판단하는 기술
· 자신의 행위를 적절하게 조절하는 기술

여기서 정보를 정확하게 받아들이는 기술은 다시 ① 응답자가 한 말을 정확히 듣는 것, ② 응답자의 비언어적 행위를 관찰하는 것, ③ 들은 정보를 기억하는 것 등으로 나눌 수 있다. 인터뷰어가 응답자의 말에 귀를 기울이는 것을 방해하는 요인은 많다. 우선 상대방의 말을 받아 적는 일에 지나치게 열중하는 것도 듣기를 방해하고, 화제에 대한 관심이 시들하거나 후속 질문을 찾지 못해 당황하는 것도 듣기를 방해한다. 대답에 대한 지레짐작이나 고정관념 역시 능동적 듣기행위를 방해한다. 언어 이외에 전달되는 비언어 사인들을 정확히 읽어내는 기술도 중요하다. 올드필드(Oldfield, 1947)의 연구에 따르면 각기 다른 행위(가령 손을 움직이거나, 특정 자세를 취하거나, 목소리 톤을 달리하거나)를 통해서도 동일한 메시지가 전달되는 것으로 나타난다. 즉, 말을 제외한 나머지 비언어 커뮤니케이션 수단을 관찰하는 것만으로도 충분한 메시지 파악이 가능하다는 뜻이다. 기억력 또한 중요하다. 앞서 응답자가 밝힌 내용을 정확히 기억함으로써 불일치되는 사실을 밝힐 수 있고, 그에 따른 후속 질문도 할 수 있다.

정보를 판단하는 기술은 다시 ① 인터뷰 목적에 부합하는 정보의 관련성과 적합성 여부를 판단하는 기술, ② 상대방과의 커뮤니케이션에 영향을 주는 잠재적 요소들을 파악하는 기술 등으로 나누어 생각할 수 있다. 첫 번째 기술은 인터뷰의 용도와 목적을 정확하게 인식하여 정보의 양과 질을 판단하는 기술, 두 번째 기술은 커뮤니케이션 방해요소를 제거하여 정보의 양과 질을 높이는 기술과 연결되어 있다.

인터뷰어가 자신의 행위를 적절하게 조절할 줄 알아야 한다는 것은 그러한 기술이 인식의 차원에 머무르지 않고 행위로 옮겨져야 한다는 뜻이다. 인터뷰어는 먼저 인터뷰 상황에서 자신의 역할과 모습을 정확히 관찰할 줄 알아야 한다. 대부분의 인터뷰어는 자신의 말투나 억양, 자신이 은연중에 시사하는 각종 비언어 행위에 대해서 무감각하기 쉽다. 특히 초보 인터뷰어인 경우에는 인터뷰 상대가 비협조적이었다는 불평을 하기 쉬운데, 실상 그 이유가 인터뷰어 자신에게 있는 경우가 많다. 인터뷰어는 상황에 민첩하게 대응하고, 꼭 필요한 언어를 사용하며, 불필요한 비언어 신호들을 노출시키지 않도록 스스로 훈련을 해야 한다.

2. 철저한 사전준비가 최고의 전략

효과적인 인터뷰 전략은 충분한 사전준비에서 나온다. 기술과 방법, 전략과 전술과 관련된 수많은 논의들은 인터뷰를 위한 사전 준비를 뜻하는 경우가 많다. 여기서 전략과 준비는 결국 동의어인 셈이다. 다운즈(1980)가 인터뷰 전략을 "바라는 결과를 얻을 수 있는 기회를 극대화하기 위해 실행에 옮기기 이전에 세우는 용의주도한 계획"이라고 정의한 것에서도 알 수 있듯, 인터뷰 전략을 세운다는 것은 철저한 사전준비를 통한 계획이라는 말과도 같다.

영국 출신의 배우 엘리자베스 테일러(Elizabeth Taylor), 미국의 정치인 허버트 험프리(Hubert Humphrey) 같은 유명 인사를 인터뷰한 기사로 유명한 〈라이프〉지의 리처드 메리맨(Richard Meryman)은 인터뷰에 대한 자신의 철학과 준비과정에 대해 다음과 같이 쓰고 있다.

> 완벽한 인터뷰란 완벽한 질문들이다. 나이가 들수록, 질문 리스트 작성에 더 많은 시간을 보내게 된다. 인터뷰에 응하기 사흘 전부터 나는 절대 술을 입에 대지 않는다. 인터뷰 전에는 잠을 충분히 자려고 노력하고, 설탕이나 탄수화물 음식은 가급적 자제한다. 하루 종일, 적어도 반나절 정도는 침대에 누워 보낸다. 아침으로는 스테이크를 먹는다. 기본적으로, 내가 하는 일은 마음을 깨끗이 하는 일이다. 그래서 나의 반사신경과 주의력이 최고에 달해 있도록 노력한다. 왜냐하면 인터뷰에서 중요한 것은 질문에 대한 첫 번째 답이 아니다. 그 답에서 파생되어 나오는 두 번째, 세 번째 후속 질문들이 중요하다. 인터뷰 상대가 하려고 망설이는 말, 하다가 만 말 등에서 계속 이야기를 이어가려면 정신력이 필요하다. 어떤 사람이든, 가장 중요한 하나의 질문이 있게 마련이다. 그 질문을 찾아내서 던지고, 그에 대한 답을 얻는다면 인터뷰는 성공한 것이다(Metzler, p. 51).

사전준비의 목적은 인터뷰 상대를 최대한 정확하게 파악하기 위한 것이다. 상대를 이해한 후, 그에 맞는 인터뷰 전략을 개별적으로 세우는 것이 가장 효과적이다. 이와 관련, 메츨러가 제안한 인터뷰 준비의 7단계는 다음과 같다.

첫째, 인터뷰 목적을 세운다. 인터뷰를 하는 목적에는 여러 가지가 있다. 특정 정보를 얻어내는 것이 목적인 경우도 있고, 응답자의 인간적 측면을 탐색하거나 세간의 평판을 확인하기 위한 것도 있다. 얻어낸 정보를 바탕으로 어떤 기사를 작성할 것인지 결정한 후, 그 목적에 맞는 계획을 세운다.

둘째, 인터뷰하고자 하는 인물과 관련된 사전조사를 한다. 주변 사람들로부터 일차적 정보를 모은 후, 자료실을 통해 2차로 신상정보를 파악한다. 관련기사를 탐독하는 것은 그동안 어떤 정보가 공개되었는지, 그중 확인할 정보는 무엇인지 가려내는 데 도움을 준다. 필요하면 주변인물을 인터뷰한다. 현재 인터뷰 대상자가 처한 상황이나 관심사항이 무엇인지, 집중하거나 피해야 하는 질문이 무엇인지 알아보는 데 도움이 된다.

셋째, 응답자의 성격적 특징을 파악한다. 인터뷰 상대의 성격을 아는 일은 상호 간의 신뢰구축과 의사소통을 위해 매우 중요하다. 말이 없는 스타일인지, 달변인지, 정보를 공개하는 형인지, 은닉하는 형인지 등을 미리 파악한다. 말을 즐겨하지 않는 상대의 경우 보다 세심한 준비가 요구된다. 성격적 특징은 역시 가까운 사람과 대화를 해보면 금방 알 수 있는 경우가 많다.

넷째, 특별한 질문, 혹은 질문을 통해 밝힐 내용의 범위를 정한다. 무슨 질문이나 해도 좋지만 모든 질문에 대한 답을 얻을 수는 없다. 따라서 원하는 답을 얻기 위한 질문의 범위를 정하는 일은 매우 중요하다. 질문을 준비하는 과정에서 간접적으로 물어보아야 할 질문인지, 직접 물어보아야 좋은 질문인지 등 성격에 따라 질문하는 방식도 분류해 본다.

다섯째, 예상되는 답변을 적어본다. 인터뷰 대상에 대해 사전조사를 충분히 했다면 상당부분의 답변을 예상할 수 있다. 예상외의 답변을 한다면 독자들에게도 흥미가 있을 것이다. 또한 예상이 불가능한 부분에 대한 답변을 얻는다면 뉴스로서의 가치가 있을 것이다.

여섯째, 섭외계획을 세운다. 어떻게 섭외하는 것이 가장 실패율이 적을지 미리 생각해둔다.

일곱째, '게임 플랜'을 짠다. 위에서 파악된 내용을 바탕으로 인터뷰를 어떤 방식으로 이끌어갈지 계획을 세운다. 핵심질문을 맨 처음에 할 것인지, 나중으로 미룰 것인지, 혹은 연대기 순으로 이야기를 진행시키는 것이 효과적일지, 최근의 상황에서 풀어가는 것이 효과적일지, 혹은 상대방에 대해 호의적 분위기를 유지시키는 것이 좋을지, 반대로 공격형 자세로 논쟁을 하는 편이 좋을지 생각하고 계획을 세운다.

08 인터뷰 섭외

서의현(徐義玄) 전 조계종 총무원장은 산골소녀 영자와 전혀 상반된 모델이다. 그와의 인터뷰도 순탄치 않았다. 그는 한때 불교계의 독재권력이었다. 당시만 해도 "부처님이 환생해도 조계종 총무원장의 임기 4년은 못 채운다"라는 자조적인 농담의 대상이던 총무원장직을 그는 8년이나 했던 인물이다.

1994년에는 마침내 3선(選)을 도모했다. 조계종의 의사결정기구인 종회(宗會)에서는 그렇게 결의했다. 그는 "오로지 조계종을 위해 신명을 다 바쳐 일해 온 나에 대해 알지 못하고 이러쿵저러쿵 욕하는 이들이 있다"라고 답사했다. 얼마나 매력적인 연구대상인가. 하지만 이 독재자는 결국 승려 대중의 저항으로 밀려났다.

물러난 뒤로도 소문이 나빴고, 적(敵)도 많았다. 그런데 종적은 묘연했다. 인터뷰를 하려면 우선 그를 찾아내야 했다. 충청도의 어느 산속을 뒤져 그가 기거하는 움막을 찾기까지 2년의 세월이 걸렸다. 산꼭대기까지 땀을 뻘뻘 흘리며 올라갔다가 허탕치고 내려오기를 몇 번이나 했다. 하루 종일 헤매던 어느 날, 어둑어둑해지면서 비까지 뿌리기 시작했다. 바로 그때쯤 도로변에서는 보이지 않는 산기슭의 움막을 찾아냈다.

움막에는 자물쇠가 채워져 있었다. 옆에는 판자로 얼기설기 세워놓은 욕간(浴間)과 임시변소가 있었다. 그 주변에는 잡풀이 우거졌는데, 장마로 인해 군데군데 물이 고여 있었다. 고인 물속에는 뱃바닥이 빨간 맹꽁이들이 서식하고 있었다. 움막의 문틈으로 눈을 들이밀자 퀴퀴한 곰팡내부터 먼저 밀려왔다. 안에는 선풍기와 소형 냉장고, 개어 있는 이불이 보였다.

과연 그가 여기서 살고 있는가. 왜 이런 선택을 했을까. 나는 명함의 뒷면에 메모를 남겨 움막 문틈에 꽂아두고 내려왔다. 메모 내용은 떠오르지 않는다. 하지만 짧은 메모가 그를 움직였다.

다음날 저녁, 집으로 그의 전화가 걸려왔다. 전화는 아내가 받았다.

"못(정)을 사러 시내 철물점에 들렀다가 비 오는 밤길을 혼자서 추적추적 걸어 올라오는데 문틈에 낯선 게 끼어 있었어요. 최 선생의 명함이었습니다. 명함을 보는 순간 눈물이 왈칵 쏟아지는 걸 간신히 참았습니다. 이런 누추한 곳까지 찾아오느라고 얼마나 고생이 많았을까. 그래서 어떠하든 인사는 드려야 도리일 것 같아서 전화합니다. 하지만 인터뷰는 곤란하다고 최 선생에게 전해 주십시오. 멀리서나마 삼배(三拜)를 올립니다."

한 달 뒤 단독 인터뷰를 했다.

— 최보식, 《우리시대 사람산책》,
서문 "인터뷰에 대하여: 낙수(落穗)와 잡념(雜念)" 중에서.

1. 인터뷰는 게임

인터뷰는 한쪽이 질문을 던지고 다른 한쪽은 그 질문에 대답하는 규칙에 따르는 일종의 게임이다. 모든 게임이 그렇듯이 게임에 응하겠다는 양측의 합의가 있어야 비로소 게임은 시작된다. 둘 중의 하나가 규칙이 맘에 안 든다거나 또는 다른 이유로 게임을 거부하면, 인터뷰는 이루어지지 않는다.

인터뷰 대상을 선정한 후에는 그가 적극적으로 인터뷰에 응하도록 설득하는 과정이 필수적이다. 사람으로부터 정보를 얻는다는 것은 생각보다 어려운 일이어서, 정보를 가진 사람이 자발적으로 내놓으려고 결심하기 이전에는 알찬 정보를 기대할 수 없다. 어느 정도 양의 정보를 어느 정도의 성실성으로 내놓을 것인지, 정보를 가진 사람이 마음먹고 진지하게 인터뷰에 응하도록 설득하는 것은 인터뷰어의 역할 중 매우 중요한 부분이다.

인터뷰 대상이 모두 섭외하기 까다로운 것은 아니다. 언론사를 찾는 수많은 취재원 중에는 기자의 필요에 의해서가 아니라 취재원의 필요에 의해, 즉 홍보나 해명의 차원에서 인터뷰를 자청해오는 경우도 많다. 이럴 경우에도 기자의 뉴스 판단에 부합되면 인터뷰는 이루어진다. 그러나 기사로서의 흥미는 끈질긴 섭외 노력 끝에 이루어진 기사에 비해 현저하게 떨어진다. 프랑스의 전기작가 앙드레 모로와(André Morois)의 말처럼, 대부분의 진실은 사람이 감추고 싶어하는 부분 속에 담겨 있기 때문이다. 독자들에게 숨겨진 진실을 알리기 위해서는 인터뷰를 꺼리는 취재원을 인터뷰 테이블에 앉도록 설득하는 기술이 필요하다. 언론사로 찾아오는 사람만 인터뷰한다면, 혹은 인터뷰하기 쉬운 대상만 골라 인터뷰를 한다면, 기자와 홍보인의 경계가 모호해질 것이 분명하다. 특히 언론사에 소속되어 있지 않은 프리랜서 기자들이나, 학생신문, 인터넷 매체 기자들처럼 소속된 조직의 힘이 약할 경우, 섭외기술은 더욱 중요하다.

취재원의 필요에 의해 작성된 인터뷰 기사는 대외용 정보로 점철되기 십상이다. 마치 홍보실에서 내보내는 보도자료의 깔끔하게 정리된 정보처럼, 그렇게 이루어진 인터뷰 기사는 뉴스로서의 가치와 긴장감이 현저히 떨어진다. 게임으로 치면, 한쪽 편이 패를 모두 보여주고 하는 맥 빠지는 게임인 셈이다. 서로 예상된 스코어를 향해 짜고 진행하는 게임을 보는 것만큼 재미없고 지루한 일은 없다.

인터뷰 기사를 읽는 독자들도 마찬가지다. 독자들은 인터뷰에서도 뉴스를 찾는다. 알고 있던 사람의 새로운 면을 발견하기를 바란다. 기자가 자신들의 궁금증을 풀어줄 질문을 대신 던져주기를 바라고, 질문과 답변이 오고가는 과정에서의 팽팽한 긴장감을 즐긴다. 그 긴장감은 뉴스에 대한 기대나 흥분과 동의어라고 할 수 있다. 기자는 독자들의 그런 기대에 부응해야 할 의무가 있다. 인터뷰에 응하지 않던 사람이라면, 인터뷰를 하는 것 자체로 뉴스라고 할 수 있다. 이미 알려진 사람의 인터뷰 기사를 통해 평소 몰랐던 부분을 알게 되었다면, 그 또한 뉴스다. 사람의 감춰진 측면을 새롭게 들추어 보이는 것은 특종보도만큼 힘들고, 그만큼 가치 있는 일이다.

인터뷰가 얼마나 뉴스로서의 가치가 있느냐 하는 것은, 얼마나 섭외하기 어려운 대상이냐에 비례한다고 해도 과언이 아니다. 그런 면에서 섭외는 인터뷰의 전 과정 중에서 가장 까다로운 부분이다. 섭외에 성공하면 일단 인터뷰의 70%는 이루어진 셈이다.

현직 대통령을 물러나게 한 '워터게이트 보도'로 유명한 〈워싱턴 포스트〉지의 기자인 칼 번스타인(Carl Bernstein)과 밥 우드워드(Bob Woodward)는 워터게이트 특종보도를 위해 넉 달 동안 하루도 거르지 않고 매일 12~18시간씩 1천 명이 넘는 사람들과 인터뷰를 시도했다. 수많은 사람들이 인터뷰 자체를 거절하거나 다른 사람에게 넘겼다. 번스타인은 "10명의 9명꼴로 인터뷰를 거절했다"고 밝혔다. 정치적으로 민감한 취재원들은 우드워드나 번스타인이라는 이름만 들어도 거부감을 나타내는 사람들이 많았다. 우드워드는 "그러나 취재하려고 하는 사람의 집에 직접 찾아가서 깔끔한 옷차림과 신사적인 매너로 내가 진실추구 이외에는 아무 관심이 없는 사람이며, 인터뷰 대상에 대한 선입견이 없다는 인상을 주면 상대방의 반응도 대개 호의적이었다"고 회상한다. 덧붙여 그는 "내가 당신에 대해 알고 있는 정보가 있는데, 틀렸는지 맞았는지 당신이 확인해 주었으면 좋겠다. 만약에 틀렸다면 당신이 고쳐주어야 할 의무가 있는 것이 아니냐는 식으로 말문을 여는 것이 효과적이었다"고 말했다. 1945년 전범재판을 받고 처형된 토모유키 야마시타 장군의 경우도 비슷하다. 로웰 림프스(Lowell Limpus) 기자는 장군이 처형되기 직전 "아직 시간이 남아있을 때 역사적 사실들을 바로잡아야 한다"는 취지의 정중한 편지를 보내 옥중 인터뷰를 가질 수 있었다. 집요하고 성실한 자세로 상대방을 설득해 얻어낸 정보가 모여 결국 탐사보도의 전형으로 꼽히는 워터게이트 특종을 만들어 내고, 처형 직전의 전범으로부터 생생한 증언을 끌어낸 것이다.

사람은 어떤 형태로든 자기 이야기를 하고 싶어 하는 심리가 있다. 1956년 카넬과 악셀로드(Cannell & Axelord)가 실시한 한 사회학 연구에 따르면, 90%의 응답자가 인터뷰 당하는 경험을 즐거운 것으로 여긴다는 결과가 나왔다. 응답자의 4분의 3은 다시 인터뷰 요구가 와도 응하겠다고 답했으며, 대부분의 응답자는 가계의 수입이나 가족관계 같은 민감한 질문 역시 즐거운 경험이었다고 답했다. 사람이라면 누구나 정보를 숨기려는 욕구 못지않게, 정보를 공개하고 싶은 욕구도 강하다. 이런 욕구를 잘 활용하면 훌륭한 인터뷰를 수행할 수 있다.

2. 섭외의 커뮤니케이션: I-F Frame

섭외에 임하는 집요함과 성실함도 중요하지만, 그 이전에 섭외의 커뮤니케이션 상황에 대한 이론적 이해를 갖는다면 훨씬 도움이 될 것이다. 인터뷰는 대인 커뮤니케이션의 중요한 형식이며 수단이다. 인터뷰란 다양한 사회적 상황에서 그때그때 발생하는 실용적 예술이며, 따라서 한 가지 이론적 틀로 설명될 수는 없다. 그러나 어떻게 하면 인터뷰를 잘할 수 있을까라는 보다 현실적인 문제를 체계적으로 접근하기 위해서는 어느 정도 이론적 이해의 틀이 필요하다.

레이몬드 고던(Raymond Gorden, 1975)은 인터뷰라는 커뮤니케이션 상황을 가능케 하는 요인(*facilitator*)과 커뮤니케이션을 방해하는 요인(*inhibitor*)을 각각 분석하여, 방해되는 요인을 최소화하고 도움을 주는 요인을 극대화함으로써 자연스럽게 인터뷰의 효과를 극대화할 수 있을 것이라고 설명한다. 그가 제시하는 "I-F(*Inhibitor-Facilitator*) Frame"은 커뮤니케이션의 방해-도움의 양극 구조에서 인터뷰 상황을 파악한다. 그 내용은 다음과 같다.

인터뷰 커뮤니케이션을 방해하는 요인에 대해 고던은 크게 2가지로 분석한다. 첫째는 정보가 있으면서 내놓으려 하지 않는 경우이고, 두 번째는 내놓고자 하는 의향은 있으나 가진 정보가 없는 경우이다.

첫 번째 경우는 다시 4가지로 나뉜다. 그중에서 첫 번째는 시간 부족 (*competing demands for time*) 이다. 인터뷰 요청을 받은 사람이 인터뷰 자체에 대해 부정적 견해가 있는 것은 아니지만 스케줄이 허락하지 않든지, 지나치게 시간을 많이 요구한다는 이유로 거절하는 경우가 이에 속한다. 둘째는 자존심이 상할까봐 두려워서 인터뷰에 응하지 않는 자아위협 (*ego threat*) 이 있다. 자신의 답이 상대방에게 무시당하거나, 혹은 정보가 공개됨으로 인해 체면을 잃는 것이 두려워 인터뷰에 응하지 않는 경우이다. 셋째는 에티켓 (*etiquette*) 이다. 인터뷰의 내용이 인터뷰어나 인터뷰 상황과 맞지 않을 것이라는 판단으로 인터뷰에 응하지 않는 경우이다. 가령 어떤 조직에 속한 사람이 그 조직의 내부문제와 관련된 외부언론의 인터뷰 요청을 받을 경우, 비록 정보는 갖고 있지만 자신의 처지를 고려해 인터뷰를 거절하는 경우가 여기에 속한다. 자신의 인터뷰 내용이 다른 사람을 당혹스럽게 하거나 위협하는 것을 피하려는 메커니즘이다. 넷째로 지극히 상한 감정 (*trauma*) 역시 커뮤니케이션을 방해한다. 갓 이혼한 커플, 사랑하는 가족을 잃은 피해자와의 커뮤니케이션이 어려운 이유이다. 위의 4가지 경우는 정보를 공유할 의향 자체가 없는 경우 (*unwilling to communicate*) 에 속한다.

방해하는 요인의 두 번째 경우는 정보를 공유할 의향은 있지만 막상 가지고 있는 정보가 없는 경우이다. 이 역시 4가지로 나뉜다. 첫째는 정보를 한때 알고 있었지만 현재 기억하지 못하는 것 (*forgetting*) 이다. 둘째는 정보를 기억은 하고 있지만 순차적으로 기억해내지 못하고 혼동하는 것 (*chronological confusion*) 이다. 셋째는 잘못된 유추로 인해서 부정확한 정보를 내놓는 것(*inferential confusion*)이다. 예를 들면 과거의 어떤 사실을 기억하더라도, 그 기억을 해석하고 설명하며 일반화하는 과정에서 오류를 범하는 것이다. 마지막으로 무의식적인 행위(*unconscious behavior*)일 경우에는 대답하기가 힘들다. 가령 "그 사람이 왜 싫어졌습니까?"라거나 "왜 그들과 어울렸습니까?"라는 질문은 무의식적인 행동에 기초하고 있으므로 대답이 없거나, "하다 보니 그렇게 되었다"거나 "그냥 좋아하게 되었다", "나도 모르는 사이에 그렇게 되었다"는 식의 애매하고 맥없는 답변을 이끌어내게 된다. 따라서 의도했던 정보의 교환은 이루어지지 않는다. 이 4가지 요인은 정보를 공유할 의향과 관계없이 커뮤니케이션을 할 수 없는 경우(*unable to communicate*)로 꼽힌다.

반면, 커뮤니케이션을 도와주는 요인도 있다. 상대방의 기대에 부응하려는 욕구(*fulfilling expectations*), 남에게 나를 알리고 싶은 욕구(*recognition*), 남에게 도움을 주고 싶은 욕구(*altruistic appeals*), 남을 동정하는 마음(*sympathetic understanding*), 새로운 경험에 대한 욕구(*new experience*), 이야기를 함으로써 응어리진 가슴을 풀고 싶은 욕구(*catharsis*), 의미를 찾으려는 욕구(*the need for meaning*), 외형적 보상(*extrinsic rewards*) 등이 이에 속한다.

위의 요인들에서 주목할 만한 것은 '욕구'가 커뮤니케이션을 가져온다는 가정이다. 페스팅거(Festinger) 등을 필두로 하는 일관성이론(*consistency theory*) 학자들은 인간들이 인지적 부조화 상태에 빠질 때, 부조화를 해소하기 위해서 커뮤니케이션을 추구한다는 가설을 제시하면서 이를 각종 설득이론의 틀로 삼는다. 섭외 역시 커뮤니케이션을 통한 설득 과정이라는 사실을 상기할 때, 그 과정에서 상대방의 욕구가 중요한 변수로 작용한다는 것은 주목할 만하다. 다시 말해, 인터뷰 대상이 갖고 있는 욕구의 속성을 정확히 파악해 이를 섭외의 재료로 삼는다면 상대방의 인지과정에서 커뮤니케이션 동기를 자극할 수 있고, 그 결과 섭외에 성공할 공산이 크다는 이론인 것이다. 결론적으로 커뮤니케이션 방해요소를 얼마나 최소화하면서 커뮤니케이션 조력자들을 최대화하느냐에 섭외의 성패가 달려있다. 이를 그림으로 나타내면 〈그림 8-1〉과 같다.

〈그림 8-1〉 의사소통의 방해요소와 도우미에 따른 정보의 흐름

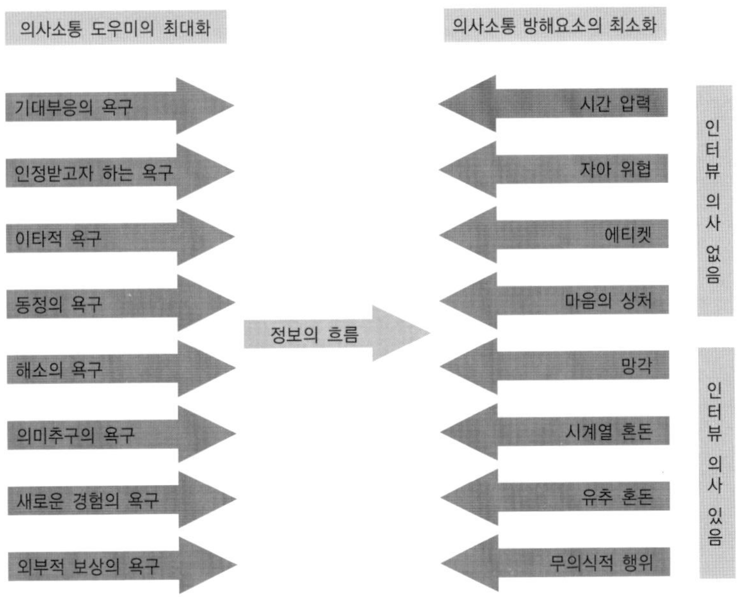

출처: Gordon, *Interviewing: Strategy, Techniques, and Tactics*, p.135.

위의 요인들에 근거해 사람들이 인터뷰에 응하거나 응하지 않는 경우를 좀더 구체적으로 나열하였다.

• 인터뷰에 응하는 경우

① 자신이나 자신이 속한 조직, 그 조직이 생산해내는 상품이나 서비스를 홍보할 수 있는 기회라고 판단했을 때

② 홍보담당자나 대변인처럼 직업상 나서는 것이 필요할 때

③ 그릇된 정보를 바로 잡거나 의혹을 씻기 위해

④ 기사의 내용이 지나치게 부정적이거나 해를 끼칠 수 있어서 균형을 찾아주기 위해

⑤ 누군가에게 자신의 이야기를 해야만 풀릴 것 같은 욕구를 느낄 때

• 인터뷰를 거절하는 경우

① 자신의 경험이 부끄럽고, 개인적이며, 따라서 공개할 만한 일이 아니라고 판단할 때

② 자신의 견해를 제대로 전달하지 못할 것이라고 스스로를 불신할 때

③ 인터뷰 편집 과정에서 본래 의미가 왜곡될 것이라고 생각할 때

④ 동료나 가족, 보스 등 주변 사람이 보고 평가할 것이 두려워서

⑤ 감정이 격양되어 있거나 정리가 안 되어 인터뷰에 응할 준비가 되어 있지 않아서

⑥ 인터뷰와 관련된 사람들을 보호하기 위해서

노련한 인터뷰어라면 인터뷰 성사에 도움이 되거나 방해되는 요인들을 본능적이고 직감적으로 감지하고 재빨리 대처할 것이다. 앞서 밝혔듯, 인터뷰는 거듭되는 경험과 함께 실력과 요령이 쌓이는 실용적 기술이기 때문이다. 인터뷰라는 장르가 아직 생소한 기자라면 위에 열거한

요인에 따라 분석해 보는 것도 유용한 연습이 될 것이다. 시간에 쫓기는 상대에게는 시간이 덜 드는 인터뷰라는 점을 강조해야 만날 수 있을 것이고, 정보 공개로 인한 불이익을 두려워하는 대상이라면 불이익이 없을 것을 강조하는 편이 더 효과적일 것이다. 또한 기자가 얻고자 하는 정보를 가진 사람인지 파악하는 것도 중요하다. 정보를 갖고 있지만 제대로 기억하고 있는 사람인지도 의심해 볼 필요가 있다.

기자들이 인터뷰를 하는 목적은 다양하다.

첫째, 기자는 사실을 취재하기 위해서 인터뷰를 한다. 정확하고 믿을 만한 사실을 얻기 위해서 기자는 전문가나 권위자, 혹은 사정에 밝은 사람으로부터 이야기를 듣고 싶어 한다. 누구에게나 질문을 던질 수는 있지만, 정확한 정보를 줄 수 있는 사람은 지극히 한정적이다.

둘째, 기자 자신이 취재하고 있는 이야기를 뒷받침해 줄 인용구를 따기 위해 인터뷰를 하기도 한다. 기자는 이야기의 취지를 충분히 설명하고, 초점에 어긋나지 않게 질문을 던져야 한다.

셋째, 각종 사례를 모으기 위해 인터뷰를 한다. 취재원으로부터 실제 사례를 모으기 위한 것인 만큼 취재원의 협조가 필수적이다.

넷째, 어떤 상황에 대한 이해를 위해 인터뷰를 하기도 한다. 전체적 배경을 이해하는 인물이 적합한 대상이 될 것이다.

다섯째, 이미 아는 사실을 확인하기 위해 인터뷰를 한다. 더욱이 기자가 알고 있는 것이 과거의 상황이라면, 현재 바뀐 부분이 없는지 기존의 지식을 확인할 필요가 있다.

여섯째, 기자가 현장에 있다는 사실을 알리기 위해 인터뷰를 한다. 기사에 현장성을 불어넣기 위해, 또 현장을 목격한 기자의 증인으로 내세우기 위해 같은 현장에 있는 사람을 인터뷰한다.

위의 6가지 목적 중, 어떤 목적으로 인터뷰를 하려는지 분명히 정리한 이후 그에 걸맞은 인터뷰 대상자를 물색해야 한다.

인터뷰어를 고르는 기준은,

첫째, 만날 수 있어야 한다. 기사에 절대적으로 필요한 경우에는 전화 인터뷰나 이메일 등 서면 인터뷰로 대체한다.

둘째, 믿을 만해야 한다. 거짓말을 하는 사람이 아닌지, 거짓 정보를 흘린 전력이 없는 사람인지 알아본다. 그 사람이 인터뷰에 응하는 동기를 파악해 보면 알 수 있다.

셋째, 대변인의 경우, 대표성이 있어야 한다. 어떤 단체의 전체의견을 전할 수 있는 사람인지 알아본다.

넷째, 인용이 가능해야 한다. 해당 분야의 지식과 함께 어휘사용이 정확하고 정돈되어 있는 사람이 좋은 인터뷰이이다.

인터뷰 목적과 그에 따른 대상을 정한 후 본격적인 섭외에 들어간다. 인터뷰가 일방적 정보 이동이라는 점을 감안할 때, 인터뷰를 성사시키기 위해서는 그 인터뷰로 인해 응답자가 어떤 보상을 받을 수 있는지 미리 계산해서, 설득하는 자세가 필요하다.

인터뷰를 성사시키기 위한 구체적 방법을 정리하면 다음과 같다.

① 상대방이 이야기하고 싶어 하는 주제에 초점을 맞추어 인터뷰를 요청한다.
② 중간 연락책을 이용한다.
③ 인터뷰의 정당성을 역설한다.
④ 상대방의 정의감을 부추긴다.
⑤ 대중의 관심을 부각시킨다.
⑥ 상대방의 의견에 귀를 기울인다.

⑦ 상대방의 중요한 위치를 인식시킨다.
⑧ 공공이익에 도움이 된다는 사실을 주지시킨다.
⑨ 같은 사안에 협조한 다른 인터뷰이의 이름을 알려준다.
⑩ 시간을 상대방에 맞춘다(인터뷰 시간과 소요 시간 등).
⑪ 계속 이야기를 하여 친근감을 갖게 한다.
⑫ 상대방의 입장을 고려한다.
⑬ 이미 알고 있는 지식을 공유한다.
⑭ 눈앞에 어른거린다.
⑮ 거절당한 후에는 필요 이상으로 괴롭히지 않는다.

3. 성공한 인터뷰 섭외의 사례들

1) 집요하게 정성을 쏟는다

날카로운 질문과 깔끔한 문체의 인터뷰 기사로 잘 알려진 〈조선일보〉 최보식 기자는 그간의 인터뷰 기사를 묶은 《우리시대 사람산책》 서문에서 그가 적잖게 들인 섭외의 노력을 적고 있다. 최 기자는 산골 소녀 영자의 소재를 어렵게 알아내 그가 있다는 절 입구에서 머물다 돌아온 보름 후 가까스로 인터뷰를 성사시켰고, 서의현 전 조계종 총무원장과는 2년여의 추적 끝에 그가 기거하는 움막에 직접 찾아가 메모를 전하는 정성을 쏟아 인터뷰에 성공했다. 인터뷰에 까다롭기로 유명한 웅진그룹의 윤석금 회장에게는 당당하게 요청했기 때문에 인터뷰를 할 수 있었지만, 노동운동가 전태일의 여동생 전순옥 씨와 만나기 위해서는 네 달 동안 40여 통의 전화를 걸어야 했다. 최원석 전 동아건설 회장을 인터뷰 자리로 끌어내는 데에는 1년의 세월이 필요했고, 정주영 전 명예회장과의 인터뷰를 위해 일주일 내내 새벽마다 그룹 명예회장실을 찾아가고 자택을 찾아간 적도 있으나 문전에서 퇴짜를 맞았다고 최 기자는 쓰고 있다. 결국 이루어진 정 명예회장과의 인터뷰는 명예회장 생전의 마지막 인터뷰로 기록되었다.

집요함은 변화를 가져온다. 기자는 만나고 싶은 사람과의 인터뷰를 위해 참을성 있게 꾸준히 문을 두드려야 한다.

2) 상대방의 부담을 덜어준다

인터뷰 요청을 받으면 누구나 어느 정도 마음의 부담을 느낀다. 특별히 자신을 홍보하려 안간힘을 쓰는 사람이 아니면 기자를 만난다는 것은 일단 부담스러운 일이다. 중요한 위치에 있는 사람은 자신의 위치에서 할 수 있는 말과 해서는 안 될 말을 추려야 하기 때문에 부담스럽고, 바쁜 사람은 시간이 없기 때문에 부담스럽다. 기자는 이런 상대방의 마음을 헤아려 부담을 덜어주려 노력해야 한다.

최보식 기자는 끝내 정 명예회장과의 인터뷰를 성사시켰는데, 정식 인터뷰에 부담을 느끼는 비서진을 "명예회장이 애착을 갖고 있는 서산농장을 화보와 함께 소개하려 한다"는 말로 설득해 인터뷰 승낙을 받아냈다. 인터뷰는 갤로퍼 승합차를 타고 서산농장을 한 바퀴 도는(140km) 동안 이뤄졌고, 차 안에는 비서실이나 홍보실 직원이 타지 않았기에 간섭 없이 질문을 할 수 있었다고 최 기자는 말한다.

미국 미주리 주의 〈멕시코 레저〉(*Mexico Ledger*) 기자 로버트 화이트(Robert White)가 당시 드와이트 아이젠하워(Dwight Eisenhower) 장군과의 인터뷰를 성사시킨 일화도 비슷하다. 북대서양조약기구 관련 일로 캔자스 주에서 유럽으로 떠나는 아이젠하워 장군은 화이트 기자에게 인터뷰를 하지 않을 뜻을 분명히 했다. 그러자 화이트 기자는 "잘 알겠습니다, 장군님. 하지만 한 가지만 여쭤봐도 될까요? 요즘 미국의 젊은이들을 위해 조언 한 말씀 부탁합니다"라고 말했다. 이 한마디 질문이 아이젠하워 장군의 가슴을 찔렀다. 아이젠하워 장군은 말을 참지 못하고 젊은이들을 향한 사명감 넘치는 메시지를 쏟아놓았고, 그 내용은 고스란히 인터뷰가 되었다. 이 인터뷰가 유럽으로 떠나는 여행에서 아이젠하워 장군이 언론과 가진 유일한 인터뷰였음은 말할 것도 없다.

바쁜 스케줄에 쫓기는 사람을 인터뷰하고자 할 때는 시간문제를 처음부터 분명히 해 상대방의 부담을 줄이는 것이 성공의 관건이다. 한 시간은 족히 걸릴 인터뷰라고 하더라도, 바쁜 상대방을 위해 핵심적 질문을 우선순위로 배열해 놓고 10분이라도 시간을 내어 줄 것을 요청하는 것이다. 인터뷰에서 가장 중요한 것은 일단 만나는 것이다. 이야기가 잘 진행되면 인터뷰 시간이 길어질 수도 있고, 다음 만남의 기회를 기약할 수도 있기 때문이다.

3) 상대방에게 부담을 준다

그런가하면 적절하게 부담을 주는 것도 방법이 될 수 있다. 미국의 프리랜서 인터뷰어인 모르트 와이징거(Mort Weisinger)는 점심시간에 공중전화를 이용하면 인터뷰를 성사시킬 가능성이 높다고 말한다. 유명한 사람이나 성공한 사람들은 주로 점심시간에도 바빠서 자기 사무실에서 일을 하는 경우가 많으며, 비서들은 점심을 먹으러 자리를 비우기 때문에 이 시간에 전화하면 직접 통화하게 될 가능성이 크다. 공중전화를 이용하는 것은 금전적 부담을 덜어주기 위한 전략의 하나다. 미국의 공중전화는 일단 통화가 되면 통화거리에 따라 '3달러 25센트 더 내십시오' 등의 녹음 목소리가 나오는데, 이때 준비한 동전을 계속 집어넣는다는 것이다. 그러면 상대방은 기자가 나를 위해 이만큼 투자하고 있구나 하는 느낌을 받게 되고, 그에 상응하는 뭔가를 해주어야 할 것 같은 의무감을 느낀다고 한다. 와이징거는 이 방법으로 로버트 케네디(Robert Kennedy) 상원의원과의 인터뷰도 성사시켰는데, 케네디 의원은 인터뷰 도중 돈을 더 내라는 교환원의 목소리가 나오자 자신의 전화요금으로 포함시키라고 하는 신사도를 발휘했다고 한다. 물론 점심시간 공중전화를 이용한 이런 방법은 미국적 특수성에서 고안된 방법이라 한국적 상황에 적용하기에는 무리가 따를지 모른다. 그러나 인터뷰를 위해 투자하고, 투자한 사실을 상대방에게 직·간접으로 알림으로써 상대방에게 부담을 주는 방법은 이외에도 많을 것이다.

4) 상대방의 주의를 끈다

결국 문제의 핵심은 상대방을 감복시켜 인터뷰 테이블로 나오게 하는 것이다. 그러려면 인터뷰를 요청하는 방식에서부터 색다른 정성을 들일 필요가 있다. 전화로 요청하는 것이 어렵다면 정식으로 편지를 써 보내는 것도 방법이다. 예의바르고, 프로페셔널하게, 메모 용지나 쪽지가 아닌 정식 편지지에 깔끔하게 인쇄된 편지는 간혹 사람의 마음을 움직인다. 〈라이터즈 다이제스트〉(*Writer's Digest*)의 편집장인 존 브레이디(John Brady)는 《인터뷰의 기술》(*The Craft of Interviewing*)이라는 자신의 책에 인터뷰 요청 편지의 실례를 아래와 같이 밝혔다.

> 저는 선생님의 작품에 대해 평소 경의를 표해온 사람으로, 〈라이터즈 다이제스트〉의 편집장이기도 합니다. 우리 잡지의 편집자들은 모두 다음 달 발간될 이슈에 선생님의 작품세계를 다룬 기획기사를 싣고자 열망합니다. 인터뷰에 응해주실 시간이 있겠습니까? 제가 그동안 쓴 기사 몇 편을 샘플로 보내드립니다. 매우 바쁘실 줄 알지만 샘플기사에서도 보시다시피 주로 문답형식으로 인터뷰를 진행하고 90분 정도 대화내용을 녹음기에 담는 것으로 모든 과정이 끝납니다. 인터뷰 전체에 드는 시간은 2시간이 넘지 않을 것입니다. 인터뷰에 관심이 있으시다면, 선생님께서 편하신 시간에 찾아뵙도록 하겠습니다. 모쪼록 시간을 내어주시기 바라며, 연락 기다리겠습니다.

우리나라 상황에 직접 적용하기에는 무리가 있을지 모르나, 외국의 기자들 중에는 전보를 이용해서 상대방의 주의를 끌거나, 신문에 광고를 내는 방법을 사용하기도 한다. 〈시카고 트리뷴 매거진〉(*Chicago Tribune magazine*)의 할 히그돈(Hal Higdon) 기자는 마틴 루터 킹 목사의 죽음과 관련해 제시 잭슨과 인터뷰하려 했으나, 비서와 보좌관 등 사람의 장벽에 막혀 그에게 연락할 길이 막막하자 잭슨의 집으로 직접 전보를 띄웠다. 몇 시간 만에 인터뷰는 이루어졌다. 공식적 통로로 인터뷰 요청을 했다가 번번이 실패한 지 한 달 만의 일이었다. 《로버트 케네디 전기》(*American Journey: The Times of Robert Kennedy*)를 집필한 진 스타인(Jean Stein)과 조지 플림튼(George Plimpton)은 광고를 이용해 인터뷰이를 '모집'하기도 했다. 그들은 뉴욕에서 워싱턴으로 이어진 로버트 케네디의 장례행렬을 목격한 사람들의 증언을 듣기 위해 지역신문에 광고를 냈다. 수많은 사람이 응답을 해왔고, 그들의 생생한 증언을 바탕으로 책이 완성되었다.

5) 비서나 측근을 이용하라

베테랑 인터뷰어인 알렉스 헤일리(Alex Haley)는 존 베른즈(John Behrens)가 편집한 《잡지기자 핸드북》에서 다음과 같이 밝힌다.

> 만약 인터뷰하고자 하는 사람이 비서가 있다면, 그리고 그 비서가 특히 나이가 많고 경험이 오랜 비서라면, 나는 예외 없이 그 비서에게 먼저 접근할 것이다. 아주 부드럽게, 때로는 저녁식사를 대접하기도 하고, 선물 공세도 펴면서 말이다. 보스의 스케줄, 버릇, 기분 등을 비서만큼 잘 아는 사람은 없다. 친하게 지내고 싶은 사람으로 부인이나 비서 중 한 사람을 택하라면, 나는 단연 비서를 택할 것이다.

직접 인터뷰 요청을 하기 어려운 상대라면 사전취재를 통해 주변인물 중 평소 관계가 있거나 호의적일 가능성이 있는 사람(가령, 같은 학교 동문 등)이 있는지 알아보고, 그를 통해 요청하는 것이 효과적이다. 특히 우리나라처럼 안면과 인맥이 중시되는 사회에서는 주변인물을 통한 취재 요청이 성공할 가능성이 높다.

6) 홍보실에 의존하지 말라

홍보실은 때로는 가장 빠르고 단단한 가교 역할을 하지만, 때로는 접근을 막는 차단벽이 되기도 한다. 비즈니스 기획기사를 주로 담당하는 밀드레드 타이슨(Mildred Tyson) 기자는 홍보실을 통하지 않고 직접 사주에게 편지를 띄워 인터뷰를 성사시켰다. 그는 그동안 자신이 쓴 샘플기사와 함께 '당신의 사업에 관한 기획기사를 싣고 싶으며, 필요한 것은 1시간 30분에서 2시간가량이 전부이며, 어떠한 광고 청탁과도 무관하다. 관심 있으면 연락 바란다'는 취지의 편지를 띄워 대부분의 경우 성공했다고 밝힌다.

7) 상대의 관심화제를 발굴하라

대화를 시작하는 데 공동의 화제만큼 좋은 것은 없다. 헌터 톰슨(Hunter Thompson) 기자는 미식축구에 대한 지식 때문에 닉슨 대통령 후보와 단독 인터뷰를 가질 수 있었다. 1968년 뉴햄프셔 주에서 예비선거가 있은 후, 닉슨 후보는 공항까지 가는 90분 동안 머리도 식힐 겸 미식축구에 대한 지식이 풍부한 기자와 이야기를 나누고 싶어했다. 그 방면에 전문가로 통하던 톰슨 기자가 자연히 초대되었고, '베트남이나 학원소요 같은 주제에 대한 언급을 피하고 오로지 축구 이야기만 할 것'을 전제로 만남이 이루어졌다.

최보식 기자는 고(故) 정주영 현대 명예회장을 인터뷰하려 했으나 번번이 비서진에 의해 거절당하자, 명예회장이 가장 애착을 갖고 있는 서산농장에 착안했다. 그는 명예회장께서 가끔 내려가 쉬는 서산농장을 화보와 함께 한 번 소개했으면 한다는 말로 비서진을 설득했다. 비서실에서는 이 제의를 명예회장께 보고할 것인지 말 것인지 고민 끝에 결국 보고했고, 정 명예회장은 단번에 "내일 당장 헬기타고 출발하자"며 응낙했다고 최 기자는 전한다.

4. 인터뷰의 조건

인터뷰 대상 중에는 인터뷰에 앞서 조건을 내세우는 경우가 종종 있다. 특정 분야의 질문은 회피한다든지, 신문이나 잡지에 실리기 전 원고상태에서 검열을 희망한다든지, 인용부호 속의 말을 직접 체크한다든지 등의 조건을 거는 경우, 어느 선까지 받아들이고 타협해야 할까? 이 질문에 대한 저널리즘 실무서들의 답변은 대체로 탄력적이다. 우선 타협할 만한 가치가 있는 중대한 뉴스이며 인물인가를 먼저 저울질하라는 것이다.

1972년 닉슨(Nixon) 대통령은 〈워싱턴 스타〉(*The Washington Star*)지와 독점 인터뷰를 하면서 기상천외의 조건을 내세웠다. '질문은 기사화하지 말고 답변만 기사화할 것'이 그 조건이었다. 다시 말하면 어떤 질문을 받아도 닉슨은 그 질문을 무시하고 자기가 하고 싶은 말만 할 수 있다는 결론이다. 〈워싱턴 스타〉는 대통령이라는 지위를 감안, 닉슨의 조건을 받아들여 불평등 협약 속에 인터뷰를 진행했고, 〈워싱턴 스타〉의 기자는 순한 양처럼 닉슨의 말을 받아 적을 수밖에 없었다. 〈플레이보이〉지의 발행인인 휴 헤프너(Hugh Hefner)는 기자와 인터뷰하기 전 향후 생길지도 모르는 갖가지 법적 문제를 염두에 두고 복잡한 규칙과 조건을 명시한 계약서에 먼저 서명하게 한다. 〈플레이보이〉지도 까다롭고 직업적인 조건에 따라 인터뷰한다는 것이 대외적 명분이지만, 실상 헤프너 자신을 기자들이 웃음거리로 만들지 못하게 하기 위한 예방조치의 하나인 것이다. 기자들이 얼마나 순식간에 한 사람을 바보로도, 영웅으로도 만들 수 있는지 헤프너는 잘 알았기 때문이다.

인터뷰 기사 원고를 인쇄되기 전에 보고 싶어 하는 취재원도 있다.

인쇄 전에 보여주는 것은 다름 아닌 사전검열이고, 자유언론 사회에서 사전검열을 받아야 할 기자는 아무도 없다. 다만 인용부호 속 말의 경우, 특히 민감한 사안에 대한 정확한 단어나 어법의 사용, 표현의 수위 등과 관련해 취재원이 정확히 인용되었는지 확인하기를 요구하면, 인쇄 전이라도 확인시켜주는 정도의 배려는 필요하다. 엄밀히 말하면 직접인용구 안의 말은 기자의 말이 아니라 취재원의 것이므로, 취재원의 의사를 최대한 존중한다는 자세를 가져야 한다.

5. 인터뷰의 보상

인터뷰란 커다란 의미에서 한쪽의 지식이 다른 쪽으로 옮아오는 커뮤니케이션이며, 다시 말해 일방적 정보 이동이라고 할 수 있다. 정보의 이동에는 보상이 따라야 한다. 외국 언론의 경우 인터뷰 대상자에게 금전적 보상을 하는 것을 원칙으로 삼고 있으며, 정보의 질에 따라 가격이 결정된다.

유명인사들 중에는 거액의 인터뷰 보상을 요구하는 경우도 있고, 보통사람 중에서도 특정사건과 관련된 정보를 갖고 있다는 이유로 언론사에 거액을 요구하는 경우가 있다. 때로는 언론사들이 뉴스나 인터뷰 등을 독점하기 위해 취재 대상자에게 돈을 지불하는 경쟁적 관행이 있는데, 이를 체크북 저널리즘(*checkbook journalism*)이라고 한다. 이는 독자의 흥미를 끌 수 있겠으나 일시적으로 뉴스 흐름을 제한하고 취재 과정을 왜곡해 언론의 신뢰를 무너뜨리는 위험한 관행이다. 그러나 인터뷰 자체를 좌절시키기 위한 목적으로 터무니없이 높은 인터뷰 액수를 요구하는 사례도 있다. 윈스턴 처칠(Winston Churchill)은 CBS 방송이 10만 달러를 제의했으나 끝내 인터뷰를 거절했다. 프랭크 시나트라(Frank Sinatra)는 아예 '시간당 25만 달러'라는 높은 가격을 책정해 놓고 언론의 요구를 좌절시키곤 했다. 한 언론이 25만 달러를 수용할 움직임을 보이자, 사진까지 찍으려면 75만 달러를 내라고 해 다시 좌절시켰다고 한다.

한국 언론은 인터뷰 대가로 기념품을 증정하는 경우(특히 외국인과 인터뷰할 경우)가 간혹 있으나 아직은 대부분 무상으로 인터뷰를 한다. 매체에 의한 홍보효과(*publicity*), 권위의 과시(*prestige*), 이야기할 기회의 제공(*opportunity to tell one's story*) 등의 보상이 금전적 보상을 대신하고 있다고 해야 할 것이다.

09 인터뷰하기

검정색, 백색, 회색이 교차하는 옷과 넥타이 차림에 상체를 약간 숙인 면전(面前)의 신격호(辛格浩) 회장은 어색함과 부끄럼이 섞인 표정이었다. 그런 표정과 부닥치니 이쪽이 불안해졌다. 기자는 첫 질문을 어떻게 시작해야 경직된 분위기를 풀 수 있을까 순간적으로 고민했다.

조갑제(이하 조): 오늘 〈요미우리 신문〉을 보니 아주 재미있는 통계가 있었습니다. 한일(韓日) 양국의 여론조사인데 최근 들어서 상대국에 대한 호감도가 서로 올라가고 있다는 것입니다. 회장께서는 달을 바꿔가면서 한국과 일본에서 생활하시는데 한국과 일본의 다른 점과 같은 점을 매달 체험하시고 계시는 셈이군요.

신격호(이하 신): 그렇지요. 아무래도 한국과 일본은 생활방식이나 사고방식이 가장 가까운 나라이지요.

신(辛) 회장의 대답은 극히 짧았다. 기자는 너무 거시적인 질문을 했다고 판단하고 구체적으로 들어가 보았다.

조: 회장께서 직접 만들었다는 롯데의 훈(訓)이 아주 인상적이더군요. 정직, 봉사, 정열인데 회장께서 붙였다는 해설이 좋았습니다. 즉, 정직은 바르게 살자는 것으로 이성(理性)의 명령이며 봉사는 의롭게 살자는 것으로 의지(意志)의 표현이고 정열은 즐겁게 살자는 것으로 감정의 실천이라고 말씀하셨더군요.

신: 뭐, 그 말은 좋은 제품을 열심히 만들자는 뜻에서 발전시킨 거지요. 그 말 가운데서 가장 중요한 것은 정직이지요.

신 회장은 자신에 대한 칭찬에 계면쩍어하는 표정이 역력했다. 그런 것은 대수롭지 않다는 듯이 자신과 관련된 일임에도 적극적으로 설명하지 않았다.

조: 신 회장께선 학창시절에 문학도가 되고 싶은 꿈을 갖고 있었다는데 사업을 하시면서도 문학성을 잘 살린 경우가 아닌가 생각됩니다. 오늘의 롯데그룹과 신 회장의 성공에 있어서 가장 중요한 결정은 회사의 이름을 롯데라고 지은 것이라고 하셨습니다. 이 롯데란 이름은 신 회장께서 학창시절에 읽으신 괴테의 《젊은 베르테르의 슬픔》에 주인공으로 등장한 샤롯데에서 따온 이름이고, 그것의 감수성을 제품과 기업에 잘 이용한 경우입니다. 롯데껌을 광고하실 때 직접 '입 속의 연인'이라고 문안을 쓰셨다는데….

신: 나는 사실 사업을 할 생각이 꿈에도 없었습니다. 사업이란 것은 위대한 인물이나 특별한 사람들이 하는 것으로 생각하고 있었어요. 그런데 태평양전쟁 때 그런 일이 계기가 되어 사업을 하게 된 겁니다. 그전에 물론 일본에 유학을 와서 우유배달, 신문배달, 잡역(雜役) 일도 했지만.

'그런 일'이란 1944년에 있었다. 도쿄 고학(苦學) 시절에 하나미쓰란 60대 일본인이 이런 제의를 했던 것이다. "군수용 커팅오일이 품귀(品貴) 상태다. 자네가 공장을 차려 제조한다면 내가 출자하겠다. 수요처는 내가 주선해 주지." 그 노인은 한때 자신의 아르바이트생이었던 신격호를 잘 봐두었다가 이런 제안을 했고 이것이 계기가 되어 신격호는 문학도가 아닌 사업가의 길을 걷게 된다.

기자가 자신을 내세울 만한 무대를 깔아놓아도 신격호 회장은 좀처럼 말려들지 않았다. 자신에 대한 일을 자랑하는 것은 사람의 도리가 아니라고 생각하는 것 같았다.

신: 기업인이 너무 자기선전을 많이 하면 곤란할 때가 있습니다. 회사가 잘될 때는 괜찮은데 잘못되면 인간적으로 어렵게 되고 회사로서도 부담이 되지요.

— 조갑제, "〈월간조선〉 편집장과 롯데 신격호 회장의 인터뷰, 한일에 걸친 롯데왕국의 제왕 신격호 최초의 본격 인터뷰 4시간", 〈월간조선〉 2001년 1월호 중 발췌.

인터뷰라는 게임에 참여하겠다는 상대방의 의사를 확인한 후에도 여전히 과제는 남는다. 과연 어떻게 인터뷰를 해야 할 것인가, 어디서부터 시작할 것인가, 언제 어디서 만나 무슨 질문을 어떻게 던져야 할 것인가 하는 과제들이다. 아무리 노련한 인터뷰어라도 만남의 첫 대화들은 조심스럽게 풀어가기 위해 긴장한다. 허심탄회한 대화가 오가려면 상대방도 긴장을 풀고 이야기를 본궤도에 진입시켜야 하고, 그때까지 인터뷰어는 탐색을 계속해야 한다.

인터뷰의 모든 과정을 통해 중요하지 않은 단계가 없지만, 상대방과 얼굴을 맞대고 이야기를 주고받는 과정이야말로, 인터뷰의 알맹이를 이루는 가장 실질적인 부분이다. 힘든 섭외와 사전준비를 포함하는 모든 준비는 만나는 순간을 위해 짜여왔고, 인터뷰의 산물인 기사는 그 만남의 시간을 토대로 작성된다. 만남의 효과를 극대화해야 할 필요는 바로 거기에 있다.

일단 섭외에 성공한 후 인터뷰의 성패는 철저한 준비, 체계적인 정리, 마음의 침착, 호기심, 그리고 순발력에 따라 좌우된다. 인터뷰 만남에서 또 다른 골간을 이루는 비언어 전략과 질문짜기 등은 다음 장에서 언급하기로 하고, 여기서는 전체적인 인터뷰 과정에 적용되는 조언들을 제안해 보도록 한다.

1. 사전준비의 필요성

위의 인터뷰에서 과묵한 신격호 회장을 대화의 장으로 이끄는 조갑제 편집장의 무기는 신 회장과 그의 주변에 대한 풍부한 지식과 나름대로의 통찰이다. 풍부한 지식은 철저한 사전준비가 없으면 절대로 얻을 수 없다. 앞장에서도 강조했듯이, 인터뷰의 으뜸가는 전략은 철저한 사전준비이다.

존 브레이디(John Brady)가 전하는 몇 가지 일화가 있다. 배우 비비안 리(Vivien Leigh)가 영화 〈바람과 함께 사라지다〉의 재개봉에 즈음해 애틀랜타에 왔을 때의 일이다. 어떤 신참기자가 비비안 리에게 "그런데 어떤 역을 맡으셨죠?"라고 물었다. 인터뷰는 거기서 끝났다. 작가

버나드 드 보토(Bernard De Voto)가 코네티컷에 왔을 때의 일이다. 지역신문의 기자 한 명이 그를 만나 "선생님을 인터뷰할 수 있겠습니까?"라고 물었고, 드 보토는 쾌히 응낙했다. 그런데 기자가 "선생님, 죄송하지만 조금 시간을 주실 수 있겠습니까? 관련 자료를 볼 시간이 아직 없었습니다"라고 하자 드 보토는 "이보게 젊은이, 자네가 도서관에서 간단한 인명사전조차 찾아볼 시간이 없었다면, 나도 자네에게 시간을 내어줄 수 없네"라고 하며 인터뷰를 거절했다.

1분의 인터뷰를 위해 적어도 10분은 준비해야 한다. 어떤 노련한 기자는 질문의 60%의 답을 미리 알기 이전에는 인터뷰를 하지 말라고 조언하기도 한다. 그만큼 사전준비가 중요하다는 뜻이다. 인터뷰에서는 과잉준비가 준비부족보다 훨씬 낫다. AP의 유진 리온즈(Eugene Lyons)는 천신만고 끝에 조셉 스탈린(Joseph Stalin)과 만날 수 있었다. 그에게 주어진 인터뷰 시간은 단 2분이었다. 인터뷰가 끝날 무렵, 리온즈 기자는 스탈린이 별로 바쁘지 않다는 것을 깨달았고, 준비된 질문이 있었다면 더 할 수도 있는 상황이라는 것을 알았지만, 이미 때는 늦었다. 2분밖에 주어지지 않을 줄 알고 질문도 그만큼만 준비해갔기 때문이다. 페르시아 왕과 인터뷰했을 때도 마찬가지였다. 리온즈 기자에게 왕실에서는 5개의 준비된 질문 이외에는 하지 못하도록 조건이 내려왔고, 몇 분이면 끝날 일이었다. 그러나 왕은 기자와의 인터뷰를 즐기기 시작해 "뭐 더 물어볼 것은 없습니까?"라고 자세를 바꾸었다. 리온즈 기자는 이 황금 같은 기회를 놓칠 수밖에 없었다. 준비해 간 질문이 없었기 때문이다.

준비의 목적은 '깨인 질문자'(*informed questioner*)가 되기 위한 것이다. 인터뷰에 응하는 사람은 자신에 대해 속속들이 잘 알고 있는 인터뷰어에게 호감을 갖게 마련이다. 자신을 알기 위해 들인 시간이 감사하고, 알고자 하는 성의가 고마워서라도 인터뷰 상대는 성실하게 답변에 응하게 되는 것이다. 특히 비슷한 질문을 수없이 반복해서 받아온 유명인사라면 뭔가 독특하고 남이 흔히 하지 않는 질문에 더 귀가 솔깃할 것임이 분명하다. 그런 깊이 있는 질문은 철저한 사전준비를 통해서만 가능하다. 물론 인터뷰 당일 아침신문까지 꼼꼼하게 챙겨야 한다. "신문에 다 났는데요"라거나 "오늘 아침 신문 못 보셨나요"라고 답한다면 맥빠지는 인터뷰가 될 것임이 불 보듯 뻔한 일이다.

사전에 알아야 할 정보는 크게 3가지이다. 첫째는 공적으로 이미 알려진 정보이다. 생년월일, 출신학교, 경력, 가족상황 등 조금만 신경쓰면 알 수 있는 정보들로 인터뷰 시간을 낭비하지 않도록 한다. 둘째는 그동안 각종 미디어 인터뷰에서 이미 오간 질문과 답변을 알아둔다. 답변이 일치하지 않는다면 메모해 두었다가 확인한다. 가장 많이 받은 종류의 질문은 가급적 피하거나 다른 식으로 질문하는 성의를 보인다. 셋째는 주변취재이다. 인터뷰 대상을 객관적으로 평해 줄 지인들을 미리 만나 그의 장점이나 단점, 최근 관심사나 마음의 상태 등을 미리 체크해두면 좋다. 어떤 질문을 하면 좋을지는 이러한 사전준비를 통해 자연히 떠오르게 된다.

2. 멍석을 깔아야

인터뷰가 순조롭게 진행되기 위해서는 우선 서로 마주 보고 편안히 앉을 수 있는 멍석이 있어야 한다. 기자들은 새로운 사람과의 첫 만남을 대개 멍석깔기부터 시작한다. '상호관계 구축'(*establishing rapport*)이라는 말로 주로 설명되는 이 단계에서 기자와 취재원은 서로가 과연 이야기를 나눌 만한 상대인지, 혹은 이야기를 하면 알아들을 만한 상대인지 여부를 탐색한다. 이 탐색에서 실패하지 말아야 하는 쪽은 기자이다. 인터뷰 상대자는 직감적으로 이 인터뷰를 통해 자신이 얻을 것과 잃을 것을 계산하게 되고, 만나는 번거로움에도 불구하고 얻을 것이 있다고 판단될 때 인터뷰에 응하게 된다. 기자는 처음부터 호감을 주고, 진지하게 들을 자세가 되어 있으며, 말귀를 알아들을 만큼 명석하고, 사실을 왜곡하지 않을 만큼 양심적이라는 인상을 주어야 한다. 직업적으로 만나는 사람과의 만남은 서먹서먹하기 마련이다. 이 서먹함을 빠른 시간 안에 극복하고 상대방이 술술 이야기를 하도록 하는 것도 기자가 취재원과 어떤 관계를 구축했느냐에 달린 일이다.

공동의 이야기마당을 탐색하는 일은 여러 각도에서 이루어질 수 있다. 우선은 상대방과의 공통점을 발견하는 일이다. 출신지역이나 출신학교가 같은지, 같은 스포츠를 즐기는지, 공동의 취미가 있는지 등에서 시작하면 쉽게 공감대를 형성할 수 있다. 어떤 기자는 취재원을 만날 때마다 으레 "골프 치십니까?"로 대화를 시작해 골프와 관련된 대화를 나누면서 관계를 구축해 나간다고 한다. 이때 조심해야 할 것은 상대방이 실제로 골프를 치는지 미리 알아보아야 한다는 점이다. 만약 골프를 치지 않는 취재원이라면 기자와의 거리감만 확인하게 될 수도 있다. 또 다른 방법은 취재원이 가장 최근에 관심을 갖고 있는 현안이 무엇인지를 알아내 질문을 던져보는 것이다. 그러기 위해서는 약간의 사전취재가 필요하다. 때에 따라서는 칭찬을 하는 것도 좋은 방법이다. 상대방의 성취에 대해 긍정적 평가를 하면서 시작하면 부드러운 분위기를 조성할 수 있다. 다만 칭찬을 남발하면 오히려 역효과를 가져오므로 조심해야 한다. 정반대의 방법도 있다. 화를 돋우어 기자와 말해야 할 필요를 느끼게 하는 방법이다. 상대방의 주의를 끄는 데는 훌륭한 방법이지만, 이 방법 역시 지나치면 오히려 커뮤니케이션을 방해하므로 좋은 방법이라고 할 수 없다.

비언어적 측면 역시 작용한다. 공동의 생김새나 차림새도 공동의 이야기마당을 이루는 요소 중 하나이기 때문이다. 나이가 지긋한 취재원을 인터뷰하러 가면서 신세대형 차림을 한다든지, 달동네 자원봉사자를 만나러 가면서 지나치게 사치스런 차림을 한다면 말도 꺼내기 전에 부정적 이미지가 형성되어 서로 대화가 어려워질 수 있다. 처음부터 분위기에 걸맞은 용모와 언행을 하면 훨씬 부드럽게 이야기가 진행될 것이다.

사람에 따라서는 멍석이 없어도 말을 잘하는 사람이 있는가 하면, 멍석을 깔아 놓아도 좀처럼 입을 열지 않는 사람도 있다. 언론인 조갑제는 사람을 '말의 인간형'과 '행동의 인간형'으로 나누어, 행동보다 말이 앞서는 사람을 '말의 인간형', 말보다 행동을 추구하는 인간을 '행동의 인간형'으로 분류한 적이 있다. 말할 필요도 없이 '말의 인간형'이 인터뷰 대상자로는 더 손쉽다.

멍석을 까는 가장 큰 목적은 상대방이 맘 편히 대화를 나눌 수 있는 분위기를 조성하기 위해서이다. 상대방이 질문에 성실하게 답을 하는 것은 그 다음 차원의 문제다. 오리건 대학에서 발간하는 저널리즘 실무서에는 인터뷰의 시작 부분에서 기자들은 가급적 말을 자제할 것을 조언한다. 기자의 역할은 '말하는 것'이 아니라 '생각하고 듣는 것'이며, 특히 인터뷰를 막 시작할 때에는 우선 상대방이 부담 없이 이야기를 하도록 기자들은 입을 다무는 편이 좋다고 이 실무서는 전한다.

3. 분위기는 편안하게, 그러나 질문은 날카롭게

질문은 날카롭게 하되, 그 질문이 효력을 발휘하여 좋은 답을 얻기 위해서는 편안한 분위기를 조성하는 것이 중요하다. 셜리 비아지(Shirley Biagi)는 《저널리스트를 위한 인터뷰 가이드》에서 여러 기자들이 전하는 편안함의 중요성을 이렇게 강조하고 있다.

> "내가 모든 걸 알고 있고, 아마 당신은 별 새로운 정보를 줄 것이 없을 것이다"라는 고 자세형, 혹은 "나에게 잘못 말했다가는 큰일 날 줄 알아라"라는 위압적 자세의 인터뷰는 상대방으로부터 아무것도 못 얻어낼 공산이 크다. 좋은 인터뷰어는 심문이 아니라 대화하듯이 인터뷰를 이끌어 나가야 한다. 〈댈러스 모닝뉴스〉(*Dallas Morning News*)의 마릴린 슈워츠(Maryln Schwartz) 기자는 "취재원보다 절대 크게 보이지 말라. 스스로 기자라는 사실을 지나치게 의식하지 말고, 아무리 맘에 안 드는 취재원이라도 모든 것을 술술 털어놓을 수 있도록 편안한 분위기를 조성해 주어야 한다"고 했다.

기자가 취재원보다 커 보이면 안 된다는 것은 바바라 월터스(Barbara Walters)의 소신이기도 하다. 그녀는 약간 구부정한 자세로 앉아 상대방을 응시하며 인터뷰를 진행한다. 이때 스튜디오는 약간 어두워야 인터뷰 상대방이 인터뷰에만 전념할 수 있고, 자신은 약간 낮은 의자에서 굽은 자세로 들어야 상대방이 편안하게 이야기할 수 있다고 말한다.

〈세인트 피터스버그 타임스〉(*St. Peterburg Times*)의 빌 노팅햄(Bill Nottingham) 기자는 "나는 나의 인터뷰 전 과정이 TV를 통해 생중계된다는 생각으로 임한다. 모든 질문, 그에 따른 답변, 세세한 움직임, 얼굴 표정 등이 기록된다고 생각하면서 인터뷰하고, 기사도 그렇게 정확히 작성한다"고 말한다. 〈뉴욕 타임스〉(*New York Times*)의 조엘 브링클리(Joel Brinkley) 기자는 "인터뷰한다는 느낌을 주지 않으면서 인터뷰하려고 노력한다. 받아 적는 행동을 최소화하고, 가장 자연스럽고 편안하게 질문을 던지려고 한다"고 말한다.

편안한 분위기에서 기자는 준비된 질문들을 용의주도하게 던져야 한다. 인터뷰 기사의 질은 기자가 얼마나 까다로운 질문을 던졌는가, 그리고 그 질문에 대한 답변이 어떠했는가에 따라 결정된다고 해도 과언이 아니다. 인터뷰어란 글자 그대로 '묻는 사람'(*questioner*)이고, 다시 말하면 '의심하는 사람'(*skeptic*)이라는 뜻이다. 상대방이 꺼려할 것이 분명한 질문, 민감한 내용을 담은 질문도 독자들의 알 권리와 관계된 질문이라면 기자는 거침없이 던져야 한다. 이름난 인터뷰어들은 대개 다른 기자들이 던지지 못한 질문들을 던짐으로써 명성을 얻었다. 올리아나 팔라치(Oriana Fallaci)는 자신의 성공의 비결도 바로 까다로운 질문을 거침없이 던지는 데 있었다며 이렇게 말한다.

> 대개의 기자들은 기사를 쓸 때만 용감합니다. 막상 인터뷰 상대를 눈앞에 두고는 겁을 내지요. 가령 독재자를 앞에 놓고 이런 질문, 그러니까 "선생께서는 독재자이며, 독재자들은 예외 없이 부패했다는 것을 우리는 압니다. 대체 얼마나 부패해 있습니까?"라고 물을 기자가 몇이나 되겠습니까?

4. "노코멘트" 대응법

때로는 질문에 "노코멘트"로 답하는 취재원이 있다. 답하고 싶지 않다는 취재원의 반응을 그대로 전달하는 것도 메시지로서 가치를 지닌다. 그러나 독자의 입장에서 기자는 멈추지 말고 답을 하도록 설득하는 자세가 필요하다. 설득하는 방법은 첫째, 상대방의 반대 입장에 있는 사람의 진술만이 부각될 것이라고 강조하는 것이다. 자신의 입장이 침묵되는 상황을 용인할 취재할 취재원은 별로 많지 않다. 또 다른 방법은 "노코멘트"라는 답변 자체가 부정적이고 신뢰도가 낮은 인상을 독자들에게 강하게 심어준다는 점을 강조하는 것이다. 독자들 중에는 "노코멘트"를 부정적 사실의 일부를 시인하는 것으로 받아들이는 사람들도 있다며 주의를 환기시키면, 대부분의 취재원들이 다른 답변을 내놓게 된다.

5. 선문답은 사절, 확실하고 구체적인 정보를 구해야

이상적인 인터뷰는 편안한 대화에서 나오는 것이 사실이다. 그러나 한가한 대화는 기사로서의 가치와 긴장감이 떨어진다. 인터뷰 상대방이 추상적 단어나 표현으로 일관할 때, 기자는 계속 구체적 정보를 밝혀내고 추적하면서 진실에 접근하려고 노력해야 한다. 1992년 미국의 부통령이었던 댄 퀘일(Dan Quayle)과 TV 기자인 찰리 로즈(Charlie Rose)의 인터뷰에서 이런 노력을 일부 엿볼 수 있다.

퀘일: 그들도 알고, 우리도 알지요. 문화적 엘리트들이 미국을 얕보고 있어요.

로즈: 누구 말씀이십니까?

퀘일: 로즈 기자, 내가 누구를 지칭하는지 정확히 아시잖아요.

로즈: 누가 미국을 얕보는지 저는 모르겠습니다.

퀘일: 뉴욕 시티에 있든지, 할리우드에 있든지, 그들은 '나는 미국인보다 똑똑하다, 나는 미국인보다 많이 안다, 나는 미국인보다 낫다'라고 생각하는 사람들이 누군지 모른다면, 슬픈 일입니다. 그런 느낌은 저의 중서부적인 배경에 기인한 것일지도 모르겠군요.

로즈: 글쎄요. 저에게도 슬픈 일입니다. 저의 남부 배경 때문일지도 모르겠네요. 그러나 미국 언론이 어떻게 미국인에 대해 경멸하는 자세를 지닐 수 있는지 모르겠습니다. 〈뉴욕 타임스〉를 운영하는 사람이 당신 가족 소유의 신문을 운영하는 사람과 어디가 다르다는 말씀이십니까.

6. 받아 적기와 녹음하기

인터뷰 기사가 나간 후 기자를 가장 당혹스럽게 하는 말은 "내가 언제 그런 말을 했느냐"는 항의다. 미국의 경우도 기자들을 가장 난처하게 하는 말은 "내 말이 잘못 인용되었다"(I've been misquoted) 라는 말이라고 한다. 말을 잘못 인용해 인터뷰에 응한 사람을 순식간에 바보로 만들기란 어려운 일이 아니다. 대통령의 말을 잘못 인용하면 전쟁이 나거나 주식시장이 요동칠 수도 있다. 그만큼 정확한 인용은 중요하다.

정확한 보도는 정확한 말에서 나온다. 녹음기의 사용이 보편화되지 않았던 오래 전의 기자들은 받아 적기가 유일한 수단이었으나, 그나마 인터뷰의 흐름을 끊는다며 거부하는 기자들이 있었다. 기자이자 작가인 트루만 카포테(Truman Capote)는 인터뷰 도중 말을 받아 적으려 할 때마다 상대방이 긴장하는 것을 발견하고는 순전히 기억에 의존하는 훈련을 한 특이한 케이스다. 그는 친구를 불러 일정시간 대화를 나눈 뒤 친구에게 그 대화내용을 녹음하도록 하고 자신은 기억에 의존해 대화내용을 풀어쓰는 훈련을 거듭했고, 97% 정도의 정확도를 자신하게 되자 본격적으로 펜을 던지고 기억에만 의존해 인터뷰를 했다. 〈더 뉴요커〉(*The New Yorker*)지의 기자 다니엘 랭(Daniel Lang)은 인터뷰 내용을 메모하되, 기사를 쓸 때에는 메모를 거의 보지 않고 특별히 중요한 인용구만 메모에 의존하는 식으로 기사를 작성하는 훈련을 하여, 사람의 기억력이란 훈련하기에 따라서 무한한 능력이 있다는 사실을 실증했다. 메모를 적게 하면 그 시간에 대화에 충실하고 집중할 수 있으므로 가급적 메모를 덜 하는 것이 효과적이라는 의견이 있는 것이 사실이다. 뿐만 아니라, 때에 따라서는 메모를 하는 것이 불가능한 경우도 있다. 흔들리는 차 안에서, 손에 짐을 들고 바쁘게 이동하는 와중에 인터뷰를 하게 되면 물리적으로 메모를 할 수 없게 된다. 이럴 때를 대비해서라도 기자들은 기억력 훈련을 평소에 해두는 것이 좋다.

좋은 기억력은 분명 큰 자산이지만, 각종 실험결과는 기억력에만 의존하는 것은 위험하다는 메시지를 전한다. 한 실험에서 인터뷰어가 기억에만 의존했을 경우와 메모를 활용했을 경우를 비교·분석한 결과, 기억에 의존하는 쪽이 훨씬 더 왜곡과 실수의 가능성이 높다는 사실이 드러났다. 인터뷰에서 기자는 상대방이 '무슨 말을 했느냐'에만 주목하면 되는 것이 아니라, 그 말을 '어떻게 했느냐'에도 주목할 필요가 있다. 표현상의 미묘한 차이나 어감을 나타내기 위해서는 그런 '느낌'을 뒷받침할 구체적 언행이 기사에 반드시 포함되어야 한다. 그러기 위해서는 작은 말 하나도 놓치지 않고 메모하는 것이 중요하다.

그렇다면 어떻게 기계도 아닌 사람이 모든 말을 그대로 옮겨 적을 수 있을까? 외국의 저널리즘 실무서들은 속기를 배울 것을 권한다. 영국의 기자들은 전통적으로 속기를 필수처럼 여겨왔다. 미국의 저널리즘이 영국에 못 미치는 이유를 속기에서 찾는 미국인도 있다. 대화 도중 기자가 자신의 말을 받아 적기를 기다리는 동안 인터뷰의 흐름은 잠시 주춤할 것이 분명하다. 자신만의 속기를 개발하는 것도 방법이다. 영어의 경우 모음을 생략하고 자음만 쓰거나, 잘 쓰는 말이나 표현을 자신만 아는 기호로 바꾸어 놓아도 메모하는 속도가 훨씬 빨라진다. 1944년 프랭클린 루스벨트(Franklin Roosevelt) 대통령과의 기자회견을 속기로 받아 적은 메리맨 스미스(Merriman Smith)의 메모는 다음과 같다.

> Tnk be gud tng sy smtg re ILO NA 20 Apl34 cntrsvry impt mth bcs undbtly whn we cme to devise Uns org, ILO will be ink but afled cum new org of Uns.
>
> (I think it would be a good thing so say something today about the meeting of the International Labor Organization in Philadelphia on the twentieth of April. Thirty-four countries will be represented. It will be a very important meeting because when we come to devise the United Nations Organizations, the I. L. O. will be independent, but affiliated with the new organization of the United Nations.)

한편, 메모를 많이 할수록 정확한 메모가 되는 것은 결코 아니라는 실험결과가 있다. 스탠포드 대학의 아벨(Abel) 교수는 두 그룹의 학생을 대상으로 7분 길이의 인터뷰 테이프를 청취한 뒤 40분 동안 그 내용을 바탕으로 기사를 작성하도록 하는 실험을 했다. 한쪽 그룹은 장황하게 메모하는 것을 허용했고, 다른 그룹은 메모를 허용하지 않았다. 실험결과 메모 없이 기사를 작성한 그룹의 학생들이 주요 정보의 26%를 누락시킨 데 비해, 메모를 많이 한 그룹의 학생들은 21%를 누락시켰음이 밝혀졌다. 이 실험결과는 메모가 어느 정도 도움이 되는 것은 사실이지만 주의 깊게 듣는 행위와 병행하지 않으면 그다지 효과가 없으며, 어디까지나 기억재생의 보조장치일 뿐 인터뷰 흐름을 방해할 만한 가치는 없음을 말해준다.

커뮤니케이션 기술의 발달은 인터뷰라고 해서 예외가 아니다. 예전에는 릴테이프를 사용하는 크고 번거로운 녹음기로 인터뷰 내용을 담았다면, 그 뒤를 이어 간편한 카세트 녹음기가 나왔고, 테이프가 필요 없는 소형 디지털 녹음기가 개발되어 인터뷰의 보조도구로 활용되고 있다. 최근에는 스마트폰을 이용하여 소리뿐만 아니라 영상도 손쉽게 저장할 수 있게 되었다. 기자들 중에는 녹음기가 인터뷰의 자연스러운 흐름을 막고, 두세 번 반복 청취하려면 시간이 많이 든다는 이유로 선호하지 않는 사람이 있는 것도 사실이다. 그러나 녹음기의 사용이 대세를 형성하고 있음을 부인할 수는 없다. 기자와 취재원 사이의 공방이 결국은 법정에서 가려지는 요즘 세태에서 증거주의에 입각한 인터뷰의 녹음은 기자로서는 매우 중요한 방어수단일 뿐 아니라, 인터뷰에 응하는 사람에게도 안전장치가 되어주기 때문이다.

녹음에 대해 회의적이었던 많은 초기 기자들은 “그러려면 비서를 사용하지 왜 기자가 필요한가”라고 항변했다고 한다. 말을 있는 그대로 받아 적는 것은 기자가 할 일이 아니라는 판단에서였을 것이다. 자연스럽게 말하던 사람 앞에 녹음기를 갖다놓으면 갑자기 부자연스럽고 작위적이 된다는 이유로 거부하는 사람도 있다. 알렉스 헤일리(Alex Haley)가 그 예다. 말콤 엑스(Malcom X) 전기를 준비하던 알렉스 헤일리는 말콤 엑스와 수많은 인터뷰를 하던 중 어느 날 방송기자와 합류할 일이 있었다. 그때 말콤 엑스는 녹음기를 의식해서 말을 선별하고 생각을 가다듬으며 상당히 신중하게 인터뷰에 응하는 모습을 발견했다. 알렉스 헤일리는 그렇게 자신의 생각을 두세 번 점검하고 이야기를 한다면 솔직한 이야기가 나오기 힘들 것이라고 판단, 녹음기의 사용을 불신하게 되었다.

반면 라디오 인터뷰어이며 작가인 스터즈 터켈(Studs Terkel)은 "나는 녹음한다, 고로 존재한다"고 말한 적이 있다. 자신의 라디오 인터뷰를 풀어 책으로 낸 그는 "녹음을 푸는 일은 금을 캐는 것과 흡사하다. 녹음을 풀어놓고 보면 금가루가, 진실이 보인다. 그저 사람들이 한 말을 받아 적는 것이 아니다"라고 말해 녹음된 인터뷰의 가치를 높이 평가했다. 존 브레이디(John Brady)는 다음과 같이 녹음의 장점을 들고 있다. 첫째, 받아 적는 사람보다 적은 시간에 많은 질문을 할 수 있다. 둘째, 테이프에 저장된 인터뷰는 진실로서의 가치가 높다. 셋째, 기자가 인터뷰 자체에 집중할 수 있다. 넷째, 테이프에 저장된 인터뷰는 편집자나 발행인에게 확신을 준다. 다섯째, 식사 도중 혹은 이동 중의 인터뷰처럼 인터뷰어가 자유롭게 손을 쓸 수 없는 상황에서 더욱 효과적이다. 여섯째, 긴 서류의 내용 등을 담을 때 효과적이다.

인터뷰 내용을 기억하든, 속기로 받아 적든, 녹음기에 담든, 중요한 것은 상대방이 전하고자 하는 메시지를 올바로 이해하고 정확하게 전달하려는 의지이다. 그러한 의지의 보조수단으로 어떤 방법을 사용하는 것이 가장 좋은지에 대한 정답은 없다.

7. 인터뷰를 진행할 때 유의할 점

분위기는 전염된다. 상대방을 편하게 하려면 우선 기자 스스로 마음을 편하게 가져야 한다. 조바심을 갖지 말고 이야기가 나올 때까지 여유 있게 기다리는 자세가 필요하다. 상대방이 이야기를 할 때에는 관심과 집중을 보인다. 심리상담가는 상대방의 감정을 잘 읽는다. 기자 역시 같은 기술이 필요하다. 상대방의 어휘를 존중하면서 그 톤과 속도로 인터뷰를 진행하면 성공 가능성이 높다. 직업상담가들이 구가하는 기술 중에는 상대방의 말에서 질문을 끌어내는 기술이 있다. 즉, 답변의 말꼬리에서 비슷한 질문을 던지는 것으로 가령 "나는 회사가 싫다"고 한다면 "회사에 대해 말해 보라"라고 묻는 방법이 있는데, 기자들의 인터뷰에도 유용하게 쓰일 수 있다. 그만큼 상대방의 이야기를 경청하고, 상대방의 관심의 흐름과 인터뷰 방향을 일치시키려는 의도를 보여줌으로써 호감을 줄 수 있다.

이때 얼굴을 똑바로 보고 시선을 고정시키는 것이 중요하다. 오프라 윈프리(Oprah Winfrey)는 상대방의 말뿐 아니라 눈빛과 움직임 하나하나도 마치 전기청소기처럼 모두 끌어들이는 기술을 지닌 인터뷰어로 평가받는다. 이런 진지한 자세로 인터뷰를 할 때 이야기의 핵심이 흔들리거나, 곁가지로 흐르거나, 진실을 왜곡할 가능성이 상대적으로 줄어든다고 할 수 있다. 인터뷰어의 자세 역시 중요해, 다리를 흔들거나,

이리저리 다리를 꼬거나 하면 성의 없고 산만해 보여 신뢰를 잃는다. 고개를 끄덕이고, 필요하면 간혹 미소를 짓는 것이 좋다.

말의 내용뿐 아니라 상대방의 제스처, 뉘앙스, 얼굴 표정도 관심 있게 살핀다. 상대방의 신체적 특성, 즉 눈 색깔이나 머리 스타일 등에 관심을 갖고, 벽에 붙은 사진, 운동기구 등 인터뷰이를 대변하는 사물에도 관심을 가진다. 생생한 기사를 쓰는 데 필요한 묘사거리로 활용할 수 있다.

침묵도 커뮤니케이션의 한 형태이다. 대화는 2가지 차원에서 이루어지는데, 말로 하는 대화가 있고, 무언의 대화가 있다. 인터뷰어는 스스로 하는 말 이외에도 옷차림, 주변의 소도구, 표정 등으로 쉴 새 없이 메시지를 내보낸다. 훌륭한 인터뷰어라면 말 이외의 비언어(*non-verbal*) 신호들도 함께 읽을 줄 알아야 한다.

또한 쓰면서 듣는다. 받아 적으면서 떠오르는 구절이나 리드, 흥미로운 표현 등을 적어본다. 순간적으로 받은 인상이나 떠오른 생각 등이 기사를 작성할 때 유용하게 사용될 수 있다.

그리고 무엇보다 인터뷰어는 필요한 질문 외에는 입을 다무는 것이 좋다. 간혹 추임새를 넣어 대화를 순조롭게 이끌어가는 것은 좋은 일이나, 결국 기자가 스스로의 말을 인용할 수는 없는 일이다. 상대방의 말에 귀를 기울이고, 같은 맥락에서 아무리 상대방보다 더 많이 알고 있다고 하더라도 절대로 아는 척하지 않도록 스스로 훈련해야 한다. 기자는 강의를 하러 온 사람이 아니라, 질문을 하러 온 사람이다. 그러므로 모르는 것을 부끄러워하지 말고 스스로 무식하다고 생각하는 질문도 스스럼없이 할 줄 알아야 한다. 잘 모르는 것을 인정하고 상대방에게 설명해줄 것을 요청하면 대개의 경우 인터뷰 상대는 사명감을 갖고 신나게 설명을 해줄 것이다.

상대방이 침묵할 때는 생각하고 대답할 시간을 주도록 배려하라. 침묵의 길이는 생각할 필요성이나 대답하기 어려움 등을 나타내는 경우가 많다. 상대가 자유롭게 말하도록 분위기를 조성한 것처럼, 자유롭게 침묵하도록 놓아두는 것이 좋다.

8. 인터뷰 장소

민족지학(*ethnography*) 에서는 원주민을 인터뷰하는 장소로, 촌장 등이 기거하는 공식적 장소(*white room*) 와 지역주민들이 거주하는 비공식적 장소(*grass hut*) 로 나누어 접근한다고 앞서 밝힌 바 있다. 공식적 장소보다는 비공식적 장소에서 훨씬 더 자발적이고 솔직한 정보들이 수집된다는 것이 인류학자들의 의견이다. 미디어 인터뷰도 크게 다르지 않다. 자발적이고 솔직한 정보를 얻고자하면 사적 장소를 인터뷰 장소로 택하는 것이 좋다.

인터뷰의 대상이 되는 사람을 둘러싼 환경은 2가지이다. 업무와 연관된 공적 장소와 가족 등 사생활의 터전인 사적 장소이다. 인터뷰 대상자가 제공하는 정보는 장소에 영향을 받게 마련이다. 업무와 관련된 공적인 정보는 사무실 등 공적인 장소에서 공개되는 것이 자연스러운 반면, 사적인 정보는 사적인 장소에서 자연스럽게 노출된다. 인터뷰어가 얻고자 하는 정보의 종류에 따라, 다시 말해 뉴스 인터뷰냐 인물탐구 인터뷰냐, 구체적 사실의 확인이냐 솔직한 의견의 수집이냐에 따라 장소 선정에도 신중함이 요구된다.

대부분의 경우 기자는 장소와 시간을 정할 주도권이 없다. 인터뷰 장소는 대개 인터뷰 대상자가 정한다. 그러나 인터뷰 대상자가 별다른 아이디어가 없거나 기자의 의견을 물을 때, 기자는 되도록 덜 공식적인 장소를 택하도록 유도하는 것이 좋다. 실험실의 교수는 캠퍼스 잔디밭에서, 운동장의 선수는 라커룸에서 만날 때 좀더 허심탄회하게 이야기를 할 수 있다. 인물탐구형 인터뷰를 위해서는 공식적인 장소와 비공식적인 장소에서 모두 만나 다양한 모습을 관찰하도록 한다. 목격자를 인터뷰할 때는 목격장소에서 하는 편이 좋다. 장소를 다시 보면서 잊었던 기억이 되살아날 수도 있기 때문이다.

공적 장소이든 사적 장소이든, 방해가 적은 곳을 택한다. 전화벨소리, 비서들, 방문객이 들락거리는 곳은 피한다. 비행기 안이나, 자동차 뒷좌석이 놀라울 정도로 친근한 장소인 이유는 방해꾼이 없기 때문이다. 식당은 거의 최악의 장소 중 하나로 꼽힌다. 웨이터, 옆 테이블의 손님, 어린아이들 등 신경 쓰이는 것이 한두 가지가 아니다. 식사 중에는 두 손이 묶여 취재노트를 적기도 용이하지 않다. 비교적 폐쇄적인 장소인 스튜디오에서 인터뷰를 할 경우에도 방해꾼을 최소화해야 한다. 인터뷰이의 가족이나 아는 사람이 눈에 띄지 않도록 해야 하고, 지나치게 밝은 조명으로 주의를 흐트러뜨리지 않아야 한다. 바바라 월터스(Barbara Walters)는 스튜디오 인터뷰에서도 가급적 주변 조명을 어둡게 해 집중도를 높이고, 인터뷰이의 관계자는 주변에 절대 오지 못하게 했다고 한다.

대화에 방해가 되는 것이 없도록 주변 정리를 해야 한다. 인터뷰이와 인터뷰어 사이에 놓인 커다란 책상이나 테이블 같은 것도 방해가 된다. 솔직한 대화에 심리적 방패로 작용할 수 있다. 인터뷰이에게 요청해 다른 곳에서 인터뷰를 하도록 한다. 상대방과 가급적 눈을 맞추며 대화를 나눌 수 있어야 한다. 그런 면에서 상대의 키가 너무 작거나 너무 크면 앉아서 인터뷰를 하도록 한다. 서로 마주치는 눈높이가 비슷한 것이 좋다.

9. 인터뷰 시간

장소와 마찬가지로 시간 역시 인터뷰이의 사정에 맞추는 것이 우선이다. 상대방의 사정을 고려해 가장 편한 시간에 약속하는 것이 인터뷰를 편안하게 시작하는 데 도움이 된다. 소요되는 시간은 현실적으로 정한다. 필요한 시간만 요구하되, 필요한 만큼은 반드시 요구하도록 한다. 상대방이 시간에 인색할 경우 짧은 시간을 요구해 부담을 덜어준다. 이 경우에도 질문은 충분히 준비해 간다.

직업적으로 언론을 상대하는 사람이 아니면 근무시간을 피해 인터뷰를 하는 것이 자연스러운 모습일 것이다. 사적인 장소가 사적인 담론들을 양산하듯, 시간 역시 근무 이외의 시간에 자발적이고 진솔한 이야기가 나올 확률이 높다. 긴장이 풀려있는 퇴근 무렵의 공무원, 새벽에 야근 중인 경찰, 보스가 퇴근한 후 남아 있는 회사원들은 훨씬 더 협조적이다.

하루 중에는 오전보다 오후가 인터뷰 시간으로 더 적합하며, 일주일 중에서는 주초보다 주중 이후(수요일 이후)로 인터뷰 시기를 잡는 것이 좋다.

10. 인터뷰 마무리

인터뷰를 마무리하기 전 확인해야 할 일은 준비한 질문 중 중요한 질문을 빼놓지 않았는지, 전체적 인터뷰의 내용은 충분했는지 여부이다. 인터뷰를 하다보면 이 정도의 정보면 충분하다고 느껴지는 시점이 있는데, 그런 시점이 올 때까지 인터뷰를 하는 것이 이상적이다. 만약 미흡했다면 다시 만날 수도 있다는 여운을 남겨 놓는다.

인터뷰를 마무리할 때는 그동안의 대화내용을 요약하고 서로 확인하는 절차를 갖는다. 중요한 게 빠지지는 않았는지, 상대방이 잊고 하지 않은 이야기가 있는지 다시 묻는다. 취재노트를 닫은 후에도 귀는 계속 열려있어야 한다. 생각지 않았던 새로운 정보가 인터뷰가 끝난 후에 나누는 사담에서 튀어나오는 경우가 종종 있다.

인터뷰 후에는 전화번호를 교환한다. 그리고 사실 확인을 위해 다시 전화해도 되는지 미리 양해를 구한다. 인터뷰 원고를 보게 해달라는 요청은 거절한다. 그러나 민감한 사안인 경우 인터뷰 대상자의 어휘와 톤을 충분히 이해하고 살리도록 노력하고, 인용구 속의 말은 그 말의 주인에게 재차 확인시켜주는 것이 좋다.

마지막으로, 감사하다고 말한다. 인터뷰 상대로부터 시간과 정보를 얻은 것은 전적으로 기자 쪽이다. 의례적인 인사말이 아니라, 진심으로 감사하는 마음을 가져야 한다.

11. 인터뷰 분석 및 평가

인터뷰는 과연 성공적이었는가? 나는 좋은 인터뷰어였나? 인터뷰를 마친 기자들은 스스로 이런 물음을 던지고 답을 찾으려 한다. 답을 누구보다 잘 아는 이는 물론 기자 자신이다. 상대방의 반응은 협조적이었는지, 대화는 겉돌지 않았는지, 준비해간 질문에 대한 답변은 만족스러웠는지, 이런 물음들에 대해 기자들은 논리적 설명 없이 그냥 느낌으로도 답을 알 수 있고, 그 답은 정확하다. 그러나 답을 아는 것만으로 개선을 기대하기는 어렵다. 만약 실패한 인터뷰라는 느낌이 든다면, 그 실패의 원인을 체계적으로 분석해 같은 상황이 반복되지 않도록 해야 할 것이다.

인터뷰어로서의 문제점을 자가 진단하는 가장 좋은 방법은 인터뷰 내용 전체를 테이프에 담아 스스로 들어보는 것이다. 대개의 경우 기자들은 답변의 질에만 신경을 쓴 나머지 자신이 던진 질문이나 어휘구사가 적절했는지에 대해서는 관심을 가질 여유가 없다. 그럴 시간이 있을 정도로 한가하지 않다. 답변이 장황하거나 두서가 없는 것을 인터뷰 대상자의 탓으로만 돌리기가 쉽다. 그러나 시원찮은 답이 나온 데에는 물음 자체가 시원치 않았기 때문일 가능성이 높다. 물음 자체에 하자가 없었다면, 상대방에 대한 사전지식이나 이해가 부족했기 때문일 것이다. 그것도 아니라면 인터뷰 당사자들이 컨트롤할 수 없는 어떤 외부적 요인에 기인했을 가능성이 크다. 찬찬히 분석해 보면 분명 어딘가에 문제가 있다. 이 문제점을 면밀히 분석해 다음 번 인터뷰에 적용하는 것만큼 좋은 훈련방법은 없다. 성공한 인터뷰의 경우 성공의 요인을 분석하는 것도 마찬가지이다. “그냥 상대방과 말이 잘 통해서”라는 막연한 이유보다는, 원활한 의사소통에 도움을 준 요인들을 분석해 볼 필요가 있다. 그런 의식적인 분석행위야말로 명인터뷰어로 거듭나는 지름길이다.

인터뷰 경험이 많지 않은 기자라면 다른 기자들이 쓴 인터뷰 기사를 많이 읽고, "나라면 이런 상황에서 어떤 질문을 던졌을까"를 상상해 보는 것도 좋은 방법이다. 문답 형식으로 된 인터뷰 기사들은 특히 도움이 된다. 좋은 인터뷰에 관심이 많은 기자라면 그런 기사들을 읽되, 답변 중심이 아니라 물음 중심으로 읽고 분석하는 것이 좋다.

심층 인터뷰 훈련에 대한 실무서를 쓴 포틀랜드대학의 윌리엄 바나카(William Banaka) 교수는 인터뷰가 과연 성공적이었는지, 혹은 인터뷰어로서의 약점과 강점이 무엇이었는지 평가하기 위해 인터뷰의 안과 밖에서 두루 접근해 분석해야 한다고 제안한다. 가령 젊은 기자가 원로 인사를 인터뷰하는 상황을 상정해 보자. 이 둘의 의사소통은 어느 정도 세대차이라는 장벽에 영향을 받을 것임에 분명하다. 또 학생신문의 기자가 교수를 인터뷰하는 경우, 스승과 제자라는 기본적 관계설정에 영향을 받을 것임에 분명하다. 그러나 인터뷰어가 이러한 상황 자체를 바꿀 수는 없는 일이다. 이 경우 인터뷰 상황에 영향을 미치는 외적 요소는 인터뷰이와의 역할관계(*role*)이다. 역할관계 속에는 상하관계인지, 대등한 관계인지, 비슷한 조직문화를 지닌 사람들끼리의 만남인지 등이 모두 포함된다. 또 다른 인터뷰의 외적 요소로는 조직의 제한, 인터뷰 현장의 배치구조 등이 있다. 조직의 제한(*agency limitation*)이란 인터뷰 과정에 영향을 미치는 모든 공식적·비공식적 정책이나 규율, 관행 등을 포함하는 개념이다. 법적 제한 때문에 인터뷰 내용이 제한 받는 경우, 인터뷰 시간의 제약, 조직의 규율이 가져오는 요소들이 이에 들어간다. 인터뷰 현장의 배치구조(*physical setting*)는 실제로 인터뷰가 이루어진 곳의 배경을 말한다. 즉, 장소는 조용했는지, 푹신한 의자에서 이야기를 했는지, 방해꾼은 없었는지, 얼마나 떨어져 앉았는지 등의 요소가 인터뷰에 미치는 영향을 말한다.

인터뷰의 외적 요소를 조절하는 것은 제 2부에서 다룬 '인터뷰 전략' 차원의 일이다. 커뮤니케이션을 방해하는 요인을 최소화하고, 도와주는 요인을 극대화하는 방법으로 성공적 인터뷰의 기본환경을 조성하는 것이 중요하다. 인터뷰의 성패가 질문하고 답하는 행위 자체에만 달린 것은 아니다. 인터뷰가 이뤄진 전체적 환경의 영향을 무시할 수 없다.

인터뷰의 외적 부분을 조절하는 것이 인터뷰 전략이라면, 인터뷰의 내적 요인을 조절하는 것은 인터뷰 전술이라고 할 수 있다. 인터뷰 내용의 평가는 다음과 같은 3가지 항목에서 이루어질 수 있다.

첫째, 인터뷰어와 인터뷰이 사이에 오간 사실교환(*fact*), 의견교환(*opinion*), 느낌교환(*feel*), 이 3가지를 백분율로 환산한다. 이 경우 의견과 느낌이 혼합된 경우나 사실과 의견이 혼합된 경우도 있으므로, 모두 합산하면 100%를 넘을 수도 있다. 인터뷰의 내용은 주제나 특성에 따라 다소 차이가 나겠으나, 바나카 교수는 대체로 사실의 비율이 15~25%, 의견과 느낌은 각각 40% 정도가 적당하다고 본다. 사실교환의 비율이 지나치게 낮으면 인터뷰의 기반이 부실해져 의견이나 느낌이 공중에 뜬 느낌을 주기 쉬우며, 사실교환에 치중하면 상대적으로 느낌이나 의견의 교환이 적어 깊이 없는 인터뷰가 되기 쉽다는 분석이다. 바나카 교수에 따르면 사실관계의 규명에만 치중하는 인터뷰어는 대개 초보자인 경우가 많다고 한다. 다만 그의 그런 분석은 인물탐구형 인터뷰의 경우를 염두에 두고 있으므로, 신문 등에서 시사적 내용에 초점을 맞춘 '뉴스 인터뷰'의 경우는 제외하는 것이 옳을 것이다.

둘째, 질문의 여러 유형 중 후속 질문을 적절하게 사용했는지 여부를 검토한다. 꼬리에 꼬리를 무는 질문, 세부적 내용으로 파고드는 질문의 비율을 계산한다. 인터뷰이가 말한 답의 내용 중에서 다시 힌트를 얻어 질문하는 기술을 재기 위한 것이다. 숙련된 인터뷰어는 자신의 질문을 인터뷰이의 대답과 연결시켜 깊이 파고들 수 있어야 한다. 이런 유형의 질문이 50% 정도 되면 일단 성공한 인터뷰라고 볼 수 있다. 다시 파고드는 질문의 내용이 사실의 영역인지, 의견의 영역인지, 느낌의 영역인지 나누어 첫째 기준에 따라 평가할 수 있다.

셋째, 질문을 명료한 언어로 정확히 던졌는지 조사한다. 대답하기 쉽게 질문을 짰는지, 묻고자 하는 바가 확실하게 나타나 있는지, 편견은 배제되어 있는지 살펴본다. 인터뷰어는 분명한 질문의 형태로 말을 해야 하며, 스스로 단정적인 말(*statement*)이나 모호한 표현 등은 삼가는 것이 좋다. 질문할 때 다음과 같은 질문은 가급적 피하는 것이 좋다.

유도형 질문: 인터뷰어가 답을 넌지시 제시하듯 물어보는 질문.

복합형 질문: 2개 이상의 항목을 한꺼번에 하는 질문.

방해형 질문: 인터뷰이의 말을 중간에 끊고 다른 방향으로 돌리는 질문.

메아리형 질문: 인터뷰이의 말을 그대로 반복하는 질문. 무슨 질문을 다음에 할지 몰라 머뭇거리거나 단어의 의미를 지나치게 고려할 때 종종 발생한다.

가정형 질문: 인터뷰이가 아직 대답하지도 않은 내용을 지레 짐작하는 질문.

숙련된 인터뷰어라면 이 중 유도형 질문이나 방해형 질문, 혹은 가정형 질문을 효과적으로 던져 답을 이끌어낼 수 있을 것이다. 유도형 질문의 경우는 대개 인터뷰이의 답변이 너무 모호하거나 이해하기 어려울 때 효과적이다. 그러나 인터뷰의 초보자가 위의 질문들을 자주 사용하면 인터뷰이의 답변을 조정하려는 의도로 받아들여지기 쉽다.

10 인터뷰와 비언어적 커뮤니케이션

나훈아(羅勳兒, 본명 崔弘基, 54) 씨의 별명이 '트로트의 황제'라는 얘기를 여러 차례 들어와서, 내 생각엔 그가 어디에선가 꼭 황제처럼 차리고 있을 것만 같았다. 그러나 그는 서울 용산구 이태원동에 있는 작고 그저 그런 3층 빌딩의 꼭대기 사무실에 보통 사람의 모습으로 앉아 있었다. 그는 검은 옷을 입고 있었는데 빨간 티셔츠만 아니었다면, 그저 눈이 크고, 눈썹이 짙고, 턱수염이 희게 센, 좀 별난 보통 사람일 뿐, 연예인이란 생각은 들지 않았을 것이다.

사무실엔 흰색 피아노가 한 대 놓여 있었다. 또 그의 책상 옆엔 기타가 대여섯 개 세워져 있었다. 그런 것들이 그가 음악하는 사람임을 새삼 일깨워줬다. 그러나 그의 방은 꼭 IT 회사의 CEO 사무실처럼 꾸며져 있었다. 사실 그는 연예인이 아닌 음반업계에서는 '최 회장'으로 통한다고 한다. 그곳이 그의 사업을 총괄하는 아라기획(我羅企劃) 회장실이었다.

커튼이 쳐 있지 않은, 밝고 큰 유리창으로 오후의 햇살이 한 무더기 쏟아져 들어와서, 그의 상반신에 멋진 하이라이트를 만들어놨다.

— 오효진, 《인간탐험》, "나훈아 인터뷰"에서 발췌.

말보다 더 진하고 또렷한 메시지를 던지는 것들이 세상에는 많다. 표정, 말투, 옷차림, 소지품, 태도, 분위기 등 굳이 물어보지 않아도 전해져 오는 비언어(*nonverbal*) 신호들이 그것이다. 말은 거짓말을 해도, 이런 비언어 신호들은 거짓말을 하지 않는다. 현장 정보의 가치를 강조한 '백문(百問)이 불여일견(不如一見)'이라는 말은 비언어 신호들에 그대로 적용된다.

인간의 의사소통은 크게 언어 커뮤니케이션과 비언어 커뮤니케이션으로 나뉜다. 언어 커뮤니케이션이 언어라는 상징체계를 통해 이루어지는 반면, 비언어 커뮤니케이션은 자연발생적으로 이루어지는 것이 특징이다. 즉, 전자는 인간만이 할 수 있는 상징적(*symbolic*) 커뮤니케이션이고, 후자는 인간과 동물이 공히 사용하는 자발적(*spontaneous*) 커뮤니케이션이라고 할 수 있다. 인터뷰를 성공적으로 한다는 말 속에는 언어적 메시지의 정확한 포착과 교환뿐만 아니라, 비언어적 메시지 역시 놓치지 않고 수신한다는 뜻이 함께 담겨있다. 인터뷰의 비언어적 측면을 이해하는 것은 따라서 매우 중요하다.

비언어 신호들이 전하는 메시지의 양이 모든 메시지의 절반을 넘는다는 연구보고가 있다. 앨버트 메라비앙(Albert Mehrabian)은 영상을 동반한 TV 인터뷰의 경우 시청자에게 주는 효과의 55%가 표정이나 생김새 등에 의한 비언어 커뮤니케이션에 따른 것이라고 분석했다. 38%의 효과는 목소리에서 비롯되는 것이며, 말의 내용 자체가 주는 효과는 7%에 불과하다는 연구결과를 발표했다.

데스몬드 모리스(Desmond Morris) 같은 작가는 자연상태의 동물을 통해 인간의 비언어 의사소통을 이해할 수 있는 증거를 찾으려 했다. 동물들은 의사소통을 위해 얼굴 표정, 냄새의 분사, 몸짓, 의식적 움직임, 여러 가지 종류의 소리를 이용한다. 모리스는 비록 인간과 동물 사이에는 엄연히 차이점이 있지만, 그럼에도 불구하고 양쪽 모두 상당하게 비슷한 생물적 근거를 가진 몇 가지 중요한 증거들을 포착했다.

동물의 커뮤니케이션이 모두 본능적인 것은 아니다. 그중에는 학습되어지는 것도 있다. 집단으로부터 격리된 비슷한 조류들이 자신이 속한 집단이 내는 전형적인 소리를 내지 못하는 것이 그 예다. 본능적 커뮤니케이션을 하는 동물로는 여러 가지 춤동작을 연상시키는 움직임을 통해 의사소통을 하는 벌을 들 수 있다. 어찌되었든 동물의 의사소통에 대한 연구는 인간의 상호작용에 실마리를 제공한다는 점에서 시사하는 바가 크다.

영국 옥스퍼드 대학의 마이클 아가일(Michael Argyle)은 1969년에 이러한 동물의 신호체계를 이용한 의사소통과 인간이 가지고 있는 신호체계 사이의 평행적 구조를 지적한 학자이다. 그는 동물과 인간 의사소통에서 비언어적 신호가 중요한 역할을 담당한다고 주장한다. 공격적 행동, 성적 역할, 상호 제휴, 부모와 자식 간의 상호 교감, 그리고 집단행동을 수반하는 미세한 신체상의 변화들은 인간과 동물 모두에게 공히 적용되는 연구 항목들이다. 그러나 연구가 진행되면서 그러한 변화들을 다양한 역할을 담당하는 인간 사회에 곧바로 적용해 해석하는 데에 무리가 있다는 의견도 나오기 시작했다. 즉, 여성이 남편에게 보이는 공격과 분노의 신호는 그녀가 상사나 직장동료에게 보이는 것과 다르며, 또 치료를 위한 상황에서 의사 앞에서 보이는 반응과도 상당부분 다르다는 것이다. 인간의 경우 역할에 따라 다양한 감정이 요구되고, 어떤 언어를 사용해야 하는가에 대한 기대감도 달라진다.

인간의 의사소통에 영향을 주는 복잡하고 다양한 기호에 대해 잘 이해하면 인터뷰를 하는 동안 주제에 공감하고, 인터뷰 안에서 역할을 해석하는 데에 큰 도움이 된다.

1. 인터뷰의 기호학

인터뷰는 매우 복잡한 과정이다. 인터뷰 상황에서 상호작용의 심리학적 측면을 이해하기 위해 수많은 연구가 이루어졌다. 인터뷰 커뮤니케이션에 영향을 미치는 것은 언어상징체계의 사용에 국한되지 않는다. 인터뷰어와 인터뷰이 사이에 오가는 메시지를 이해하는 데 공통적이고 공감하는 의미를 포함하는 비언어적 형태의 커뮤니케이션에 의해서도 영향을 받는다. 비언어적 커뮤니케이션 요소들을 이해하는 인터뷰어는 인터뷰 상황을 훨씬 효과적으로 계획할 수 있다. 뿐만 아니라 인터뷰이가 굳이 말로 하지 않는 다양한 측면들을 통찰하고, 내면화된 경험들을 해석할 수 있다.

심리적 과정으로서의 인터뷰는 인터뷰 참여자들에게 자극을 수반하고, 사회적 지각의 교환을 요구한다. 인터뷰 참여자들은 모든 감각을 동원해 인터뷰 과정을 통해 발생하는 자극을 탐구하고 선택한다. 이때 얻어진 자극의 결과로 동정, 인정, 무관심, 인내, 의심, 비난, 거부 등의 태도가 형성되고, 그러한 태도는 각종 판단의 기초를 제공한다.

1916년 프랑스의 언어학자 소쉬르(de Saussure)는 인간이 가진 모든 기호체계를 포함하는 기호를 과학적으로 인지할 것을 제안했다. 기호학(*Semiology*)이라 불리는 이 기호의 과학은 인간 커뮤니케이션에서 언어뿐 아니라 동작이나 소리 등 다양한 기호들이 미치는 영향이 매우 크다는 학문적 전제를 제공한다. 그의 견해에 따르면, 언어(*speech*)는 복잡한 기호체계의 단지 작은 부분에 불과하다. 음악이나 제스처 등도 언어 못지않은 중요한 기호임에도 불구하고 언어화되지 않았다는 이유로 중요성이 간과되고 있는 것이다. 소쉬르는 그럼에도 불구하고 이런 비언어 신호들은 여전히 사회적인 것이라고 주장했다.

소쉬르의 견해가 즉각적으로 광범위한 연구로 이어진 것은 아니다. 서구의 심리학자들은 그의 주장을 커뮤니케이션의 맥락에서 검증하는 것보다 개인의 태도변형을 연구하는 데 더 많은 시간을 투자했다. 비언어적 측면에 관심을 기울이기 시작한 것은 마이클 아가일(Michael Argyle)이 이러한 태도변형 연구를 운동학(*kinetics*)의 한 부분인 '바디랭귀지' 측면에서 수행하면서 시작되었다고 할 수 있다. 그밖에도 비언어 신호들의 연구는 공간학(*proxemics*), 시간학(*chronemics*), 부언어(*paralinguistics*) 분야에서 각기 활발하게 이루어졌다. 커뮤니케이션의 공간학이란 의미를 전달하는 데 개인적 공간을 사용하는 것을 말하고, 시간학이란 대인관계에서의 시간의 사용, 그리고 부언어란 성량, 높낮이, 음질 등의 변형을 통해 커뮤니케이션의 다른 효과를 기대하는 것을 뜻한다.

2. 인터뷰와 인지

인터뷰 상황에서의 의사소통과 사람의 지각능력은 밀접한 관계가 있다. 1930년대 이전까지 인간의 지각은 눈을 통한 외부자극에 의해 발생한다고 가정되었다. 외부로부터의 이러한 자극들은 뇌로 연결되며, 이는 각각의 자극이 충실하게 뇌에서 재생되는 사진과도 같다고 학자들은 가정했다. 그 후에 게슈탈트 학파(Gestalt school)는 그러한 지각이 사실상 선택적 과정이라는 것을 증명하였다. 뇌는 우리가 이미 가지고 있거나 우리에게 특별한 의미를 제공하는 범주의 자극들을 선택해 낸다는 것이다. 여기서 뇌의 역할은 능동적이며, 수동적으로 인지하는 데 그치지 않는다.

인간이 유아기부터 성년까지 자라는 과정은 정신적 범주를 설정해가는 과정이라고도 할 수 있다. 바깥 세계가 자신 내부의 경험과 별개로 존재한다는 것을 인지(*perception*)하기 시작하면서부터 인간은 자신의 경험을 특정한 기준에 따라 스스로 정한 범주에 포함시켜 이해하려 한다. 친근한 물체와 있을 때 안전하다고 생각하며, 그렇지 않은 경우에는 위험을 느낀다. 인간이 바깥 세계를 인지할 때는 자신의 경험에 비추어 두드러져 보이는 것을 선택하는 경향이 있다.

인간이 만들어낸 범주는 불완전한 시스템이다. 로저 브라운(Roger Brown)은 1965년 인간이 이 사회에 존재하는 모든 개체들의 모든 특징을 기록할 수 없기 때문에 '고정관념'(*stereotype*)이 필요하다고 주장했다. 고정관념이란 지나치게 일반화된 범주를 일컫는 말로, 실제 속성과 보편적 속성 사이의 모순을 더욱 강조한다. 그와 반대되는 개념으로 지나치게 개별화된 범주도 있다. 범주를 구분 짓는 능력은 개인에 따라 다르며, 각기 다른 범주가 가져오는 스트레스를 견뎌내는 능력 또한 다르다. 아도르노(Adorno)는 1950년 권위적인 인물이 그렇지 않은 사람에 비해 범주의 구분이 더욱 확실하다는 연구결과를 냈고, 로키치(Rokeach)는 1960년 이런 인물들을 '닫힌 마음'의 소유자로 구분했다.

인터뷰어의 책임은 인터뷰 수행 중 범주 간의 과도한 보편화와 구별

사이의 균형을 맞추는 데 있다. 고정관념에 얽매여서도 안 되며, 지나치게 개별적 특성에 관심을 기울여도 안 된다는 것이다. 인터뷰어는 응답자의 행동패턴을 전체적으로 이해하는 데 주력해야 하며, 그 이해를 돕는 신호들을 찾아야 한다. 인터뷰어는 또 응답자가 보여주는 행동의 패턴이 특정한 집단이 보여주는 카테고리에 해당하는지 인지할 수 있어야 한다. 동시에 그는 행동의 특정한 요소로부터 응답자의 느낌을 보편화하려는 유혹을 거부해야 한다.

물론 균형을 맞추는 일이 쉬운 일은 아니다. 인터뷰어의 인지가 스스로의 행동패턴을 채색하기 쉽기 때문이다. 이러한 관점에서 인터뷰어는 응답자와의 상호작용에서 발생하는 기술적 요소들에 세심한 관심을 기울여야 한다. 인터뷰어는 자신의 추론을 받아들이는 데에 신중해야 하며, 그 추론이 틀릴 수도 있다는 가능성을 열어놓아야 한다. 인터뷰어가 자신의 내면세계에 대해 경계하며 인터뷰를 수행할 때, 응답자의 답변과 반응에 열린 자세로 다가갈 수 있다.

3. 인터뷰와 인성모델

인터뷰 상황에서 인터뷰 대상을 파악하는 일은 심리적 절차를 수반한다. 질문자는 응답자가 나타내 보이는 거짓행동이나 가면에 부딪힐 때마다 그 안에 자리 잡은 인간성을 파악하기 위해 다양한 인성모델(*personality models*)을 적용하게 된다. 이러한 인성의 심리학적 모델은 응답자가 의식적 혹은 무의식적으로 사용하는 위장을 이해하는 데 도움이 되며, 인터뷰어가 응답자의 성격을 하나의 범주에 포함시킬 수 있는 일반적 틀을 제공하기도 하다.

첫 번째 모델은 아이젱크(Eysenck)와 스키너(Skinner)가 주장한 행위 모델로, 사람의 행동은 그가 처한 조건에 따라 결정된다는 이론이다. 선택의 자유란 환상에 불과하며, 일단 관련 조건들이 모두 구축된 후에는 인간의 행동이 예측 가능하다는 이론이다.

두 번째는 아가일(Argyle, 1969)과 쿠크(Cook, 1971) 등이 제시한 외향성과 내향성의 모델이다. 상대방의 성격이 외향적인지 내성적인지 여부를 파악하려는 인터뷰어라면 그러한 특질을 암시하는 기호들을 찾기 위해 노력할 것이 분명하다. 외향적 성격은 사교적이고, 따뜻하고, 친밀한 관계를 일보다 즐기며, 따라서 전문가보다는 지도자에 적합한 성격이다. 아가일은 눈맞춤(*eye-contact*)이나 근접성(*proximity*) 같은 요소들에 주목해 연구한 결과 외향적 성격의 소유자가 내향적 성격의 소유자보다 상대방과 눈맞춤의 빈도가 높다는 사실을 발견했다. 모브(Mobb)의 연구에 따르면 외향적 사람은 내성적 사람보다 2배나 더 상대방과 눈맞춤을 하는 것으로 나타났다. 쿠크는 1971년 외향적 성격인 사람들이 상대방과 가까운 거리에서 의사소통을 하는 경향(*proximity*)이 있다는 연구결과를 발표했다.

세 번째는 프로이트(Freud)가 주창한 무의식의 모델이다. 프로이트의 모델에 입각해 상대를 파악하려는 인터뷰어는 응답자가 무의식적으로 보이는 반응에 주목한다. 아동심리학자들이 장난감을 어린아이들에게 주고 어떻게 노는지를 관찰함으로써 많은 정보를 얻는 것, 대화 도중 무의식적으로 보이는 다양한 행동이 실제 언어보다 더 강한 메시지를 전달하는 것 등이 이에 속한다.

네 번째는 역할에 주목한 고프만(Goffman)의 모델이다. 이 모델에 따르면 인간이란 연극배우가 무대에 올라설 때 이미지를 관리하는 것과 같은 방법으로 자신의 존재를 관리한다. 남성이라면 남성의 역할에 충실하기 위해 더욱 남성다워지려 노력하는 것처럼, 사람들은 자신에게 주어진 역할을 통해 자신의 인간성을 보존해 간다는 이론이다.

4. 인터뷰와 비언어 기호들: 기능과 특성

앞서 논의한 것처럼 비언어 신호들은 공간학(*proxemics*), 시간학(*chronemics*), 동작학(*kinetics*), 부언어(*paralinguistics*) 등의 세부항목으로 나누어 설명할 수 있다. 비언어 의사소통 연구의 개척자인 아가일과 쿠크는 1971년 비언어 기호들을 정적인 단서와 동적인 단서로 나누어 설명하기도 했다. 정적인 단서에는 얼굴, 체형, 목소리, 옷차림, 화장, 머리스타일 등이 포함되며, 동적인 단서에는 얼굴 표정, 움직임, 목소리의 높낮이, 눈의 응시방향, 상대방과의 거리 등이 포함된다.

비언어 의사소통 연구는 꾸준히 진행되어, 버군(Burgoon)은 1980년 6가지 기능을 정의하였다. 비언어 의사소통의 6가지 기능은 ① 상징적 대표성, ② 표현적 의사소통, ③ 상호작용의 구축, ④ 인상 현상과 관리, ⑤ 메타커뮤니케이션, ⑥ 사회적 영향 등이다. 패터슨(Patterson, 1982, 1987, 1994)은 일련의 연구활동을 통해 비언어 의사소통이 ① 정보를 제공하고, ② 상호작용을 조절하며, ③ 친밀감을 표시하고, ④ 사회적 조절을 행사하며, ⑤ 서비스와 목적수행의 조력자 역할을 하는 등의 기능을 한다고 주장했다.

위의 기능을 수행하는 중요한 기호들의 특징을 살펴본다.

• 얼굴 표정

얼굴은 대인 커뮤니케이션의 주요 연구대상이다. 얼굴은 감정을 가장 직접적으로 표현하고 전달하는 부분(Knapp, 1978)이며, 얼굴 표정이 감정을 전달하기 이전에 감정 그 자체(Tomkins, 1962)이기 때문이다. 정적인 요소로서의 얼굴은 나이, 성별 같은 기초 정보를 제공할 뿐 아니라, 정보에 대한 가치판단까지 수반한다. 세코드(Secord)는 1959년에 사진을 던져주고 그 사진 속 사람의 성격을 묘사하게끔 하는 실험을 하였다. 실험결과 응답자들은, 가령 두꺼운 입술의 소녀는 난잡해 보이며, 흑인의 경우 미신에 사로잡혀 있고 게으르며 정직하지 못하다는 생각을 갖고 있는 것으로 나타났다. 얼굴은 인터뷰 동안에 가장 가까이에서 관찰되는 부분이다. 어린이들은 선천적으로 인간의 얼굴에 관심이 많으나, 자폐증 어린이와 정신분열증 환자들은 상대의 얼굴로부터 시선을 돌리는 경향이 있다. 이것은 얼굴이 감정을 가장 확실하게 나타내기 때문이다.

에크만(Eckman), 소렌슨(Sorensen), 프리젠(Friesen) 등은 1969년 행복, 놀람, 슬픔, 공포, 분노, 혐오, 관심 등의 영역으로 얼굴 표정을 나누어 설명했다. 이들은 1971년 표정영향지수 측정 테크닉인 FAST(The Facial Affect Scoring Technique)를 개발해 눈썹과 이마, 눈과 눈꺼풀과 코, 하관 등 세 부분으로 나누어 표정을 측정했다. 이보다 앞서 슐로스버그(Schlosberg)는 1954년 얼굴이 전하는 메시지를 기분의 좋고 나쁨, 주의집중과 무관심, 경직과 이완 등 3가지 차원에서 설명했다. 이러한 감정의 리스트는 사랑, 행복 또는 환희, 놀람, 공포 또는 괴로움, 분노 또는 결심, 혐오 또는 경멸로 이어지며, 다양한 연구가 이루어졌다. 해거드(Haggard)와 아이작(Issacs)은 1966년 필름으로 추적해야 할 만큼 빠르게 변하는 미세한 표현에 대하여 기술했으며, 버드위스텔(Birdwhistell)은 1963년 4가지의 눈썹의 위치, 4가지의 눈꼬리의 위치, 7가지의 입의 모양이 포함된 33가지의 얼굴표정을 발표했다.

인터뷰어는 응답자의 얼굴표정을 차근차근 관찰해 말로 표현되지 않는 미묘한 감정들을 읽어내야 하는 동시에, 자신의 얼굴표정 역시 관리해야 할 필요가 있다. 일반적으로 인터뷰어는 응답자가 말한 것에 대한 동의나 부정, 승인이나 비승인 등을 나타내는 표정을 짓지 않는 것이 좋다. 인터뷰어는 정확하고 완전한 정보를 얻는 것이 목적인데, 응답자에 대해 비판적이거나 동의하지 않는 태도를 보이는 것은 답변의 내용이나 흐름에 영향을 줄 수 있기 때문이다.

• 몸동작(제스처)

움직임 역시 의사소통의 주요 수단이다. 언어는 시간만 사용하는데 비해, 제스처는 시간과 공간을 동시에 사용하는 의사소통 방식이다(Marschark, 1994). 공간적 요소가 배제되었을 때 오해의 소지도 그만큼 커진다. 몸동작은 또 언어의 모호함을 명확하게 하기 위해서 사용된다. 같은 말을 하더라도 그에 상응하는 몸동작이 수반된다면 훨씬 뜻이 명료해진다. 휴즈(Hewes, 1992)는 인간의 언어는 손과 팔의 동작에 기초한다고 주장했다. 언어에 기초해 동작이 따르는 것이 아니라는 것이다. 스트리크(Streeck, 1993) 역시 동작 커뮤니케이션이 언어 커뮤니케이션에 선행한다고 주장했다.

동작 연구는 동작학(*kinetics*)이라는 분야로 자리 잡았다. 동작학은 대인 커뮤니케이션에서 관찰 가능하고 의미 있는 움직임을 연구대상으로 삼는다(Birdwhistell, 1970). 동작학은 동작의 최소 단위인 키네(*kine*)의 연구에서부터 시작하며, 그 동작들이 모여서 하나의 의미를 구성하는 키네모프(*kinemorph*)의 규명에 목적이 있다. 카미클(Carmichael)은 커튼 뒤에 배우를 앉히고 손만 보이게 한 후 손동작을 관찰하게 하는 실험을 했다. 관찰자들은 배우가 묘사하려고 하는 감정을 손만 보고 파악해야 했다. 실험결과 배우에 의해 의도된 감정과 관찰자들에 의해 지각된 감정 사이에는 본질적 합의가 있었음이 밝혀졌다.

한편, 여전히 머리 부분이 중요하다는 것이 연구결과 드러났다. 엑스라인(Exline)은 머리 부분의 신호만 관찰한 그룹과 몸의 신호를 관찰한 응답자들을 비교·분석한 결과, 머리 신호만을 관찰한 그룹이 더 정확한 의미를 읽어냈음을 증명했다. 머리 혹은 얼굴의 움직임을 관찰할 때의 초점은 주로 눈에 있다는 연구도 있었다.

눈을 응시하는 방향과 계속성은 사람마다, 또 문화에 따라 상당한 차이를 보인다. 짧게 응시하는 사람이 있고, 그렇지 않은 사람이 있는가 하면, 상대방을 직시하는 것을 바람직하게 여기는 문화가 있고, 반대로 당돌하다고 여기는 문화가 있다. 일반적으로 사람들은 그들이 당황스럽거나 거짓말을 할 때, 혹은 그들이 싫어하는 사람들과 이야기할 때는 눈을 잘 마주치지 않는다. 옆으로 넓은 눈의 소유자가 길게 응시하는 경우에는 적대적으로 보이는 경우가 있다는 연구결과도 있다. 상호 교감은 종종 눈을 맞추는 시간의 길이로써 유추되기도 한다. 아가일은 학생들을 상대로 눈맞춤 실험을 했다. 실험결과 학생들은 그들에게 계속적으로 눈을 맞추었을 때 편안하고 자유롭게 이야기를 하였다. 반면에 그들에게서 눈을 떼었을 때, 그들은 당황하며 회피하는 모습을 보였다. 인터뷰 응답자가 인터뷰어를 바라보는 방법은 곧 감정과 심리 상태를 드러낸다고 할 수 있다. 노련한 인터뷰어는 상대방의 눈빛을 빼놓지 않고 잘 읽는다.

• 거리와 공간

인터뷰어와 응답자 사이에는 일정한 공간이 있다. 이 공간의 활용여부가 인터뷰의 성패에도 영향을 미친다. 어떤 곳을 인터뷰 장소로 정하느냐, 얼마나 거리를 두고 앉느냐 등의 사고를 전략적으로 하기 위해서는 우선 공간과 커뮤니케이션의 상관관계에 대한 이해가 있어야 한다.

다운즈(Downs) 등은 인터뷰의 물리적 세팅에 대해 다음과 같은 결과를 보고했다.

첫째, 인터뷰가 진행되는 장소가 정보의 내용과 질에 영향을 미친다. 공적인 장소는 공적인 정보를, 사적인 장소는 사적인 정보를 낳는 경향이 있다. 스스로의 권위를 내세우기 위해서라면 자신의 집무실에서 인터뷰를 하는 것이 좋다. 고용원과의 사회적 거리를 좁히고 싶다면 좀더 비공식적이고 편안한 장소에서 만나는 것이 좋다. 많은 기자들은 언론사도, 취재원의 집무실도 아닌, 중립적 장소에서 인터뷰하는 것을 가장 이상적으로 꼽는다.

둘째, 집무실의 인테리어도 특정한 효과를 발휘한다. 권위적인 느낌을 주고 싶다면 자신의 데스크를 사이에 두고 인터뷰어와 만나야 하지만, 그렇지 않다면 책상에서 돌아 나와 인터뷰어와 나란히 앉는 것이 좋다. 화이트(A. G. White)가 한 의사의 사무실에서 실시한 실험연구에 따르면 의사와의 사이에 커다란 책상이 가로막혀 있을 때 '편안하다'

는 느낌을 받은 사람은 10%에 불과했다(책상을 옮겼을 때는 55%의 사람이 편안함을 느꼈다). 또한 값비싼 인테리어 장식은 "이곳은 함부로 만지면 안 되는 곳"이라는 무언의 메시지를 던진다. 그런 분위기에서 편안함이 줄어드는 것은 당연한 일이다.

셋째, 인터뷰 상황에서 시선맞춤은 매우 중요하다. 따라서 인터뷰 상대를 창문을 향해 앉도록 해서 밝은 빛 때문에 서로 직시할 수 없도록 자리를 배치하는 것은 바람직하지 않다. 그러나 상담 인터뷰의 경우는 오히려 실내를 조금 어둡게 해서 개인적인 문제를 어렵게 토로하는 상대방의 시선을 가려주는 것이 오히려 도움이 된다.

위의 제언들은 인간이 공간을 통해 의사소통을 한다는 명제를 뒷받침한다. 개인을 둘러싼 공간을 어떻게 활용하는가의 문제는 비언어 의사소통의 중요한 과제이다. 공간의 개념은 문화에 따라 차이가 크다. 앞에서도 논의했듯이 커뮤니케이션 거리 연구의 선구자인 에드워드 홀(Edward Hall)은 인간 사이의 거리가 인간 상호작용에 중요한 영향을 미친다고 주장했다. 홀에 따르면, 매우 친밀한 관계는 서로 접촉하는 거리에서부터 20인치(50.8cm)까지이며, 그 거리에서 이루어지는 대화 역시 매우 친밀한 내용으로 진행된다. 개인적 혹은 중립적 거리는 4피트(1m 22cm)까지이고, 직업적 거리는 12피트(3m 66cm)까지이다. 12피트가 넘는 거리는 공적인 거리로 분류된다. 홀은 '공간학'을 '사람들이 자신을 둘러싼 소공간을 의사소통에 어떻게 활용하는가에 대한 연구'(1968)로 정의하고, 공간개념에 대한 관심을 환기시키는 데 큰 기여를 했다. 버군(Burgoon), 불러(Buller), 우달(Woodall) 등도 1989년 공간학을 의사소통에 있어서의 공간활용과 구성, 인식에 대한 연구로 정의했다.

20인치까지의 친밀한 거리는 신체 접촉, 냄새맡기, 맛보기 등이 가능한 거리이다. 신체 접촉을 통한 커뮤니케이션을 연구하는 접촉학(*Tactile*)은 피부가 신체의 20%를 차지하는 중요한 감각기관이라는 데 주목한다. 접촉의 정도는 나이와 문화에 따라 차이가 크다. 아기들은 접촉을 통해 세상을 이해하고 사람과 의사소통을 한다. 1966년 줄라드(Jourard)는 학생들에게 누가 그들을 만졌고, 어느 부위를 만졌는지에 대한 리포트를 제출하도록 했다. 그 결과 주로 어머니들이 만졌고, 그 밖에 이성친구들이 만진 것으로 나타났다. 아버지들은 간혹 머리를 만질 뿐 많은 신체접촉은 없었다. 푸에르토리코 산후앙의 카페 안에서 커플들을 대상으로 조사한 결과, 줄라드는 시간당 약 180번의 접촉이 있었음을 알아냈다. 또 파리에서는 110번, 플로리다 게인스빌에서는 2번, 런던에서는 0번의 접촉이 있었음을 알아냈다.

소머(Sommer)는 1969년 사람들이 많이 모이는 장소에서 이루어지는 다양한 접근 방법에 대해 연구했다. 파티장소에 모인 사람들은 서로 가까운 거리를 유지하고, 직장에서는 5피트 반(165cm)의 거리를 유지했다. 소머와 쿠크(Cook)는 또 테이블 주변에 앉는 사람들 사이의 위치와 거리를 통해 관계를 알 수 있다는 연구결과를 내놓았다.

〈그림 10-1〉에서 A는 가장 일반적인 대화의 경우에 나타나는 형태이며, B는 경쟁관계(미국의 경우), C는 협력관계, D는 경쟁관계(영국의 경우)를 나타낸다.

밀집 정도 역시 의사소통에 영향을 미쳤다. 동물은 그들의 밀집 수를 조절하는 생체적 메커니즘에 따라 움직인다. 무리 안에서 너무 많은 숫자가 존재하면 서로 공격적이 된다. 심하면 새끼를 잡아먹기도 하고, 성적인 습성을 줄이기도 한다. 어린아이 대한 연구에서도 결과는

〈그림 10-1〉 4가지 상황에서의 앉는 위치

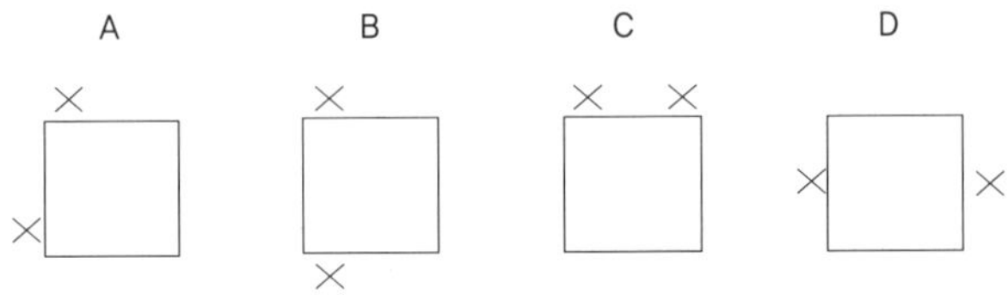

출처: Cross, *Interviewing and Communication in Social Work*, p.91.

역시 동물에 대한 연구결과와 비슷한 양상을 띠었다.

인터뷰어와 응답자의 관계는 공간적 행동의 인과관계로 이어진다. 인터뷰어와 응답자가 처음 만날 때 지나치게 가깝지 않은 거리를 유지하며 잠시 뒤로 물러나는 자세를 취하는 것은 공격적이고 밀어붙이는 듯한 인상을 주지 않기 위해서이다. 인터뷰어와 응답자가 동성이라면 한쪽이 여성 혹은 남성인 경우보다 가까운 거리를 유지하는 데 스스럼이 없을 수도 있다. 인터뷰어와 응답자가 동갑일 때, 나이 차가 있는 경우보다 친밀한 거리를 유지할 것이다. 인터뷰어와 응답자 간의 거리가 멀수록, 의미에 대한 암시를 위해 서로의 눈을 보는 경향이 더 많다. 골드버그(Goldberg)는 응답자들이 인터뷰어로부터 각각 6피트(183cm), 2.5피트(76cm) 정도 떨어져 앉았을 경우에 눈의 움직임이 어떻게 달라지는지 기록했다. 그 결과 응답자들의 거리가 멀수록 인터뷰어의 눈을 바라보는 시간이 더 길었음을 밝혀냈다.

홀(Hall)에 따르면, 바람직한 대화 거리는 문화별로 다양하다. 중동 사람들은 상대방의 호흡이 느껴질 만큼 가까운 거리에서 대화한다. 라틴 아메리카에서는 북아메리카 사람들이 하는 것보다 훨씬 가까운 거리에서 대화한다.

사적인 공간과 친밀한 공간 사이에 있는 응답자의 경계선을 침해할 때 응답자는 위협을 느낄 것이고, 인터뷰 시 응답자와 너무 떨어져 있으면 좋아하지 않거나 가까워지고 싶지 않다고 느낄 것이다.

위와 같은 공간적 이해를 바탕으로 인터뷰 상황을 조율할 필요가 있다. 응답자 의자와 인터뷰어 의자의 위치, 거리, 마이크의 위치는 중요하다. 인터뷰 대상의 나이나 성별, 직업, 상황에 따른 각기 다른 공간 배치가 필요한 것도 그 때문이다.

• 용모

브로치(Bloch)와 리친스(Richins)는 1993년 신체적으로 매력적인 사람들이 사회에서 이득을 보는 경향이 있다는 연구결과를 발표했다. 그들은 매력적인 사람들은 그렇지 않은 사람들보다 더 많은 사랑을 받고, 더 좋은 직업을 얻으며, 더 스스로를 존중하며, 더 많은 권력을 갖고 있다고 주장했다.

용모가 수행하는 중요한 의사소통의 기능은 자아개념 기능과 인상관리 기능이다. 인터뷰 대상자가 가지고 있는 스스로에 대한 개념은 인터뷰 상황에서 매우 중요한 변수로 작용한다. 대인 커뮤니케이션에서 사회적인 인지는 대개 상대방에 대한 첫 인상에서 시작하고, 첫 인상은 외모와 차림새 등에 따라 결정되는 경우가 많다. 크리스토퍼 브라운(Christopher Browne)이 쓴 《기자 핸드북》을 보면 '인터뷰를 할 때 옷은 너무 잘 입지도, 못 입지도 말라. 평범하게 입어라'(Dress casually)라는 조언이 나오는데, 이는 거부감을 최소화해야 의사소통에 무리가 없음을 나타내는 말이다. 상대방이 자신과 비슷할 때 의사소통이 잘된다는 '유사성의 원리'에 따르면 기자가 취재원과 비슷한 수준의 용모를 갖추는 것이 인터뷰에 도움이 될 것이다.

• 부언어

언어의 비언어적 측면을 가리키는 말로 '부언어'(*paralinguistics*)라는 말이 있다. 이 용어는 스피치에서 음성과 언어적 측면을 제외한 나머지 부분들을 언급하기 위해 사용된 것으로, 다른 비언어적 방식들보다 훨씬 언어와 가깝다. 스피치에서 부언어적 요소들은 성량(크거나 혹은 작은), 음질(긴장된 혹은 능숙한), 악센트(뉘앙스, 발음), 그리고 영향을 미치는 방식(억양 혹은 음성 높낮이 패턴) 등을 포함한다.

글로 하는 커뮤니케이션과 말로 하는 커뮤니케이션 간의 기본적 차이점 중 하나는 부언어적 부분이 차지하는 중요성의 크기라고 할 수 있다. 말로 하는 커뮤니케이션, 즉 스피치에서 부언어적 요소들의 비중이 훨씬 크다. 문자로 이루어지는 커뮤니케이션은 강조하기 위해 이탤릭체로 쓰거나 크기를 조절하는 방식을 사용한다. 이는 말로 이루어지는 커뮤니케이션의 성량이나 높낮이에 해당하는 부분이다. 드라마 대본에 삽입된 지문도 같은 역할이다. 오직 능숙한 배우만이 극작가의 의도를 최고의 부언어적 번역으로 바꿀 수 있다.

부언어적 요소가 의미를 전달한다는 사실은 몇 가지 실험을 통해 증명되었다. 다비츠(Davitz)는 분노, 공포, 행복, 질투, 사랑, 긴장, 자부심, 슬픔, 만족감, 그리고 연민 등의 감정을 전달하도록 녹음테이프를 제작해 피실험자에게 듣게 하고, 그 감정을 확인하도록 한 결과, 의도된 10가지 감정과 피실험자에 의해 인정된 감정 사이에 상당한 일치가 있었다. 분노와 긴장과 같은 몇 가지 감정들은 자부심과 질투 같은 다른 것들보다 더욱 확실하게 확인되었다.

인터뷰어의 편견은 응답자에게 부언어적으로 전달되고, 다시 응답자의 편견 섞인 응답을 이끌어 낸다는 연구결과가 있다. 던컨(Duncan)은 인터뷰어가 다양한 질의 목소리로 질문을 던지게 했고, 그에 대한 응답자의 답변을 조사했다. 그 결과 답변에서의 편견의 정도와 인터뷰어가 질문할 때 낸 목소리 사이에 유의미한 관계가 있다는 것이 밝혀졌다.

• 침묵

침묵이 인터뷰 기술이 될 수 없다는 주장은 가능하다. 왜냐하면 침묵이란 아무 말도 하지 않는 것이기 때문이다. 그러나 각종 실험과 조사는 침묵이 언어 커뮤니케이션에서 의미 있는 부분을 차지한다는 것을 보여준다. 고던(Gorden), 마타라쪼(Matarazzo), 빈(Wiens)은 인터뷰어가 사용한 침묵의 정도와 응답자의 자발성 사이에 긍정적 상호관계가 있다는 것을 보여주었다. 인터뷰에서, 침묵은 의사소통을 중단하는 데 그치지 않고 분위기를 전달하는 역할을 하기도 한다. 인터뷰에서 멈추지 않고 계속 말을 이어가는 것은 종종 인터뷰어가 불안하고 걱정하는 상태라는 인상을 주기 쉽다.

기술로서의 침묵은 시간학(*Chronemics*)에서 말하는 '의사소통의 속도 조절'(*pacing*)과 '침묵을 통한 탐색'(*silent probe*)과 관계가 깊다. 인터뷰 시간보다 일찍 나와 기다리는 것, 인터뷰 시간보다 훨씬 늦게 오는 것 등도 모두 나름대로의 메시지를 전달하는 것이라고 시간학에서는 설명한다.

인터뷰어가 익혀야 할 침묵의 첫 번째 기술은 응답자를 방해하지 않는 것이다. 인터뷰어는 다음 질문을 던지기 전에 응답자의 생각의 흐름을 방해하지 않으면서 2~20초 동안 멈출 필요가 있다. 만약에 응답자가 마지막 말의 톤으로 문장을 완성하고 나서 인터뷰어를 바라본다면, 그가 말을 막 마쳤다는 것으로 단언할 수 있다. 그러나 만약에 응답자가 문장 중간에 멈추거나 허공을 응시한다면, 아직 방해할 때가 아니라는 사실을 짐작할 수 있다.

침묵은 응답자를 방해하는 것에 대한 보호수단 이외에도 몇 가지 기능을 가진다. 침묵은 인터뷰 속도를 천천히 만든다. 느린 속도의 인터뷰는 사려 깊은 분위기 조성에 도움이 된다. 이런 분위기에서 응답자는 잊었던 사실이나 감정들을 쉽게 되살릴 수 있다. 침묵은 또한 응답자로 하여금 대화의 다음 단계가 향할 방향을 조절할 수 있게 한다. 만약에 인터뷰어가 침묵하면서 흥미로운 표정을 짓거나, 사색하는 자세를 보인다면, 응답자는 자신의 이야기가 흥미롭다는 자신감을 얻을 수 있다.

유의해야 할 것은 지나친 침묵은 피해야 한다는 것이다. 인터뷰어는 응답자가 반응하는 속도와 기대에 대해 민감해야 한다. 인터뷰어가 필요 이상으로 침묵한다면 응답자를 당황케 할 것이 분명하다. 이미 답변한 내용을 되풀이하거나, 매우 짧은 답변으로 침묵을 깨려고 할지도 모른다. 침묵은 잘 사용하면 인터뷰를 매끄럽고 탄력 있게 이끌어 가는데 도움을 주지만, 과도하게 사용하면 분위기를 어색하게 하기 쉬우므로 주의해야 한다.

11 질문짜기

안드레아 삭스(Andrea Sachs, 이하 삭) : 정말로 은퇴할 건가요?

스티븐 킹(Stephen King, 이하 킹) : 은퇴에 대해 말하는 것을 보는 일은 흥미로울 거예요. 왜냐하면 언론이나 일반 사람들은 내 은퇴가 의미하는 것에 대해 제멋대로 오해하기 때문이죠. 내가 글쓰기를 그만둔다는 것은 상상조차 할 수 없어요. 내가 생각하는 것은 출판으로부터 은퇴예요.

삭: 그러니까 집필이 아니라 출판을 그만두겠다는 건가요?

킹: 만약에 내가 생각했던 것들을 글로 옮겼을 때 그것이 출판할 가치가 있다면, 출판할 거예요. 그러나 내가 지금까지 해왔던 식으로 해마다 출판하는 방식은 지나쳤다고 생각해요.

삭: 현재에도 매우 왕성한 활동을 하고 계신 것으로 보이는데요.

킹: 앞으로 1년 뒤에 사람들은 이 남자가 은퇴하려 했다는 것은 우습다고 말할 거예요. 나는 1982년 이래 3편의 소설을 끝마쳤어요. 올 가을에는 *From a Buick 8*이라는 소설도 출간할 예정이죠. 내가 아는 한 스티븐 킹의 마지막 소설이 될 거예요.

삭: 몇몇 작가들이 말년에 더 왕성한 집필활동을 하지 않았나요?

킹: 나는 스스로 계속 발전해왔다고 생각해요. 당신이 대화하고 있는 지금의 내가 22~23살 때 《캐리》를 썼을 때의 나보다 더 좋은 글을 쓰는 사람이길 바라요. 하지만 나는 내 자신의 작품들이 특별히 늦게 전성기를 맞았다고 생각하진 않아요.

삭: 그래서 얼마나 많은 돈을 벌었습니까?

킹: 잘 모르겠어요.

삭: 수백만 달러 됩니까?

킹: 아니에요. 아마 100만 달러 혹은 120만 달러 정도 될 겁니다. 정확하게 말할 수 없어요. 많다는 것 이외에는.

삭: 만약에 정말로 은퇴한다면, 팬들이 충격 받지 않을까요?

킹: 그들이 동요할지도 모르겠네요. 하지만 출판업계에 있거나 글을 쓰는 다른 모든 사람들을 생각해 보세요. 그들은 안도의 한숨을 내쉬면서 이렇게 말할 거예요. '마침내 그가 입을 닫았다!'

— 스티븐 킹이 2002년 1월 은퇴선언을 했을 때
〈타임〉지의 안드레아 삭스 기자가 던진 10개의 질문 중 발췌.

1. 좋은 인터뷰어란 좋은 질문자

중국 속담에 "묻는 사람은 5분간 바보가 되지만, 묻지 않는 사람은 영원히 바보가 된다"는 말이 있다. 볼테르가 한 말도 유명하다. "답변에 의해서 사람을 판단하지 말고 질문에 의해서 판단하라." 레비 스트라우스 역시 "현명한 사람은 올바른 답을 내놓는 사람이 아니라 올바른 질문을 하는 사람이다"라고 했다.

좋은 인터뷰어는 예외 없이 좋은 질문자이다. 커뮤니케이션 모델에서 송신자를 인터뷰어, 수신자를 인터뷰이(정보제공자 혹은 응답자도 포함)라고 할 때, 메시지는 질문이 된다. 인터뷰의 커뮤니케이션 과정에서 질문은 빼놓을 수 없는 요소이면서 가장 핵심이 되는 부분이라고 할 수 있다.

진리탐구에 골몰하던 그리스의 철학자 소크라테스는 '대화'를 통해 사색을 전개했다. 어떤 질문이 하나의 답을 끌어내고, 그 답이 또다시 새로운 질문을 이끌어내는 과정에서, 질문자와 답을 하는 사람은 그때까지 미처 생각하지 못했던 새로운 영역에 눈뜨게 되고, 사색의 깊이를 더하게 된다는 것이다. 철학적 사유의 과정은 아니지만 인터뷰 역시 질문을 통해 진실, 혹은 사실에 접근하기 위한 탐색의 과정이라는 점에서는 본질적으로 같다. 올바로 던져진 질문이 사유의 깊이를 더하듯, 잘 구성된 질문이 인터뷰의 질을 결정한다.

인터뷰와 일반 대화의 차이는 뚜렷한 목적성에 있다. 인터뷰는 제한된 시간에 사람과 만나 그 사람에게 핵심에 맞는 질문을 던져 그에 대한 답을 듣는, 전략적 만남에서 이루어지는 커뮤니케이션이다. 그러니까 물건 값을 묻는다거나, 길을 물어보는 것처럼 목적은 있어도 일회성으로 그치는 단답형 대화, 혹은 특별한 주제가 없이 즐거움을 위해 나누는 한담은 인터뷰라고 할 수 없다. 인터뷰에서는 질문자와 답변자의 역할이 처음부터 정해져 있어 한 사람이 질문하고 또 다른 한 사람이 대답하는 것으로 일관한다. 이때 주도권은 주로 질문자가 쥔다. 그러나 대화에서는 대화의 참여자가 서로 질문하고 답변하는 역할을 번갈아가며 한다. 따라서 인터뷰어는 사전에 질문을 철저하게 준비하고 검토해야 한다. 물음은 상대방의 본질에 접근하는 무기이면서, 동시에 묻는 사람을 드러내는 거울이기도 하다. 답변의 내용이 얼마나 충실한가는 질문이 얼마나 좋은 질문인가에 달려있다.

사실 좋은 질문을 하는 능력은 인터뷰에만 유용한 것이 아니다. 미국 CNN의 간판 토크쇼 진행자인 래리 킹(Larry King)은 자신의 저서 《대화의 법칙》(*How to Talk to Anyone, Anytime, Anywhere*)에서 "좋은 질문이 좋은 대화의 비결이라는 사실을 명심하라"라고 적었다. 그는 가장 좋아하는 질문으로 "왜?"를 꼽는다.

> 어떤 남자가 가족과 함께 다른 도시로 이사할 것이라고 말하면, "왜?"라고 묻고, 어떤 여자가 직업을 바꿀 것이라고 해도 "왜"라고 묻는다 … TV 쇼에서도 나는 이 단어를 아마 가장 많이 쓸 것이다. 그것은 지금까지 최고의 질문이었고 앞으로도 그럴 것이다. 그러한 질문은 대화에 생기와 흥미를 불어넣는 가장 확실한 방법이다.

좋은 질문은 훌륭한 처세술이기도 하다. 카네기(Dale Carnegie)는 저서인 베스트셀러 《친구를 얻고 사람들에게 영향을 주는 방법》(*How to win friends and influence people*)에서 이렇게 말한다.

> 상대방이 대답하기 좋아하는 질문을 하라. 그들이 스스로 이룩한 성취에 대하여 말하도록 하라. 상대방은 당신이나 당신의 문제보다는 자신의 희망이나 문제에 백배나 관심이 많다는 사실을 명심하라. 사람은 본래 1백만 명을 희생시킨 중국의 기근보다 자신의 치통이 더 중요하다고 여긴다. 아프리카에서 발생하는 지진보다 자기 눈앞의 이익이 훨씬 더 중요하다. 다음에 당신이 대화를 시작할 때는 이 점을 꼭 명심하라.

명 인터뷰어는 예외 없이 명 질문으로 자신들의 명성을 쌓아올린 사람들이다. 질문에 대한 이들의 철학과 접근방식 속에는 진실을 끌어내기 위한 그들만의 노하우가 녹아 있다.

이탈리아 출신의 저술가이며 가장 노련한 정치 분야 인터뷰어로 이름이 높은 올리아나 팔라치(Oriana Fallaci)는 인터뷰를 진행하는 것을 승용차를 운전하는 것에 비유하며, 인터뷰는 질문을 던지는 사람에 의해 좌우된다고 했다. 그는 보통 기자들이 문제의 핵심에 들어가기 앞서 던지는 너절한 질문들을 부정하고 제대로 된 질문을 정면으로 던지라고 조언한다. 세계 정상급 지도자들에게 도발적 질문을 던지는 것으로 유명한 팔라치는 "특정한 질문을 던지는 데 필요한 용기만 있다면 인터뷰란 아주 쉬운 일"이라고 말한다. 실제로 그는 다음과 같이 말한다.

> 하느님이 존재하고 그를 인터뷰할 수 있다면 나는 하느님을 겁내지 않을 것이다. 나는 수많은 질문도 준비할 것이다. "죽어 없어질 생명을 만든 것을 보면 당신이 가짜라는 생각이 들긴 하지만 어쨌든, 우리에게 무엇 때문에 죽음을 안겨주었는가? 한 번 태어난 인간이 왜 죽어야 하는가? 그러니 이 질문부터 시작하자. 왜 그렇게 했는가?" 이런 식으로 나는 하느님을 조금도 두려워하지 않을 것이다.

미국 ABC 방송의 〈나이트라인〉(*Nightline*) 진행자 테드 코펠(Ted Koppel)은 질문과 답변을 인터뷰의 '게임의 규칙'으로 풀이했다.

> 인터뷰 대상자들이 어떤 프로그램에 출연한다는 것은 15분, 20분, 25분 동안 그 프로그램의 게임의 규칙에 따르겠다고 동의한 것으로 보아야 한다. 게임의 규칙이란 다름이 아니라 "내가 질문을 하면 당신은 답변을 한

다"는 것이다. 이런 규칙에 따라서 내가 답변을 미흡하다고 생각하면 "답변이 만족스럽지 못하니 다시 한 번 질문을 던지겠다"라고 말할 수 있는 것이다.

그는 또 "인터뷰 담당자가 대상자에게 위압된다면 인터뷰를 제대로 진행시키지 못할 것이다"면서 인터뷰 담당자는 사람을 두려워하지 않는 법을 배워야 한다고 강조한다.

유명인사를 대상으로 하는 퍼스낼리티 인터뷰에 능한 바바라 월터스(Barbara Walters)는 세밀하게 잘 짜인 질문을 던지는 인터뷰어로 유명하다. 젊은 시절부터 명사 인터뷰 담당자들의 질문내용을 준비해 주는 구성작가의 역할을 하면서 일찍부터 질문짜기 훈련을 한 결과다. 월터스는 "내가 알고 싶은 것이 무엇일까? 일반인이 정말 궁금하게 생각하는 것은 무엇일까?"라는 자문에서부터 시작한다고 한다. 그리고 질문의 내용을 남에게 의존하지 않고 자신이 준비한다. 때로는 질문의 숫자가 한 사람당 2백 개가 넘을 정도로 철저하게 준비한다. 흥미로운 것은, 막상 세심한 준비 끝에 선별된 질문들을 카드에 정리해서 인터뷰를 시작하면 준비된 질문들에 전혀 신경을 쓰지 않게 된다는 사실이다. 수많은 질문을 준비하며, 이미 머릿속에 질문의 내용이 정돈되었기 때문에 굳이 질문지를 참고할 필요가 없다는 결론이다. 월터스는 또 인터뷰의 강약과 선후를 적절하게 조절해 인터뷰 첫머리에 주로 어린 시절에 대한 질문을 하는 것, 인터뷰와 직접 연관된 사람이 아니면 스튜디오에 머물지 못하게 하는 것(인터뷰 대상자의 시선이 흐트러지기 때문), 인터뷰할 때 대상자와 가까이 앉아 상체를 수그리는 것(상대방이 조명이나 카메라를 의식하지 않고 나를 쳐다보게 하기 위해) 등 자신만의 인터뷰 노하우가 있다고 밝힌다.

2. 질문의 종류

1) 답변의 범위에 따른 구분: 개방형, 폐쇄형, 양자택일형 질문

(1) 개방형 실분

응답자가 자신이 답변할 내용에 대해 상당한 재량을 주는 형태의 질문으로, 상대방의 느낌이나 의견 등을 듣고 싶을 때 주로 사용한다. 주로 어떻게(*how*)와 왜(*why*)를 묻는 질문이 많다. 개방형 질문 중 매우 개방적 질문의 예로는 "당신에 대해 이야기해 주세요" 등으로 상당히 포괄적인 답변을 구하는 질문이 있다. 그보다 조금 범위를 좁힌 개방형 질문의 예로는 "설악산 여행은 어땠나요?", "학창시절에 대해 이야기해 주십시오", "그 연주회는 어땠나요?", "낙태에 대해서는 어떻게 생각하십니까?", "어떻게 해야 도시 공해문제가 해결될까요?" 등이 있다.

• 개방형 질문의 장점

인터뷰 대상자가 자유롭게 이야기할 시간을 준다. 답하기 쉽고, 긴장할 필요가 없다. 질문자가 생각하지 못했던 질문에 대한 답을 들을 수 있다. 지식의 정도, 편견, 감정 상태까지 함께 나타낸다.

• 개방형 질문의 단점

답하는 데 시간이 많이 걸린다. 지나치게 짧게 답할 경우 커뮤니케이션이 잘 안 된다. 인터뷰가 엉뚱한 방향으로 빠지지 않도록 하는 기술이 필요하다. 개인차가 심해 규격화된 인터뷰 방식으로 부적합하다.

(2) 폐쇄형 질문

상대방의 대답의 범위를 질문자가 제한하는 형태의 질문으로, 특정한 사안에 대한 답변이 듣고 싶을 때 사용한다. 무엇(*what*)이나 누구(*who*)를 묻는 질문이 여기에 속한다. 폐쇄형 질문의 예로는 "나이가 몇 살입니까?", "당신 지역구 국회의원이 누구죠?", "신체검사 받은 지 얼마나 되셨습니까?", "어느 회사에서 나오는 커피를 가장 좋아하십니까?" 등으로, 특정한 답변을 구하는 질문을 들 수 있다. 폐쇄형 질문의 극단적 예로, 표준화된 인터뷰나 서베이 등에 주로 사용하는 질문의 형태로는 다음과 같은 것이 있다.

▶ 당신의 교육정도는?
고졸( ) 대학중퇴( ) 대졸( ) 대학원 수료( ) 석사( ) 박사( )

▶ 당신이 가장 좋아하는 브랜드의 커피를 순서대로, 가장 좋아하는 경우를 5, 가장 싫어하는 경우를 1로 하여 표시하여 주십시오.

초이스	1 2 3 4 5
맥스웰 하우스	1 2 3 4 5
상카	1 2 3 4 5
네스카페	1 2 3 4 5

• 폐쇄형 질문의 장점

인터뷰어가 질문과 답변을 효과적으로 조절할 수 있다. 분야별로 질문의 양을 조절할 수 있다. 통계의 자료로 활용할 수 있다. 부연 설명이나 해석이 필요 없다.

〈그림 11-1〉 개방형-폐쇄형 질문에 따른 답변의 성격

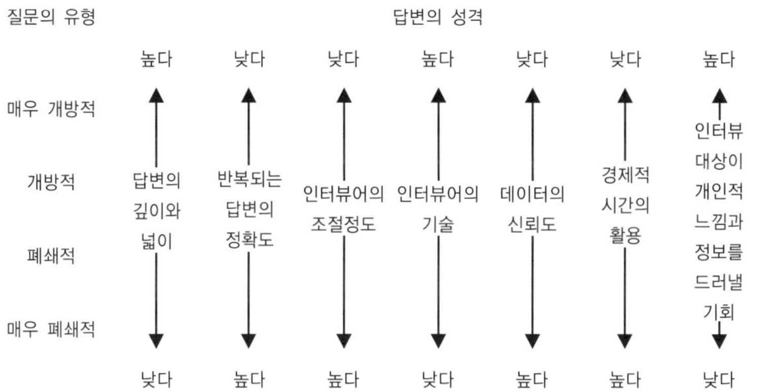

출처: Stewart & Cash, *Interviewing–Principles and Practices*, p.68.

• 폐쇄형 질문의 단점

양자택일형 질문의 경우 극히 적은 정보만 거둘 수 있다. 답을 택한 이유나, 답에 대한 느낌 등은 알 수가 없다. 잠정적으로 가치 있는 답변을 얻기 어렵다. 인터뷰 대상자의 학력, 관심, 습관, 문화 등을 미리 파악해야 한다.

(3) 양자택일형(bipolar) 질문

글자 그대로 응답의 가능성을 2가지밖에 남겨놓지 않은 질문으로, 그 2가지는 주로 극단적 답변인 경우가 많다. 예스(*yes*)/노(*no*)를 묻는 질문도 여기 속한다. 양자택일형 질문의 예로는 "산과 바다 중 어느 쪽을 좋아하십니까?", "엄마가 좋아, 아빠가 좋아?", "그 학교에 대해 아는 것이 있습니까?" 등을 들 수 있다.

2) 질문의 순차에 따른 구분: 1차 질문과 2차 질문

(1) 1차 질문(본 질문)

새로운 토픽을 다루는 질문.

(2) 2차 질문(후속 질문)

질문에 대한 답변이 미흡하거나, 부정확하거나, 모호하거나, 겉핥기식이거나, 혹은 답변을 거부할 경우 다시 던지는 질문. 대답을 유도하기 위한 추임새에 해당하는 말(CAMs: *Continuation Attention Markers*), 즉 "아, 네", "그래서요?", "정말입니까?", "그래서 어떻게 됐지요?", "계속하세요" 등을 넣거나, 내용을 캐묻는 질문을 할 필요가 있다.

보충질문, 탐구형 질문(*probing question*)이라고도 하며, 중립적 보충질문(*neutral probe*: 흔히 추임새에 해당하는 말들)과 적극적으로 후속 정보를 캐내려는 강조적 보충질문(*assertive probes*: "그게 무슨 뜻이죠?", "더 자세히 말씀해 주시죠", "그 다음 어떻게 됐습니까?", "그 말을 믿으라는 말씀이십니까?" 등), 맞장구형 보충질문(*mirroring probe* 혹은 *reflective probe*라고도 하며, 상대방의 말을 그대로 반복하는 형태의 질문이다. 가령 "그게 너무 싫었어요"라고 한다면 "그게 그렇게 싫으셨군요"라고 맞장구친다)이 있다. 학자에 따라서는 "에이, 그럴 리가 있습니까?" 등의 부정적 보충질문(*negative probe*), "결국 … 이렇다는 말씀이군요" 등의 확인용 보충질문(*clarifying probe*) 등을 추가하기도 한다. 이러한 후속 질문들은 결국 본질문의 답변에 대한 내용을 확인하거나, 내용을 풍부하게 해주는 기능을 한다. 후속 질문은 다음과 같이 응용될 수 있다.

• 내용확인을 위한 후속 질문(폐쇄형 질문의 응용)

① 답변이 모호한 경우엔 범위를 정해준다. 가령 "이것보다 큽니까?", "6월 전이었습니까?" 등.

② 순위를 매겨보도록 한다. "1에서 10점까지라고 한다면 몇 점 주시겠습니까?" 등.

③ 양자택일형 질문을 한다. 가장 좋은 방법은 아니지만, 후속 질문으로는 효과를 발휘할 때가 있다. "테러리스트임이 확인되면 잡습니까? 아니면 죽입니까?"라고 한 샘 도널슨(Sam Donalson)의 질문이 한 예.

④ 답변을 반복한다. "…라는 말씀입니까?" 등.

⑤ 모르는 말이나 표현이나 전문용어가 나오면 즉각 다시 질문해 확인한다.

⑥ 통계나 날짜 등은 별도로 확인한다.

⑦ 사건을 연대기순으로 재확인한다.

⑧ 모르는 질문에 대해서는 답해줄 사람을 추천 받는다.

• 대답의 내용을 풍부하게 하기 위한 후속 질문

① 한 가지 사례를 집중적으로 파고든다.

② 알고 있는 역사적 지식을 활용한다.

③ "왜" 그리고 "어떻게"라는 질문을 반복한다.

④ 사례를 들게 한다.

⑤ 5초 동안 침묵한다.

그래도 답변이 시원치 않을 경우, 미주리 그룹이 펴낸 《저널리즘 실무서》(*News Reporting and Writing*)는 '같은 질문을 다른 표현을 써서 3번 할 것'을 권한다. 2002년 4월 1일 〈타임〉은 당시 작가 은퇴를 선언한 스티븐 킹(Stephen King) 인터뷰를 실었다. 이 인터뷰에서 기자는 그의 은퇴 발표의 진위를 확인하기 위해 "정말 은퇴할거냐?"고 물었다. 이에

스티븐 킹이 "글쓰기를 그만둔다는 뜻이 아니고 출판을 그만하겠다는 뜻이다"라고 답하자, 기자는 다시 "글을 쓰면서 출판을 하지 않겠다는 말인가?"라고 거듭 물었다. 이에 스티븐 킹이 "만약 출판할 가치가 있다는 판단이 들면 그 때 출판할 것"이라고 답했다. 기자는 "현재에도 왕성하게 집필활동을 하고 계시지 않느냐?", "말년에 더 왕성하게 창작활동을 하는 작가들도 많다"라는 질문을 던져, 스티븐 킹 자신이 선언한 '은퇴'의 의미가 과연 무엇인지 규명하려는 노력을 보였다.

《친밀한 저널리즘》(*Intimate Journalism*)의 저자 게리 스미스(Gary Smith)는 "내 기사에는 같은 질문을 3번 다른 방법으로 물음으로써 얻는 정보가 유용하게 쓰인다. 대개 세 번째 질문에서 알찬 답이 나온다. 그러나 만약 그렇지 않다고 하더라도 질문을 반복하는 과정에서 사실 확인이 되고, 틀린 곳도 고치게 된다"며 3번 반복 질문의 장점을 피력한다.

3) 내용의 중립성에 따른 구분: 중립적, 유도형, 압박형 질문

어떤 단어를 선택해 어떤 뉘앙스로 하느냐에 따라 중립적 질문이 될 수도 있고, 유도형 질문이 될 수도 있다. 답변의 공정성을 해치는 유도형 질문은 미디어 인터뷰나 학술조사용 인터뷰에서 가급적 피하는 것이 좋다. 다만 예외적으로 진실을 지나치게 은폐, 왜곡하려는 의도가 명백한 상대방에 한해서는 진실추구라는 차원에서 유동형 질문이나 압박형 질문을 사용하는 것이 효과적일 때도 있다.

(1) 중립적 질문

응답자가 어떤 이슈에 관한 자신의 입장이나 신념, 자세와 가치관 등에 입각해 응답하도록 던지는 질문, 혹은 사실 자체에 대한 질문을 말한다.

(2) 유도형 질문

인터뷰어가 특정한 답변을 미리 염두에 두고 그 답을 상대방으로부터 이끌어내기 위해서 던지는 질문을 말한다. "…라고 생각지 않으십니까?", "차라리 …하시지 않겠습니까?" 등과 "아시다시피"로 시작되는 질문, "법에 따르면", "한 연구에 따르면", "전문가에 따르면"이라는 단서를 달아 권위를 상기시키는 질문, "그렇지요?" 등의 부가의문문형 질문들이 여기 들어간다.

(3) 압박형 질문

유도형 질문의 변형으로, 상대방의 감정적인 반응을 직접적으로 불러 일으켜 답변을 얻고자 하는 질문이다. "거짓말하고 계시는군요", "대체 그런 말을 어떤 바보가 믿겠습니까?" 등 감정을 건드리는 질문들이다.

3. 질문의 배열

질문을 던지는 순서에 따라 다음과 같은 5가지 유형으로 나눠볼 수 있다.

1) 깔때기형(funnel) 인터뷰

일반적 질문에서 시작해 특정한 사안으로 좁혀 들어가는 질문이다. 주로 개방형 질문에서 시작해 폐쇄형 질문으로 옮아간다. 법정에서 변호사가 던지는 질문의 유형과도 비슷하다. 정치부 기자나 경찰 기자들이 자주 사용하는 형태의 질문이다. 깔때기형 질문의 예로는 "이번 교과과정 개편에 대해 어떻게 생각하십니까?" → "어떤 코스가 학생들에게 도움이 될까요?" → "그중에 가장 도움이 될 만한 코스는 무엇일까요?" → "왜 그렇다고 생각하십니까?" → "그렇다면 이번의 교과과정 개편은 성공적이라고 할 수 있을까요?"의 순서로 진행되는 일련의 질문을 들 수 있다.

2) 역깔때기형(inverted-funnel) 인터뷰

세세한 질문에서 시작해 견해나 의견을 얻고자 할 때 사용하는 질문이다. 주로 폐쇄형 질문에서 시작해 개방형 질문으로 옮아간다. 사실에 근거한 의견을 얻는 데 목적이 있다. 이러한 형태의 질문의 예는 "어떤 일이 일어났는지 보았습니까?" → "그때 그 장소에 누가 또 있었지요?" → "그 사고의 원인은 무엇이라고 생각하십니까?" → "기억할 수 있는 것을 모두 말해 보세요" → "이번 사고에 대한 당신의 반응은 어땠습니까?"의 순으로 진행되는 질문을 들 수 있다.

3) 터널(tunnel) 인터뷰

개방형 질문이나 폐쇄형 질문 중 한 가지 형태를 택해 계속 질문해가는 형식. 긴 답변을 기대하지 않는 경우, 빠른 시간에 구체적 사실을 확인해야 하는 경우 등 주로 사건의 현장에서 이루어지는 경우가 많다.

4) 자유형 인터뷰(freeform interview)

방향성이 느껴지지 않도록 이끌어가는 인터뷰. 시간이 충분하거나, 인물탐구형 인터뷰에 적합하다.

5) 의견의 강도를 탐색하는 5단계 인터뷰 (quintamensional design sequence)

조지 갤럽(George Gallup, 1947)은 상대방의 의견이나 느낌을 아는 것에서 한 단계 더 나아가 얼마나 강하게 그런 느낌을 갖고 있는지 알아보는 5단계 질문을 구축했다.

첫 번째 단계는 인지(*awareness*)의 단계이다. 두 번째는 일반적 자세를 묻는 단계(*uninfluenced attitude*)이고, 세 번째는 응답자의 자세를 묻는 단계(*specific attitude*)이다. 네 번째는 그러한 자세를 갖게 된 이유와 배경(*reason*), 다섯 번째로 자세의 강도(*intensity of attitude*)를 묻는다.

예를 들어 정부의 부동산 투기 억제책에 대한 응답자의 견해의 강도를 알고 싶으면 먼저 정부정책을 얼마나 알고 있는가를 물어본 후 두 번째로 정책의 일반적 성과에 대한 견해를 묻는다. 세 번째로 정부가 투기 억제정책을 위해 사용한 예산이 과다한지, 적정 수준인지 부족한지 등의 세부적 내용에 대한 의견을 묻고, 네 번째로 그 의견에 대한 이유를 묻는다. 그리고 마지막으로 그렇게 생각하는 정도를 1에서 10의 강도 중 어떤 강도로 생각하느냐고 묻는 것이다.

이런 5단계를 통하면서, 일반적 경우와 비교하여 응답자의 견해 혹은 느낌의 강도가 어느 정도인지 알 수 있다. 갤럽이 개발한 이 방법은 느낌의 강도를 측정하는 다섯 번째 질문의 답을 구하는 데에 궁극적 목적이 있다. 여론조사에서 많이 사용되는 이 방법은 응답자의 의견을 계량화할 수 있다는 점을 제외하면 깔때기형 질문과 유사하다.

4. 좋은 질문이란?

- 어떻게(How)와 왜(Why)를 묻는 질문에 집중한다. 단순 사실의 확인은 사전 취재나 이미 공개된 자료들을 활용하고 좀더 깊이 있는 질문들에 시간을 할애한다.
- 어휘를 정의하고 정리한다. 답변자와 어휘 문제로 오해가 생기지 않도록 알아듣기 쉬운 말로 적시해서 표현하도록 한다. 가령 "그때 그 회의에서…"라고 하지 말고, "지난해 8월에 서울에서 열린 국제회의에서"라고 명시해 오해의 소지를 최소화한다.
- 질문을 던지기 전에 상대방을 파악한다.
- 답변할 수 있는 질문을 던진다. 즉, 범죄를 저지른 청소년을 인터뷰하

며 "대체 왜 그랬느냐"는 식으로 묻지 않는다.
- 질문자의 입장이 드러나지 않게 한다.
- 아는 것도 질문한다.
- 무지가 드러나는 것을 두려워하지 말라.

명 인터뷰어 바바라 월터스(Barbara Walters)는 〈뉴욕 타임스〉와의 인터뷰에서 어떤 인터뷰에서 물어보아도 좋은 5가지 질문을 다음과 같이 소개했다.

① 만약 당신이 병원에서 회복중이라면, 옆 침대에서 자면서 간호해 주었으면 하는 사람은 누구인가? 단 친척은 제외하라.
② 당신이 처음으로 가진 직업은 무엇이었는가?
③ 가장 최근 울어본 때는 언제인가?
④ 사랑을 느낀 첫 번째 사람은 누구인가?
⑤ 지난해 당신을 가장 기쁘게 한 일은 무엇인가?

월터스가 제안한 첫 번째 질문은 말문을 트기 위해 가볍게 시작하는 가정형 질문으로 많은 인터뷰어가 즐겨 사용한다. 상대가 정치인일 경우에는 답변을 회피하는 경우가 많아 적합하지 않지만, 대부분의 인터뷰 대상들은 가정형 질문에 호의적으로 반응한다. 무인도에 갇혀 있을 때 3가지 책만 고를 수 있다면 무슨 책을 선택하겠는가? 현재 직업에서 해직된다면 어떤 일을 하겠는가? 역사의 어느 시점을 선택해서 태어난다면 언제 어디서 태어나고 싶은가? 누군가가 돈 10억 원을 준다면 그 돈으로 무엇을 하겠는가? 집에 불이 났다면 가장 먼저 무엇을 들고 나오겠는가? 등의 질문은 예기치 않게 상대방의 가치관이나 사고방식을 적나라하게 드러낼 때가 있다.

〈뉴욕 포스트〉의 발행인이자 주필을 지낸 도로시 쉬프(Dorothy Schiff)는 상대방의 인간적 측면을 드러내는 질문들로 다음과 같은 질문을 제시했다.

① 가장 많이 영향을 미친 사람(혹은 책)은 누구인가?
② 쉬는 시간에는 주로 무엇을 하나?
③ 인생의 가장 큰 기회가 있었다면 언제 어떤 기회였나?
④ 인간에 대한 신념은? 사람이 기본적으로 변할 수 있다고 믿는가?
⑤ 인생에서 가장 중요한 것은 무엇이라고 생각하는가?

5. 질문할 때 주의할 점

- 명료하고 정확한 단어를 사용해 질문한다. '매우', '아주' 등의 불필요한 수식어나 추상적 단어, 중의적 단어들은 피한다.
- 단정적 말을 하지 말고 질문을 해라.
- 뜬금없는 질문을 던지지 말고 토픽과 관련된 질문을 해라.
- 흑백논리에 입각한 양극단적 질문(*bipolar question*)을 하지 말라.
- 유도형 질문, 압박형 질문은 피하라.
- 다지선다형 질문을 할 때는 적절하고 공평한 예시를 제시하라.
- 긴 질문, 복잡한 질문을 피하고, 여러 개의 질문을 한꺼번에 던지지 말라.
- 새로운 사실을 찾고자하는 도전적 질문을 던져라.
- 초점이 명백한 질문을 하라. 일반적 질문은 피하는 게 좋다.
- 상대방의 질문에 대한 인터뷰어의 느낌이나 의견을 나타내는 비언어

적 각종 신호들, 즉 고개를 끄덕이거나, 얼굴을 찡그리거나 하는 태도나 몸짓을 피해야 한다.

· 인터뷰 상대가 이야기의 핵심으로부터 먼 곳으로 비켜나지 않도록 하라.

6. 효과적 질문짜기 전략

모든 사람이 독특한 것처럼 모든 인터뷰 역시 독특하다. 각기 다른 상황에서 각기 다른 사람들이 엮어 가는 인터뷰를 어떻게 진행해야 할 것인가는 상당부분 기자의 선택과 재량, 인터뷰어-인터뷰이 사이의 상호작용, 그리고 상황의 함수에 달린 일이다. 대부분의 인터뷰 실무서들이 첫 질문은 말랑말랑하고 쉬운 것으로 던질 것을 제시하고 있으나, 명 인터뷰어 중에는 이런 공식을 과감히 무시하고 단도직입적으로 질문을 던지는 이들도 있다. 어떤 실무서에는 유도형 질문은 피하라고 가르치고 있으나, 또 다른 실무서에서는 유도형 질문이 진실을 캐는 데 효과적이라고 가르치고 있다. 모든 상황에 예외 없이 적용되는 공식은 없다.

그러나 대부분의 상황에 무리 없이 적용 가능한 일단의 전략을 추출해내는 것은 그다지 어려운 일이 아니다. 뉴욕 시립대학의 마빈 코트리에브(Marvin Gottlieb) 교수는 '전략적 사슬 모델'(*The Chain-Link Strategic Model*)을 느슨한 가이드라인의 하나로 제안한다. 이 모델은 '개방형 질문-보충형 질문-폐쇄형 질문-거울형 질문'의 사슬로 이어져 있다.

〈그림 11-2〉 질문의 전략적 사슬 모델

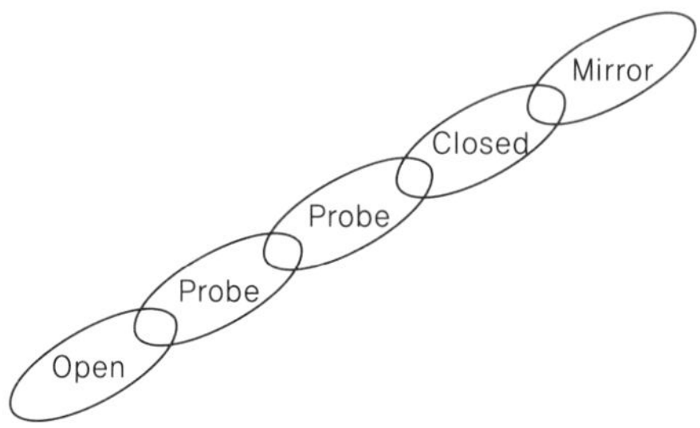

출처: Marvin Gottlieb, *Interview*, p.36.

〈그림 11-2〉에서 보충형 질문이 두 차례 거듭되어 있는 것은, 한 번의 보충 질문으로는 충분한 답을 얻기가 힘들다는 판단에서이다.

7. 잘 듣는다는 것은 무엇인가

일단 질문을 던졌으면 답변에 귀를 기울여야 한다. 인터뷰에서 '듣기'는 질문 못지않게 중요하다. 열심히 잘 들어주는 사람만큼 매력적인 인터뷰어는 없다. 상대방의 답변 내용뿐만 아니라 내용 속의 숨은 진실까지 파악하려는 진지한 자세가 필요하다. 상대방의 말뿐만 아니라 말귀를 알아들어야 한다는 뜻이다. 인터뷰 도중 딴전을 피우거나 경청하는 자세를 흐트러뜨린다면 자연히 답변도 시들해질 것이다. 이야기의 흐름을 탄력 있게 이어가려면 무엇보다도 집중해서 듣는 것이 필수적이다. 듣기는 말하기와 더불어 커뮤니케이션의 양대 기술 중 하나이기도 하다. 비단 인터뷰뿐만 아니라 모든 인간 사이의 커뮤니케이션에서 듣기란 의사소통의 필수 요소이다. 따라서 특정한 상황에서 듣기를 방해하는 요소가 무엇인지 가려내고 분석해 그 요소를 제거함으로써 듣기 기술을 계발하고 훈련해야 할 필요가 있다.

듣기에는 크게 2가지가 있다. 첫째는 생리적 현상의 하나로서의 듣기이다. 영어의 히어링(*hearing*)에 해당하는 이 듣기는 음파가 고막에 도달함으로써 이루어지는 것으로, 소리에 귀가 노출되어 자연스럽게 이루어지는 듣기현상이다. 선택의 여지가 없고, 별다른 기술을 요하지 않는다. 둘째는 능동적으로 메시지를 받아 선별, 해석, 반응, 기억하는 행위(Wood, 2001)로서의 듣기이며, 영어의 리스닝(*listening*)에 해당한다. 능동적 듣기의 행위가 얼마나 복잡한 과정인지는 '듣는다'를 뜻하는 한자 '聽'(들을 청)만 보아도 알 수 있다. 귀뿐만 아니라 눈과 마음이 함께 동원되어야 한다는 뜻이 담긴 이 한자처럼 능동적 듣기는 노력과 에너지가 필요한 행위이다. 우리말로 '정신차리고 듣기'쯤에 해당하는 '리스닝'이란 다시 말해 스스로의 생각으로 인해 방해받지 않는 듣기 행위이다.

순수한 듣기행위라는 것은 자신의 주관적 느낌, 판단, 의견 등을 개입시키지 않고, 오직 상대방이 하는 말에 귀를 기울이는 행위를 말한다. 여기서 듣기는 막연히 귀가 열려 있어 들리는 차원이 아니라, 듣고자 하는 의도를 분명히 한 선택의 행위이며, 따라서 그에 따르는 기술을 요하는 재능(*talent*)의 하나이다.

《기사작성 실무서》를 쓴 멜빈 멘처(Melvin Mencher)는 좋은 청취자가 되기 위해 다음과 같은 주의사항을 지켜야 한다고 조언한다.

첫째, 스스로를 억제하라. 나름대로의 의견이 있더라도 참고 상대방의 말을 듣는다.

둘째, 새로운 사실이나 시각에 가능성을 열어두어라. 때로는 마음에 안 드는 대안에도 마음을 열어두어야 한다.
셋째, 상대방이 충분히 생각할 시간을 주어라.
넷째, 상대방의 말이나 생각의 흐름을 끊거나 방해하지 말라.
다섯째, 상대방의 행동이나 생김새나 성격보다, 그가 하는 말에 우선 귀를 기울여라.
여섯째, 긴 질문을 피하라.
일곱째, 줄기를 비켜나는 질문을 삼가라.

스튜어트와 캐쉬(Stewart & Cash)는 듣기를 비판적 듣기(*critical listening*), 능동적 듣기(*active listening*), 감정을 이입해서 듣기(*empathetic listening*) 등 3가지로 나누었다. 비판적 듣기는 인터뷰 과정에서 내용을 수동적으로 수용하는 것을 뜻하며, 이때 인터뷰어나 인터뷰이는 자기에게 필요하고 유용한 정보에만 귀를 기울이게 된다. 따라서 매우 이기적인 듣기행위라고 할 수 있다. 비판적 듣기를 하는 사람은 질문의 내용이나 주제가 자신의 관심밖에 있으면 재미없다고 느끼기 쉬우며, 말하는 사람의 내용보다 전달하는 방식에 더 불만이 많고, 사실에만 귀를 기울이고, 질문을 이해하기도 전에 답변을 하려고 한다. 또 이해하기 쉬운 것만 받아들이며, 개인적인 편견이나 그릇된 신념으로 메시지를 받아들인다. 비판적 듣기행위를 고치고 잘 듣는 사람이 되기 위해서는 무엇보다도 정신적으로 충분히 잘 들을 준비를 하고, 인터뷰 이전에 주제나 대상에 대해 성찰하는 시간을 가지며, 핵심주제를 파악하는 훈련을 해야 한다.

능동적 듣기는 인터뷰 과정을 통해 관심과 이해와 명백한 피드백을 주고받는 듣기 행위를 말한다. 능동적 듣기를 하는 사람은 상대방의 말에서 파생된 후속 질문을 통해 문제의 핵심을 파고드는 기술을 발휘하게 된다. 또한 상대방이 이해하는 정도를 정확히 파악해 이해가 부족하다고 판단되면 다시 설명을 해주기도 하고, 주제의 양면성, 즉 장점과 단점을 명확히 설명함으로써 상대방이 생각과 의견을 정리하는 데 도움을 준다.

감정을 이입하며 듣기는 메시지의 단순한 전달 그 이상의 영역까지도 듣고 반응하며 전달하는 행위이다. 감정을 이입하며 듣는 사람은 글자 그대로 상대방의 입장에서 생각하고 반응할 수 있으며, 따라서 인터뷰 당사자는 인터뷰를 통해 위안을 받고 따뜻한 감정에 젖을 수 있다. 매우 개인적인 문제나 민감한 감정상의 문제와 관련된 인터뷰를 할 때에는 이 방식을 택하는 것이 효과적이다. 한 가지 주의해야 할 점은 감정의 표현과 이해는 중요하지만, 상대방이 지나치게 자신에게 몰입하지 않도록 해야 한다는 것이다. 상대방이 감정에만 젖지 말고 문제를 해결하는 실마리를 찾도록, 또 비생산적 행위들을 자제하도록 유도하는 것이 중요하다.

듣기는 일반적으로 생리적 듣기에서 시작해 기억하는 것으로 완성된다. 모든 능동적 듣기행위에는 생리적 듣기가 선행되어야 한다. 귀의 고막을 통해 들어온 정보는 선별되고 분류되어 조직화되는 과정을 거친다. 그 후에는 그 정보에 대한 해석이 뒤따라야 하고, 그에 대한 적절한 반응이 있어야 한다. 마지막으로 그렇게 입수된 정보는 머릿속 세포에 저장된다. 기억되는 정보의 양이나 기억이 지속되는 시간은 받아들이는 사람에 따라 차이가 나는 것이 보통이지만, 일반적으로 능동적 듣기가 이루어진 후 기억되는 정보는 절반가량이며, 8시간 이후에는 35%밖에 기억하지 못한다는(Wood, 2001) 연구결과가 있다. 듣기를 방해하는 요소로는 우선 상황적인 것으로, 정보의 과잉, 정보의 복잡성, 소음 등으로 인한 환경적 주의분산 등을 들 수 있다. 듣는 사람 자신이 방해요소가 될 수도 있다. 상대방에 대한 선입견, 노력의 부족, 문화적 차이, 다른 사안에 대한 과도한 관심 등이 그 예이다. 이런 방해요소들이 개입한 결과는 잘못된 듣기로 이어진다. 듣는 척 하기(*pseudo-listening*), 즉 겉으로는 재미있는 척하지만 속으로는 하품을 하고 있거나, 상대방의 이야기를 듣되 자기가 관심 있는 쪽으로 화제의 흐름을 바꿔 주도하는 행위가 여기 포함된다. 이밖에도 이야기의 흐름 끊기, 선별적으로 듣기, 방어적으로 듣기, 공격하면서 듣기, 말의 참뜻은 알아듣지 못한 채 낱말 뜻만 겉핥기식으로 이해하며 듣기 등이 잘못된 듣기의 관행들이다.

잘 듣는 사람이 되기 위한 노력은 크게 2가지 차원에서 쌓아야 한다. 첫째, 정보습득을 위한 듣기를 위해서는 정신을 차리고, 방해요소를 제거하며, 질문을 하고, 기억에 필요한 장치를 사용하는 한편, 정보를 조직적으로 정리한다. 둘째, 관계개선을 위한 듣기를 위해서는 상대를 배려하는 마음씨를 갖고, 상대에 대한 판단을 유보하고, 상대방의 관점에서 이해하려고 노력하며, 동의의 표시를 해야 한다.

12 어떻게 쓸 것인가

서울 종로3가 인도에 보도블록 한 장이 깨졌다. 깨진 틈새와 가로수의 실뿌리가 엉켜 있었다. 보도블록 이음새를 비집고 올라오는 실뿌리도 있었다.

식물학자에게 땅위로 솟는 뿌리의 사연을 물어보았다. 행인의 발걸음으로 땅이 다져지고 지표가 모두 아스팔트나 보도블록으로 포장된 도심에서, 물과 공기에 주린 가로수의 실뿌리들은 보도블록 틈새를 파고든다고 학자는 설명해 주었다. 새잎을 피워내는 봄에 가로수는 더욱 목마르고 답답하다. 보도블록 틈새로 실뿌리를 내미는 것은 나무의 필사적인 봄맞이다.

구청에서 겨우내 말라죽은 가로수 한 그루를 뽑아내었다. 서울은 땅속도 콘크리트 구조물이다. 거대하게 자리 잡은 지하매설물 사이사이로 나무는 뿌리를 내리고 있었다. 굵은 뿌리를 땅속 깊이 박을 수 없는 가로수는 실뿌리를 키워서 정화조와 상하수도 파이프와 통신구 사이를 가득 메우고 있다. 애처롭고도 맹렬한 생명이었다. 뿌리가 매설물을 건드리지 못하도록 땅속에 시멘트로 구획을 만들고 그 안에 심어 놓은 나무도 있다. 이런 가로수는 평생을 그 속에 갇혀 세종로에 산다.

생명을 짓누르는 구조물 틈새마다 생명은 가득 차서 넘친다. 넘쳐서 비집고 나온다. 지금, 도심의 가로수들은 일제히 움을 틔우고 있다.

—김훈, "거리의 칼럼-가로수의 힘겨운 봄맞이", 〈한겨레〉 2002년 3월 13일.

1. 좋은 문장은 어디서 나오는가

사람의 말이나 글이란 참 신기한 것이어서, 담아 전하는 의미가 같아도 어떤 단어를 선택해, 어떤 순서로 배열해서 전하느냐에 따라 받아들이는 사람의 느낌이 크게 달라진다. 사건이나 인물을 둘러싼 복잡하고 미묘한 일들을 글로 전달해야 하는 기자들은 좋은 글, 바른 글에 대한 철저한 직업정신으로 무장하지 않으면 안 된다.

아무리 내용이 신선하고 풍부해도 그것을 전달하는 단어들이 엉성하면 내용물도 덩달아 빛을 잃는다. 이런 면에서 좋은 글은 좋은 기사의 필요조건이지 충분조건은 아닐지도 모른다. 문학작품과 달리 기사의 경우에는 아무리 문장이 유려해도 전달하고자 하는 뉴스가 해묵은 것이거나 부정확하면 글로서 가치가 떨어지기 때문이다.

기사화한다는 말은 어떤 사건이나 사안, 그리고 사람을 언어라는 상징체계를 동원해 문장화한다는 뜻이다. 기자가 쓰는 글은 독자를 의식한 '상품'이며, 따라서 독자들의 눈높이와 취재원의 반응을 끊임없이 의식해야 하는 다원적 커뮤니케이션의 산물이다. 취재원과 독자를 잇는 매개체로서 기자가 정확하고 신속하게 사실을 전달하기 위해서는 정확하고 신속한 어휘구사력이 필수적이다. 기자들은 표현하고자 하는 사안에 딱 들어맞는 적확한 단어를 찾아내 바른 문법에 맞춰 아름답게 구성하는, 언어의 조련사가 되어야 한다.

좋은 기사문장은 좋은 문장에 대한 이해를 바탕으로 한다. 미국 대학생들의 필독서이자 글쓰기 수업의 영원한 교재로 활용되고 있는 윌리엄 스트렁크와 화이트(William Strunk Jr. & E. B. White)의 《스타일의 기본 요소들》(*The Elements of Style*)에는 평범하지만 가볍게 여기기 쉬운 글쓰기의 기본들이 다음과 같이 나열되어 있다.

- 글에 자신의 기분이나 느낌을 지나치게 주입시키지 말 것(Place yourself in the background) : 독자들에게 전하고자 하는 것이 글의 내용물이어야 하며 자신의 감정으로 글을 치장해서는 안 된다.
- 자연스럽게 우러나오는 대로 쓸 것(Write in a way that comes naturally) : 자연스럽게 떠오르는 말을 사용해 자연스러운 논리의 흐름으로 글을 써야 한다.
- 글에 적합한 디자인을 선택한다(Work from a suitable) : 연애편지나 자유 에세이처럼 생각나는 대로 감정에 넘쳐 글의 구조에 신경 쓰지 않고 쓰는 경우도 있으나, 대부분의 경우 글을 쓰기 이전에는 청사진이 있고, 그 청사진에 걸맞은 구조물을 택해야 한다는 뜻.
- 동사와 명사로 쓴다(Write with nouns and verb) : 형용사나 부사는 자제하고 문장의 골간을 이루는 명사와 동사를 주로 쓴다.
- 고치고 또 고쳐라(Revise and rewrite) : '일필휘지'라는 말은 없다. 완성된 글이라도 또 읽어보면 반드시 고칠 곳이 있다.
- 너무 많이 쓰지 말라(Do not overwrite) : 장식품이 주렁주렁 달린 글은 소화하기 어려울 뿐더러 때로는 메스껍기도 하다. 필요한 말만 골라서 하라.

- 한 말을 자주 반복하지 말라(Do not overstate) : 같은 말을 반복하면 독자들은 경계심을 갖게 된다. 필요한 만큼만 하라.
- 별 의미 없는 부사구를 피하라(Avoid the use of qualifiers) : '너무', '매우', '아주' 등 습관적으로 쓰는 각종 부사구의 사용을 자제하라.
- 저 혼자 아는 말로 쓰지 말라(Do not affect a breezy manner) : 저 혼자의 상상력에 이끌려 상대방이 알아듣든 말든 쓰는 글은 피해야 한다.
- 철자법은 고지식하게(Use orthodox spelling) : 정통 철자법을 고수한다.
- 설명이 지나치면 안 된다(Do not explain too much) : 특히 인용구의 뒤에 붙는 군더더기 글을 자제하라.
- 희한한 부사를 창조하지 말라(Do not construct awkward adverbs) : 없는 표현을 억지로 만들어내지 말라.
- 글의 화자가 누구인지 드러나게 하라(Make sure the reader knows who is speaking) : 대화체를 쓸 때에는 누가 한 말인지 명료하게 드러나도록 써라.
- 화려하고 현학적인 말을 피하라(Avoid fancy words) : 담백한 말이 읽기도 쉽고 이해하기도 쉽다.
- 방언을 쓰지 말라(Do not use dialect unless your ear is good) : 철자법에서와 마찬가지로 어법에서도 표준말을 쓴다.
- 명료하게 써라(Be clear) : 정확한 단어를 사용해 전하고자 하는 바를 분명하게 하라.
- 의견을 섞지 말라(Do not inject opinion) : 사실은 사실대로 전하고, 의견은 의견으로 전하라.
- 은유나 직유법 등의 기교는 가끔씩 사용하라(Use figures of speech sparingly) : 은유나 직유는 글을 풍성하게 하지만 지나치면 독자가 소화불량에 걸린다.
- 간단하게 전달하려고 명료함을 희생해서는 안 된다(Do not take shortcuts at the cost of clarity) : 간단함은 미덕이지만 그 대가로 의미

가 바뀐다면 곤란하다. 명료한 전달에 주력하라.

- 외국어는 자제하라(Avoid foreign languages) : 모국어를 쓰자.
- 예외보다는 규칙을 중시하라(Prefer the standard to the off beat) : 예외는 글자 그대로 아주 예외적인 경우에만 사용한다.

스트렁크와 화이트의 책은 1957년 〈뉴요커〉라는 잡지에 처음 소개된 글이 독자들의 좋은 반응을 얻어 1959년 발간된 것으로, 현재에도 일반서점과 대학서점에서 가장 많이 그리고 꾸준히 팔리는 글쓰기 지침서의 고전이다. 그 후에도 수많은 글쓰기의 달인들이 나름대로 정리한 글쓰기의 지침서들을 내놓았으나, 그 내용은 위의 21가지 원칙들의 반복, 혹은 약간 수정한 것에서 크게 변하지 않고 있다. 윌리엄 진써(William Zinsser)의 《잘 쓴다는 것에 대하여》(*On Writing Well*)도 그중 하나이다. 〈뉴욕 헤럴드 트리뷴〉에서 13년 동안 기자와 에디터로 활약한 진써가 1971년 예일대학에서 "논픽션 워크숍"을 강의하며 구성한 이 책의 제 1부에서는 글쓰기의 기본원칙 7가지가 소개되어 있다. 그 원칙들은 다음과 같다.

- 개인과의 연관성을 살려라(Personal Transaction).
- 단순함을 유지하라(Simplicity).
- 군더더기를 피하라(Clutter).
- 자기만의 스타일을 살릴 것(Style).
- 독자를 배려하라(The Audience).
- 단어의 주의 깊은 선택(The Words).
- 그 단어의 주의 깊은 사용(The Usage).

가장 최근의 예로는 미스터리 소설로 유명한 스티븐 킹(Stephen

King)의 책을 들 수 있다. 미국의 유명작가 스티븐 킹은 2001년《유혹하는 글쓰기》라는 책에서 글을 쓰는 사람은 도구상자를 갖추고 있어야 한다고 했다. 무엇이든 원하는 대로 뚝딱 만들어낼 수 있는 각종 도구를 갖춰놓고, 그 연장통을 들고 다닐 수 있도록 팔심을 기르는 것이 좋다고 했다. 이 책에 나오는 다음 대목을 찬찬히 음미해볼 필요가 있다.

> 자주 쓰는 연장들은 연장통의 맨 위층에 넣는데, 그중에서도 가장 많이 쓰는 연장은 글쓰기의 원료라고 할 수 있는 낱말이다. 이 경우에는 여러분이 이미 갖고 있는 것들만 잘 챙겨도 충분하다. 죄책감이나 열등감을 느낄 필요가 없다. 얼마나 갖고 있느냐가 중요한 게 아니라 어떻게 쓰느냐가 중요하니까(p. 137).

> 어휘력을 키우려고 의식적으로 노력할 필요는 없다. 글쓰기에서 정말 심각한 잘못은 낱말을 화려하게 치장하려고 하는 것으로, 쉬운 낱말을 쓰면 어쩐지 좀 창피해서 굳이 어려운 낱말을 찾는 것이다. 그런 짓은 애완동물에게 야회복을 입히는 것과 마찬가지다. 애완동물도 부끄러워하겠지만 그렇게 쓸데없는 짓을 하는 사람은 더욱더 부끄러워해야 마땅하다. 그러므로 지금 이 자리에서 엄숙히 맹세하기 바란다. '평발'이라는 말을 두고 '편평족'이라고 쓰지는 않겠다고(p. 141).

> 여러분이 문법을 모른다면 이미 때가 늦었다. 그리고 정말 문법을 이해하지 못하는 사람들이라면 어차피 이런 책을 읽어도 소용이 없을 것이다. 그런 의미에서 나는 이미 개종한 사람들에게 설교를 늘어놓고 있는 셈이다(p. 144).

한국의 명문가 이어령 이화여대 석좌교수는《한국의 명문》이라는 책의 머리말에서 이렇게 쓰고 있다.

> 참으로 기량이 있는 상목수는 못질을 하지 않는다. 못 하나 박지 않고 집 한 채를 짓는다. 억지로 못질을 하여 나무를 잇는 것이 아니라 서로 아귀를 맞추어 균형과 조화로 구조물을 만들어 가고 있기 때문이다. 문장과 문장을 이어가는 기술도 마찬가지이다. 서툰 글일수록 '그리고, 그래서, 그러나'와 같은 접속사의 못으로 글을 이어간다. 그런 글을 읽다 보면 못을 박는 망치 소리처럼 귀에 거슬리게 된다. 잘 다듬어진 글의 이미지와 리듬은 인위적으로 접속사를 붙이지 않아도 자석처럼 서로 끌어당기고 어울려서 자연스럽게 이어진다. 글의 앞머리만이 아니다. 글을 맺는 종지형도 마찬가지이다. 서툰 글일수록 '것이다'로 끝맺는 일이 많다. 한 글에 '것이다'를 몇 번 썼는가, '그리고, 그러나'와 같은 접속사를 얼마나 많이 썼는가 하는 기계적인 통계만으로도 악문과 명문을 구별해낼 수가 있다(p. 10).

스트렁크와 화이트, 윌리엄 진써, 스티븐 킹, 이어령 교수 등이 제시하는 글쓰기의 기본들은 각각 쓰인 시기와 언어와 배경은 다르지만 한 가지 공통적 메시지를 던진다. 무언가 현란한 기술이 있어야 좋은 글을 쓸 수 있는 것은 아니라는 것이다. 오히려 복잡한 생각을 단순하고 쉬운 말로 명료하게 전달하는 것이 훨씬 더 어렵다. 글쓰기라는 여정은 단순한 생각을 복잡하고 어려운 말로 풀어내 사람의 머리를 아프게 하는 것이 아니다. 좋은 글은 잡념의 거품을 제거하고, 얽히고설킨 상념과 단어의 실타래에서 비단실 같은 언어를 뽑아내 적당한 크기의 직물을 조화롭게 잣는 일이다.

2. 뉴스 언어는 새로운 언어

기자란 글자 그대로 '쓰는 사람'이다. 기자는 글쓰기에 대한 열정과 자질을 바탕으로 뉴스와 독자 사이의 충실한 이음새가 되어야 한다. 기사는 '뉴스 언어'로 써야 한다. 뉴스 언어란 기자라는 직업이 자리 잡으면서 직능에 맞도록 진화해 자리매김한 독특한 언어다. 특유의 리듬과 어조, 운율과 단어가 있는 새로운 언어라고 할 수 있다. 모든 새 언어가 그렇듯이, 뉴스 언어도 배워야 한다.

뉴스 언어란 간결하고, 명확하고, 구체적이며, 중립적인 언어이다. 쉽게 써야 하고, 정확하게 써야 한다. 은유와 직유를 적절히 사용하되 절대로 남발하면 안 되며, 사실에 덧칠하는 각종 완곡어구를 피해야 한다. 완곡어구(*euphemism*)란 가령 '주가 하락'을 '주가 조정', '가격 인상'을 '가격 현실화', '인력 감축'을 '구조 조정'으로 표현하는 것으로 사실로부터 독자들을 멀어지게 한다. 뉴스 글은 군더더기 없는 날씬한 글이어야 한다. 단어 하나하나가 무게를 지니고, 꼭 필요한 단어를 필요한 곳에 써야 한다. 그런 면에서 뉴스 언어는 매우 경제적인 언어이다. 수동태는 원칙적으로 사용하지 않는다. 뉴스 언어는 뿐만 아니라 참신해야 한다. 판에 박힌 표현들, 너무 많이 써서 닳아빠진 말은 좋은 뉴스 언어가 아니다. 전문용어를 알기 쉽게 풀어써야 하고, 비속어는 피해야 한다.

기자교육 첫 단계는 뉴스 언어를 제대로 구사하도록 훈련시키는 것에서부터 시작해야 한다. 뉴욕대학의 미첼 스티븐스(Mitchell Stevens)와 보스턴대학의 제럴드 랜슨(Gerald Lanson) 교수가 함께 쓴 《뉴스 기사 작성법》 연습교재 제 1부는 "언어의 장"이다. 1부는 다시 여러 개의 장으로 나뉘어 뉴스기사에 가장 적절한 단어를 고르는 법, 평범한 영어(*plain English*)의 중요성, 문장의 구조, 각종 비유법의 사용, 객관적인 언어에 대한 강의와 연습이 곁들여져 있다. 예를 들어 'wedding'과 'marriage'가 지닌 '결혼'이라는 뜻은 같지만, 결혼이라는 '행위'냐, '예식'이냐에 따라 구별하여 사용되어야 한다는 것, '남의 물건을 부당하게 빼앗는 행위'를 가리키는 단어에는 steal, extort, rob, blackmail, pilfer, lift, sack, swipe, pinch, mug, embezzle, swindle, poach, purloin, piracy, plunder 등 27개가 있지만, 그중 기사에 필요한 가장 적확한 단어는 단 하나라는 점을 가르친다. 모파상도 다음과 같이 말했다고 한다.

> 우리가 말하려는 것이 무엇이든 그것을 표현하는 데는 한 가지 말밖에 없다. 그것을 살리기 위해선 하나의 동사밖에 없고 그것을 드러내기 위해선 하나의 형용사밖에 없다. 그러니까 그 한 말, 그 한 동사, 그 한 형용사를 찾아내야 한다. 찾는 곤란을 피하고 아무런 말이나 가져다 대용함으로 만족하거나 비슷한 말로 맞추어 버리거나, 그런 말의 요술을 부려서는 안 된다.

이와 마찬가지로 기사에서도 사실과 일대일 대응하는 가장 적확한 표현을 찾도록 가르친다.

기자를 만들기 위한 언어훈련은 주관적인 표현의 기사를 객관적인 것으로 바꾸는 훈련(예: "Welfare freeloaders receive $97 million each year"에서 freeloader란 표현은 무임승차자의 부정적 이미지를 풍기므로 중립적인 people 정도로 바꾼다), 군더더기를 줄여 간략하게 표현하는 훈련(예: "for the purpose of"는 단순히 "to"로 대체한다), 유식한 말과 무식한 말 중간에 위치한 평범한 보통사람의 말을 찾아내는 훈련(예: 난이도 순서대로 apprehend-arrest-bust 중 arrest를 쓴다)으로 이어진다. 이런 각종 언어 훈련을 거친 후에야 비로소 제 2부, "뉴스란 무엇인가"로 넘어간다.

미주리 그룹에서 펴낸 《기사작성 실무서》(*News Reporting and Writing*)에서는 "읽히는 글을 쓰는 법"이라는 장을 통해 효과적 글쓰기의 중요성을 강조한다. "리포팅과 글쓰기는 떼려야 뗄 수 없는 관계이며, 미국의 언론사들은 그 2가지 재주를 겸비한 사람을 찾는다. 고양이가 있는 방에 갇힌 쥐처럼 정신없는 문장으로 허둥대는 사람은 이 직업에서 미래가 없다"고 못 박는다. 미국신문편집인협회(ASNE)의 장기프로젝트의 하나가 바로 기자들의 글쓰기 실력을 키우는 것이다. 이를 위해 협회는 플로리다의 포인터 인스티튜트(Poynter Institute)와 공동으로 매년 분야별 '최고의 기자'를 선정해 약간의 상금을 포상하고 그들의 글을 모아 매년 《가장 잘 쓴 기사》(*Best Newspaper Writing*)라는 책으로 발간한다.

미주리대학 저널리즘 스쿨이 사용하는 실무서에서 강조하는 "좋은 글쓰기의 요소들"은 ① 정확할 것, ② 명확할 것, ③ 구체적일 것 등이다. 정확한 글쓰기를 위해서 편견을 버리고 사람에 초점을 맞추라고 가르친다. 가령 우체부를 뜻하는 'postman'은 'postal worker'로, 국회의원을 뜻하는 'assemblyman'은 'assembly member'로 해 남녀 편견을 없애고, 각종 민족이나 인종을 표현할 때도 마찬가지의 원칙을 지키라고 강조한다. 명확하게 쓰기 위해서는 문장이 짧아야 하고, 올바른 문법과 쉼표를 사용해야 한다.

AP 통신사의 문장지도사(*writing coach*)인 잭 카폰(Jack Capone)은 "밭 갈고, 씨 뿌리고, 수확하는 시기는 있어도 '계절별 농업활동'의 시기는 없다"며 명확한 표현의 중요성을 강조한다. 구체적 글쓰기를 위해 기자들은 또 구체적 디테일에 집착해야 한다. 막연하게 '크다'는 표현 대신 정확히 얼마나 큰지 묘사해야 하고, 그것이 키라면 정확히 얼마인지 숫자로 나타내야 한다. 같은 빨간색이라도 정확히 다홍빛인지, 새빨간지, 불그스레한지, 자줏빛인지 구체적으로 명시해야 한다.

기사가 기사를 쓰는데 구체적 실례는 꼭 필요한 재료이다. 영국의 유명한 작가 헨리 제임스(Henry James)가 말했듯, 저널리즘에서도 "1 온스의 실례가 1톤의 일반화보다 낫다"는 것이다. 런던의 시티 유니버시티(City University)에서 저널리즘을 강의하는 리처드 키블(Richard Keeble) 교수는 기사문장의 원칙을 'KISS'로 요약했다. '짧고 간략하게'(Keep it short and simple)의 약자다. 그는 다음과 같은 것을 피하라고 했다. 장식적인 어구, 불필요한 전치사, 수다스런 말투, 모호한 표현, 미국식 영어, 기타 외국어 표현, 직업을 직책처럼 쓰는 것, 정치 코멘트를 뉴스에 섞거나 제목으로 뽑는 것 등.

맞춤법과 문법, 그리고 기사문장에 대한 몇 가지 원칙을 익힌 후에는 대량생산용 글쓰기의 '스타일'을 익혀야 한다. 미국기자들의 성경은 《AP 스타일북》이다. 1천 5백 개가 넘는 신문사가 AP 스타일을 준수하고 있기 때문이다. 기자들이 쓰는 글은 '상품'이고, 그것도 '대량생산'이 가능해야 하므로 부품의 규격과 품질을 사전에 정비하는 일이 필수적이다. 스타일북이 하는 일이 바로 그것이다. 《AP 스타일북》에는 1, 2, 8, 9, 10, 11, 12월은 약어로 표시하고 나머지 달은 모든 스펠링을 써줄 것, 10이 넘는 숫자는 숫자로 10 미만은 글자로(가령 three children, 13 adults 등) 쓸 것 같은 세세한 규칙들이 빼곡히 적혀있다. 이 규칙까지 숙지하면 기자로서의 글쓰기 기본은 일단 끝난다. 실전만 남은 셈이다.

미국의 편집장들은 심혈을 기울인 탐사취재나 세상을 뒤엎을 만한 대특종을 확보한 후에는 반드시 최고의 글쟁이(*writer*)에게 맡긴다고 했다. 아무리 내용이 좋아도 그 내용을 담는 글이 시원찮으면 효과가 떨어지기 때문이다. 좋은 글에 대한 논의가 저널리즘 분야에서 끊이지 않는 것도 그런 분위기와 무관하지 않다. 다니엘 디포(Daniel Defoe), 마크 트웨인(Mark Twain), 스티븐 크레인(Steven Crane), 어니스트 헤밍웨이(Ernest Hemingway), 존 허시(John Hirsch), 톰 울프(Tom Wolfe) 같은 베스트셀러 작가들이 기자 출신인 것은 우연이 아니다.

컬럼비아대학 저널리즘 스쿨의 멜빈 멘처(Melvin Mencher) 교수가 쓴 실무서에는 호된 기자수업을 거친 헤밍웨이의 일화가 실려 있다. 캔자스시티 〈스타〉지의 기자를 지낸 헤밍웨이는 훗날 소설가로 대성한 후 자신의 에디터였던 웰링턴(Pete Wellington)에 대해 이렇게 회상했다고 한다. "웰링턴은 규율이 엄격하고, 매우 정확하며 또 매우 호된 선생이었다. 그의 밑에서 글쓰기를 배웠다는 사실이 얼마나 감사한지 모른다." 웰링턴은 짧은 문장, 표현의 간결함, 적은 형용사 등 110가지 원칙을 만들어 놓고 〈스타〉지의 기자들이 그 원칙들을 모조리 지키도록 훈련시켰다. 헤밍웨이는 이 원칙들에 대해 "내가 배운 가장 훌륭한 원칙이었고, 글 쓰는 동안 한 번도 잊은 적이 없다. 이 원칙에 따라 글을 쓴다면 누구라도 훌륭한 작가가 될 수 있다"고 회상했다고 한다.

여기서 '원칙들', '누구라도 쓸 수 있다', '헤밍웨이', 이 세 단어가 함축하는 의미는 이런 것이다. 기사쓰기는 영감에 기초한 예술(*art*)이 아니라, 매뉴얼에 따른 훈련을 통해 습득할 수 있는 기술(*craft*)이라는 것. 다시 말해 글쓰기는 타고나는 것이 아니라 훈련되는 것이라는 시각이다. 스티븐 킹 역시 글쓰기를 운동에 비유했다. 글쓰기를, 머릿속에 글쓰기를 관장하는 사고의 근육을 훈련시키는 일과 비슷하다고 믿은 그는 "매일 1시간 30분씩 10년 동안 글을 써보라. 10년 후 당신은 작가가 되어 있을 것이다"라고 자신 있게 말했다.

어찌 보면 서구 언론의 이러한 경향은 간결함과 실용을 중시하는 문화적 풍토, 그리고 독자를 끊임없이 염두에 두어야 하는 상업언론의 속성일 수도 있다. 영국과 미국의 기자들은 글쓰기에 대한 열정과 재주를 지닌 평범한 사람들이었고, 그렇기에 언론은 어떻게 하든 대중의 신뢰를 확보할 각종 장치들이 필요했던 것이다.

3. 언론개혁은 문장개혁

한국 언론의 문제는 너무 큰 고민을 한다는 데 있다. 근대화 초기에 첫발을 디딘 언론은 '사실'보다는 '담론'에 치중하며 국민의식을 계몽시키는 캠페인을 벌이고, 나라의 앞일을 걱정하며 권력을 꾸짖는, 그런 큰 나라살림에 관여해 왔다. 그러다보니 적확한 단어의 사용이나 뜻이 통하는 문장구조 같은 작은 고민에는 상대적으로 소홀했다. 거시적 현안에 밀려 언어의 운용이라는 근본적인 문제가 뒷전으로 밀린 것이다.

언론에서 문장이 중요한 이유는, 인간이 언어라는 상징체계를 필수불가결한 커뮤니케이션의 도구로 사용하는 동물이기 때문이고, 언론이 바로 이 상징체계를 끊임없이 양산하는 주체이기 때문이다. 말과 글을 통해 언론은 간접경험의 세계를 구축한다. 그 세계를 구성하는 사건과 사람에게 사회적 의미를 부여하는 것도, 의인과 악인을 구별하고, 부자와 빈자를 나누는 일도 언론이 하는 일이다. 지금은 고전이 된 《퍼블릭 오피니언》(*Public Opinion*)의 저자인 월터 리프만(Walter Lippmann)은 이러한 간접경험의 세계를 가리켜 '머릿속 그림'이라고 표현했다. 언론이 제아무리 정확히 보도를 한다고 해도 언어라는 상징체계를 거치는 동안 사람들은 현실세계와는 다른 유사현실(*pseudo-reality*)의 세계를 머릿속에 그리게 된다는 것이 그의 주장이다. 오랜 기간 언론인 생활을 한 리프만은 자신이 언어로 전달한 세계와 실제 세계와의 괴리에 착안해 명저를 남겼다. 언론은 현실을 전하는 '사실화'이어야 함에도 불구하고 화구에 따라 '데생'도 되었다가 '수채화'도 되었다가 하는 현실적 한계를 지적한 것이다.

상징체계로서의 언어에 일찍부터 고심해온 언론학자들 역시 접근은 다르지만 리프만과 비슷한 결론을 내린다. 언어사회학자 로저 파울러(Roger Fowler)는 《뉴스 속의 언어》라는 저서에서 '뉴스는 언어가 구축한 현실'이라고 역설한다. 언어란 가치관의 구조와 사회 · 경제학적 뿌리를 지닌 기호학적 코드이므로, 뉴스 역시 그러한 기호학적 경계에서 자유로울 수 없다는 것이 그의 주장이다. 뉴스란 '가치관이 배제된 사실의 반영'이 아니라, 언어로 재구성된 현실이다. 따라서 기자가 언론사 바깥에 떠도는 뉴스를 찾아내고(*find*) 모은다(*gather*)는 말에는 어폐가 있다고 파울러는 주장한다. 뉴스는 언어를 통해 비로소 만들어지는(*made*) 것이며 저널리즘 과정의 최종 산물(*product*)이기 때문이라는 것이다.

'국어문화운동본부' 남영신 회장은 저서 《나의 한국어 바로 쓰기 노트》 머리말에서 "언어 자신은 진리가 될 수 없어도 진리에까지 우리를 실어 나를 수 있는 연장"이라고 했다. 그는 '언어란 강을 건너 피안에 도달할 수 있는 배'라고 한 소설가 박경리의 말을 인용, "그는 '피안'을

'진실이 있는 곳'으로 파악하고 비록 그 배가 피안에 들어갈 수는 없지만, 강을 건너 피안에 도달할 수는 있다고 생각했다"고 썼다.

월터 리프만의 '현실', 로저 파울러의 '사실', 남영신의 '진리', 박경리의 '피안'……. 표현은 조금씩 다르지만 상징체계를 거치기 전 세계에 대한 근원적 물음을 던진다는 점에 있어서는 모두 같다.

언론의 '피안'은 진실의 세계일 것이다. 사실 보도는 그 진실을 구현하는 하나의 수단이지만, 그 자체가 진실은 아니다. 객관적 보도 역시 수많은 간(間) 주간성(*intersubjectivity*) 속에서 변하지 않는 실체를 모색해 보려는 시도일 뿐, 그 자체가 진실 보도가 아니다. 아무튼 언론은 사실을 객관적으로 파헤쳐 마침내 진실이라는 '피안'에 도달하려는 복잡하고 힘든 사명을 갖고 있다. 이 모든 것을 구현하는 도구가 '언어'이기에 그 중요성이 다시 한 번 강조된다.

문장을 통해 본 '한국언론이 고민하고 고쳐야 할 점'은 대략 다음과 같다.

첫째, 틀린 말과 글이 많다. 시각이나 색깔을 떠나, 글자 그대로 '틀린' 말이 많다. 오자와 탈자, 일치하지 않는 표기법, 주어와 술어의 부조화를 이루는 사례가 많다. 통일된(적어도 보편화된) '스타일의 정립'이 시급하다. 기사가 여느 글과 다른 점이 있다면 상품으로서의 가치를 지닌다는 점이며, 따라서 규격화와 품질관리의 대상이라는 점이다. 부품이 들쭉날쭉하고 품질관리가 안 되는데 최종 산물인 기사가 번듯할 리 없다. 시제의 그릇된 쓰임, 주어가 모호한 수동태의 남발, 표현의 중언부언 등도 지적할 수 있다. '제 2의 폭동 재연 조짐'(〈국민일보〉, 1998년 7월 21일) 같은 표현은 말뜻 그대로라면 '제 2'와 '재연'이라는 말이 중복되어 '제 1'에 이은 '제 2' 폭동이 2번 일어나는 상황으로 전해진다. 그런 뜻이 아니라면 '제 2의 폭동 발발 조짐'이거나 '폭동 재연 조짐'으로 중복되는 표현 하나를 줄여야 한다. 같은 논리로 '두 부부', '두 형제', '두 남매', '두 쌍둥이'도 '두 쌍의'라는 뜻으로 이해될 수 있으므로 주의해서 사용해야 한다. '자매결연을 맺었다'는 말도 뜻이 중첩된다. '자매의 연을 맺었다'고 해야 바르다. '혐의가 드러나지 않을 경우 무혐의 처리할 방침이다', '혐의가 드러날 경우 구속할 방침이다' 같은 말은 굳이 할 필요가 없다. 듣는 순간에는 그럴싸하나 알고 보면 지면만 낭비하는 말들이다.

수동태는 행위의 주체를 감추고, 책임을 회피시킨다. '대선 공약이므로 지켜져야', '총선 민의에 따라 중단돼야'(〈MBC 뉴스〉, 2000년 1월 4일)의 경우, 정치인의 자기편의식 표현을 언론이 그대로 옮겨 책임의 주체를 모호하게 했다. 말이나 글에 흔히 쓰는 '시도하고 있다'는 표현 역시 계획을 세우고 실행에 옮기는 단계의 단어인 '시도'를 행위의 진행형인 '하고 있다'와 어색하게 결합시켜 정확히 어떤 단계의 행위인지 이해하기 어렵다. '신구범 축협회장 국회서 할복 기도' 같은 표현도 마찬가지이다. 신구범 회장이 병원으로 실려 간 당시 상황으로 미루어 할복을 한 것이 사실이고, 그렇다면 이미 '기도'의 단계를 넘은 일이다.

둘째, 간결하지 않다. 어법, 문법이 맞는다고 하더라도 여전히 문제는 남는다. 우선 신문 문장은 길고, 방송 말 역시 너무 길다. 단문보다 중문이나 복문을 즐겨 사용하고, 긴 문장 안에 더 많은 정보가 담겼다고 착각한다. 한 연구에 따르면 한국 신문 문장의 평균 단어 수는 약 70개이다. 일본의 신문학자들은 50개 단어 정도가 적당하다고 한다. 미국 저널리즘 실무서들은 한 문장당 20개 이상의 단어를 사용하지 말 것을 가르친다. 한 문장에 사용된 단어가 20개를 넘을 경우에는 잘라서

두 문장으로 만들라고 가르친다. 더구나 리드 문장은 훨씬 간결해야 한다. 한국 기사의 리드는 너무 길고, 복잡하다. 말이나 글이 길어지면 자연히 논리상의 허점이 드러나고, 주어와 술어가 어긋나는 등의 문제를 수반하게 된다.

셋째, 어렵다. 한국 언론문장과 말은 너무 어렵다. 신문 문장에는 필요 이상으로 어려운 한자말이 남용되고, 방송 말에는 문어체가 남발된다. 쉽고 편한 말로 바꿀 수 있으면 바꿔야 한다. 미국의 경우, 문장의 용이도를 측정할 수 있는 각종 공식이나 컴퓨터 소프트웨어가 개발되었을 정도로 '쉬운 문장'에 대한 집착을 보인다. 셰익스피어의 작품을 플레시 공식(Flesh Reading Ease formula)이라고 불리는 이 공식에 넣어 풀어 볼 경우, 8학년(중학교 2학년) 학생들이 이해할 수 있다는 용이도 지수가 나온다. 미국 텍사스대학 연구팀은 이 공식을 이용해 지난 수십 년간의 소설과 기사를 분석했는데, 그 결과 소설은 계속 대중들이 읽기 쉽게 쉬워진 반면, 기사는 그렇지 않다는 연구결과가 나왔다. 더 쉽게 써야 한다는 주문이 언론계에 떨어졌다. 문장의 용이도를 측정하는 또 다른 공식으로 폭스 인덱스(Fox Index)도 있다. 그 공식은 문장의 길이, 단어당 음절의 수〔3음절 이상이면 어려운 말('*big word*')로 계산〕, 전문용어의 빈도 등을 변수로 한다. 일본의 신문도 중학생 정도의 교육을 받은 독자라면 이해할 수 있도록 난이도에 신경을 쓰고 있다.

넷째, 명확하지 않다. 어려울 뿐만 아니라 친절하지도 않다. 마치 어려운 학술서적이 라틴어를 남발하듯, 신문이나 방송은 자기들이 찾아낸 말들의 나르시시즘에 빠져 친절한 해설 없이 그냥 쓰는 경우(가령 '살생부', '게이트' 등)가 많다. 이는 고맥락(*high-context*) 사회의 문화적 특성이 언론의 엘리트주의와 만나 빚어내는 현상이라고 할 수 있다. 그러다보니 뜻이 명확할 리가 없다. 가령 '이용호 게이트'의 경우 시간이 흐르면서 단순 주가조작 의혹사건에서 권력형 비리사건으로 서서히 사건의 본질의 변했는데도 시작이나 끝이나 여전히 '이용호 게이트'로 뭉뚱그려 보도한 것이 그 예다. 어디까지가 밝혀진 사실이고, 어디부터가 의혹인지, 단어 속에서 구분하려는 의지가 없다.

다섯째, 정확하지 않다. 표현이 명확하지 않다는 것은 기사의 생명이나 다름없는 정확성에도 치명적이다. 선거철이 되면 어김없이 각종 주자들이 TV 토론회에 나와 "…라는 언론보도가 있었으나, 그것은 기자들이 잘못 전달한 것이다"는 식의 해명을 되풀이하곤 한다. 기자들이 자신의 진의를 파악하지 못했다는 뜻이다. 물론 그런 불만이 정치가들의 말이라는 점을 감안하더라도, 기자들이 그려내는 세상의 그림이 실제 세상을 얼마나 정확히 반영하고 있는지, 점검해 볼 필요가 있다.

여섯째, 뉴스(to inform)와 오피니언(to influence)이 혼재되어 있다. 기자들이 뉴스와 오피니언을 기사 속에 마구 섞어 넣는다는 것은, 다시 말해 '내 말'과 '남의 말'을 구분하지 못한다는 뜻이다. 한 외신기자는 한국 기사의 치명적 약점으로 "미국 언론은 정보전달(to inform)에 생명을 거는데, 한국 언론은 영향력 행사(to influence)에 더 치중하는 것 같다"고 지적한 적이 있다. "…라는 것이 중론이다", "…라는 일부의 시각도 있다", "…여서 충격적이다", "…라는 해명은 납득하기 어렵다" 등과 같은 각종 표현의 사용은 기자가 사실의 전달자에 머무르지 않고, 해설을 넘어 추측과 단정까지 하는 폐단을 가져온다.

일곱째, 외국어를 남발한다. 'Viva 월드컵', 'IT', '사이언스', 'Money & Business', '금융 플라자', 'KIDS', 'WEEKENDS' … 요즘 신문들이 앞다투어 내놓는 섹션면 문패들이다. 우리말과 글의 올바른 사용은커

녕 우리말 자체가 실종되어 가는 실정이다. 굵은 활자로 뽑히는 기사의 제목들 역시 위험수위다. '온라인 쇼핑, 신용카드사 사이버몰 대형화, 노마진으로 손님끌기', '대표팀 체력 업그레이드', '포커스컨설턴트 귀하신 몸', '대표팀 새무기 파워 중거리 슛' 등. 특히 신기술이나 패션을 다루는 기사들에서 우리말은 종종 외국어를 이어 붙이는 토씨 역할에 머무른다. '모던하고 심플한 스타일', '커뮤니케이션은 피드백을 통해서도 이뤄진다', '포털 사이트에 접속하면 새로운 콘텐츠가' …….

뉴스 언어가 바로서야 하는 또 하나의 이유는 언론이 한국어의 수문장 역할을 하기 때문이다. 언론은 현대 한국 사람들이 입으로 혹은 글로 만들어내는 수많은 언어 중 아름답고 좋은 우리말을 선별해 활발하게 유통시켜야 할 책무가 있다. 외국어가 각종 물건이나 기술 등에 실려 동에서, 서에서 마구 넘어오는 요즘 같은 지구촌 시대의 언론은 그런 언어들을 걸러내는 수문장 노릇을 해야 한다. 외래어화할 것은 하고, 우리말로 바꿔야 할 것은 바꿔야 한다. 중국인들이 TV를 '디엔스'(电视)로, 일본인들이 '테레비'(テレビ)라는 단어로 토착화시킬 때, 우리 언론은 '테레비는 일본말이니 쓰지 말자. TV라고 하자'는 것을 합의하는 데 그쳤다. 중국인이 컴퓨터를 '디엔나오'(电脑)라는 자기들 말로 중국화할 때, 우리 언론은 '콤퓨터냐 컴퓨터냐'라는 표기상의 문제만을 조금 논의하다 끝내고 말았다.

유네스코가 발표한 공식자료에 따르면 지구상에는 6천여 개의 언어가 있으며, 이 중 3분의 1은 1백 년 이내에 사라질 것이라고 한다. 영국의 식민통치가 시작된 18세기 말에 2백 5십여 개나 되던 호주 대륙의 토착어가 지금은 25개밖에 남아있지 않은 것이 하나의 방증이다. 미국 워싱턴에 있는 세계미래협회는 1997년 '21세기의 10가지 전망'을 내놓았는데, 그중 1위가 바로 '세계 언어 90%의 소멸'이었다. 노벨문학상 수상작가인 스페인의 카밀로 호세 셀라(Camilo Jose Cela)는 "2000년이 지나면 세계의 언어는 영어와 스페인어, 아랍어, 중국어 네 종류만 남고 나머지는 사라져 지역적 방언이나 죽은 말로만 존재하게 될 것"이라고 전망했다. 인간의 독특한 정서와 문화적 특성을 잘 대변하고, 문법이나 용법이 잘 정돈되어 있는 정교한 언어는 살아남고, 그렇지 못한 언어는 도태한다는 경고인 것이다.

언어의 유구한 역사에 비하면 요즘 우리가 쓰는 한국어는 신생아처럼 여린 언어이다. 한글이 창제된 지 5세기가 넘는다고는 하지만, 불과 1세기 전만 해도 지금의 한국어와는 또 다른 국한문 혼용체가 사용되고 있었고, 그나마 전 국민이 글의 혜택을 골고루 누리게 된지는 그다지 오래되지 않는다. 그래서 현대 한국어란 국어학자와 언론인과 문인, 그리고 모든 지식인과 일반 국민이 함께 머리를 맞대고 힘써 보살피고 가꿔서 튼실하게 키워야 할, 여린 묘목 같은 언어이다.

정리하면, 위의 문제점들이 개선된 좋은 기사는 다음과 같은 특징을 갖는다고 볼 수 있다.

- 간결하고 명료해야 한다. 영어의 경우 한 문장의 단어가 20개를 넘으면 가독성이 현저하게 떨어진다는 연구결과가 있다. 최근의 한 연구는 국내 신문 문장의 평균 글자 수가 66.26(〈조선일보〉), 74 ~94(〈중앙일보〉)자라고 밝혔다. 일본 학자들은 이 평균값이 너무 높다고 본다. 45~50자 수준이 적당하다는 것이다.
- 한 문장에 한 이야기만 한다. 한 문장에서 말하려는 바가 무엇인지 분명히 해서 초점을 하나씩만 둔다.
- 수식어는 피수식어의 바로 앞에 놓아야 한다. 수식어와 피수식어 사이

에 제 2, 제 3의 피수식어로 오해의 소지가 있는 딴말들을 넣지 않도록 해야 한다. 복수의 수식어가 단수의 피수식어를 꾸며줄 때는 긴 것을 앞에 놓도록 하고, 복수의 수식어를 사용할 경우 같은 어미가 되풀이 되지 않도록 노력한다.

· 쉬운 말을 쓰고, 자연스럽게 떠오르는 대로 써야 한다. 지나치게 어려운 한자어나 부자연스러운 외국어, 생소한 우리말 등은 자제하고, 수많은 독자의 대부분이 이해할 수 있도록 자연스러운 논리구조로 쓴다.
· 자기와의 거리를 유지해야 한다. 특히 사실과 의견을 섞지 않도록 한다. 보도는 사실에 입각해서 객관적으로 하되, 기자 자신이나 언론사의 의견을 섞어서 사실이 왜곡되지 않도록 한다.
· 편견을 버리고 중립적인 단어를 사용한다. 객관적인 사실의 성격을 규정짓고 각종 색깔을 입힐 수 있는 표현이나 단어는 쓰지 말아야 한다. 감정적인 단어 역시 같은 맥락에서 배제시키도록 한다.

4. 올바른 인용부호 사용법

인터뷰 기사 작성 시 가장 유의해야 할 부분이 인용부호의 올바른 사용이다. 인용부호는 문장 속에 일종의 치외법권을 구축한다. 취재원의 말이 인용부호로 묶일 때, 그 말은 기자를 거치지 않고 직접 독자에게 다가가는 것을 의미한다. 취재원이 인용부호 속 말의 진위여부에 과민 반응을 보이거나 신경을 곤두세우는 데는 그만한 이유가 있다. 때문에 기자는 인용부호 속의 말을 적절히 선택하고, 정확히 전달하고, 문장 속에 효과적으로 배치해 읽기 쉬운 기사가 되도록 좋은 도구로 사용하는 법을 배워야 한다.

기자가 사람을 순식간에 바보로 만들기는 쉽다. 엉뚱한 말을 인용부호로 묶어 그 사람의 말인 양 보도해버리는 것이다. 그 말이 실제 인터뷰이의 입에서 나온 말이라고 하더라도 전후 맥락을 무시하고 거두절미해서 인용해 버린다면, 정보가 왜곡되는 것은 시간문제다. 오죽하면 어떤 유머작가는 "사람을 확실하게 원숭이(웃음거리)로 만들려면 그의 말을 인용구에 넣어라"라고 말했을 정도다.

인용부호 속 말의 가치는 걸러지지 않은 진술이라는 데 있다. 걸러지지 않았기에 더욱 생생하고, 말한 당사자를 웃음거리로 만들 수도 있는 것이다. 기자는 이때 기사에서 한 발짝 떨어져서 독자들에게 인터뷰이가 한 말에 귀를 기울일 것을 요구한다. 기자가 취재의 결과물인 말들을 인용부호로 묶는 이유는 기자가 풀어서 전달하는 것보다 직접 듣는 편이 더 효과적이라는 판단 때문이다. 다시 말하면, 기자가 풀어서 전달하는 편이 나은 진술이라면 굳이 인용부호 속에 넣을 필요가 없다.

인용하는 방법에는 크게 3가지가 있다. 인터뷰이의 말을 그대로 살려주는 직접 인용(*direct quote*)과, 부분만 떼어서 쓰는 부분 인용(*partial quote*), 그리고 기자가 알기 쉬운 말로 풀어 쓰는 간접 인용(*paraphrase*)이 그것이다.

인터뷰 내내 들은 수많은 말 중에서 무슨 말을 인용부호 속에 넣고, 무슨 말을 부분만 인용하며, 어떤 말들을 인용구 바깥에서 처리해야 할 것인가. 인터뷰 기사를 쓸 때 흔히 부딪히는 이 질문에 대해 미주리 그룹의 《저널리즘 실무서》는 비교적 상식적이면서도 간단한 답을 내놓고 있다. 즉, ① 독특한(*unique*) 말을 할 때, ② 독특하게(*uniquely*) 말할 때, ③ 중요한 사람이 중요한 말을 할 때에는 직접 인용해야 한다. 이때 인용부호 속의 말은 뭔가 새롭고 다른 말이어야 하고, 더 나아가서 흥미롭고, 놀랍고, 받아들이기 어려운 말이어야 한다. 인터뷰 도중 기자가 '아, 저 말은 내가 들어본 적이 없는 말이야'라는 느낌을 받는 말이라면 일단 인용할 가치가 있다고 이 책은 전한다.

인터뷰이의 진술이 너무 장황하거나, 반복되는 말이 많거나, 혼란스러울 때는 기자가 정리해줄 필요가 있다. 이때 쓰는 방법이 간접 인용이다. 기자가 이해하지 못하는 말을 무턱대고 직접 인용부호 속에 넣어서 처리하는 것은 독자에 대한 도리가 아니다. 기자는 스스로 이해할 수 있을 때까지 물어보아야 하고, 마침내 해석된 내용을 풀어서 독자들이 알기 쉽게 전달해줄 의무가 있다. 인터뷰이의 말이 논리적으로 말이 안 된다면, 논리의 허점을 추궁해 밝혀내야 하고, 그 결과를 기사로 작성해야 한다. 취재원의 입을 빌리는 것보다 기자가 훨씬 더 명확하고 간결하게 전달할 수 있다면, 굳이 직접 인용을 하지 않아도 된다. 독특한 표현 등을 부분 인용할 수는 있으나, 맥락에서 멀어지기 쉬운 부분 인용은 원칙적으로 피한다.

직접 인용은 인용한 사람을 직접 밝힘으로써 정보를 확인(*verify*)시켜주고, 간접 인용은 기자가 개입해 정보를 명확하게(*clarify*) 해주는 역할을 한다. 직접 인용에만 의존하면 기사가 녹취록처럼 건조하게 흐를 위험이 있고, 간접 인용을 집중 사용하면 기사의 신빙성이 그만큼 떨어진다. 좋은 인터뷰 기사란 따라서 이 둘을 적절히 구분해서 사용하는 데에서 결정된다.

직접 인용구를 사용하는 경우를 정리하면 다음과 같다.

- 취재원의 독특한 어휘나 어법이 고스란히 담겨 있을 때.
- 관점을 부각시키거나 강조하는 데 적합한 인용일 때.

- 취재원의 경험에 바탕을 둔 생생한 증언이나 사례를 쓸 때.
- 취재원의 마음 상태를 그대로 드러내는 표현일 때.
- 취재원의 특성을 극명하게 드러내는 말일 때.
- 권위 있는 조언이거나 전문적인 의견일 때.
- 도의적이거나 법적인 문제를 야기할 만한 표현일 때.

다음 경우에는 간접 인용구를 사용해도 무방하다.

- 취재원의 말보다 기자가 더 명확하게 표현할 수 있을 때.
- 제 3자로부터의 증언을 가져올 때.
- 취재원이 평범한 말로 다 알려진 말을 할 때.
- 인용할 만한 말 대신 표현들만 있을 때.
- 통계나 날짜 같은 숫자를 인용할 때.
- 전문용어나 은어 등을 인용할 때.

그밖에 인용구의 적절한 사용을 위해 염두에 두어야 할 점은 다음과 같다.

- 완전한 문장으로 된 인용구가 최선이다. 되도록 취재원이 한 말의 문장 전체를 인용한다.
- 모호한 대명사의 사용을 피하라. 취재원이 "그것은 잘못된 일입니다"라고 말했다면, 여기서 '그것'이 무엇인지 확실히 명시하여 오해가 생기지 않게 한다.
- 효과적 표현이 있을 때도 인터뷰이가 말하기 전에 먼저 쓰지 마라.
- 인용에 덧붙이지 마라.
- 인용을 멋대로 해석하지 마라.
- 같은 말을 여러 사람의 말로 인용하지 마라.

- 인용구는 경제적이어야 한다. 군말까지 넣을 필요는 없다. '에', '음', '그러니까' 등의 군말은 넣지 않는다.
- 표정이나 제스처는 말로 인용하지 않는다. "'정말 눈물이 나요'라고 슬픈 얼굴로 말했다" 혹은 "'잘 모르겠어요'라며 고개를 가로저었다" 등의 말에서 '정말 눈물이 나요', '잘 모르겠어요'라는 말은 인용할 필요가 없다.
- 인용구를 문장의 어느 곳에 배치하든지 그것은 기자의 자유이나, 대개 도입부, 전환부, 결론부에 배치하는 것이 효과적이다.

제 3부 새로운 저널리즘과 인터뷰

일기장을 영어로 '저널'이라고 한다. 저널리즘이란 글자 그대로 매일매일 일어나는 일의 기록이란 의미를 지닌다. 저널리즘은 또 그 자체로서 기술의 산물이기도 하다. 종이와 잉크와 인쇄술이 나온 후 신문이 생겨났고, 마르코니의 무선전신을 시작으로 개막된 텔레커뮤니케이션 기술이 방송과 통신을 가능하게 했다. 기술의 발달에 따라 기록의 기술 역시 획기적인 전환기를 맞아, 최근에는 인터넷과 소셜미디어까지 뉴스 전달 통로에 가세했다. 컴퓨터 리포팅(CAR: Computer-Assisted Reporting)이라는 분야가 생기고, '인터넷 취재기법'이라는 과목도 생겼다. 미디어 특성에 따라 뉴스 쓰기 관행과 취재방식도 나날이 진화하고 있다.

기술의 진화와 함께 저널리즘의 관행, 언론과 독자들과의 관계 역시 꾸준히 진화를 거듭하고 있다. '뉴스란 무엇일까'를 고민한 18세기 미국의 벤저민 데이(Benjamin Day) 는 '개가 사람을 물면 뉴스가 아니지만 사람이 개를 물면 뉴스'라는 매우 단순한 정의를 내렸다. 그가 살던 시대의 언론은 소위 일전신문이라고 불리는 페니프레스

(penny press)가 부수 경쟁을 벌이며 선정주의 뉴스가 만연했던 시기였다. 당시 뉴스는 주로 사건 사고 중심이었고, 사실과 의견은 분리되지 않았으며, 언론은 정파적이었다. 그러나 언론이 직업으로 자리 잡으며 뉴스 정형이 체계화되었고, 상업주의 언론은 보다 많은 대중에게 다가가기 위해 뉴스의 객관성을 추구하게 된다. 대중은 그런 과정에서 언론은 객관적이고 공정한 것이라는 인식을 공유하게 되었다.

사회현상은 늘 건조한 뉴스의 요건인 6하원칙보다 훨씬 복잡하고 입체적이어서, 언론은 현실을 보다 정확하고 풍부하게 전달하고 다양한 인간성을 반영해야 하는 과제를 갖고 있었다. 독자의 호응을 얻기 위해 뉴스가 보다 사람과 가까워지고 사람의 얼굴과 표정을 닮아가야 했다. 인간적인 뉴스에 대한 시대적 요구는 미디어 인터뷰의 지평을 넓혀주었다. 1960년대 불기 시작한 '뉴 저널리즘'이 새롭게 뉴스의 주관성에 가치를 불어넣었고, 신문기사가 단순 정보의 전달이 아니라 문학성을 띤 읽을거리 겸 오락거리로 확장되면서 피처기사가 각광을 받게 되었다. 1970년대 퓰리처 상 부문에 피처 부문이 신설된 것은 이 같은 추세를 반영한 것이다. 또한 역피라미드 형식에 따른 작문이 갖는 한계를 극복하기 위해 내러티브 방식이 기사 작성에 도입되었고, 픽션 작법을 적용한 논픽션 글쓰기가 기사의 영역을 새롭게 확장시켰다. 이와 함께 방송기술의 발달은 방송 인터뷰의 양과 질을 현저하게 높였고, 최근에는 소셜미디어를 통한 직접 소통 방식으로 뉴스의 공적 영역을 새롭게 자리매김하고 있다. 뉴스 스토리텔링의 지평이 나날이 확장되고 있는 것이다. 13장에서는 뉴 저널리즘과 내러티브 리포팅 기법에 대해 알아보고 14장에서는 퍼스낼리티 인터뷰에 대해 기술한다. 15장에서는 방송 인터뷰에 대한 논의를 하도록 한다.

13 뉴 저널리즘과 내러티브 리포팅

POOLE, England — (AP) — "It was God who took out my tonsils," the little boy told his mother after his operation at Poole General Hospital.

"When I was taken into the big white room, there were two lady angels dressed in white. Then two men angels came in. Then God came in."

"How did you know it was God?" the mother asked.

"Well, one of the men angels looked down my throad and said, 'God, look at the child's tonsils."

"Then God took a look and said, 'I'll take them out at once."

The conversation was reported by the hospital's staff newsletter.

— AP에서 발췌한 브라이트(*Bright*) 형식 기사의 예.

1. 뉴 저널리즘이란?

인터뷰를 통한 정보 수집은 뉴스의 초점을 인간에 두기 시작한 첫 걸음이다. 뉴스가 단지 건조한 몇 가지 사실의 모음이 아니라 사실상 인간 생활의 한 단면이라는 생각은 저널리즘의 형태에도 변화를 가져왔다. 1960년대 미국에서 잡지 산업이 발달하면서 톰 울프(Tom Wolfe), 게이 탈레스(Gay Talese), 지미 브레스린(Jimmy Breslin) 등을 중심으로 문학작법을 도입한 장문의 기사쓰기 기법이 도입되어 독자들의 호응을 얻기 시작했는데, 그들이 주도한 저널리즘의 흐름을 '뉴 저널리즘'이라고 한다. 정확히 누가 언제 이 용어를 만들었는지는 분명하지 않으나, 톰 울프의 증언에 따르면 1965년 무렵부터 '뉴 저널리즘'이라는 말이 쓰이기 시작했다고 한다. 글자 그대로 픽션의 기법을 활용하기는 하지만 어디까지나 있는 그대로의 사실과 사건, 인물을 생생하게 리포트하는 점에서 저널리즘의 한 영역으로 분류된다. 이런 새로운 형태의 기사들은 주로 〈에스콰이어〉, 〈뉴요커〉 같은 잡지나 〈뉴욕 헤럴드 트리뷴〉의 일요판인 〈뉴욕〉에 게재되었는데, 당시 보수적인 언론과 평론가들은 '반저널리즘'(*parajournalism*)이라고 혹평을 했다고 한다. 문학도 아닌 것이 기사도 아닌 희한한 장르라는 비판이었다. 그러나 독자들은 실제 이야기라는 사실에 열광했고, 유려한 문체와 단단한 어휘력으로 무장한 문인들이 논픽션 대열에 합류하면서 새로운 저널리즘의 흐름을 더욱 풍성하게 했다.

즉, '뉴 저널리즘'이란 픽션과 논픽션이 극적인 화해를 이룬 1960년대의 산물이라고 할 수 있다. 1950년대까지 미국은 소설가들의 전성기였다. 헤밍웨이, 피츠제럴드 등의 소설이 세계 대전 후 미국 문학을 꽃

피웠던 시기였다. 1960년대 들어 미국은 생활방식과 도덕과 가치관에서 일대 전환기를 맞았다. 그 무렵 소설가들은 사회적 리얼리즘이 갖는 힘으로 관심을 기울였고, 기자들은 그런 소설가들로부터 소설쓰기 기법을 배워가며 글의 사실성을 보강하는 데 심혈을 기울였다. 소설가와 저널리스트의 영역이 서로 겹치면서 두 영역을 넘나들며 활동하는 작가군이 생겨난 것도 그 무렵이다. 그들이 관심을 가진 것은 '소설처럼 읽히는' 기사쓰기 방법이었다. 독자들이 감동을 받고 글에서 눈을 뗄 수 없을 정도로 밀도 있게 이야기를 풀어가도록 기자들은 새로운 기법을 실험했다.

기자들이 소설가들로부터 습득한 첫 번째 기술은 장면(*scene-by- scene*)을 단위로 한 글쓰기다. 독자들이 머릿속에 어떤 장면을 떠올리면서 글을 읽도록 배경을 묘사하고 인물을 설정하여 장면 단위로 이야기를 풀어간다. 자연히 구구절절한 설명을 줄이고 등장인물이 스스로 이야기를 하도록 한다. 두 번째 기술은 이와 연관된 것으로, 등장인물 사이의 대화를 그대로 전달하는 것이다. 연구에 따르면 등장인물 사이에 주고받는 대화만큼 독자들의 주의를 끄는 작문상의 장치는 없다고 한다. 대사를 통해 인물의 성격과 특징을 보다 확연하게 나타낼 수 있으므로 매우 효과적인 글쓰기 방식이라고 할 수 있다. 세 번째 기술은 제 3자 관점에서의 기술이다. 기자들은 제 1자적 관점, 즉 '내가 거기 있었다'는 식으로 접근하는 데 익숙한 사람들이다. 그러나 등장하는 인물의 감정과 상태를 독자들이 그대로 경험할 수 있도록 필자가 아닌 다른 사람의 관점에서 글을 기술한다면 글이 전달하고자 하는 핵심을 보다 직접적으로 독자들에게 전달할 수 있다.

다른 등장인물의 머릿속 생각과 감정을 효과적으로 전달하기 위해 인터뷰라는 방법을 사용한다. 기사 속의 인물이 가상의 인물이 아니라 실제 인물인 만큼, 기자는 취재원에게 보다 심층적으로 접근하여 인터뷰해야 한다. 그가 실제 어떤 생각을 갖고 있는지 자세하게 캐묻고 감정이입을 통해 파악하여 그것을 글에 녹여낸다면 독자들과 훨씬 가깝게 소통하는 기사를 쓸 수 있다. 네 번째 기술은 철저한 관찰을 통한 비언어 상징과 상황, 상태 등의 기술이다. 등장인물의 몸동작, 버릇, 옷 입는 법, 식습관, 집을 꾸미는 방식, 자녀를 대하는 방법, 동료와 부하를 다루는 법을 세세히 관찰하여 기술하는 것은 사실주의의 필수 요건이다. 독자를 설득할 수 있는 사실주의의 힘은 사실 디테일에서 나온다.

2. 내러티브 리포팅

'뉴 저널리즘'은 픽션 작문법을 논픽션에 적용시켜 뉴스 스토리텔링의 방식에 전환을 가져왔다. 여기서 전환된 뉴스 스토리텔링 방식이란 설명하는 방식(*exposition*)에서 말하기 방식(*narration*)으로 바뀌었다는 것을 말한다. 기사쓰기의 기본 방식은 소위 '역피라미드' 형식으로 불리는 사실의 설명방식이었다. 여기서 이야기를 재구성하고 이끌어 나가는 사람은 기자이다. 기자는 중요하다고 여기는 사실을 맨 앞으로 배치하고 덜 중요한 것을 뒤로 배치하여 나열하는 방식으로 글을 쓴다. 이는 주로 사건 사고 기사를 제한된 시간에 제한된 지면에 반영하는 데 적합한 방식이다. 전신으로 뉴스를 송고할 때 우선 중요 사실만 신속하게 송고하는 데 유용했다. 또한 누구를 주어로 할 것인가, 아니면 어떤 사건을 중요하게 먼저 보도할 것인가 등 기사의 핵심을 잡아내야 하므로 기자의 순발력과 시각이 잘 반영된 기사쓰기 방식이다. 이런 형태의 기사를 접한 독자는 빠른 시간에 사실을 파악하고 사건의 얼개를 파악할 수 있는 장점이 있으나, 기사의 맥락이나 해석은 별도로 구해 보지 않으면 알기 어려운 단점이 있다. 또한 사람이 아닌 사건 위주이므로, 사건에 관련된 사람의 특수성은 반영되기 어렵다는 점도 있다. 사람의 모습이나 목소리가 없는 글은 따라서 사람들에게 감동을 주거나 공감을 얻기 어렵다. 정보는 신속하게 전달하지만 사람들이 음미하며 읽기에는 무미건조한 글인 것이다. 박재영 · 이완수(2008)는 역피라미드 구조가 기자와 독자에게 모두 경제적인 '단순명쾌한 요점 열거형'이나 다음과 같은 단점도 지닌다고 설명한다.

- 읽는 재미가 없다.
- 독자에게 감동을 주지 못한다.
- 제목만 읽어도 내용을 알 수 있어 기사 본문은 눈에 안 들어온다.
- 제목과 리드가 거의 같기 때문에 2줄의 기사만 읽고 나면 더 읽을 의욕이 사라진다.
- 기획기사처럼 긴 기사를 역피라미드 구조로 쓰면, 독자가 끝까지 읽을 가능성이 적다.
- 역피라미드 구조 때문에 기사가 천편일률적이 됐다.
- 형식이 획일적이어서 기자의 개성적인 문체를 살리기 어렵다.
- 역피라미드 구조로 작성된 기사는 내용이 피상적이며, 사안을 분석적, 다면적으로 보여주지 못한다.

시간을 다투는 리포트에 적합하므로 주로 마감시간이 있는 스트레이트 기사(*deadline news*)를 쓸 때 주로 적용한다.

이에 비해 '내러티브' 방식이란 기자가 사건에서 한 발짝 물러나와 독자들이 직접 사건을 보고 느낄 수 있도록 구성하는 방식이다. 여기서 기자는 사건을 중요한 순서대로 임의로 재배치하지 않고, 일어났던 일 그대로 사건을 주로 시계열 형식으로 보여준다. 기자의 해석이나 어휘 대신 등장인물이 이야기하고 대화한다. 따라서 독자는 이들의 말을 통해 마치 옛날이야기를 듣듯이 재미있게 이야기를 접할 수 있다는 장점이 있다. 마치 소설이나 드라마의 한 장면처럼 등장인물이 나오고, 그들이 대화를 주고받으며, 장면이 전환되고, 도입부와 전개-절정-결말로 이어지며 극적 재미를 더한다. 소설과 다른 점이 있다면 그 안의 등장인물이 모두 실제 인물이며, 배경도 실제 상황이라는 점이다. 대화 역시 기자가 한 인터뷰의 산물이다. 필자인 기자는 단시간에 정보를 전달하는 데 급급하지 않고, 다소 시간이 걸리더라도 독자들이 이야기에 빠져들어 즐길 수 있도록 조심스럽게 전개해 나간다. 앞서 기술한 설명형 역피라미드 방식의 기사가 정보를 제공(to inform)하는 것이 목적이라면, 내러티브 방식의 기사는 읽는 즐거움을 선사(to entertain)하는 것이 목적이라고 할 수 있다. 정보제공형 기사에서 기자는 독자와 사건 사이에 서서 직접 이야기해 주는데 비해, 내러티브형 기사에서 기자는 독자와 사건 사이를 방해하지 않고 독자들이 진행되는 상황에 그대로 노출되게 한다.

기자들이 소설가로부터 배워 기사쓰기에 적용한 내러티브 기법에는 장면 재구성(*scene recreation*), 일화소개(*anecdotes*), 암시기법(*foreshadowing*), 대화기법(*dialogue*) 등 다양하다. 각각에 대해 알아보도록 한다.

1) 말하지 말고 장면으로 보여줘라(Show, don't tell)

독자가 사건의 현장에 실제로 들어가 있는 듯이 장면을 재구성하는 기법을 말한다. 어떤 사건이나 사고, 혹은 인물과 관련된 장면을 재연해 보여줌으로써 읽는 사람들이 현장의 분위기를 보고, 듣고, 냄새 맡고, 이해하고, 마침내 공감할 수 있도록 하는 것이다. 그러기 위해 기자는 자신의 모든 오감을 동원해서 현장을 스스로 느끼고 현장의 사람들과 생생한 대화를 통해 취재해야 한다.

가령 수해를 입은 농가에 대한 뉴스를 보도한다고 가정해 보자. 얼마나 피해를 입었는지 그 정도를 숫자로 보여주며 구체적인 사실 위주로 보도하는 방법이 있을 것이다. 농림수산부 등 정부 발표자료나 현장 농민들의 증언을 통해 내용을 구성하는 것이 가능하다. 이에 비해 내러티브 방식은 어느 한 농가의 모습을 사진으로 보여주듯이 전달하거나 농부의 거친 손을 생생히 묘사하는 것에서 이야기를 풀어가는 것을 말한다. 독자는 기자가 '보여주는' 농가의 모습을 통해 수해의 피해가 어느 정도였는지 짐작할 수 있고, 농부의 손과 얼굴 표정을 '느끼면서' 피해자의 마음속에 드리워진 수해의 그늘을 경험할 수 있을 것이다. 앞서 기술한 사실 나열 위주의 기사는 잊어버리기 쉽지만, 독자의 머릿속에 새겨진 장면은 쉽게 사라지지 않는다. 장면을 재연하는 방법은 독자의 이런 특성에 착안한 것이다.

2) 대화를 활용하라(Dialogue)

장면을 재연하며 가장 유의해야 할 점은 장면을 살아 숨 쉬게 해야 한다는 점이다. 그러기 위해서는 그 안의 등장인물들이 말을 해야 한다. 독자들은 장면을 보는 것에 그치지 않고, 거기 등장한 인물들이 무슨 말을 어떻게 주고받는지 들으면서 상황을 이해하고 짐작한다. 대개의 기사의 경우 기자는 인터뷰를 하고, 그 내용을 인용부호 속에 넣어 기사화한다. 이때 취재원은 질문을 던진 기자를 향해 일방적으로 말한다. 그 말은 독자들을 향한 것이기도 하지만, 결국 일방적인 이야기에 그친다. 이에 비해 내러티브 형식의 글에서는 등장인물이 서로 대화를 주고받으며 이야기를 전개해 나간다. 기자는 그 사이에 끼어들지 않고, 독자들이 등장인물의 이야기에 귀를 기울이도록 배려한다. 등장인물의 대화도 결국 기자가 수행한 취재의 산물이다. 그러나 전달하는 방식에 있어 기자는 장면에서 자신을 제외시키고 독자들이 장면과 인물을 볼 수 있도록 작성한다. 장면에 의미를 부여하는 이유는 그것을 배경으로 살아있는 사람들의 이야기가 펼쳐지기 때문이다. 그들의 대화를 통해 이야기를 풀어가는 것이 내러티브 형식의 중요한 부분이다.

3) 주제를 암시해서 독자들이 기대하게 하라(Foreshadowing)

역피라미드 형식의 스트레이트 기사는 첫 문장의 첫 단어부터 가장 중요한 사건을 기술하도록 작성한다. 기사를 읽음과 동시에 핵심을 파악하도록 하는 것이 목적이기 때문이다. 정보를 가장 신속하게 전달하기 위해 고안된 기사작성법이다. 그러나 정보전달보다 읽는 재미에 중점을 둔 내러티브 형식의 기사는 처음부터 핵심으로 들어갈 필요가 없다. 중요한 내용에 대해 기대감을 갖고 기사를 계속 읽어내려 가도록 도입부에 광고성 문구로 시작하는 것도 좋은 방법이다. 그렇게 독자들의 관심을 끄는 방식을 주제암시법(*foreshadowing*)이라고 한다.

가령 복권에 당첨된 어떤 사람의 이야기를 풀어간다고 가정해 보자. "김모 씨가 고액의 복권에 당첨되었다"라고 사실 위주로 '보도'할 수도 있지만, "김모 씨에게는 아침부터 운 좋은 일들이 뒤따랐다. 손주가 명문대학에 합격했다고 아들이 기쁨에 넘친 전화를 하더니, 헤어졌던 친구와 10년 만에 연락이 되어 만나자는 약속을 했다. 게다가 기르던 난초화분에도 꽃이 활짝 피어 난향을 내뿜었다. 그런데 그게 다가 아니었다. 진짜 운 좋은 일이 그를 기다리고 있었기 때문이다." 이런 식으로 이야기하듯(내러티브 형식으로) 독자들의 관심을 계속 유도하면서 중요한 핵심부분을 뒤로 미루며 이야기를 풀어나갈 수도 있다. 기사의 리드, 혹은 핵심을 지연시킴으로써 독자들은 흥미를 잃지 않고 기사를 끝까지 읽게 된다. 잘 쓴 기사란 독자들이 끝까지 읽게 만드는 기사이다.

4) 일화를 활용하라(Use anecdotes)

일화(*anecdote*)는 이야기 속의 이야기이다. 내러티브 형식으로 이야기를 풀어가며 그 안에 작은 이야기들을 배치시켜 흥미를 더하는 방식이다. 일화는 사실에 근거해야 하므로 일화를 소개함으로써 글의 구체성과 사실성을 높이는 장점이 있다. 또한 등장하는 인물들을 자세하게 묘사하고 그들의 목소리를 대사를 통해 전달하므로 독자들이 실제 상황을 가까이서 호흡하고 느낄 수 있는 장치가 된다.

일화를 얻기 위해 기자는 취재를 하며 예시가 될 만한 사건이나 인물의 이야기를 발굴해야 한다. 극단적인 사례만이 기사가 되는 것은 아니다. 독자들이 자연스럽게 자신과 일치시키고 감정이입할 수 있는 사례면 충분하다. 사건의 내용은 정확해야 하고, 인물의 묘사 역시 정확해야 일화로서 가치가 있다. 때론 좋은 일화 한두 가지만으로도 훌륭한 내러티브 기사를 쓸 수 있다. 이야기는 힘이 세기 때문이다. 창작이 아니라 실제 상황에 대한 기술이 기사이므로 실제 일화의 소개는 기사의 신뢰도를 높이고 독자들의 흥미를 끄는 데 효과적으로 사용될 수 있다.

3. 피처기사 쓰기 (feature writing)

기자들은 궁극적으로 피처기사를 쓰기 위해 취재를 한다. 피처기사에는 사람을 향한 따듯함, 사회를 향한 비판, 기자의 문장력, 살아있는 사람들의 생생한 사례, 전문가의 조언, 장면의 묘사 등이 적절히 섞여 있어 기자가 실력을 발휘할 수 있는 여지가 많기 때문이다. 피처기사란 '사람의 얼굴을 한 뉴스 스토리'로 독자들에게 읽는 즐거움을 주도록 쓰인 기사로 정의되는데, 읽는 사람의 즐거움 못지않게 쓰는 사람의 성취욕도 큰 장르의 기사라고 할 수 있다.

피처기사는 역피라미드 형식의 보도가 갖는 한계를 보완하기 위해서 등장했으나 초창기에는 크게 주목을 받지 못했다. 인기를 끌기는커녕 오히려 경시되는 형식이었다. 18세기 〈보스턴 뉴스레터〉를 발간한 리처드 드레이퍼(Richard Draper)는 "뉴스가 없을 때만 피처를 쓴다〉는 원칙을 갖고 있었을 정도로 가급적 피해야 하는 장르로 여겨졌다. 미국에서 19세기 들어 페니프레스에 의한 부수경쟁이 본격화되면서 지면을 채우고 독자들의 흥미를 유발하기 위한 피처기사들이 자주 지면을 장식했다. 그러나 보수적인 언론인들은 저급한 흥미를 유발하는 종류의 피처기사를 되도록 배제하고자 노력했다. 1841년 뉴욕에서 〈트리뷴〉지를 창간한 호레이스 그릴리(Horace Greeley)는 "부도덕하고 저급한 경찰 보도나 광고, 신문의 질을 저하시키는 기타 다른 기사들은 싣지 않겠다"고 천명했으나, 그러한 결심은 곧 무너지고 그의 신문도 여러 가지 대중적 관심의 기사를 싣게 되었다.

피처기사는 당시 뉴욕의 유명한 신문경영인이자 경쟁자인 퓰리처(Pulitzer)와 허스트(Hearst)가 주도한 부수경쟁 시대의 무기로 자리 잡았고, 각종 범죄, 스포츠, 연예 기사를 피처형식으로 소화해 황색저널리즘 시대를 열었다. 허스트 전기를 쓴 작가 스완버그(W. A. Swanberg)에 따르면, 피처기사는 곧 "폭탄이 터지고 밴드가 울리고 화약이 터지고 피해자가 비명 지르고 깃발이 펄럭이고 대포가 터지는 소리와 같은 인쇄된 오락물이며 흥밋거리"였다. 1차 세계대전이 끝나고 대공황시대를 겪은 시대적 분위기에서 허스트 계열 언론이 22개 신문에서 8개로 줄어들었고, 이런 특징의 피처기사는 자연히 언론의 품위를 중시하던 언론인들에 의해 책임 있는 언론과 어울리지 않는 기사형태로 배재되기 시작했다. 1947년 〈뉴욕 헤럴드 트리뷴〉 사회부장인 조셉 헤르츠버그(Joseph G. Herzberg)는 당시 기자들을 위한 책을 펴냈는데, 그중 피처기사에 대한 언급은 단 한 줄도 없었던 것에서도 당시 분위기를 읽을 수 있다.

그러나 사람은 결국 사람 이야기에 감동받는다는 단순한 진리는 사람의 얼굴을 한 기사인 피처형 기사에 대한 수요를 꾸준히 유지시켜주었다. 아무리 심각한 뉴스라고 하더라도 흥미롭게 전달하기 위해 피처기사 접근법을 활용하게 되었고, 일반 스트레이트 뉴스를 피처형으로 접근한 '뉴스 피처' 형식의 기사가 지면을 장식하기 시작했다. 이러한 경향에 힘입어 선정적인 뉴스 양산의 주범이자 부수경쟁의 무기였던 피처기사가 뉴스의 사실성, 심각성, 정확성을 흡수하면서 진화했다. 그 결과 1970년대 들어 퓰리처상 위원회가 '베스트 피처' 부문을 수상 항목으로 추가하기에 이르렀다.

피처기사쓰기 원칙은 앞서 기술한 내러티브 기사작성법과 동일하다. 멜빈 멘처(Melvin Mencher)의 기사작성법 교본에 따르면 피처기사 작성시 유의해야 할 점을 다음과 같이 제시한다.

- 사람이 하는 일을 보여줄 것(Show people doing things).
- 그들이 말하게 할 것(Let them talk).
- 설명을 자제하고 행동과 대사로 말할 것(Underwrite. Let the action and the dialogue carry the piece).
- 움직임이 살아있게 할 것(Keep the piece moving).

이와 함께 좋은 피처기사 작성을 방해하는 요소를 다음과 같이 나열한다.

- 과도한 설명(Overwriting): 독자들이 이해하지 못할까봐 계속 설명하는 것.
- 과도한 보도(Overreporting): 한 가지 일화면 충분할 것을 너무 여러 가지 사실과 일화를 나열하는 것.
- 등장인물에 대한 과도한 관심(Concern for the subject): 있는 그대로의 취재원을 보여줘라. 너무 불쌍하게 여기거나 걱정되면 평상심과 공정함을 잃는다.
- 배경의 과도한 취재(Bogging down in background): 사건이나 캐릭터를 말해주는 중요한 배경이면 충분하다. 매일의 일과나 일생 전체를

취재하여 보여줄 필요가 없다.

- 용기의 부족(Lack of guts) : 인용을 할 때 겁먹지 말고 있는 그대로 담백하게 하라.

4. 내러티브 기사의 구조

내러티브 방식으로 구성할 수 있는 기사는 다양하다. 우선 피처기사를 작성할 수 있고, 미니 피처라고 할 수 있는 브라이트(*Brights*: 피처를 소설에 비유하자면 브라이트는 단편소설에 해당하는 것으로, 어떤 장면이나 인생의 단면을 짧은 기사 안에 보여줌으로써 독자에게 메시지와 흥미를 전달하는 기법)도 작성할 수 있다. 또한 잡지기사에 해당하는 장문의 기획기사(우리나라 언론에서 쓰는 기획기사와는 다른 뜻으로, 사회적 테마를 파헤치는 내용을 주로 다룸), 이를 연작으로 싣는 시리즈 기사, 탐사보도를 통해 숨겨진 사실을 알리는 탐사기사 등 활용 범위가 넓다. 외국 신문이나 잡지에 실리는 장문의 기사들을 분석해 보면 길이는 길지만 대체로 정형화된 구조를 갖고 있음을 알 수 있다. 이는 잡지 기사를 포함하는 장문의 피처기사를 쓰는 기자들이 일정한 구조를 갖추어 작성하도록 훈련되기 때문이다. 그중 대표적인 방식을 소개하면 다음과 같다.

1) 〈월스트리트 저널〉 공식 (WSJ Formula)

〈월스트리트 저널〉지에서 앞장서서 정형화한 피처쓰기 방식으로, 첫 머리를 일화로 시작하고, 주제를 제시한 후, 상세히 풀어가며 독자들의 흥미를 이어간다.

① 일화소개(Anecdote) : 글의 주제를 나타내는 일화나 예시로 시작한다.
② 주제의 명시(Explicit statement of theme) : 기사의 리드에 해당하는 부분으로 핵심주제를 이야기한다. 지연된 리드를 사용하더라도 6번째 문단 이전까지는 독자들에게 핵심을 전달할 것을 권한다. 핵심문단(Nut paragraph)이라고도 한다.
③ 주제의 중요성 강조(Statement of the significance of the theme) : 왜 이 기사가 중요하며 의미 있는지 독자들에게 알려주는 순서이다. 독자들이 왜 이 기사를 계속 읽어야 하는지에 대한 이유를 답해 준다.
④ 세부사항(Details) : 기사의 핵심을 뒷받침할 만한 증거, 세부 자료, 기타 주제에 대한 상세한 설명을 한다.
⑤ 잠재적 물음에 대한 답 제시(Answers to reader's questions) : 기사의 핵심을 파악한 독자들이 자연스럽게 제기할 수 있는 다양한 질문에 대해 답해 주어야 한다. 왜 이런 일이 일어났으며, 앞으로 어떤 조치가 취해져야만 하나 등에 대해 기자는 전문가 등을 취재해 알려주어야 한다.

2) 포커스 구조(Focus Structure)

〈월스트리트〉 저널 공식과 유사한 형식으로 한 개인에게 초점을 둔다고 해서 포커스 구조라고 불린다. 포커스 구조란 사회현상이나 문제를 여러 사람들이 아닌 한 사람의 일화에 맞춰 풀어나감으로써 공감대를 넓히는 방식이다. 이 방식의 구성은 다음과 같다.

① 개인일화에 초점(Focus on individual) :전체 인구가 관심을 가질 만한 사건을 보도하기 위해 그 사건을 가장 잘 설명할 수 있는 한 개인, 혹은 그룹의 실제 이야기로 시작한다.
② 주제문단으로 전환(The transition to the theme paragraph) : 개인의 사

〈그림13-1〉 포커스 구조

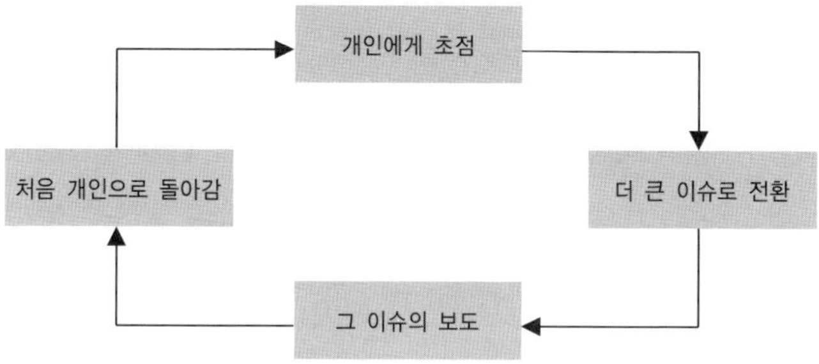

출처: The Missouri Group, *News Reporting and Writing*, p.183에서 재인용.

례를 점차 일반적 주제로 확대시킨다.

③ 주제문단(The theme paragraph) : 기사의 핵심 리드를 쓴다.

④ 독자들의 관심유발(Foreshadowing) : 독자들이 계속 이야기를 읽어 내려갈 수 있도록 흥미를 끄는 문장을 넣는다.

⑤ 주제의 사회적 의미(The so-what) : 독자들이 왜 기자가 하는 이야기에 관심을 가져야 하는지 들려준다. 사회적 의미, 심각성, 영향력 등이 포함된다.

⑥ 주제의 중요성 강조(The to-be-sure) : 기자가 들려주는 이야기에는 핵심 리드가 제시하는 면 이외에도 여러 가지(독자들이 관심을 가질 만한) 측면이 있으므로 반드시 읽을 가치가 있다는 느낌을 주는 문장을 고안한다.

위의 내용을 보면 결국 독자들의 끌기 위해 한 사람의 이야기에 집중하고, 독자들의 흥미를 유지시키기 위한 장치를 사용하며, 그들이 가지는 질문에 대한 답을 알아냄으로써 기사의 사회적 영향을 전달한다는 점에서 〈월스트리트 저널〉 공식과 공통점이 있다.

3) 다이아몬드 구조(Diamond Structure)

이 방식은 포커스 구조와 근본적으로 유사하나, 한 사람의 일화에서 시작해 그 사람의 일이나 또 다른 사람의 일화로 다시 돌아가 마감하는 구조를 말한다. 그 사이에 기사의 주제와 사회적 영향과 의미 등을 전달하는 구조를 말한다.

① 일화: 개인의 일화를 소개한다.
② 일화를 소개하는 이유: 기사의 핵심 리드로 넘어가면서 관심을 환기시킨다.
③ 그 이유에 대한 전문가의 진단이나 통계 등: 개인의 사례가 결국 독자가 속한 사회 전체의 문제임을 전문가 등의 말을 인용해 설득적으로 전달한다.
④ 일화로 마무리: 다시 개인의 일화로 돌아가 마무리한다.

4) 잡지기사 공식(The Magazine-Story Formula)

잡지기사는 여러 인물의 복합적인 이야기와 다양한 테마가 섞인 장문의 기사이다. 호흡이 긴 글이므로 독자들이 관심을 잃지 않고 계속 읽어갈 수 있도록 적당한 긴장감을 유지하는 기술이 필요하다. 또한 많은 정보를 잘 배열하여 독자들이 전체적인 이야기의 주제에서 벗어나지 않도록 해야 한다. 이를 위해 제안된 공식으로, 기사의 앞부분을 역피라미드 형식으로 구성해 긴장감을 유지하는 모래시계 구조가 있다. 리드부분을 생생한 장면으로 이야기하듯 이끌고 나가는 것이 특징이다.

〈그림13-2〉 다이아몬드 구조와 모래시계 구조

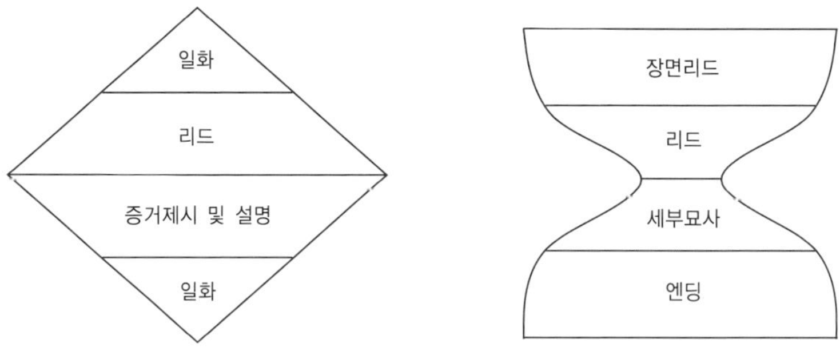

① 장면 리드: 전체 스토리의 주제를 독자들이 가장 생생하게 상상할 수 있는 장면을 그려주는 것으로 리드를 시작한다. 어떤 인물을 둘러싼 일화, 혹은 배경의 묘사에서 시작하여 독자들의 흥미를 유발한다.

② 주제의 소개: 위의 장면과 등장인물이 어떤 의미를 지니며 왜 중요한지 독자들에게 알려주어야 한다. 기사의 주제는 공적 관심의 대상으로 사회적 의미를 지니고 있음을 강조한다.

③ 배경의 설명: 앞서 설명한 인물의 모습이나 장면이 가능하게 된 배경을 설명한다. 어떤 과정을 거쳐 그러한 장면이 가능하게 되었는지 독자들이 논리적으로 이해할 수 있어야 한다.

④ 세부적인 묘사 및 설명: 이야기의 주제와 관련된 다른 인물과 관련 주제에 대해 세부적인 사항들을 소개하는 것은 이야기를 더욱 풍성하게 한다. 다만 핵심에서 벗어나지 않도록 주의해야 한다.

⑤ 강력한 엔딩: 물 흐르듯 장문의 기사를 읽어가던 독자가 이야기의 핵심을 다시 한 번 기억하도록 전체를 마무리하는 강렬한 마무리를 해야 한다.

14 퍼스낼리티 인터뷰

올리아나 팔라치: 시간을 한번 거슬러 올라가 보죠. 지금이 1939년이고, 잉글리드 버그만 당신은 이제 막 22살이 되었어요. 첫 번째 미국영화 〈인터메조〉의 촬영을 막 시작할 무렵이었죠. 이제 갓 스물 넘긴 잉글리드는… 그녀의 상태가 어떠한지 설명해 주시겠어요?

잉글리드 버그만: 그녀는 소녀이고, 언제나 행복하고, 열정에 넘쳐 있습니다. 갓 12개월 된 딸의 엄마구요. 그녀는 딸과 함께 몇 가지 옷을 가방에 챙겨들고 미국으로 왔어요. 유럽에는 전쟁이 계속되고 있었기 때문에 남편은 아직 스톡홀름에 있었고, 남편이 집에 오기를 바라고 있었죠. 그녀는 그래서 조금 외로웠고, 영어를 거의 못했기 때문에 더욱 그랬어요. "처음 뵙겠습니다"라는 말을 겨우 할 수 있을 정도였죠. 그러나 입에 함박웃음을 머금고 말하면 누구나 그녀를 사랑했지요. … 미국 남성들보다 오히려 미국 여성들이 가방을 들고 아이와 함께 유럽에서 건너온 배우인 그녀를 더 사랑해 주었어요. 훗날 나는 당시의 그러한 성공이 배우로서의 성공이 아니라 여성으로서의 성공이기도 했다는 것을 깨닫게 되었어요.

— 〈에고이스트〉, "1967년, 올리아나 팔라치와 잉글리드 버그만의 인터뷰" 중에서.

1. 퍼스낼리티 인터뷰란

"사람이 꽃보다 아름다워"라는 노랫말이 말해 주듯이, 사람을 매혹시키는 것은 언제나 사람이다. 사람의 가장 깊은 내면에 접근해 그 매혹적 요소들을 캐내는 것이 퍼스낼리티 인터뷰이다. 사람을 둘러싼 이슈나 특별한 능력, 공적인 임무에 초점을 맞추는 것이 아니라, 순수한 자연인으로서 그 사람 자체를 탐색해 들어가는 인터뷰인 것이다. 인터뷰가 흐름이고 탐색이라는 말은, 따라서 퍼스낼리티 인터뷰에 가장 적합한 표현이다.

언론인이 취재를 목적으로 하는 미디어 인터뷰는 크게 2가지로 나눌 수 있다. 하나는 취재원으로부터 정보를 이끌어내기 위한 '뉴스 인터뷰'이고 다른 하나는 사람의 특성에 초점을 맞춘 '인물탐구형 인터뷰'이다. 전자가 '이슈를 쫓는' 인터뷰라면, 후자는 '사람을 규명'하고자 하는 인터뷰이다.

뉴스 인터뷰는 미국의 경우 1960년대 후반 이전으로 거슬러 올라가는 '올드 저널리즘'의 영역에 속한다. 올드 저널리즘에서는 '언제-어디서-누가-무엇을-어떻게-왜'라는 6하원칙을 신봉한다. 이러한 6하원칙으로 구현된 정확한 사실보도로 기사의 신뢰도를 쌓고 객관성을 유지하는 것을 원칙으로 삼는다. 퍼스낼리티 인터뷰는 그 이후의 '뉴 저널리즘'의 영역에서 꽃피기 시작한 분야라고 할 수 있다. 즉, 6하원칙에 충실한 저널리즘을 뛰어넘어 6하가 가져다줄 수 없는 진실의 영역을 탐구하는 인터뷰이다.

언론인이자 작가인 톰 울프는 1970년 미국신문편집인협회(ASNE) 회지의 한 기고문을 통해 '뉴 저널리즘'의 실체는 '포화 보도'(*saturation reporting*)라고 설명했다. 즉, 6하가 가져다주는 사실만을 추구하는 것이 아니라, 6하를 둘러싼 커다란 배경, 거기서 확장된 대화와 정황 등을 모두 포함하는 저널리즘이라는 뜻이다. '포화'라는 말 그대로 촘촘한 정보와 깊은 통찰력으로 꽉 찬 저널리즘이다. 이를 위해 기자는 평소 같으면 과감히 외면할 세세한 사실에 집착하기도 하고, 글에 생기를 불어넣는 여러 가지 사례와 소품을 모으기 위해 전력을 쏟기도 한다.

기자의 통찰력과 주관성이 배제될 수 없는 요소라는 점에서 퍼스낼리티 인터뷰는 또 사회조사 인터뷰(*survey*)와 정반대의 위치에 있다. 사회조사 연구 인터뷰는 통계적인 결과에서 개인적 편견을 제거하기 위해 개인을 축소시키는 경우가 많은 것에 비하여, 퍼스낼리티 인터뷰는 사회적인 요소를 줄이고 개인을 최대한 확대시키는 인터뷰이기 때문이다.

'퍼스낼리티 인터뷰'에서 '퍼스낼리티'란 글자 그대로 사람의 성격과 특징을 나타내는 말이다. 동시에 다른 사람과는 뭔가 다른 독특한 사람, 즉 유명한 사람을 뜻하기도 한다. 퍼스낼리티 인터뷰는 앞서 밝힌 대로 6하의 원칙만을 신봉하지 않는다는 뜻에서 '창조적 인터뷰'(*creative interview*)라고 불리기도 한다.

허바드(Hubbard)는 퍼스낼리티 인터뷰를 비시사성 피처기사의 한 유형으로 분류하며, "큰 사람들의 작은 이야기"로 정의한다. 이에 비해 인간적 흥미유발형(*human-interest*) 기사는 "작은 사람들의 영웅적 이야기"라고 정의했다.

2. 인물의 이해

보통인이든 유명인이든, 사람을 파악하기란 쉬운 일이 아니다. 오랫동안 알고 지내던 사람에게서 의외의 면을 발견하고 놀라는 경우가 있는 것처럼, 사람을 안다는 것은 단순히 시간을 투자하는 것 외에도 별도의 노력과 통찰력을 필요로 한다. 기자는 단시간에 질문을 무기로 하여 사람을 파악해야 하는 쉽지 않은 과제를 안고 인터뷰에 임하게 된다. 인터뷰가 헛되이 끝나지 않기 위해서는 파악하고자 하는 인물의 실체에 대한 이해가 필요하다. 이 사람의 어떠한 부분을 알고자 하는가에 대한 정리가 되어 있어야 한다는 뜻이다.

탐구하고자 하는 사람의 모습이란 사회과학에서 끊임없이 규명하려고 한 '자아'의 개념과 비슷하다. 사람이란 일정 나이가 되면 '나'라는 존재에 대한 인식에 눈뜨게 되며, 그 인식은 일련의 사회화 과정을 통해 변하기도 하고 특정 방향으로 강화되기도 한다. 심리학자들은 인간이 처음에 시각을 통해 자신이 몸이 남과 다르다는 것을 깨닫는 '신체적 자아'에 눈뜬다고 했다. '사회적 자아'는 다른 사람의 의견이나 기대에 비추어진 자신의 모습을 보고 형성된다. 1902년에 쿨리(Cooley)가 말한 '거울 속 자아'(*looking-glass self*)가 그것이다. 쿨리는 인간이란 타인이라는 거울에 비추어진 자신의 모습을 보며 사회적 자아를 형성한다고 주장했다. 사회학자들이 말하는 '사회화'(*socialization*)의 과정 역시 사회적 자아의 형성과정이라고 할 수 있다. 여자나 미국에서의 유색인종들이 커가면서 스스로를 약자로 여기게 되는 현상을 '피해 사회화'라고 하는데, 그 과정에서 타인이 거대한 거울의 역할을 하고 있음은 물론이다.

인간은 자신에게 붙여진 다른 사람의 기대나 인식에 맞추어 행동하는 경향이 있다. 이를 가리켜 자기 충족적 예언(*self-fulfilling prophecy*)이라고도 한다. 한 가지 예로, 서아프리카의 아샨티 부족은 월요일에 태어난 아이들을 '콰두오'(Kwadwo), 수요일에 태어난 아이들을 '콰쿠'(Kwaku)라고 부른다. 콰두오는 조용하고 평화스러운 사람이라는 뜻이고, 콰쿠는 잠재적 문제아라는 뜻을 담고 있다. 이 말들이 월요일에 태어난 사람들의 성향이 대체로 조용하고, 수요일에 태어난 사람들의 성향이 시끄럽다는 과거 경험에서 우러나온 말인지는 알 수 없다. 다만 수요일에 태어난 아이들은 태어난 순간부터 계속 "너는 문제아가 될 소지가 있는 아이다"라는 주변의 메시지를 접하며 자라게 된다. 흥미롭게도 실제로 범죄자 중에서는 수요일에 태어난 아이들의 비율이 훨씬 높다는 속설이 있다. 범죄학에서 말하는 '낙인 효과'(*stigma effect*)도 이와 흡사한 개념이다. 기왕에 낙인이 찍히면, 낙인을 불식시키려고 노력하기보다는 낙인에 끌려 같은 범죄를 반복한다는 것이다.

자아에 대한 인식은 문화에 따라서도 차이가 난다. 중국의 커뮤니케이션 학자인 슈(Hsu, 1985)는 동양과 서양에서 받아들이는 자아의 개념이 얼마나 차이가 있는지 동심원으로 그려 나타냈다(〈그림 14-1〉, 〈그림 14-2〉 참조).

동심원의 한가운데에는 프로이트가 말한 '자아'(*ego*)가 자리하고 있다. 중국인은 '나'라는 개념에 '자아'는 물론 가족과 친지, 더 나아가 자신이 속한 지역사회의 일부까지 포함시키는 반면, 서양인들의 '나'라는 것은 '자아'에 국한되어 있다고 설명한다. 개인주의 문화의 사회에서 '나'는 오로지 '나'일 뿐이다. 내가 속한 가족이라고 해서 '나'일 수 없고, 내가 다니는 학교가 곧 '나'는 아니라는 뜻이다. 반면 집단주의 문화의 사회에서 '나'는 가족이나 공동체에서 분리해서 존재할 수 없다. 나의 부모도 나의 일부요, 나의 학교도 나의 일부다, 따라서 부모를 욕하는 것은 바로 나를 욕하는 것이고, 내가 속한 조직을 비판하는 것은 곧 나를 비판하는 것이라고 여긴다.

〈그림 14-1〉 중국인의 자아개념

6 물질문화

5 친밀한 사회와 문화
4 표현 가능한 의식
3 표현할 수 없는 의식
2 전의식(프로이트)
1 내부적 무의식

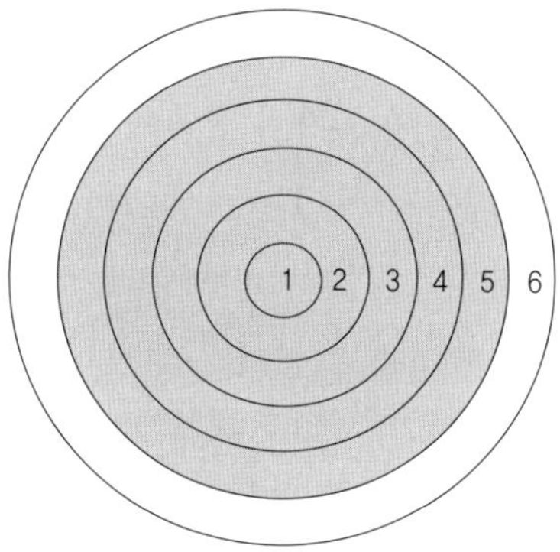

출처: Scollon & Scollon, *Intercultural Communication*, p.132.

〈그림 14-2〉 서양인의 자아개념

6 물질문화
5 친밀한 사회와 문화

4 표현 가능한 의식
3 표현할 수 없는 의식
2 전의식(프로이트)
1 내부적 무의식

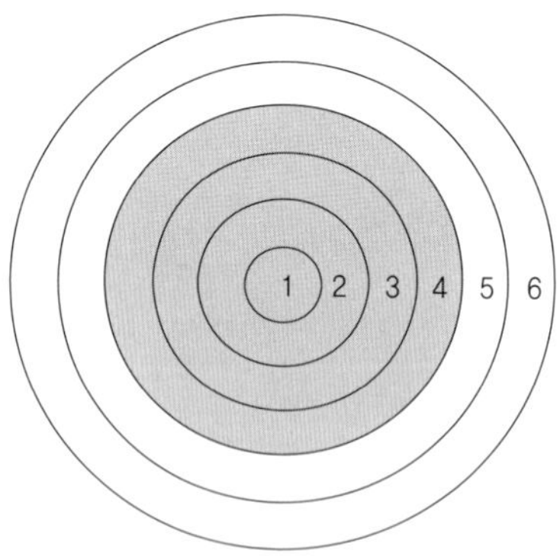

출처: Scollon & Scollon, *Intercultural Communication*, p.133.

특히 유명인의 경우에는 스스로 생각하는 자신과 대중이 생각하는 자신 사이에 적잖은 괴리가 있게 마련인데, 기자는 가능한 그 괴리를 좁혀 실체적 진실에 가까운 상대방의 '자아'의 모습을 그리려고 노력해야 한다. 인터뷰를 통해 기자가 규명하고자 하는 '자아'란, 사회적 비늘로 덮이기 이전의, 각종 사회적 역할 속에 감추어진 모습, 그러니까 대중이 갖고 있는 이미지의 벽과 편견의 벽을 넘어선 인간의 모습이어야 한다. 그러기 위해서는 인터뷰어 스스로 편견을 제거해 첫째 편견의 벽을 넘어야 하고, 대중 이미지에 지나치게 현혹되지 않음으로 해서 둘째 벽인 이미지의 벽을 뛰어 넘어야 한다. 그 후에는 사회적 명성이나 후광 같은 비인간적 너울들을 벗겨내, 그 안에 동그마니 앉아 있는 인간의 모습을 보아야 한다. 여러 겹의 껍질을 벗은 후, 비로소 그 안에 있는 사람의 진심과 고민과 열정을 알아낼 수가 있다.

퍼스낼리티 인터뷰란 이러한 껍질을 하나하나 벗겨 가는 과정이라고도 할 수 있다. 올리아나 팔라치(Oriana Fallaci)는 "나는 인터뷰를 할 때마다 상대방의 옷을 하나씩 벗기는 느낌을 지울 수가 없다"고 말하곤 했는데, 이는 거추장스러운 사회적 너울 속에 감춰져 있는 진솔한 사람의 모습을 발견해 가는 과정을 적나라하게 표현한 말이라고 하겠다.

3. 유명인과 보통인

유명인(*personality*)과 보통인(*nonpersonality*)의 구분은 사실 상당히 주관적이고 상대적인 것이다. 특정 연령층에 유명한 사람이 다른 연령층에는 전혀 알려져 있지 않을 수도 있고, 제한된 서클 안에서는 유명하지만 그 경계를 넘어서면 보통인으로 돌아가는 사람들도 많다. 대중 인기인이나 명사의 지명도를 받아들이는 것도 사람에 따라 편차가 크다. 스스로 유명인인지 아닌지 알아보는 잣대로, 자기가 모르는 사람 중에 자기를 알아보는 사람이 많은 것을 드는 사람도 있는데, 이 역시 모호한 기준이다. 그만큼 유명인의 개념은 유동적이고 상대적이며 가변적이다.

대중적으로 지명도가 있는 사람들은 인터뷰 대상으로 매력적인 사람들이다. 알려진 이름과 실체 사이의 궁금증을 인터뷰를 통해 풀어볼 수 있기 때문이다. 그러나 바로 그 사이의 괴리가 유명인과의 인터뷰를 까다롭게 하는 요소이기도 하다.

유명인, 혹은 명사를 인터뷰하는 데 걸림돌은 그들이 스스로 구축한 공적 이미지인 경우가 많다. 켄 메츨러(Ken Metzler, 1977)는 유명인 인터뷰의 문제점을 '자기 창조'(*self creation*)에 있다고 보았다.

유명인들은 자신의 공적 이미지를 위해 스스로 자신과는 또 다른 자신을 창조해 왔고, 때로는 그렇게 창조된 모습이 실제의 모습을 압도하는 경우가 많았다. 그렇게 복잡하게 창조된 자신의 모습 속에서 자연인에 가까운 그들의 참모습은 영영 빛을 보지 못할 수도 있다.

토마스 모건(Tomas Morgan)은 그의 책 《자기 창조》(*Self-Creation*) 서문에서 "대부분의 잘 알려진 사람들은 그들, 혹은 그들의 조언자가 말하는 '이미지 문제'를 우아하게 해결하려고 하는 경향이 있다. 시간이 흐르면서 그들은 의도적으로 공적 자신을 창조해내 그 '공적 자아'로 하여금 인터뷰에 응하고 관찰하며 확인하게 한다"고 했다. 모건이 제시한 브리지트 바르도(Brigitte Bardot)의 예는 흥미롭다. 브리지트 바르도는 '자기 창조'의 초점을 남자들을 지배하는 권력의 사용에 두고 있다고 했다. 그녀는 (남자인) 남편을 시켜 (역시 남성 인터뷰어인) 모건을 프랑스로 날아오게 한 후 일방적으로 약속을 취소해 그를 일주일간 기다리게 하다가 갑자기 인터뷰에 응하는 식으로 남성에 대한 권력을 휘둘렀다.

인물탐구형 기사와 전기를 주로 집필하는 모리스 졸로토(Maurice Zolotow)는 《기사작성 핸드북》(*Writer's Digest Handbook of Article Writing*)에서 이렇게 적고 있다. "프로필 작가가 직면하는 가장 큰 문제는 인터뷰 대상 인물의 특징을 이해하고, 그의 현재 행동 양태를 가져온 뿌리가 무엇인가를 캐는 데 있다. 결국 문제는 심리적인 것으로 귀착된다." 또한 사람에 대해 글을 쓴다는 것의 복잡함에 대해 프랑스의 소설가이자 전기작가인 앙드레 모로와(André Morois)는 이렇게 요약한다. "인생이 스스로 알아서 만들어진 사람의 이야기를 쓰는 매우 드문 경우를 제외하곤, 작가는 제각각 다른 파편으로 구성되어 특정한 지향점이 없이 분리된 사건들에 의해 사방으로 퍼져있고 형체 없는 덩어리를 떠맡아야 하는 셈이다."

유명인 인터뷰가 까다롭기는 하지만 보통인 인터뷰라고 해서 특별히 더 쉽다고 말할 수는 없다. 보통인의 경우 '자아 창조'나 '사회적 비늘 혹은 거품'으로 무장하고 있지는 않더라도 그들의 특징을 파악하고 특징의 근원을 캐는 일은 여전히 까다롭기 때문이다. 앞서 지적했듯, 사람은 누구나 나름대로의 방식대로 특별하며 어떤 집단에서는 유명인일 수 있다. 결국 인물탐구 대상으로 유명인과 보통인을 구분 짓는 것은 큰 의미를 지닌 일이 아닌 것 같다. 유명인 속에서 보편적 이야기를 끌어내고, 보통사람 속에서 특별함을 발견하는 것이 좋은 인터뷰이다. 이슈와 사람을 구분 지어 접근하는 것도 바람직한 방법이 아니다. 좋은 프로필은 이 모든 것을 성공적으로 조합하는 데서 나온다.

4. 논픽션에 대한 독자들의 욕구

사람들은 실제 사람들의 이야기에 목말라 한다. 인물을 파헤치는 인물탐구 인터뷰가 시도한 저널리즘의 새로운 실험들이 성공을 거둔 것은 독자들의 이러한 욕구 때문이다. 6하원칙에 따른 건조한 기사들이 단순히 정보를 전달한다면, 인물탐구형 인터뷰 기사들은 정보와 함께 읽는 맛을 전달한다.

메츨러는 퍼스낼리티 인터뷰를 가리켜 '보도문학'이라고 칭하며, "인간의 특성을 연구하는 데 있어 더 이상 소설만이 유일한 도구는 아니다"라고 말했다. 톰 울프 역시 논픽션 소설이 미국의 소설을 점차 대체해 가고 있다는 의견을 내놓았고, 〈하퍼스〉(*Happer's*) 지의 전 편집장인 존 피셔(John Fischer)는 논픽션 글에 대해 고대 그리스의 서사시와 같은 위치에서 "우리 세대의 특징적인 문학적 매개체"라고 표현하면서 다음과 같이 말한다.

> 가장 폭넓게 읽히고 가장 돈을 많이 벌고 대중적 여론에 가장 큰 영향을 미치는 소설가들은 이른바 논픽션 소설가들이다. 이들은 전쟁이나 권력, 우리 사회의 도덕적 딜레마 같은 대중적 테마를 고른다. 순수하게 시적인 감정을 다루길 좋아하는 문학적 소설가들과는 대조적이다.

피셔가 이 말을 한 시점은 '뉴 저널리즘'이라는 용어가 일반적으로 쓰이기 몇 년 전인 1963년 무렵이다. 뉴 저널리즘을 가장 보편적으로 설명해 주는 키워드는 '사람들 저널리즘'이다. 이는 이야기 구성, 인물 설정, 무대, 대화, 묘사, 시각을 포함하는 픽션 작가들의 기술을 논픽션의 상황에 대입한 것이다.

'사람들 저널리즘'은 1974년 〈타임〉(*Time*)지가 발행한 〈피플〉(*People*)지의 성공을 가져왔다. 사람들에 대한 대중의 흥미는 경기불황 시대에 신흥 잡지였던 〈피플〉을 일약 잘 팔리는 잡지의 대열에 올려놓았다. 발행 18개월 만에 〈피플〉은 엄청난 발행부수와 광고수입으로 효자잡지가 되었다. 뿐만 아니라 〈피플〉의 성공은 〈인 더 노우〉(*In the Know*), 〈명사의 얼굴〉(*Celebrity Faces*) 같은 아류 잡지들의 탄생을 가져왔다. 〈피플〉지 편집장을 지낸 딕 스톨리(Dick Stolley)의 말처럼 "우리는 이슈들을 다루지 않는다. 오직 인간의 존재만을 다룰 뿐이다"라는 편집방향이 독자들의 잠재적 욕구와 맞아떨어진 결과이다.

사실 '뉴 저널리즘'이라는 말이 본격적으로 사용된 것은 1960년대 말이지만 신문들은 그보다 훨씬 전, 그러니까 1950년대부터 서서히 '인간적인 보도'를 위한 실험을 해왔다. 다양한 뉴스 상황에서 사건 뒤에 가려진 사람들의 모습을 묘사하거나 기자 한 사람의 주관적인 시각으로 기사를 풀어가는 것은, 뉴스의 인물을 중시하고, 그 뉴스를 보도하는 기자의 주관적 시각을 중시했다는 점에서 매우 인간 중심적인 보도라고 할 수 있다.

최근 국내언론도 정치기사나 사건기사 이외에 문화, 생활, 패션 등 사람의 일상과 직접 관련된 연성 뉴스들의 비중이 점차 늘어가는 추세이다. 장문의 인터뷰 기사들이 종종 실리고, "사람들"이라는 별도의 섹션을 만드는 신문도 생겼다. 또 인터뷰를 전문으로 하는 기자들도 나오는 실정이다. 인물탐구의 의미와 방법, 전달 등에 대한 고민과 부단한 실험을 해야 하는 시점인 것이다.

5. 인물탐구형 인터뷰의 기술

좋은 인터뷰어가 되려면 무엇보다도 사람을 만나고 그들을 알아가는 것을 즐겨야 한다. 사람에 대한 순수한 호기심과 열정으로 꽉 찬 기자가 좋은 인터뷰를 할 수 있다. 인터뷰 대상이 실제로 무엇을 좋아하는지, 왜 좋아하게 되었는지 궁금해 해야 한다. 인터뷰 대상을 모두 좋아할 필요는 없다. 그러나 적어도 그들이 새로운 사실을 알려주려고 노력한다는 것에 감사하는 마음을 가져야 한다. 설사 그들이 경멸할 만한 특성을 가졌다고 하더라도, 새로운 시각에서 바라보면 그 비뚤어짐이 오히려 흥미로운 것일 수도 있다.

인터뷰 대상을 만나는 기자의 자세는 세심하고 꼼꼼해야 한다. 톰 울프가 말한 '포화 저널리즘'을 이루는 작은 디테일, 미세한 관찰을 통한 폭넓은 정황의 포착이 필수적이다. 평소 같으면 기자들이 전혀 관심을 기울이지 않을 세부적인 것에 주목해야 한다. 우연한 언급, 이상하고 사소한 일들, 버릇이나 재치 있는 말 등 어떤 것이든 글을 쓸 때 장면에 생동감을 불어넣어 주는 것이라면 무엇이든 빨아들일 빈틈없는 준비태세를 갖춰야 한다. 세부사항을 아는 것은 인터뷰 대상의 삶에 적용되는 모든 것을 주목하는 것을 뜻한다. 매일매일의 습관, 몸짓, 매너, 관습, 여행 스타일, 집안의 인테리어, 걷는 방식 등 한 사람의 인물을 구성하는 수천 가지의 독특함과 그를 둘러싼 모든 감각적 정보, 즉 색깔, 냄새, 소리, 촉각에 대한 감상들이 모두 필요하다.

인터뷰어는 낮고 편하고 겸손한 자세를 견지하는 편이 좋다. 질문공세를 퍼부어 상대를 위축시키는 것은 최악의 전략이다. 궁극적으로는 핵심적 질문을 파고들더라도 기본적인 흐름은 상대방의 흥미에 관심이 있고 호의적이며 무슨 말이든 들을 준비가 되어 있다는 겸손한 매너를 유지해야 한다. 《전기작가의 모험》(*Adventures of a Biographer*)을 쓴 캐서린 드링커 보웬(Catherine Drinker Bowen)은 인터뷰어를 '왈츠에 초대된 여인'에 비유했다. 왈츠 가락에 맞춰 춤을 추기 위해 그녀는 쉽게 음악을 타야 한다. 아무리 스텝이 복잡하다고 하더라도 쉽고 가벼운 스텝으로 흐름을 쫓아가야 한다. 힘겨루기를 하거나 참을성이 없어서는 왈츠를 출 수 없다. 따라서 그런 흐름에 순응하면서 상대방의 움직임을 배려해야 한다는 뜻이다.

모든 인터뷰에서 철저한 사전준비와 조사는 중요하지만, 특히 인물탐구형 인터뷰에서의 사전준비는 인터뷰의 성패를 가르는 중요한 요인이다. 인터뷰 대상을 만나기 전 기자는 그 사람에 대해 얻을 수 있는 자료는 모두 모아 숙독하고, 주변 취재를 통해 인물의 대강의 윤곽을 파악해 놓는 것이 좋다. 그리고 대상에 대해 이미 알고 있는 것, 알려진 사실 중 확인하고 싶은 것, 새로 물어 알고 싶은 것 등의 목록을 만들어 체계적으로 접근하는 것이 좋다. 단순한 사실의 확인으로 인터뷰를 구성한다면 핵심에 도달하는 시간이 그만큼 늘어난다. 뿐만 아니라 조금만 노력하면 금방 알아낼 수 있는 정보들에 대해 세세하게 물어보는 것은 인터뷰 대상으로 하여금 기자의 성실성을 의심하게 하고, 그만큼 성실하게 답변하려는 자세에도 영향을 미친다. 사람은 상대방이 자신에 대해 얼마나 알고 있는지 여부에 따라 반응하게 마련이기 때문이다.

기자들이 잊지 말아야 할 것은, 기자는 인터뷰 대상의 말을 '듣고 이해하기' 위해 거기 있는 것이지, 그들을 '판단하기 위해' 있는 것은 아니라는 것이다. 최악의 인간들 속에 존재하는 선함, 최고의 인간들 내부에 존재하는 악함을 발견하는 것이 인터뷰어의 일이고, 지녀야 할 자세다.

잘 듣는다는 것은 상대방을 향한 열린 마음씨(*empathy*) 뿐 아니라 통찰력을 요한다. 가장 비슷한 유형으로는 아마 정신분석가가 환자의 이야기를 경청하는 것이라고 할 수 있을 것이다. 인터뷰어는 상대방이 말해주는 것 이외의 말을 들어야 하는데, 테오도르 라이크(Theodor Reik, 1952)는 이를 가리켜 '세 번째 귀'라고 표현한다. 작곡가 구스타프 말러(Gustav Mahler)는 "음악에서 가장 중요한 것이 악보는 아니다"라고 말한 적이 있는데, 인터뷰에 있어서도 마찬가지이다. 인터뷰 과정에서 상대의 말을 통해 얻어지는 정보는 일부에 불과하다. 말 속에 숨긴 의미가 무엇인지, 말할 수 없는 부분은 무엇인지, 말하기를 꺼리는 부분은 무엇인지, 이 모든 부분의 정보들을 통찰하고 통합할 때 비로소 한 인물에 대한 파악이 가능하다. 인터뷰어의 깊은 통찰력은 때로는 인터뷰 대상이 스스로도 알지 못했던 것을 끌어낼 수도 있다. 대부분의 사람들은 남의 말을 들을 때 내용 중심으로 들을 뿐 상대방을 진정으로 이해하려고 노력하면서 듣지 않는 경향이 있다. 인터뷰어가 이와는 다른 자세로 경청한다면 아주 가까운 사람도 몰랐던 것, 심지어 인터뷰에 응하는 사람 자신이 오랫동안 잊고 있었거나 아예 몰랐던 자신의 특징을 발견하게 할 수도 있다.

6. 인물탐구형 인터뷰의 질문

그렇다면 어떤 질문들을 던져야 할까. 어떠한 의문점들을 갖고 인터뷰를 하러 가야 할까. 무턱대고 이 사람의 모든 것에 대해 알아보겠다고 마음먹는 것으로는 부족하다. 전략적이고 세심한 준비가 필요하다.

대부분의 인터뷰어들은 좋아하는 방법과 특별한 질문을 갖고 있다. 목표는 인터뷰 대상이 마음의 문을 열고 정직하게 말하게 하는 것이다. 추상적인 질문에서 아주 구체적인 질문까지, 심각한 질문에서 유머가 넘치는 질문, 철학적 질문에서 우스꽝스러운 질문까지 다양한 종류와 스펙트럼의 질문이 던져진다. 우스꽝스러운 질문이 때로는 예상치 못했던 현답을 끌어내기도 한다. 켄 메츨러(Ken Metzler)는 미스 아메리카 후보를 인터뷰한 어떤 기자의 예를 든다. 이 기자는 빈틈없는 차림새에 완벽한 화장, 우아한 미소를 한껏 머금고 있는 미스 아메리카 후보에게 "낡아빠진 청바지가 훨씬 편하지 않습니까?"라고 물었는데, 이 질문을 들은 미스 아메리카의 표정이 갑자기 상기되면서 "맞아요. 세상에, 그걸 어떻게 아셨죠?"라며 반색했다. 이어지는 질문과 답변에서 사실은 미인대회에 출전할 의사가 별로 없었으나, 극성스러운 엄마의 손에 이끌려 그 자리에까지 오게 되었다는 사실을 알게 되었다고 한다.

켄 메츨러는 인터뷰에 임하는 기자들이 가져야 할 의문점을 다음과 같이 나열했다.

- 인터뷰 대상을 둘러싼 온갖 물질적인 것들은 무엇인가? 가령 어떤 차를 타는지, 어떤 옷을 입는지, 어떤 집에 사는지, 어떤 '장난감'들을 갖고 노는지 등을 알아낸다.
- 인터뷰 대상은 무엇을 읽나? 어떤 책을 읽으며, 잡지나 신문은 무엇을 즐겨 보는가? 최근에 읽은 책은 무엇인가? 그의 서재, 혹은 커피 테이블에는 무슨 책들이 놓여 있는가? 잠자리 옆에 놓여있는 책은 무엇인가? 평소 어떤 책들을 가까이 두고 있나?
- 누가 그의 영웅인가? 정치인 중에서는 누구를 지지하며, 역사적 인물로는 누구를 존경하나? 문학인이나 예술인 중에서는 누구를 좋아하나?

- 그를 둘러싼 사람들은 어떤 사람들인가? 그의 배우자는 어떤 사람이며, 친구들은 어떤 사람들인가? 그를 따르는 부하들은 또 어떤 사람들인가?
- 그의 인생목표는 무엇인가? 직업적 목표와 개인적 목표는? 단기적 목표와 장기적 목표는? 그 목표를 달성하기 위해 그는 어떤 노력을 기울이나? 장애물이 있다면 무엇인가?
- 그가 갖고 있는 문제점은? 직업적 문제점은 무엇이고 개인적 문제점은 무엇인가? 그 문제점들에 어떻게 대처하고 있는가?
- 여가시간을 어떻게 보내나? 누구와 함께 무엇을 하며 보내나?
- 평상시 하루일과는?
- 그가 가장 많이 의식하는 문제점들은 무엇인가? 어떤 이슈, 개념, 철학 등에 대해 직업적으로, 혹은 개인적으로 가장 신경이 쓰이는 문제는 무엇인가? 언제부터 그 문제에 관심을 갖게 되었으며, 문제의식과 관련해 어떤 행동을 취했는가?
- 그의 꿈, 그의 환상은 무엇인가?
- 평범한 상황에 어떻게 대처하는가? 그가 남들과 다르게 반응하는 부분이 무엇인가?
- 그의 어린 시절은 어떠했나? 그의 부모는 어떤 사람이었나? 어린 시절과 현재 상황이 얼마나 연결이 되어 있는가?
- 그의 조개껍질 속의 모래알은 무엇인가? 다시 말해 그를 극도로 화나게 하는 것은? 반대로 그를 가장 기쁘게 하는 것은?
- 그의 약점이나 부정적 측면은? 주변 인터뷰를 통해 그의 부정적 측면을 파악한 후 그에게 어떻게 생각하는지 묻는다. 그런 타인의 의견에 그는 동의하는가?
- 그의 삶에 가장 중요한 변화가 있었다면 무엇인가? 인생의 전환점은 언제였나? 무엇이 그것을 유발했나? 그 상황에 그는 어떻게 대처하고 극복했나? 그는 이제 그것에 대해 어떻게 느끼고 있는가?

7. 인간적인 기사의 다양한 유형

기사 안의 사람에 주목한 기사는 가장 단순한 형태에서 매우 복잡한 형태에 이르기까지 다양한 유형이 있다. 가장 간단한 형태는 보통의 사건사고 기사에서 인간적 측면을 드러낸 것이다. 6하원칙에 의거해 작성한 건조하고 일상적인 기사들은 인간적 얼굴을 드러냄으로써 비로소 조금은 특별한 기사로 거듭난다. 예를 들어 홍수가 났을 때, 홍수가 난 일시와 지역과 강우량과 피해액 등을 나열하여 작성한 스트레이트 기사는 그저 하나의 천재지변 소식에 지나지 않는다. 그러나 이 기사를 "서울 무슨 구 어느 동에 사는 아무개 씨(49)는 새벽 4시경 심한 폭우에 축대의 일부가 무너져 내리는 소리를 들었다. 위험을 감지한 그는 서둘러 부인 아무나 씨(45)를 깨우고 몇 가지 짐을 챙기게 했다"는 식으로 풀어서 쓴다면 훨씬 인간적인 기사가 된다. 이런 형태의 인간적인 기사를 메츨러는 '인물조명 기사'(*The Personal Sidelight*) 라고 불렀다.

일반 기획기사의 보조수단으로 개인의 사례를 인용하는 형태(*The Personality Sidebar*) 도 있다. 가령 동남아시아의 어린이 매춘이 얼마나 심각한 문제인지를 다루는 잡지 커버스토리에서 어린이 매춘에 연루된 포주의 이야기를 별도의 사례로 소개한 기사(〈타임〉, 2002년 2월 4일)가 여기 포함된다.

사람의 이야기나 어떤 사건의 배경에 초점을 맞춘 인터뷰 기사(*The Personality Sketch*) 는 좀더 인간적인 형태의 기사다. 새로운 직책을 맡게 된 사람의 포부, 특별한 상을 받은 사람이 성취한 내용 등이 중심이 된다. 여기에는 내러티브 형식과 배경설명 형식 2가지가 있다. 내러티브 형식의 인터뷰 기사는 앞서 말한 개인의 사례를 인용하는 형태와 기본적으로는 같으면서, 독립적으로 사용할 수 있다는 것이 다른 점이다.

〈피플〉지에 나오는 대부분의 사람 이야기는 이 범주에 들어간다. 배경설명 형식은 미디어의 주목을 받는 사람의 배경을 설명하는 데 목적이 있다는 점에서 내러티브 형식과 다르다. 새로운 직책을 맡게 된 사람의 경력을 소개한 경우가 이에 속한다.

인물 기획기사(*The Feature Interview*)는 신문 등에 흔히 등장하는 인물 인터뷰 기사로, 어떠한 계기가 있을 때 부각된 인물을 여러 차례 만나 그 사람의 이야기를 소개하는 형식의 기사이다. 여기는 테마 인터뷰(*thematic interview*)와 비테마 인터뷰(*nonthematic interview*)가 있다. 전자는 한 가지 테마에 초점을 맞춘 기사이다. 최근 신간을 발간한 저자를 만나 책에 대한 이야기를 듣거나, 새 영화에 출연한 배우로부터 출연 뒷이야기, 영화에 대한 소개 등을 듣는 인터뷰가 테마 인터뷰이다. 여성학자를 만나 최근 페미니즘의 움직임에 대해 집중적으로 물어보는 것도 여기 들어간다. 비테마 인터뷰는 신문에서 많이 사용하는 문답형식(*Q-A format*)의 인터뷰이다. 여러 가지 토픽에 대해 질문을 던짐으로써 인물의 반응에 주목하는 기사다.

한 사람의 인생의 흐름에 맞춘 기사도 인물중심형 기사의 대표적 유형의 하나로 꼽힌다. 미국의 잡지인 〈레이디즈 홈 저널〉(*Ladies' Home Journal*)에서는 오랫동안 "이 결혼이 유지될 수 있을까"라는 제목의 기획 아래 매월호 한 사람, 혹은 한 커플의 결혼 이야기를 집중 취재해 실어오고 있는데, 이를 가리켜 사례연구형 인터뷰(*The Case History*)라고 한다.

8. 인물 프로필

기사 중에서 인간적 측면이 가장 두드러진 형태는 인물탐구형 인터뷰, 혹은 인물연구, 인물평 등으로 불릴 수 있는 프로필(*The Profile*)을 들을 수 있다. 프로필은 픽션 작가의 기술을 논픽션에 적용하는 양식의 글쓰기이다. 글의 플롯, 인물설명, 배경, 대화, 묘사, 그리고 시각이 모두 녹아있는 글이다. 그런 글을 쓰기 위해 기자는 단순히 정보를 모으는 데 그치는 것이 아니라 치밀한 사전조사와 참여자 관찰을 인터뷰와 병행해야 한다.

인물 프로필을 개척한 잡지는 1920년대 후반의 〈뉴요커〉지였다. 기자들은 명사의 말을 단순히 기록하는 데에서 나아가 명사를 둘러싼 모든 사람들, 친구나 적, 사업동료, 가족, 하인, 이웃을 포함하는 모든 사람들과 인터뷰를 해서 얻은 결과를 바탕으로 개인을 세세하게 묘사했다. 그렇게 쓰인 기사는 내용이 포괄적일 뿐만 아니라, 어두운 면도 종종 담고 있었고, 다각적이었기에 더욱 진실에 가까운 모습으로 그려졌다.

대부분의 인물평은 직·간접적으로 인터뷰 대상의 주요한 특징에 대한 테마적 진술을 포함한다. 그런 테마는 "그는 열정적 사업가", "그녀는 헌신적 아내" 등과 같이 지나치게 단순화될 위험성이 있으며, 특히 인터뷰에 미숙한 기자들이 이러한 속단을 내리기 쉽다. 노련한 기자들은 자신이 인터뷰한 사람들을 간단하게 보여주고, 독자들로 하여금 결론을 이끌어 내도록 내버려두기도 한다. 그러나 여기서도 기자의 주관적 판단을 아주 벗어나기는 어렵다.

컬럼비아대학 저널리즘 스쿨의 멜빈 멘처(Melvin Mencher) 교수는 프로필을 '미니 드라마'에 비유했다. 여느 드라마가 그렇듯, 프로필에서도 배경묘사와 행동과 대사가 필수적이다. 기자는 적극적인 화자가 되어 배경설명을 해주어야 하고, 출연한 인물들은 생동감 넘치는 대화로 장면을 이끌어가야 한다. 프로필에 반드시 충분한 인용구가 들어가야 하는 이유도 바로 거기에 있다.

멘처 교수가 제시한 프로필의 구성요소는 다음과 같다.

- 인물의 배경(출생, 성장, 교육, 직업 등)
- 인물과 관련된 적절한 사례와 사건
- 인물의 뉴스 가치를 말해줄 수 있는 사람들의 증언
- 기자 자신의 관찰
- 인터뷰 대상자를 아는 사람들의 코멘트
- 뉴스로서의 가치 부각

프로필은 인터뷰어가 인터뷰 대상자와 견지하는 거리에 따라 대략 3가지 카테고리로 나뉜다.

1) 객관적 프로필

여기서 기자는 일정한 거리를 유지하면서 상대를 관찰한다. 시사잡지의 커버스토리에 자주 등장하는 인물 프로필이 이 범주에 속한다. 객관적 프로필은 정형화된 패턴의 글쓰기 형식을 따른다. 사례-일반화-세부적 증언과 증거들의 순서가 그것이다.

2) 참여자 관찰 프로필

기자가 일정한 거리를 유지하기를 거부하고 대상자의 삶 속으로 뛰어 들어가 풀어내는 형식의 프로필, 며칠, 몇 주, 때로는 몇 년씩 같이 생활하며 그 사람을 읽어내려고 노력한다. 결과는 주로 전기물로 나타난다.

3) 단일사건 내러티브

한 가지 활동에 초점을 맞춰 이야기를 풀어나가는 형식의 프로필이다. 그 활동에 직접 참여하는 것이 보통이다. 가령 등산이 특별한 취미인 한 사업가를 인터뷰한다고 할 때, 등산에 동행하면서 등산이라는 행동을 통해 인간성을 탐구하는 것이 일례이다.

15 방송 인터뷰

▸ Scene 1. 평창동 집 거실

조영남(이하 조) : (일어서서 책장을 둘러보다가) 선생님, 이어령이라는 이름이 본명이세요? 저는 처음부터 그게….

이어령(이하 이) : 그게 이 자하고 령 자가 돌림자고 가운데만 내 글잔데. 우리는 덕영, 복영, 희영.

조: 원래 영으로 읽었어요?

이: 원래는 다 영이지. 영이라고 발음하는데, 내가 이름이 세 번 바뀌었잖아. 어렸을 때는 으영이.

조: 어떤 연유로? 어.

이: 원래 발음하려면 기호지방, 서울 이쪽에서는 '의'가 발음이 안 되고. 원래 우리 발음이 내실 어자가 'ㅇㅇ', 원래 우리 발음이 어가 아니라고. ㅇㅇ. 그래서 서울 사람들은 의사, 헌병, 으사, 흔병. 흔병 왔다 그러잖아. 암행으사라 그러고. '으'라고 발음하거든. 동그라미가 두 개 붙어서 충돌을 안

하는데 그걸 모음충돌이라 그러는데. 그니까 으영, 으영아 으영아 그랬지. 그게 내 본명이지. 한문은 어령인데 그 발음을 할 때 자연스러운 그야말로 본토발음이지. 본토발음으로는 으영이라고. 으영인데. 커 가지고 학교에 가니까 '어'라고 읽고 편안 녕이니까 어녕, 이어녕. 이화대학도 전부 이어녕 교수라고 돼 있다고. 근데 왜 바뀌었냐면 교과서에 내 글이 실려요. 국어교과서에. 그니까 교육부에서 옛날 문교부지. 어녕하니까 틀린다 이거지. 왜, 보령, 회령, 비령 하지 않느냐 속음화해가지고. 왜 그게 통일이 안 되느냐. 한자를 썼기 때문에.

▸ Scene 2. 평창동 집 서재

이: 굴렁쇠를 굴린다. 올림픽 때, 사람들은 즐거우니까 사람은 되도록 한 사람이라도 많이 넣으려고 그런 거야. 2천 명, 3천 명 달라고. 위에서 내려다보면 사람이 요만히 보이고 아무것도 없어. 그걸 거꾸로(조: 정반대로!) 다 빼고 한 애가 쫙 굴리고 왔을 때 정적에 순수함이고 슬픔이고 아름다움이고 그 말할 수 없는 복합적인.

조: (고개를 아래로 숙인 채로) 예예.

이: 그러니까 소름이 끼친 거야. 쨍.

조: 으흐흐흐.

이: 쨍하게. 단음으로 고음으로 모노톤으로 깔리는 거예요. 그리고 너는 무심코 확 굴리면서 지나가라. 사람들이 이게 꿈인지 생신지(조: 헤헤헤). 텅 빈 운동장에 그 많은 사람들이 떠들던 자리에 그 은빛 굴렁쇠 하나가 사악 지나간다고. 이걸 도중에서 서서 손을 흔들자는 것이에요. (조, 박장대소) 애가 그렇게 애썼는데 박수를 받아야 할 거 아닙니까. 그 말 한마디에 맘이 약해가지고. 그 6살 먹은 애 고생하는데. 좋다. 박수쳐줘라. 이래서 망친 거예요 그 장면이. 사일런스(silence)로 가야지 왜 스톱(stop)을 하냐고.

조: 그랬어야지.

이: 그게 한국적 현실인데. 그럴 때 가슴이 아픈 거예요. 그걸 우기면 나는 왕따가 되는 거예요. 그러나 나도 사람이기 때문에…. 좋다. 그 어린애가 우리집 마당에서도 굴리고 연습했거든요. 걔가 한 번 박수를 받겠다는데 전 세계 사람들한테. 그걸 왜 마다하냐 내가 손해 보지. 그래 서서 한 번 손을 흔들어라. 얘가 이제 커서 지금 대학을 갔는데, 지금도 편지가 와요. 그 부모들도 참 훌륭한 분들인데, 해서 후회는 안 하지만은 실제 내가 고집했다면 박수를 못 받게 했어야지. 근데 나는 역시 흔들리는 그런 한국적 상황에서 많이 흔들렸죠. 제 자신이.

— KBS, 〈조영남 인터뷰〉, "제 7회 이어령", 2001년 9월 19일.

▸ Scene 3. 일본 공연장

조영남(이하 조) : 지금 제가 거의 4시간을 논스톱으로 지휘하는 걸 봤잖아요. 근데 계속 그렇게(지휘동작 흉내 내며) 하시는데 어떻게 흐트러지질 않아? 이 기운이요. 굉장히 건강하신가 봐요.

정명훈(이하 정) : 허허. 모르겠어요. 그건 하도 그런 걸 많이 해봐 갖구. 오늘은 연습이니까 제너럴 리허설이니까 좀.

조: 더.

정: 아니 슬슬. 오늘이 연습이니까 더 슬슬해야죠. 진짜 공연할 땐 더.

조: 정열적으로.

정: 제너럴 리허설 할 때 너무 지나치게 하면 그 다음날 피곤해 갖구.

조: 아하.

정: 그 전에 어저께 그저께 일주일 동안 연습을 즐겁게 하고 제너럴 리허설 할 땐 조금 더 릴렉스하고. 오늘은 특별히 오페라기 때문에 다른 문제 라이팅, 들어갔다 나왔다 하는 거 정리 좀 하고 그런 것들이 있었죠.

조: 어, 여러분, 시청자 여러분. 저희들이 멀리서 카메라를 들고 와서 제가 생각하기엔 가장 훌륭한 교훈은 한국음악의 테크닉이 50점 내지 60점이라는 얘기를 들었다는 것입니다. 이거 하나만 제가 들고 한국에 가도 많은 사람들의 관심을 받을 것 같아요.

정: (조영남 어깨를 치며) 허허.

조: (농담조로) 이 배가 고프니까.

정: 음악가들한테는 음악가들이 갖고 있는 게, 우리 민족들이 갖고 있는 게 배울 수 없는 거예요.

조: 다른 데서?

정: 아니. 그러니까 타고나야 하는 걸 갖고 있어요. 이 뜨거운 속에서 우러나오는 표현할 수 있는 그런 특별히 노래할 수 있는 그런 걸 갖고 있어요.

▸ Scene 4. 식당

조: 그러면 음악을 안 하고 음악 외 시간이 남았다, 음식 하는 거 외에 시간이 남았다 하면 제일 많이 하는 게 뭐예요? 음악 공부하는 거 말고.

정: 여태까지는 아이들이 셋이고, 이젠 많이 컸지만, 저는 음악생활 그리고 아이들하고 지내고 그리고 요리. 항상 저는 집에서는 아침서부터 세 끼를 다 제가 해요. 집에 있을 때는. 그리고 물론 여태까지는 조금이라도 시간이 남으면 아이들하고 지내고.

조: 음식 차려주기도 하고?

정: 그럼요. 그게 제가 좋아하는 거기 때문에 일단.

조: 저는 라이센스가 없어서. 아직 그래본 적이 없는데. 저는 취미가 시간이 남으면 제가 제일 많이 하는 게 영화를 봐요. 영화하고 쇼핑. 뭐 사지도 않는데 막 백화점, 동대문 시장으로.

정: 전 쇼핑은 굉장히 싫어하고 영화는 좋아하고. 그렇기 때문에 아이들하고 영화 자주 보러가고 그럴 기회가 있을 때마다 그렇죠 뭐. 근데 저는 아이

들하고 전체 가족들하고 하루 세끼 같이 먹을 수 있을 때 그런 날을 제 생일이라 그래요.

(조영남, 감탄하는 표정 클로즈업.)

정: 전 그래서 지금 나이가 굉장히 많아요. 뭐 몇천 년. 매일 세끼를 같이 먹을 수 있다 그러면 그 이상 행복할 수가 없어요.

조: (카메라 응시하며) 제가 다시 반복해드립니다. 행복이라는 게 별거 아니랍니다. 집안 식구, 색시하고 자식하고 본인이 같이 밥 먹는 날이 생일이랍니다.

— KBS, 〈조영남 인터뷰〉, "제 4회 정명훈", 2001년 8월 29일.

1. 방송 인터뷰의 특징

방송 인터뷰가 신문이나 잡지 인터뷰와 크게 구별되는 점이 있다면 커뮤니케이션 전달수단이 다르다는 것이다. 인쇄매체 인터뷰는 문자를 매개로 한다. 따라서 앞에서 논의했듯 주의 깊게 듣는 능력과 함께 정확하고 적절한 어휘로 상대방의 말과 생각, 분위기 등을 전달하는 기술이 질문을 짜는 것 못지않게 중요하다. 반면 TV 인터뷰의 경우 영상과 소리, 현장음, 효과음 등 다양한 전달수단이 동원되어 정보의 현장성과 입체성을 높이며, 라디오 인터뷰의 경우 영상이 배제된 상태에서 순수하게 소리에만 의존하는 독특한 형태로 진행된다. 이러한 방송의 매체적 특성을 잘 살리는 것이 방송 인터뷰를 성공으로 이끄는 길이다.

방송 인터뷰의 특징에 대해 미하엘 할러(Michael Haller)는 노출, 육체언어, 즉흥발언 등을 들고 있다. 방송매체 기자들은 인쇄매체 기자에 비해 인터뷰를 통해 대화 상황을 그대로 전달할 수 있고, 대화 상대자의 고유한 표현 방식을 그대로 보여줄 수 있으므로 항상 인물 스케치의 형태를 띤다. 할러에 따르면 방송매체의 장점은 녹화 기술과 관련된 부자유라는 대가를 치르고 얻게 되는데, 방송매체에서는 무엇을 말하는가와 더불어 '어떻게' 말하는가가 중요하다. 목소리와 이야기 방식, 육체언어, 외모와 의상, 즉흥적인 발언 등이 모두 고유한 메시지로 전달된다는 것이다. 방송 인터뷰의 또 다른 특징은 인터뷰를 하는 기자 역시 중요한 화면 구성 요소가 된다는 점이다. 기자는 자신이 질문을 던지고 그에 반응하는 일련의 모습들이 시청자에게 비춰진다는 점을 의식하고 인터뷰를 진행해야 하며, 따라서 철저한 사전 준비와 각별한 주의가 요구된다. "내가 이 질문을 던지면 시청자들이 어떻게 생각할까?" 혹은 "지금 나의 모습이 어떻게 비춰질까?"를 생각하면서 스스로를 연출하게 되는데, 그 모습이 자연스럽지 않다면 시청자들이 불편하게 받아들일 것이다. 방송기자는 질문 자체에만 몰입할 수 없는 매체적 한계에 노출되어 있으므로, 이를 극복하려는 노력을 해야 한다. 이러한 특성을 지닌 방송 인터뷰의 목적은 현장성, 사실성, 신뢰도, 화면구성(김문환, 1999)에 있다. 화면에 담긴 취재원의 한 마디 말이 뉴스 전체를 아우르는 기자의 말보다 더 강렬한 인상을 심어 주므로 역동적인 현장에서 취재원과 나누는 생생한 인터뷰가 성공의 관건이다.

신문이나 잡지 기자들은 자신들이 찾는 정보나 자료에 인용할 이야깃거리를 확보하기 위해 그 정보를 지닌 적절한 취재원을 물색해 인터뷰를 하는 것이 보통이다. 이에 비해 라디오 기자들은 기사에 즉각성과 현장성을 불어넣어 줄 인터뷰 대상자를 선호하고, 이를 위해 때로는 공격적이고 유도적인 질문을 던진다. TV 기자들 역시 이 같은 현장성을 중시하면서 이와 함께 자신들이 구성한 화면에 걸맞은 인용구와 시각적 이미지를 제공해 줄 대상을 인터뷰 대상으로 선정한다.

1976년 미국 오리건대학에서 방송 인터뷰에 대해 연구하던 마가렛 레인(Margaret Laine)은 오리건 주에서 일하는 20명의 라디오와 TV 언론인들을 인터뷰한 후, 방송 인터뷰를 흐르는 강물에 비유했다. 시청자들이 지켜보는 가운데 예상치 못했던 방향으로 흘러가는 것이 바로 방송 인터뷰의 특징이자 매력이라는 설명이다. 방송 인터뷰가 재미가 없다면, 이 같은 방송의 특징을 살리지 못한 결과이다. 방송 인터뷰란 신문 인터뷰를 카메라 앞에서 하는 것이 아니라, 얼굴 표정, 몸짓, 옷차림 등 모든 상황이 전달하는 메시지를 통합한 다차원적 커뮤니케이션이다. 이러한 방송의 특성에 주목할 때 비로소 살아있는 인터뷰가 이루어진다.

방송 인터뷰가 영상과 소리가 첨가된 지면 인터뷰에 머물러서는 곤란하다. 신문 인터뷰가 문장의 묘미를 십분 살려야 하듯, 방송 인터뷰는 전자미디어를 통해서만 전달될 수 있는 정보와 인상을 통합한 것이어야 한다. 방송매체만이 가진 이점들을 이용해야만 한다는 뜻이다. 오리건대학의 레인은 그러나 대부분의 방송 진행자들이 “화재로 인해 당신의 집이 불타고, 당신의 아이들이 병원에 실려간 것에 대해서 어떻게 생각하십니까?”라고 가까스로 묻는 것이 상대의 감정을 끌어내는 유일한 방법이라고 인식한다며, 많은 방송인들이 매체의 장점을 인터뷰에서 거의 살리지 못하고 있다고 결론짓는다. 오리건 주 포틀랜드 KGW-TV의 래리 위스벡(Larry Wissbeck)은 방송에 적합한 정보를 포착하는 방법을 다음과 같이 제안했다. 가령 시장이 어떤 중대결정을 발표했다고 가정하자. 당신이 시장과의 인터뷰로부터 얻을 수 있는 내용은 2가지다. 첫째는 그러한 결정 뒤에 있는 진짜 이유에 대한 추가적인 언급, 둘째는 결정의 역동성에 대한 느낌의 강도이다. 두 번째 내용은 말 자체보다는 종종 인터뷰 대상자의 얼굴 표정과 상기된 정도, 이마 위에 맺힌 땀이 정보가 된다. 그것이 방송을 통해 인터뷰하는 이유라고 그는 지적했다.

인쇄매체 인터뷰와 관련된 내용의 대부분은 방송 인터뷰에 적용할 수 있다. 인터뷰의 목표를 설정하고, 배경을 조사한 후, 호의적인 내용으로 인터뷰를 시작해 서서히 깊고 진솔한 대화를 나누는 관계를 성립하는 것 등과 같은 기본원칙들은 같다. 독자, 혹은 시청자를 위한 정보를 수집하는 행위라는 측면에서 방송 인터뷰는 본질적으로 신문 인터뷰와 같다.

다만 TV 인터뷰의 경우 인터뷰어의 '행동'을 포함하는 것이 특징이다. 인터뷰 진행자는 단순히 질문을 던지는 사람이 아니므로, 인터뷰이의 행동을 자연스럽고 자발적으로 이끌 수 있는 분위기를 만드는 데 주력해야 한다. 방송되는 인터뷰가 생방송이든 녹화방송이든, 진행자는 응답자가 카메라, 조명, 시간 고지, 무대 공포 등을 잊고 생생한 대화 속에서 최선을 다해 말할 수 있는 분위기를 조성해야만 한다.

2. 방송 인터뷰의 종류

방송 인터뷰는 취재의 목적, 프로그램의 형태, 주제의 특징에 따라 다양한 유형으로 나뉜다. 앤드류 보이드(Andrew Boyd)는 방송 인터뷰를 12개 유형으로 세분했다. 이들은 ① 하드 뉴스 인터뷰, ② 해석적 인터뷰, ③ 흥미성 인터뷰, ④ 정보 인터뷰, ⑤ 시민의 소리 및 다중 인터뷰, ⑥ 현장음 인터뷰, ⑦ 심층 인터뷰, ⑧ 개인적 인터뷰, ⑨ 전화 및 원격 인터뷰, ⑩ 논쟁적 인터뷰, ⑪ 감정적 인터뷰, ⑫ 집착적 인터뷰이다. 이와 달리 영국의 BBC에서는 수습기자들에게 3가지 인터뷰 유형을 가르친다. 첫 번째는 하나의 주제를 탐색하는 탐색형 인터뷰, 두 번째는 수용자에게 사실을 알려주는 정보형 인터뷰, 세 번째는 인터뷰 응답자의 감정을 드러내는 감정형 인터뷰이다. 방송 프로그램의 성격에 따라 각기 다른 유형의 인터뷰를 사용할 수 있으나, 크게 나누어 보면 사실을 구하는 정보 인터뷰와 의견을 구하는 오피니언 인터뷰, 둘로 나눌 수 있다. 사실을 구하는 경우 기자는 간결하고 직접적 효과가 있는 질문을 모색할 것이고, 의견을 구하는 경우에는 취재원과의 유대감을 형성하여 신뢰를 구축하는 과정이 필수일 것이다. 그 외 세부적인 인터뷰 유형에 따른 각각의 특징을 살펴보면 다음과 같다.

1) 테마 인터뷰 vs. 인물 인터뷰

인터뷰는 프로그램의 목적과 형식에 따라 크게 2가지로 나눌 수 있다. 일본방송협회가 펴낸 《방송진행의 테크닉》에 따르면 인터뷰의 포커스에 따라 다음과 같이 2가지로 나뉜다. 첫째는 인터뷰 대상이 관련된 문제나 일의 주체가 되는 경우이다. 사건의 당사자나 목격자, 증언자, 공적인 입장을 대변할 수 있는 사람들을 상대로 이루어진다. 둘째는 사건이나 일보다 사람이 중심이 되는 인터뷰로, 인물 그 자체가 주체가 되는 경우이다. 전자는 인터뷰 대상이 어떤 문제에 대해 갖고 있는 증언이나 감상, 의견을 구하는 것으로, 뉴스나 다큐멘터리 프로그램, 녹음구성 등에서 많이 볼 수 있다. 후자는 인터뷰어와 출연자 사이에 이루어지는 대화의 흐름을 중시하면서 상대방의 식견, 사람됨, 인생관 등을 자연스럽게 부각시키는 데 중점을 둔다. 일정한 시간의 흐름이 필요한 이른바 본격 인터뷰 프로그램이다.

2) 확장 인터뷰 vs. 소리한입 인터뷰

방송에서 시간은 매우 중요한 요소이다. 오리건대학의 켄 메츨러(Ken Metzler) 교수는 인터뷰의 길이에 따라 확장 인터뷰(*the extended broadcast interview*)와 빠른 인터뷰(*the quickie interview*)로 나누었다. 여기서 빠른 인터뷰란 인터뷰 대상자로부터 말 몇 마디(*sound bite*)를 채집하기 위한 인터뷰로 '소리한입 인터뷰'라고도 불린다.

(1) 확장 인터뷰

• 철저한 사전준비와 자연스러운 진행이 관건

확장 인터뷰는 10분에서 90분가량 진행된다. 대개 유명인 혹은 뉴스메이커들과 이루어지며, 생방송 혹은 녹화방송으로 진행된다. 확장 인터뷰는 본질적으로 대화를 주고받는 형식으로 이루어진다. 조종석 위의 파일럿, 분주히 움직이는 패션쇼 무대 뒤의 패션디자이너, 끊임없이 펼쳐진 밀밭이 내려다보이는 언덕 위의 농부 등 배경이 무엇이든 진행자들은 질문들을 간결하게, 때로는 주의를 끌 수 있을 정도로 날카롭게 던지는 기술을 가지고 있어야 한다. 진행자는 대화의 주제를 알고, 흐름을 주도할 줄 알아야 할 뿐 아니라, 상대방의 성격적 특성까지 미리 파악해야 한다. 이 경우 인터뷰는 게스트의 독백형식이 되어서는 안 된다. 이를 위해 진행자는 대화를 독점하려는 상대방의 경우에는 공격적 질문으로 그의 독주를 견제해야 하고, 순종적이고 소극적 대상에게는 배려하는 질문과 경청으로 말문을 열어주어야 한다.

확장 인터뷰는 대개 TV 스튜디오 안의 복잡한 조명등과 카메라의 분주한 움직임, 무대감독의 다급한 시간 고지 등 대혼란 속에서 진행된다. 성공의 관건은 인터뷰 대상자가 이러한 복잡함에 압도당하지 않도록 하는 것이다. 독일의 커뮤니케이션 전문가인 비올라 펠켄베르크(Viola Falkenberg)는 TV 출연자가 성공적으로 인터뷰를 하려면 스튜디오 환경의 10%만 인지하고 나머지 부분에 대해서는 신경을 꺼야 한다고 조언하고 있다. 스튜디오의 방청객들, 이리저리 움직이는 카메라, 조명등의 열기, 조명등 열기로 인해 흘러내리는 땀, 이런 것들은 모두 잊고 질문과 답변에만 집중해야 한다는 것이다. 카메라의 움직임에 둔감한 것이 바람직하다. 어떤 카메라에 빨간색 불이 커졌는지, 어떤 카메라가 촬영 중인지 염두에 두면서 따라가다 보면 언제나 동일한 앵글이 포착되는데, 이는 다양한 앵글을 추구하는 카메라맨의 요구와 상반되는 것이다. 생소한 스튜디오에서 편안하게 이야기를 풀어가도록 하는 일은 진행자에게 달린 일이다. 긴장된 게스트는 긴장된 행동을 보이고, 그 행동은 그대로 카메라에 포착되므로 진행자는 상대가 평상시 같은 자연스러움을 유지하도록 이끌어 주어야 한다.

인터뷰가 소요되는 시간에 따라, 또 생방송 여부에 따라 인터뷰 대상을 신중하게 선별할 필요가 있다. 어떤 출연자들은 너무 긴장한 나머지, 말 그대로 말 한마디 못하는 경우도 있다. 물론 이때는 진행자가 방송에서 게스트들의 긴장을 풀어주기 위해 노력해야 한다.

모든 인터뷰가 그러하듯, 성공의 열쇠는 철저한 사전준비이다. 여기에는 주의를 기울여 듣기, 몸의 자세를 유지하는 것, 미소를 짓거나 고개 끄덕임 모두가 포함된다. 노련한 진행자들은 철저한 준비와 사전 인터뷰를 통해 즐겁고 진실한 대화를 유도하는 질문을 미리 알고, 대화의 속도와 분위기를 조절하기 위해 준비된 질문들을 던진다. 오리건 주의 방송진행자 켄 크로켓(Ken Crockett)은 다음과 같이 설명한다.

> 가령 최근 범죄율이 50%를 웃도는 이유를 알고 싶어 경찰서장을 인터뷰이로 초대했다고 가정해 보자. 당장 알고 싶은 것은 높은 범죄율에 대한 그의 의견이지만, 이에 대한 경찰서장의 설명을 요구하면서 공격적으로 그에게 다가간다면 오히려 솔직한 답변에서 멀어지게 할지 모른다. 그보다는 우선 새로운 순찰차에 대해 질문한다. 경찰서장이 신나게 대답할 수 있는 화제를 던지는 것이다. 서장의 얼굴이 환해지고 자랑스럽게 이야기하기 시작할 때, "그렇다면 새로운 순찰차가 범죄율 증가에 어떤 영향을 미칠까?"라고 질문을 던진다.

• 진행자이면서 동시에 에디터가 되어야

인터뷰 대상자와 방송 진행자가 즐겁고 깊이 있게 대화를 이끌어 간다고 해서 그것이 곧 성공한 인터뷰는 아니다. 인터뷰 성공 여부는 시청자가 판단한다. 인터뷰 대상자의 말은 시청자가 이해하고 소화하기 쉬워야 하고, 또 지루하지 않아야 한다.

인터뷰 대상자의 말이 어려우면 방송진행자는 시청자를 위해 알기 쉽게 해설해 주어야 하고, 말이 산만할 경우에는 요약하고 정리해 주어야 한다. "제가 이해하기로 당신의 말은 이런 뜻인데 맞습니까?", "그러니까 말하자면 이렇다는 뜻입니까?"라는 식으로 방송진행자는 보이지 않는 시청자의 입장에서 편집을 해주어야 한다. 어렵고 복잡한 대화 때문에 청중이 소외되지 않도록 배려해야 한다. 오리건 TV 리포터 래리 위스벡(Larry Wissbeck)은, "만약 시청자를 잊어버린다면, 그것은 실패한 인터뷰다. 그것은 마치 버클리(William F. Buckley)와 키신저(Henry Kissinger) 사이의 대단히 지적인 논쟁과 같다. 오직 그들만이 그들이 말하고 있는 것에 대해서 아는 것이다. 그것은 저널리즘이 아니다"라며 진행자의 역할을 강조한다.

질문과 답변에서 시청자를 소외시키지 않기 위해 대략의 내용을 요약해 주는 친절이 필요하다. 가령 "의원님, 정부의 새로운 교육세금 제안을 어떻게 생각하십니까?"라고 단도직입적으로 묻는다면 새로운 교육세금 제안에 대해 처음 듣는 시청자들은 대체 무슨 말을 하는지 알 수 없을 것이다. 이 경우 "의원님도 아시다시피, 정부의 새로운 세금 제안은 공립학교 기금마련을 위해 호텔과 모텔에 3% 세금을 부과하자는 것입니다. 그 제안에 대한 의원님의 생각은 어떻습니까?"라고 묻는다면 훨씬 시청자들이 이해하기가 쉬울 것이다.

• 핵심으로 접근하는 기술

방송진행자는 인터뷰가 의도하지 않은 방향으로 흘러가지 않도록 해야 한다. 인터뷰를 한 목적, 질문하고자 계획했던 핵심적 질문에 도달하도록 불필요한 질문으로 시간을 낭비하지 말아야 한다. 알코올 중독에서 벗어난 사람을 인터뷰 상대로 선택했을 경우, "언제부터 술을 마시기 시작했습니까?, 언제 끊었습니까?, 일주일에 얼마나 많이 마셨습니까?" 같은 질문으로 시간을 끌지 말고, 그런 사실확인용 질문들은 사전 인터뷰를 통해 정리한다. 정리된 내용을 간략하게 시청자들에게 설명한 후 주제의 핵심으로 접근한다. 핵심적 질문에 이르는 과정은 인쇄 매체 인터뷰보다 더 민첩하게 이루어지는 것이 보통이다. 왜냐하면 방송 인터뷰는 대체로 짧고, 광고시간으로 나뉘어져 있으며, 시청자와 응답자 모두 거친 논란이 될 만한 질문들을 기대하는 특성을 갖고 있기 때문이다. 시청자들은 인터뷰 대상자가 대답을 하는 데 뜸을 들이거나 모호한 태도를 취하는 것을 참아줄 만큼 인내심이 없다.

상대방의 핵심을 찌르는 매우 민감한 내용의 질문을 준비하고 있다고 하더라도, 시작은 주로 쉽고 가벼운 질문에서부터 시작하는 것이 보통이다. 켄 크로켓은 그 이유에 대해 이렇게 설명한다.

> 만약 내가 시작부터 어려운 질문을 던진다면 상대방은 비틀거릴 것이고, 자신의 말을 정리하지 못해 당황할 것이다. 그의 이마에서는 땀이 흘러내리기 시작할 것이다. 어쩌면 그는 끝까지 회복하지 못할지도 모른다. 반대로 만약에 그가 처음부터 쉬운 질문에 잘 대처한다면, 그는 즉시 긴장을 풀고 이내 이렇게 생각할 것이다. '인터뷰가 그리 나쁘지 않군. 난 할 수 있어.'

• 리허설은 불필요

리허설이 방송 인터뷰 전에 선행되어야 하는가? 대부분의 방송 진행자들은 반드시 그럴 필요는 없다고 말한다. 리허설은 과장된 대화를 유도하기 때문이다. 그렇지만 상호관계를 형성하고, 게스트를 평가하는 약간의 사전 인터뷰는 바람직하다. 정보의 교환과 수정이 이때 이루어질 수 있다. 이 과정에서 더 나은 질문이 나올 수도 있다. 물론 진행자는 인터뷰 대상이 되는 게스트에게 우선적으로 무엇에 관한 인터뷰인지를 말해 주어야 한다. 이 과정에서 출연 게스트는 답변을 준비하기 위해 주변 동료들의 조언을 구하거나, 관련 자료들을 분석할 것이다. 출연 게스트가 사전준비를 할 수 있도록 하는 것은 방송에서 겪게 될 긴장으로부터 벗어나게 할 수 있다는 점에서 바람직하다. 반면 지나친 사전조율은 자발적 답변(*spontaneity*)을 줄어들게 만들어 자칫 인터뷰가 판에 박힌 느낌을 줄 수도 있다. 만약 진행자가 어떤 질문에 대해 보다 진솔하고 자발적인 답변을 듣고자 한다면, 진행 역시 즉석에서 만들어진 자발적 질문에 따라야 한다.

• 대화의 주도권은 진행자가 쥔다

진행자는 인터뷰 게스트의 말을 주의 깊게 경청해야 한다. 그러나 대화의 흐름을 놓친 채 마냥 듣고만 있어서는 안 된다. 게스트에 따라서는 이야기를 두서없이 늘어놓기도 하고, 어떤 사람들은 대화를 지배하려고 드는 경향이 있다. 진행자는 질문이나 코멘트로 대화의 흐름을 끊는 데 주저해서는 안 된다. 인터뷰 게스트가 답변을 하기 전에 미리 말해 주는 것도 한 가지 방법이 될 수 있다. 가령 진행자가 "가능한 짧게 대답해 주세요"라든가 "다음 질문에는 이러이러한 것이 있는데, 지금은 이 부분에 대해 답변해 주십시오"라고 한다면 시청자들이 한결 인터뷰의 흐름을 이해하고 따라오기 쉬울 것이다.

명 인터뷰어인 바바라 월터스(Barbara Walters)는 상대방에게 시선을 고정시키고 한 마디도 놓치지 않으려는 듯 귀를 기울이다가도, 인터뷰 대상자의 말을 자주 제지하는 것으로 유명하다. 그녀가 진행하는 〈투데이쇼〉에서 응답자의 말을 자주 방해하는 것에 대해 그녀는 다음과 같이 변명한다.

만약에 내가 신문이나 잡지를 위한 인터뷰를 했다면 상대를 방해하지 않고 그저 앉아서 몇 시간이고 듣기만 했을 것이다. 그러나 〈투데이쇼〉 인터뷰는 4분, 길어야 최대 12분 동안 진행되기 때문에 상황이 다르다. 대부분의 게스트들은 그 시간이 얼마나 짧은지 잘 모르기 때문에, 대개 긴 이야기를 하려고 한다. 따라서 나는 그들에게 시간을 알려주면서 편집자처럼 행동할 수밖에 없다. 1분 또는 30초가 남았는데 상대방이 요점을 미처 말하지 못한 상황일 경우, 나는 그가 반드시 말해야만 하는 것을 말할 기회를 주기 위해 흐름을 끊는다. 그것은 나를 돋보이게 하기 위해서가 아니다. 만약에 게스트가 요점을 말하지 못했다면, 결과적으로 나와 게스트 둘 다 언짢을 것이다(레이디즈 홈 저널〉(*Ladies' Home Journal*) 과의 인터뷰에서, 1975년 11월).

• 노트는 최소화할 것

방송 진행자가 방송, 특히 TV에서 질문이 적힌 종이노트를 이용해야만 할까? 가급적이면 적게 사용할수록 좋다. 인터뷰 도중에 준비한 노트와 종이들을 자주 뒤적이는 것은 게스트와 시청자를 화나게 한다. 진행자의 눈길이 종이노트에 자주 가는 것은 뭔가 준비가 부족하거나, 질문에 대한 확신이 부족하다는 느낌을 주기 쉽고, 대화를 방해하기도 한다. 심지어는 진행자가 집중하여 듣고 있지 않다는 인상을 줄 수도 있다.

요령은 철저한 사전준비를 통해 질문의 내용과 종류, 흐름 등을 머릿속에 숙지하고, 그 흐름을 일깨워줄 만한 키워드를 적은 인덱스카드 크기의 작은 종이를 이용하는 것이다. 할 수 있다면 그 카드를 진행자가 손에 들지 않고 스탠드와 테이블 위에 올려놓아 시청자가 종이의 존재를 의식하지 못하도록 하는 것이 좋다. 두 손과 두 눈이 자유로운 상황에서 진행자는 게스트에게 훨씬 더 집중할 수 있다. 이때 진행자가 유의해야 할 점은 "아 그렇군요", "예" 등의 수긍을 표시하는 의미 없는 말의 사용을 자제해야 한다는 점이다. 다양한 입장을 지닌 시청자들의 견해와 어긋날 경우 무턱대고 동의하는 진행자의 태도가 시청자들의 원성을 살 수도 있고, 보다 근본적인 문제는 대화의 흐름에 방해가 되기 때문이다. 그보다는 시선을 맞추거나 적절할 때 미소를 짓거나 고개를 끄덕이는 등의 행동이 바람직하다.

• 각기 다른 스타일의 인터뷰어들

성공적인 방송진행자들은 독특한 스타일을 가지고 있다. 딕 카베트(Dick Cavett)는 인터뷰를 주로 가벼운 질문들로 시작한다. 그리고 나서 점점 민감한 질문들로 파고들기 시작한다. 이 과정이 너무 치밀해서 게스트들은 1초의 생각할 여유도 없이 솔직하게 대답해버린다. 마이크 월리스(Mike Wallace)는 상당히 명석하고, 까다로우며 마찰을 일으키기 쉬운 진행자이다. 그 결과 그는 대중들이 이전에는 보지 못한 게스트들의 거칠고 도전적인 면모 같은 흥미로운 부분들을 성공적으로 끄집어낸다. 바바라 월터스는 영리하고 재치가 번뜩여서 때때로 인터뷰 대상보다 더욱 빛이 나기도 한다. 프랭크 맥기(Frank McGee)는 매우 다정하고 겸손한 타입이며, 로버트 크로미(Robert Cromie)는 편안한 분위기의 매우 준비가 잘된 진행자이다. 때로는 그가 인터뷰하는 작가보다 책에 대해 더 잘 알고 있을 정도다. 진 울프(Jeanne Wolf)는 30분간의 인터뷰에 굉장한 집중력을 쏟아 붓는 것으로 유명하다. 그 상황을 '압력밥솥'에 묘사하는 그는 "나는 일상적인 대화에서라면 3개월 정도 걸려야 가능할 만한 민감하고 강렬한 질문들을 30분 안에 던진다. 잡담류의 질문은 사절한다. 단순함을 신봉하는 나는 질문 역시 핵심적인 것을 선택한다"고 말한다.

(2) 소리한입 인터뷰

가장 일반적인 방송 인터뷰는 순간적으로 이루어지는 짧은 형태이다. 대표적인 예로, 매일 밤 저녁뉴스에 나오는 30초 분량의 논평 혹은 간단한 대화의 일부를 들 수 있다.

방송 기자나 진행자들은 인터뷰를 할 때 결코 시간을 낭비하지 않는다. 어떤 상황에서건 바로 핵심에 접근해 질문을 던진다. 전형적인 순간 인터뷰는 인터뷰 상대와 몇 분간 질문과 답변을 녹화한 후, 그중에서 기자가 판단하기에 자신의 보도 취지와 가장 잘 맞는 두세 가지의 짧은 답변을 뉴스에 삽입하는 형태로 이루어진다. 이렇게 순간적으로 질문하고 간략한 답변을 이끌어내는 인터뷰도 문제점이 있다. 오리건 대학에서 방송뉴스를 가르치는 칼 네스트볼드(Karl Nestvold) 교수는 순간 인터뷰의 문제점을 6가지 범주로 나누어 분류한다.

① 사전 지식이 부족한 기자(혹은 진행자): 취재 범위가 넓고 마감시간에 쫓기기 때문에 인터뷰 내용에 대해 준비할 시간이 부족하다.
② 극단적으로 짧은 인터뷰: 창조적 의견을 교환할 시간이 없다.
③ 복잡한 이슈들에 대한 요약의 필요성: 짧은 시간에 복잡한 이슈를 요약하자면 턱없이 단순한 답변만 이끌어내기 일쑤다.
④ 방송 장비의 작동에 대한 우려: 세상에서 가장 훌륭한 인터뷰라도 제대로 테이프에 담기지 않았다면 소용이 없다.
⑤ 공적인 인물들의 홍보성 답변: 공적인 인물들은 짧은 시간에 자신이 생각한 바를 말하기 위해 종종 질문의 내용을 무시한 답변을 할 수 있다.

⑥ 응답자들의 불신: 응답자들 중에는 자신이 발언이 담긴 필름이 문맥과 무관하게 편집될지도 모른다는 두려움과 불신을 표시하는 사람들이 많다. 그들의 신뢰를 얻는 것이 성공적 인터뷰의 기본조건이다.

3. TV 인터뷰

앞서 기술한 방송 인터뷰의 특징, 종류, 좋은 방송 인터뷰의 조건 등은 라디오와 관련된 부분을 제외하고는 모두 TV에 적용되는 내용이다. TV 인터뷰를 좀더 집중적으로 검토하기 위해서는 TV라는 매체의 특성과 함께 TV가 이끄는 사회환경의 변화와 TV 저널리즘의 이해, 신문과 방송이 융합하고 장르 간 융합하는 시대의 새로운 인터뷰 모델에 대해 이해해야 한다.

1) TV 인터뷰의 매체적 특성

TV가 지닌 가장 큰 매체적 특성은 비언어적 이미지를 함께 전달한다는 점이다. TV를 가리켜 인상의 매체라고 하는 것도 이와 일맥상통한다. 시청자들은 TV에 나온 사람이 입을 열어 말을 하기도 전에 그의 생김새나 표정, 옷차림, 분위기 등에서 벌써 많은 정보를 전달받는다. 엘버트 메라비앙(Albert Mehrabian)은 TV 인터뷰가 시청자에게 주는 효과 중 55%가 생김새나 표정, 옷차림 등 비언어 커뮤니케이션에 따른 것이라고 분석했다. 효과의 절반 이상이 이미 말도 하기 전에 전달된다는 것이다. 38%의 효과는 목소리(*voice*)에서 나온다. 이 역시 내용과는 무관하게 목소리의 높고 낮음, 말투, 표준말 사용여부 등에 의해 좌우되는 효과들이다. 실제 내용이 전달하는 효과는 7%에 불과했다. 인터뷰의 내용뿐 아니라 인터뷰어의 목소리와 표정, 분위기까지 포함하는 다차원 커뮤니케이션이 이루어진다는 점에서 TV 이야기는 흔히 홀로그램(입체영상)에 비유된다. 인쇄매체 기사가 선형적 구조를 지닌 것과는 대조적이다.

TV 인터뷰의 또 다른 특성은 인터뷰 상대의 개입 정도가 높다는 점이다. 활자 등 중간 매개체의 역할이 최소화되고, 인터뷰 대상의 말과 행동이 직접 청중에게 전달된다는 점에서 TV 인터뷰는 일종의 퍼포먼스와 흡사하다.

한편, TV 인터뷰는 시간적 제약을 강하게 받는다. 짧은 시간에 길고 복잡한 내용을 간결하게 정리해 핵심을 전달하는 것이 중요하다. 시간당 전달 메시지의 밀도가 높으므로, 시간적 제약에 잘 대처하는 진행자의 순발력이 요구된다.

2) 사회환경의 변화

TV의 영향은 화면 안에 국한되지 않는다. TV는 우리가 대화하는 방식, 즉 말하는 속도를 조절하고, 집중하고, 질문하고, 대답하는 기준을 제시할 뿐 아니라, 생활방식이나 사고방식에도 영향을 미친다. TV 시청자들은 정보와 함께 오락을 추구한다. TV 제작자는 때문에 시청자들의 그러한 요구를 언론인의 윤리나 도덕을 희생시키지 않는 선에서 균형을 맞추려고 끊임없이 노력한다. TV의 영향으로 사람들은 다음과 같은 분야에서 변화를 감지하게 되었다.

① 속도: TV는 사람들의 속도감각을 변화시킨다. 시간은 적고 할 일은 많은 현대인들은 점점 빠른 것을 추구하게 되었다.

② 집중력: TV는 사람들의 집중력을 떨어뜨렸다. 심지어 목회자들조차도 최근 수십 년간 설교시간을 점점 줄여왔는데, 이는 신도들이 설교에 집중하는 시간이 점점 짧아지기 때문이라는 분석이다.

③ 질문하고 대답하는 능력: TV를 통해 수많은 인터뷰를 접한 사람들은 질문에 익숙해지고 있다. 질문을 던지거나 자신에게 던져진 질문에 대답하는 능력이 향상되었다. 이는 사람들이 의문점을 해소하는 능력이 커졌다는 점에서 바람직한 현상이다.

④ 타인에 대한 평가: TV에서 본 사람을 평가하는 일이 잦아졌다. 사람들은 언뜻 스쳐가듯 TV에서 본 사람에 대해 뚜렷한 근거나 자료 없이도 인상을 놓고 평가하게 되었다.

⑤ 개성의 약화: TV는 트렌드를 창조하고 유포하며 유지시키는 능력이 있다. 이런 TV에 노출된 많은 사람들은 스스로의 개성이나 독특한 가치관을 갖기 어렵다.

TV는 다음과 같은 도구로 사회적인 영향력을 확장, 유지해 나간다.

① 시각적 흥미: TV는 시청자의 시각적 욕구를 충족시킨다. 생생한 화면에 담긴 이야기들, 각종 사건현장의 실제 움직임이 시청자를 TV 앞에 모이게 한다.

② 시간: 때로는 45초, 혹은 그보다 짧은 시간 동안에 200단어를 사용해 모든 사건의 개요를 전한다. 시간에 쫓기는 바쁜 현대인들에게 TV는 효율적인 매체이다.

③ 극적 요소와 갈등 요소: TV는 이야기의 극적 요소와 갈등 요소에 주목하여 사람들의 흥미를 끈다.

④ 인기도: TV 방송 진행자들의 대중적 인기도는 TV의 인기를 유지시키는 중요한 요소이다.

3) TV 저널리즘의 이해

케슬러와 맥도널드(Kessler & McDonald, D., 1986)는 언론의 취재방식은 그 취재통로와 관계없이 현장관찰, 자료조사, 인터뷰 등 3가지 방법밖에는 없다고 말했다. 기자들은 이 3가지 방법을 적절히 섞어 공정하고 객관적인 취재와 보도를 해야 한다. 우리가 접하는 수많은 뉴스들은 대부분이 인터뷰의 결과물이다. 인터뷰는 일차적 정보를 취재원으로부터 모으는 중요한 과정이며, 저널리즘이 추구하는 까다로운 기술의 하나이다.

TV 저널리즘을 이해한다는 말은 TV라는 매체의 공공성을 인지하고, 인터뷰를 포함한 각종 보도에 공정한 태도로 임해야 할 필요성을 이해한다는 뜻을 포함한다. 다시 말하면, TV 인터뷰에는 목적이 있으며, 그 목적은 시청자들의 알 권리와 사회정의 구현에 부합해야 한다. 따라서 인터뷰 진행자는 이러한 사명의식을 갖고 인터뷰 대상자로부터 얻어지는 정보를 왜곡 없이 시청자들에게 전달해야겠다는 마음이 있어야 한다.

인쇄매체와 마찬가지로, TV 인터뷰가 성공적이었는지 여부를 판단하는 일은 결국 시청자의 몫이다. 신문이나 잡지 기자가 중립적이고 올바른 문법의 문장으로 인터뷰 내용이나 분위기를 전달해야 하듯, TV 인터뷰 진행자 역시 시청자의 입장에서 질문을 꾸미고, 응답한 내용을 요약, 정리, 해석해야 비로소 완성된다.

TV 뉴스 보도는 매체가 사회변화의 모든 영역에 어떠한 영향을 미치는지 보여주는 전형이다. 그것은 곧 우리가 사는 방법과 다른 사람들과 상호작용하는 방법에 영향을 미친다. TV는 사회의 참여자이며 거울이고 해설자이다. 이 3가지 역할을 올바로 수행하기 위해 TV 종사자들은 저널리즘의 기본을 환기시켜야 할 것이다.

4) 장르 융합형 TV 저널리즘

최근 케이블 TV 시청가구가 늘어나면서 케이블 방송이 지상파 못지않은 영향력을 갖게 되었고, 신문사를 모회사로 하는 종합편성채널의 등장으로 시청자가 선택할 수 있는 채널의 폭이 넓어졌다. 이 채널들은 다양한 형태의 인터뷰 프로그램을 제작해 내놓고 있다. 2012년 현재 방영중인 인터뷰 프로그램은 〈표 15-1〉과 같다.

이외에도 종영된 프로그램으로 이금희 아나운서의 〈파워인터뷰〉(KBS 1TV), 김영선 PD의 〈단박인터뷰〉(KBS 2TV), 황정민 아나운서의 〈황정민의 인터뷰〉(KBS 2TV), 박광온 기자의 〈일요인터뷰 인〉, 김세용 기자의 〈뉴스와 인터뷰〉(MBC), 강호동의 〈황금어장-무릎팍 도사〉(MBC), 주병진의 〈주병진의 토크콘서트〉(MBC), 정진홍 기자의 〈정진홍의 휴먼파워〉(Jtbc), 신예리·강찬호 기자의 〈신예리 & 강찬호의 직격토크〉(Jtbc), 박경림의 〈박경림의 오! 해피데이〉(Jtbc), 강인선 기자의 〈강인선 LIVE〉(비즈니스 앤), 조동성 교수의 〈조동성이 만난 글로벌 CEO〉(비즈니스 앤), 이미숙의 〈이미숙의 배드신〉(tvN) 등이 있다.

〈표 15-1〉 2012년 방송된 인터뷰 프로그램

채널명	프로그램명	진행자	방영시각
KBS1	한국현대사 증언 TV 자서전	류현순	일 7:10
KBS2	승승장구	김승우 · 탁재훈 · 이수근	화 23:20
	이야기쇼 두드림	김용만 · 김C · 이해영 · 노홍철	토 22:25
MBC	무릎팍 도사	강호동 · 유세윤	목 23:15
SBS	힐링캠프, 기쁘지 아니한가	이경규 · 김제동 · 한혜진	월 23:15
	GoShow	고현정 · 윤종신 · 정형돈 · 김영철	금 23:05
YTN	정애숙의 공감인터뷰	정애숙	금 12:30
뉴스Y	Y 초대석		토 · 일 13: 30
	인터뷰 Y		일 14:30
조선TV	최 · 박의 시사토크 판	최희준 · 박은주 · 김미선	월~금 21:50
채널A	박종진의 쾌도난마	박종진	월~금 16:50
tvN	백지연의 피플 Inside	백지연	월 · 수 19:00
	현장토크쇼 택시	김구라 · 전현무	목 21:10

이러한 프로그램들은 '인터뷰', '토크', '토크콘서트', '토크쇼' 등 제목도 다양하고 진행자인 인터뷰어 역시 기자, 아나운서, 배우, 코미디언, 교수 등으로 다양하다. 따라서 인터뷰의 포맷과 타깃 시청층도 각양각색인 것을 알 수 있다. 이제 인터뷰는 단순히 뉴스를 얻거나 중요한 취재원의 의견을 묻기 위해 인터뷰를 하는 고전적인 저널리즘의 도구가 아니라, 때로는 오락의 도구로 시청자를 즐겁게 하며 격렬한 토론의 장을 마련하기도 하는 다양한 소통의 도구로 사용되고 있다. KBS TV의 "한국현대사증언 TV 자서전"은 역사의 주요 사건을 목도했거나 우리 사회의 한 분야에 일가견을 키운 중요한 인물을 등장시켜 문·답 형식을 빌려 역사에 대한 증언을 하는 프로그램이며, 〈힐링캠프〉는 1명의 인터뷰이를 둘러싸고 3명의 연예인 진행자가 질문을 던지며 이야

기 형식으로 풀어가는 '인포테인먼트'를 지향한다. 질문과 답변이라는 형식을 취하고 있다는 점에서 광의의 인터뷰로 분류되는 이런 프로그램 중 인터뷰어과 인터뷰이가 비교적 대등한 입장에서 논쟁적으로 이야기를 주고받는 대담형 인터뷰의 특징과, 연예프로그램과 인터뷰를 접목시킨 인포테인먼트에 대해 각각 알아보도록 한다.

(1) 대담형 인터뷰

인터뷰는 구조적으로 인터뷰이에게 호의적일 수밖에 없다. 인터뷰 대상으로 선택되는 순간 대중에게 자신의 입장을 말할 기회가 주어지기 때문이다. 따라서 모든 인터뷰는 시청자의 입장에서 궁금하고 민감하며 아픈 질문을 해야 비로소 균형 잡힌 정보의 소통이 이루어지게 된다. 최근 인터뷰 중에는 이러한 비판적 입장이 아니라 인터뷰이에게 마이크를 대주는 형식에 그치는 인터뷰가 늘어나는 추세다. 이런 일방통행식 인터뷰는 시청자들의 궁금증을 풀어주거나 사태를 객관적으로 파악하는 데 큰 도움을 주지 못하고, 때로는 비판적 사고를 방해하기도 한다. 무엇보다 이런 인터뷰는 시청자의 관심을 끌지 못한다.

대담형 인터뷰란 일방통행식 정보흐름을 지양하고 공격형 질문과 논쟁적 접근을 통해 어떤 사태의 진실이나 전말, 인터뷰이의 진솔한 의견을 알아내고자 할 때 적합한 방식이다. 인터뷰 대상자와 때로는 반대 입장에서 '악마의 변호인'이 되어 질문을 던짐으로써 진실에 근접하려 한다. 앞서 인터뷰어와 인터뷰이 사이의 상호 인터뷰 참여비율은 3:7 정도가 적당하다고 기술한 바 있다. 이상적인 인터뷰 상황에서 질문자는 응답자보다 적게 말하고 더 많이 들어야 한다. 그러나 이 비율은 소통의 양적 기준에 따른 것으로, 상호간의 긴장감에서 인터뷰어가 수동적인 입장이 되어야 한다는 뜻은 아니다. 때로는 공격적 질문과 적극적인 후속질문으로 팽팽한 긴장감을 유지하며 인터뷰를 진행할 수 있고, 이러한 균형 잡힌 의사 교환을 통해서 시청자는 많은 정보를 얻을 수 있다.

래리 킹이나 바바라 월터스 같은 명 인터뷰어는 이 같은 사실을 잘 인지하고 늘 시청자의 입장에서 비판적 질문을 던지고 이야기를 탄력 있게 끌고나간 사람들이다. 이런 경우 인터뷰어는 단순한 질문자가 아니라 인터뷰이와 비슷한 비중을 가진 소통의 참여자로 인터뷰를 이끌어 나가며, 꼬리를 무는 질문으로 직적 긴장감을 유지하도록 인터뷰를 구성한다. 따라서 매우 훈련된 인터뷰어나 혹은 해당 분야에 식견이 있는 전문가가 진행자로서 적합하다.

(2) 인포테인먼트로서의 인터뷰

'토크쇼'라는 말 그대로 인터뷰와 쇼를 결합시킨 형태의 인터뷰로 정보제공과 오락적 기능을 함께 수행한다. 시청자들에게 관심을 얻고 즐거움을 선사해야 하므로 지명도가 높거나 인기 있는 대상을 주로 섭외하고, 질문 역시 그들을 공격하지 않으면서 경청하는 형식으로 구성된다. 인터뷰의 주요 요소인 '듣기'에 충실한 인터뷰라고 할 수 있다. 인터뷰 내용 또한 인터뷰이를 일방적으로 띄워주거나, 인터뷰이에 대한 부정적인 내용도 웃음과 미화 등으로 긍정적으로 포장해내는 특징이 있다. 때론 인터뷰어에 의해 날카로운 질문이 오가기도 하나, 오락적인 분위기와 진행자들의 입담으로 출연진들은 위기를 모면하기도 한다. 그러다보니 사회적 인물들은 자칫 자신의 단점이 드러날 수 있는 대담형 인터뷰보다는 자신이 전달하고픈 메시지도 전달하면서 자신의 장점도 부각시킬 수 있는 인포테인먼트 방식의 인터뷰를 선호한다. 2012년 대선에 출마한 박근혜, 문재인, 안철수 후보 모두 〈힐링캠프, 기쁘지 아니한가〉에 출연했으며, 민주통합당 경선 당시에는 문재인 후보를 제외한 다른 후보들이 제작진에 출연을 의뢰하기도 했다. 정보와 오락이 합쳐졌다고 해서 '인포테인먼트'라고 불리는 이 같은 프로그램은 비판적 사고를 크게 요하지 않는 사안에 대한 인터뷰나 대중적 인기인에 대한 인터뷰에는 적합한 형식이라고 할 것이다. 그러나 대중의 비판적 사고를 요하는 정치인이나 정부 관리, 혹은 어떤 논쟁적 사안의 당사자를 대상으로 이런 형태의 인터뷰를 하는 것은 바람직하지 않다. 인터뷰 대상자가 공적 결정권을 가진 사람인 경우, 방송은 이들을 검증한다는 공적 책임감으로 인터뷰를 해야 할 것이다.

5) TV 인터뷰 응답의 몇 가지 요령

TV 인터뷰는 인터뷰 대상자와 그 주변을 즉각적으로 전달하는 현장 중심의 인터뷰이므로 인터뷰에 응하는 사람도 미디어 훈련(*media training*)이 되어야 한다. 자신이 갖고 있는 정보와 전문적인 식견을 방송을 통해 보다 효과적이고 설득적으로 전달하기 위해 염두에 두어야 할 몇 가지 사항들을 소개한다.

첫째, 단순함을 유지할 것. 정보의 양이 많을수록 좋은 것은 아니다. 사회학자 밀러(G. A. Miller)에 따르면, 사람들이 한꺼번에 기억할 수 있는 정보의 건수는 평균적으로 7가지이며, 오차의 범위는 2이다. 5가지에서 9가지 정보를 기억한다는 뜻이다. 이것을 밀러의 법칙(7±2의 법칙)이라고 한다. 그렇다고 해서 한 인터뷰당 9가지 정보를 모두 담을 수 있다는 뜻은 아니다. 최소한의 정보건수인 5가지 정보만 전달하더라도 시청자의 입장에서는 이미 머리에 입력되어 있는 또 다른 많은 정보와 합쳐져 자칫하면 정보과잉이 되기 쉽다. 인터뷰에서는 적은 정보를 확실하고 명료하게 전달하는 것이 많은 정보를 나열하는 것보다 훨씬 더 효과적이다. 한 연구에 따르면 메시지 중 수용자에게 전달되는 것은 7%에 불과하고, 수용자들은 그중 40%를 30분 후면 잊어버리고, 반나절 후에는 60%, 한 주 후에는 90%를 잊어버린다는 보고가 있다. 수용자가 좀더 오래 기억하기 위해 강렬하고 단순한 접근이 필요하다.

둘째, 숫자 3의 힘. 어떤 인터뷰에서건 숫자 3의 리듬을 강조하면 효과적이다. 진, 선, 미 혹은 국가, 의무, 신 같은 표현은 시청자들이 기억하기 쉽다. 4가지만 되어도 기억하기 힘든 메시지가 된다. 어떤 정보를 짧은 시간에 강하고 기억하기 쉬운 정보로 전달하려면 3의 리듬을 이용하는 것이 좋다. 3은 절대적 리듬을 만든다. 그래서 인터뷰를 하는 동안 적어도 한 번은 하나의 간단한 문장에 3가지 내용을 포함시킨다. 다른 사람들에게 친숙한 방법들로 정보를 제공할 때, 그들은 보다 수월하게 집중하고, 받아들이고, 회상한다.

셋째, 방송 인터뷰를 대립관계의 의사소통이 아닌 편안한 대화로 인식하는 것이 좋다. 어떤 인터뷰에서든지 인터뷰 응답자는 호의적인 자세로 관객을 설득하는 데 도움을 준다는 생각으로 질문에 응답하는 것이 좋다. 자연스러운 몸짓과 시선 맞추기, 사전준비, 리허설, 조용한 분위기, 예의바르고 협조적인 태도는, 인터뷰의 성공을 위한 중요한 요소들이다.

넷째, 부정적 이슈에 대한 질문에 긍정적으로 답하는 연습을 한다. 기자들의 후속 질문들의 대부분은 응답자의 답변에 근거해 나온다. 따라서 기자가 부정적 접근을 시작하기 전에 응답자는 긍정적 답변에서 파생되는 건설적 질문들을 향해 방향을 잡고 있어야 한다. 그러나 답변하기 곤란하거나 당혹스러운 질문을 받을 경우를 대비해 마음의 준비 또한 하고 있어야 한다. 주변 사람들에게 한두 가지 질문을 공격적으로 던지도록 하면서 연습하는 것도 방법이 될 수 있다. 반복적 연습을 통해 어떤 어려운 상황이라도 현명하게 대응할 수 있는 능력이 생긴다. 질문자가 사용하는 단어가 무엇이든, 그들이 그들의 목소리를 어떻게 내든 개의치 말고 스스로의 태도와 답변에만 집중해야 한다. 자신만의 속도를 유지하고, 인내하고 편안한 상태를 유지하도록 해라. 만약에 당신이 각 질문들을 주제에 대한 당신의 지식을 기꺼이 공유할 수 있는 예의바르고 협조적이고 조용한 게스트라는 것을 보여줄 기회로 활용한다면, 인터뷰를 즐기는 법을 배울 수 있다. 나쁜 질문은 없다. 오직 긍정적 관점을 갖는 방법을 배우지 못한 사람들이 나쁜 대답을 할 잠재성만 있을 뿐이다. 만약 긍정적 관점을 보여주면서 답변을 흥미롭게 만들 각종 예시, 인용, 통계 등을 제시한다면, 인터뷰어는 애써 부정적 접근을 하면서 관객의 기대를 저버리는 위험한 일 따위는 피할 것이다.

다섯째, 인터뷰 응답은 역피라미드형 기사쓰기 형식으로 본론부터 한다. 답변의 시작은 서론 없이 본론부터 한다. 첨가하고 싶은 내용이 있다면 그 다음에 한다. 대답은 간단하게 유지해라. TV에서 평균 응답시간은 약 45초 이하, 라디오에서는 약 25초 이하이다.

4. 라디오 인터뷰

라디오는 소리에 의존하는 미디어이다. TV가 영상과 현장음, 효과음 등을 통해 다양한 메시지를 전하는 반면, 라디오는 소리만을 수단으로 하는 매체이다. TV가 주도적 역할을 하는 요즘 같은 영상시대에도 라디오는 여전히 장점을 갖고 있고, 상당수의 청취자를 보유하고 있는 강력한 매체 중의 하나이다.

라디오의 가장 큰 장점은 정보 감도가 뛰어난 탄력성 있는 매체라는 점이다. 정보를 가장 빨리 전달할 수 있다는 점에서 라디오는 인터넷과도 닮았다. 인터넷 신문을 가리켜 '신문과 라디오의 결합'이라고 표현한 한 미국 언론인의 말은 라디오의 이러한 탄력성에 기인한 것이다. 인터넷이 컴퓨터라는 육중한 기계 덩어리와 초고속망을 필요로 하는 반면, 라디오는 지극히 작은 팀과 간편한 기재로 정보를 유통시킬 수 있다는 점에서 매우 효율적이다. 일본 NHK 라디오 제작부 PD를 지낸 시타도리 모토오(白鳥元雄)는 이러한 라디오를 가리켜 '가장 순수한 미디어'라는 표현을 하기도 했다.

라디오 인터뷰는 '말'이 유일한 수단이다. 문자를 매개로 할 때 메시지의 송신자는 반드시 정보를 문자화하는 작업을 해야 한다. 수신자 역시 그 언어를 통해 정보를 받아들이게 된다. 말하는 언어와 정보가 직접 연결되어 있을 때에는 그런 과정이 필요 없다. 가령 어떤 사안에 수긍한다는 표현 하나도 어떤 말로, 어떤 투로 음성화되었는가에 따라 여러 가지 뉘앙스를 지니게 되는데, 라디오 인터뷰의 경우 이런 말의 뉘앙스를 여과 없이 전달하는 것이 특징이며 장점이다.

라디오 인터뷰에서 말이 중요한 또 다른 이유는 청취자들이다. 일반적으로 라디오 청취자는 TV 시청자들보다 훨씬 정확하고 냉혹한 귀를 갖고 있다. 또한 사람들은 자신의 어휘가 부족한 것에는 관대하면서 다른 사람의 언어사용에 냉혹한 것이 보통이다. TV에서라면 영상이나 분위기에 묻혀 간과될 법한 실언이나 표현 등이 라디오에서는 적나라하게 드러난다. 말을 전문적으로 하는 방송인이라면 말의 논리적 흐름이나 단어 하나하나의 선택, 악센트나 억양 등에서 청취자들에게 거부감을 주지 않도록 노력해야 한다. 이 점은 인터뷰에 응하는 사람의 경우도 결코 예외일 수 없는 부분이다.

• 목소리가 줄 수 있는 변화들

라디오의 메시지 전달수단은 말에 국한되어 있지만, 목소리만으로 감정이나 느낌을 표현하기에 부족함이 있는 것은 아니다. 말과 목소리를 잘 사용하면 매우 효과적인 커뮤니케이션이 가능하다. 어떤 속도와 강도로, 어떤 음역에서 말하고, 또 어떻게 말 잇는 부분을 처리하느냐에 따라 라디오 인터뷰의 성패가 좌우된다. 우선 음역(*range*)은 일상 대화의 수준으로 한다. 평소 음역보다 낮으면 권위적이라는 느낌을 주고, 성대에 무리가 가서 목소리가 갈라질 수도 있기 때문이다. 음량(*volume*) 역시 평소 수준을 유지하며, 아무리 어려운 상황에서라도 소리를 지르는 일이 없어야 한다. 마이크로폰의 소음이 들리면 소리를 지르게 되는 경향이 있는데, 기술적으로 해결할 수 있으므로 소리를 크게 낼 필요는 없다. 속도(*pace*)도 중요하다. 속도는 출신지역의 방언에 따라 차이가 나기도 하고, 얼마나 긴장상태에 있는가를 나타내 주기도 한다. 처음부터 일정한 속도를 유지해 청취자들이 말의 속도에 적응하는 시간을 주는 것도 필요하다.

특정한 표현이나 말을 특히 강조함으로써 커뮤니케이션의 효과를 높일 수도 있다. 적절한 강도(*intensity*)의 사용은 말에 생기를 불어넣는다. 목소리를 꺾는 것(*inflection*)을 통해 분노, 놀람, 만족 등을 표현할 수 있다. 또 다른 중요한 도구는 침묵, 혹은 쉼표(*pause*)이다. 잠깐 동안의 침묵을 전략적으로 활용하면 인터뷰에 여유를 불어넣고, 청취자들이 답변을 소화하는 데 도움을 줄 수 있다. 질문과 답변 사이의 1, 2초간의 침묵은 좋은 답변을 위해 생각을 정리하고 있다는 느낌을 청취자들에게 줄 수 있다. 다만 너무 자주 침묵하지 않아야 한다. 5분 인터뷰라면 두 번 정도의 쉼표가 적당하다.

5. 방송 인터뷰를 위한 조언

좋은 방송 인터뷰어는 말을 잘해야 하며, 인간미가 있어야 한다. 통찰력이 있어야 하고, 지적이어야 하며, 호기심 많고, 따뜻하고, 끈질기고, 상상력이 풍부하고, 유연하고, 창조적이고, 진실하고, 많은 정보를 갖고 있고, 거칠고, 용감하고, 방심하지 않고, 자신감이 있어야 한다.

또한 좋은 방송 인터뷰어는 시청자와 응답자, 그리고 자신에게 새로운 정보를 주는 인터뷰를 해야 한다. 예리한 질문으로 이미 알려진 낡은 사실들을 새로운 시각에서 모으고 조명할 줄 알아야 한다. 아무리 고집스러운 인터뷰 대상이라도 인터뷰를 통해 새로운 의견이나 아이디어를 내놓거나, 적어도 솔직하거나 자발적인 답변을 내놓았다면 그 인터뷰는 성공이라고 해도 좋다.

성공적인 방송 인터뷰를 위해서 연마해야 할 요령으로 앤드류 보이드(Andrew Boyd)는 5가지 요령을 제시하데, 이는 ① 답변이 가능한 질문을 한다, ② 예/아니오 질문을 한다, ③ 독백을 유도하는 질문을 피한다, ④ 유도질문을 피한다, ⑤ 강하게 마무리한다 등이다. 조숙희(2004)는 여기에 취재원에 집중하기, 엉뚱하게 묻기, 복합질문, 가정법 질문, 잘 듣기 등의 요령을 추가했고, 유애리(2005)는 오프닝의 중요성, 간결한 질문, 친절한 질문, 시간배분, 출연자가 주인공, 공정한 진행, 답변 유도, 애드리브, 침묵이 금, 유머나 위트 등의 요소를 추가했다.

좋은 방송 인터뷰는 저널리즘이 추구하는 가장 까다로운 과제의 하나이다. 방송 인터뷰는 정보를 얻는 단순한 문제가 아니다. 그것은 차라리 공연(*performance*)에 가까우며, 질문자와 응답자 간의 풍부한 상호교류 속에서 이뤄지는 집중적 대화이다. 이는 보이지 않는 시청자들의 이해와 필요를 고려한 것이다. 대화가 잘 이뤄진다는 것은 상호 간의 역동성으로부터 나오는 에너지가 충만하다는 뜻이다.

앞서 말했듯 방송 인터뷰는 마치 다음 굽이를 예상치 못하는 상태로 물살이 센 강을 따라 내려가는 것과 같다. 물살의 속도는 두 참석자 간 대화의 흐름을 상징하고, 강의 깊이는 좋은 대화로부터 나온 사려 깊고 개념적인 말들을 뜻한다. 좋은 인터뷰는 속도감과 깊이가 있어야 한다는 뜻이다.

인터뷰는 또한 새로운 발견과 흥미로운 가능성이라는 방향으로 흘러간다. 그것은 마치 이전에는 보이지 않던 광경을 기대하면서 앞으로 밀고 나가는 탐험과 같다. 예를 들어, 게스트가 가진 새로운 통찰력, 현재 정치·사회적 이슈에 대한 신선한 시각, 신념의 생생한 표현 등을 알아낼 수 있다.

인터뷰 진행자는 방송에서 자신의 특별한 역할을 잊어서는 안 된다. 그의 역할이란 단순히 정보를 유통시키는 것 그 이상의 것이다. 역할을 적절하게 수행하기 위해 진행자는 잘 준비되어 있어야 하고, 지식과 통찰력과 상상력을 총동원해 창조적 인터뷰가 되도록 노력해야 한다.

TV는 즉각적으로 흘러가며 잊히기 쉬운 매체이지만, 때로는 순간의 인상이 오랫동안 잔상으로 남아 이미지를 결정지을 수도 있다. 따라서 TV 인터뷰에 응하는 사람은 옷차림에서 태도에 이르기까지 각별한 준비가 필요하다. 라디오는 장비가 간단하다고 가볍게 여겼다가는 수백만 청취자가 자신의 소리를 듣고 있다는 사실을 까마득히 잊기 쉽다. 말 한마디의 무게를 느끼면서 표현 하나에도 신중을 기하고 긴장을 늦추지 않는 자세가 필수적이다.

홍콩의 대표적 홍보회사 코포레이트 커뮤니케이션스(Corporate Communications)의 설립자이며 홍보 컨설턴트인 테드 토마스(Ted Thomas)와 미국의 홍보회사 래포트 커뮤니케이션스(Rapport Communications) 대표 스티븐 레이프(Stephen Rafe)는 방송 인터뷰에 임하는 사람에게 다음과 같은 조언을 한다. 이는 인터뷰에 응하는 인터뷰이뿐 아니라 인터뷰를 하는 진행자에게도 똑같이 적용된다.

- 색 있는 옷을 입어라. 가급적 파스텔 톤의 차분한 옷이 좋다. 카메라는 흰색을 혐오하고, 시청자들의 주의를 분산시킨다.
- 큰 세로줄무늬의 옷을 피하라. 카메라는 줄무늬에 적응하기 어려운 매체이다.

· 똑바로 앉은 자세를 유지하라. 구부리거나 자주 움직이지 마라. 움직이면서 다양한 포즈를 잡는 일은 카메라맨의 몫이다.
· 눈동자를 자주 움직이지 마라. 인터뷰어의 눈을 똑바로 응시하되, 무슨 일이 있어도 카메라를 곁눈질해서는 안 된다.
· 출연 전 모니터에서 옷을 점검하라. 흰 머리가 많은 사람이 어두운 양복을 입으면 화면에서 머리가 중국의 만리장성처럼 보일 것이다. 어두운 양복에 떨어진 비듬 역시 인상을 망치는 요소이다.
· 스튜디오 조명등의 열 때문에 땀이 난다고 얼굴이나 눈썹을 문지르지 마라. 분장의 일부가 지워질 수 있다. 파우더 퍼프로 톡톡 치듯 발라주면 땀으로 인한 번들거림이 사라진다.
· 적절한 때 웃어라. 보는 사람에게 덜 긴장해 있는 자신의 모습을 알릴 수 있다.
· 출연 전 긴장을 풀기 위해 술을 마시는 것은 금물이다. 알코올은 얼굴색을 변화시키기며, 미세한 변화라도 카메라에 포착되기 쉽다.
· 평소 즐겨 입던 옷을 입어라. 입지 않던 스타일의 옷은 스스로 거북하고, 평소 모습을 잘 아는 주변의 지인들을 당황시킬 수 있다.
· 인터뷰 종료 후 적어도 10초 동안은 아무 말도 하지 말아라. 마이크로폰이 아직 켜져 있을 수 있다.
· 인터뷰가 잘 안되었더라도 걱정할 것은 없다. 곧이어 방송될 연속극이 시작할 무렵이면 시청자들은 아마 벌써 잊었을지도 모르기 때문이다.
· 라디오 장비가 단순하다고 쉽게 보면 안 된다. 수많은 청취자를 상대로 하는 만큼 공적인 자리라는 것을 명심해라.
· 젊은 라디오 디스크자키들은 종종 자신들이 순발력 있고 명석하다는 것을 증명하기 위해 예상치 못했던 질문을 던져 당혹스럽게 할지 모른다. 어떠한 상황에서도 그들의 말에 휘말리지 말고 중심을 잡아라.
· 많은 라디오 인터뷰는 사전에 녹음된다. 인터뷰가 만족스럽지 않으면 다시 하자고 요청하라.

- 상식적인 이야기지만, 라디오 인터뷰에서는 제스처가 필요 없다.
- 라디오 인터뷰에서는 목소리의 톤을 정돈하라. 다소 낮은 목소리를 유지하되, 단조로움을 피하도록 억양을 주고, 속도에도 변화를 주어 소리에 활력을 불어 넣어라.
- 군소리를 자제하라. "음…", "어…" 등의 불필요한 소리들은 청취자들에게 긴장하고 있거나 지식이 부족하거나 결정력이 없는 사람이라는 인상을 심어준다.
- 옷은 너무 낡은 옷이나 새 옷을 피하라. 직업에 맞는 옷을 입을 것.
- 회사 간부라면 갈색 정장을 피하라. 시청자는 갈색을 노동자의 색으로 인식한다는 조사결과가 있다.
- 겨울이라도 가벼운 옷을 입어라. 스튜디오 안은 덥다.
- 여성이 목에 두르는 스카프나 숄 등은 너무 튀지 않는 것이어야 한다. 남성의 넥타이도 마찬가지이다.
- 화장할 때는 푸른빛이나 짙은 붉은색을 피하라. 카메라는 이들 색을 강조하는 효과가 있다. 여성의 경우 짙은색 립스틱을 피하라.
- 남성의 경우 이발은 사흘 전에 하라. 여성의 경우도 안하던 헤어스타일은 피하는 것이 좋다.
- 안경을 써야 한다면 금속테를 피하라. 선글라스는 금물이다.
- 출연 직전 너무 뜨거운 차나 차가운 음료수를 마시지 마라. 뜨거운 음료는 성대를 팽창시키고, 차가운 음료는 수축시킨다. 우유나 치즈도 가래를 유발할 수 있으므로 피하는 것이 좋다.

부록 명 인터뷰 산책

글을 읽는다는 것은 사람을 만난다는 것이다. 인터뷰 기사를 읽는 재미는 직접 보고 만질 수 없는 사람들을 마치 옆에서 보고 만지듯 느끼며 파악해가는 데 있다. 글의 힘이란 바로 그런 것이다. 기자가 할 일은 독자의 궁금증을 알아내 독자의 편에서 질문을 던지고, 명민한 귀와 코로 질문에 대한 답을 읽어내 그 결과를 비교적 진실과 가깝게 그려내는 일이다. 무릇 모든 기사가 다 그렇다.

정보를 가진 자와 진솔하고 속 깊은 이야기를 나눌 때 기자들이 행복한 것처럼, 사람의 모양을 그대로 전달하는 기사를 읽을 때 독자들은 행복하다. 그런 기사들이 모여 세상의 어두운 곳을 밝힌다. 사람이 사람을 알 때, 비로소 세상은 밝아진다. 인터뷰는 그런 세상을 가꾸는 도구의 하나이다.

이 세상의 어떤 글보다도 사람을 드러내는 데 열과 성을 들인 글들을 모아보았다. 비록 글이지만 때로는 녹음테이프처럼 육성이 절절히 배어 나오기도 하고, 때로는 한 편의 영상물처럼 화면이 스쳐가기도 한다. 공통적인 것은 이슈보다는 사람의 이야기에 초점을 맞췄다는 것이다. 이미 알려진 상대방의 생각과 의견과 느낌 뒤편의 속 깊은 단면들, 그리고 단단한 수사(修辭)의 껍질을 벗기고 진짜 이야기를 끄집어내려 노력한 글들이다. 진짜 이야기가 곧 뉴스이다. 낡은 인물에 새로운 시점과 시각을 보태도 뉴스가 된다.

좋은 인터뷰 기사는 읽은 후 사람의 느낌이 오래 가야 한다. 독자로서 내가 갖고 있는 질문을 인터뷰어가 대신 던져주어야 한다. 인터뷰어와 인터뷰이의 관계에는 역동적인 상호작용이 일어야 한다. 그리고 게임은 공정한 룰에 따라 진행된다는 느낌을 주어야 한다. 그래서 결국, 몇 줄 활자들의 결과로 하나의 인물이 내 앞에 모습을 드러내야 한다.

다음에 소개되는 실제 인터뷰 사례들이 제시된 명제를 얼마나 충족시키고 있는지, 또 기자와 인터뷰 대상 사이에 형성되는 파장이 얼마나 격렬한지 음미하면서 읽어 볼 것을 권한다.

환상의 노예가 되지 않는다

명 인터뷰어는 쉽사리 환상에 빠지지 않는다. 적어도 인터뷰하기 이전에는 그래야 한다. 인터뷰의 결과로 상대방의 빛나는 무엇을 발견한 후에 옹호자가 되더라도, 인터뷰 이전과 그 과정에 있어서만큼은 '건강한 질문자'의 자세를 놓지 않아야 한다.

왕년의 여배우는 흥미로운 탐구대상이다. 대한민국 최고의 미인으로 불리던 이가 중년에 이른 모습도 궁금하고, 당시 우리나라에서는 흔치 않던 이혼을 두어 차례 반복한 그의 애정관, 영화인협회 이사장이라는 묵직한 관(冠)을 쓴 리더십의 원천도 궁금증의 대상이다. 이 모든 궁금증을 안고 인터뷰를 시작한 기자는 기사의 첫머리를 이렇게 쓰고 있다.

> 항간에서는 김지미를 천하의 미색이라고들 했지만, 서울 동숭동에 자리한 영화인협회 사무실에서 그녀를 만났을 때 일말의 섭한 기분이 들었다. 그녀는 정확히 쉰일곱 된 그녀의 나이만큼 보였다. 물론 달걀 모양의 갸름한 얼굴형은 그대로 살아 있었음에도 그 내용물의 미학은 기자를 감동시키지는 못했다. 세련스러움에 후한 점수를 줄 수 있었지만 세련스러움

이 미색이 될 수는 없는 것이다.

이런 식으로 사실을 기록한다는 것은 예를 잃는 행위일지 모른다. 하지만 기자의 기억에 저장된 은막의 그녀와 지금 기자의 면전에 앉은 그녀는 분명히 다르다. 자고로 "세월에 장사가 없다"고 했지만 덩달아 미색도 없는 법이다.

화제를 미모로 돌린 기자의 탐색은 이어진다. 노 여배우도 지지 않고 노련하게 응수한다.

지금껏 자신의 미모에 만족하면서 살아왔습니까.
그렇지 않아요. 우선 키도 작고…. 하지만 영화작품 찍기에는 가장 좋은 사이즈랍니다. 오드리 헵번, 비비안 리, 엘리자베스 테일러 등 명배우들 모두 작은 사이즈예요. 그게 화면에서는 보기 좋다고 해요.

(시인하는 건지 부인하는 건지 모호한 화법이었다.)

영화평론가들이 미모에 대해 많이들 말해 왔는데, 그럴 때는 어떤 기분이 듭니까.
우리 집 식구는 다 예뻐요. 저보다 우리 언니들이 더 예뻐요.

연기력보다는 미모로 영화배우가 됐다고 혹평하는 이도 간혹 있더군요.
그런 말도 들었어요.

그런 말 들으면 화나지 않습니까.
예쁜 것에는 한계가 있어요. 실력도 능력도 없이 예쁘기만 하다면 한낱 백치미에 불과해요. 백치미는 몇 번 보면 싫증나서 못 봐요. 그런데 저는

40년 동안 배우활동을 해왔어요.
(그러면서 그녀는 "예쁜 사람의 연기는 미모에 가려서 안 보여요. 못난 사람은 인물이 없으니까, 볼 게 없으니까 연기만 보이는 거지요"라고 정의하는 것이었다.)

미인의 기준은 시대마다 달라지는데, 김 선생 같은 경우는 1960년대 미인의 조건을 갖췄다고 할 수 있겠지요.
(그녀는 자신을 지나간 세대의 미모로 한정시키려는 기자의 의도를 읽어냈다.)
그렇게들 말해요. 제가 데뷔할 당시 한국의 미인형은 얼굴이 둥글넓적한 쪽이었어요. 코도 높고 눈도 큰 저에게는 이국적으로 생겼다는 말을 많이 했어요. 제가 사극에 출연하려면 모두 반대했어요. 한복이 제게 어울리지 않는다는 이유 때문이에요. 영화 〈장희빈〉에서 주인공 장희빈 역을 두고 도금봉 씨와 제가 경합하게 됐어요. 영화사에서는 일반 사람들을 상대로 현상공모를 했고, 결국 주인공으로 제가 뽑혔어요. 제가 사극으로는 처음으로 출연한 이 영화는 대히트를 쳤어요. 한복이 안 맞는다고들 했지만, 제가 출연한 영화 중 3분의 2가 한복 입은 영화였어요.

요즘 활동하는 여자 연예인 중 누가 가장 미모가 뛰어납니까.
미인은 이목구비가 또렷하고 목이 길어야 해요.

(그녀가 슬며시 넘어가는 바람에, 다시 질문했다.)

김 선생이 보시기에 가장 아름다운 연예인은 누구입니까.
영화배우 누구라면 그 얼굴이 딱 떠올라야 해요. 그런데 요즘에는 너무 같아요. 누가 누구인지 구별이 안 가요.
(다시 넘어가려고 했다. 그래서 기자가 "모두 김 선생보다 못합니까"라고 묻자, 그녀는 씩 웃었다.)

배우로서의 얼굴이 있고 화면 바깥에서의 얼굴이 따로 있어요…. 강수연이도 예쁘고 최진실이도 예쁘지요. 담배 좀 피워도 될까요?
(그녀는 핸드백에서 담배를 꺼냈다.)

거침없는 사랑으로 일관해 온 듯한 그의 애정관은 무엇일까. 여기서도 기자는 질문의 고삐를 단단히 잡고 거친 말(馬)을 다루듯 인터뷰를 진행시킨다.

젊었을 때는 조건 없이 사랑에 빠지는 경우가 많지요.
그런 경향이 있지만 남녀가 한 번 만나 결판나지는 않죠. 서로 마주치고 대화를 나누는 기회가 잦아지면서 관계가 맺어지는 거지요. 그러나 젊은 시절의 사랑에는 '왜 하필 그렇게 맺어졌는가'라는 후회의 느낌도 있어요. 왜 그때 그런 사람을 좋아했었나 라고.

젊은 날의 사랑에 대해 그때는 어리석고 유치했다는 생각 쪽입니까.
사람은 과거에 대해 후회하곤 하지 않습니까.

아니, 사랑에 대해서도 그렇다는 뜻입니까.
(당연하다는 어투로) 그럼요. 그런 경우가 있죠.

어떤 경우를 말합니까.
저는 먼지만큼도 제 자신에 대해 숨기지 못하는 사람이에요. 처음 (홍성기 감독과) 결혼했다가, 두 번째 밍크(최무룡 사이에서 난 딸의 별명) 아버지 최무룡 씨와도 그렇게 됐고, 세 번째는 젊은 가수(나훈아 씨)와 그렇게 됐는데, 실은 그렇게 만남을 가질 수 없는 입장의 사람들이었어요. 그런데 환경과 분위기가 그렇게 되어버렸어요. 무엇보다 언론에서 그런 식으로 (스캔들을 비판하는 식으로) 몰고가 버린 겁니다. 저와 상대방을 외로운 궁지로 몰고 가니, 둘 사이에 그런 의지의 감정이 생기는 거죠. 아, 뭐라고 하나…. 오기가 생겼다고 할까, 반발심이 커졌다고 할까. '그래 한번 해보자'는 식으로 된 거죠. 결국은 그렇게 결혼해서는 안 될 일인데…, 당시 제게 마음을 자제할 수 있는 능력이 있었다면 그런 일(결혼)은 벌어지지 않았겠지요. 세월이 지난 다음이니까 하는 이야기지만, 당시 제가 결혼을 몇 차례 한 절대적인 책임은 매스컴에 있었어요.

매스컴의 책임도 있을지 모르지만, 김 선생께서 남자와 관계한 사실이 있었기 때문에 보도한 게 아닙니까.
처음에는 그렇지 않았어요. 전혀 아니었어요. 같은 분야에서 일하는 사람이기 때문에 서로 만난 것이었어요. 아까 말했다시피 제 주변에는 사람들이 모였어요. 그런 무던한 관계의 사람에 대해 언론에서 이상하게 보도했던 거지요.

구체적인 사례를 든다면 최무룡 씨와 스캔들이 있은 뒤 언론이 보도한 게 아닙니까.
그건 그렇지요.

가수 나훈아 씨와도 관계가 있고서 언론이 보도했지 않습니까.
그건 아니에요. 관계가 있었던 게 아니고, 그냥 어울려 다녔던 거야. 그걸 관계있는 것처럼 보도했어요. 제가 하는 이야기가 옳아요. 지금 나이 같으면 언론에서 그렇게 보도해도 모른 척하는 여유가 있겠지만 그때는 오기가 발동한 겁니다.
(이쯤에서 기자는 이 늙어가는 중년 여자가 매력적으로 보이기 시작했다.)

오기 때문에 예정에 없는 결혼으로 밀고가 버렸다는 뜻인가요.

전 그런 면이 있었어요. 김지미의 오기가 발동하면 누구도 못 꺾는다고들 했으니까요. 그렇게 떠들어대면, 정말 그렇게 한번 해보겠다는 오기가 생기지요. 전 욕심도 많아요. 이런 점들이 오늘날의 김지미가 있게 만들었을 겁니다.

2년 전 최무룡 씨를 인터뷰한 적이 있었는데, 김 선생께서 최무룡 씨와 살아가는 방식이 유사한 것 같습니다.
저와 유사하다구요? (어림 반 푼어치도 없다는 듯) 성격이 전혀 달라요!

어떻게 다릅니까?
(잠시 생각에 잠긴 뒤) 저는 불같아요. 결정을 내려야 할 문제가 있으면 저는 그 자리에서 해버려요. 그는 안 해요. 어떻게 해야 될지 결정을 못 내려요.

적어도 자유분방한 면에서는 닮지 않았습니까.
그분은 그런데, 저는 거꾸로 그 점에서 엄격해요. 제가 자유분방해 보이죠? 결혼을 몇 번이나 한 제 삶의 모습이 그러니까. 그러나 저는 (결혼생활에서 지켜야 할 처신에 대해) 굉장히 엄해요. 제게 그런 점이 있었으므로 상대방에게도 그걸 강요했어요. 그 양반(최무룡 씨)은 정말 자유분방해요. 말 그대로 예술가죠. 그에 비하면 저는 백 퍼센트 예술가가 못 되는 사람이지요. 저는 집에 들어서는 순간 여자가 되고 아내가 되고 어머니가 됩니다. 집 안과 집 밖의 구별이 정확해요. 집에서는 배우 냄새도 안 나요. 지금껏 우리 집에는 제 스틸사진 한 장 붙어 있지 않았어요. 그리고 집안의 물건은 모두 제자리에 있어야 하고 반듯해야 돼요. 제 스스로를 피곤하게 만드는 겁니다. 괴팍스런 성격이지요.

(기자가 "자기 비평의 도가 지나칩니다"라고 거들자, 그녀는 기다렸다는 듯이

이렇게 말했다.)

제가 좋아하는 사람에게는 무한정 베풀어요. 아까울 게 없어요. 한때 제가 함께 살았던 남자들에게도 그랬어요.

대신 사람에 대해 참을성이 부족하지요.
아니오. 참을성이 많아요.

실례되는 질문인데, 지금까지의 결혼생활이 오래가지 못했던 것은 참을성이 부족한 것 때문이 아니었을까요.
저는 사업을 하면서 (그녀는 제조공장과 영화사를 경영한 적이 있음) 안 되겠다 싶으면 빨리 집어치워 버립니다. 오래 질질 끌면 더 손해를 보거나 망하게 되어 있어요. 제 삶도 마찬가지예요. 노력은 남보다 열 배를 해요. 주변에서 왜 그렇게 (남편에게) 헌신적으로 하느냐는 말을 들을 정도로 말입니다. 그러나 노력하다가 가망이 없다는 판단이 서는 순간 헤어지는 거지요.

헌신적으로 베풀다가 쉽게 환멸을 느끼는 편인가요.
20년, 30년씩 더 질질 끌다가 서로의 인생이 망가진 뒤에 헤어지는 게 옳을까요. 그렇게 되면 둘 다 재기를 못해요.

결혼은 비즈니스와 다른 점도 있지 않습니까.
남들은 비판할지 모르지만, 내 인생은 내가 사는 거예요! 망가진 내 인생은 내가 끌어 올려야지, 다른 사람이 해줄 수는 없어요. 둘 다 늙어서 머리가 파뿌리 될 때까지 가면 이미 늦어요. 그때는 인생이 끝난 뒤예요.

세 번의 결혼 모두 중도 하차한 것은 상대방에 문제가 있었다고 봐야 합니까.

그렇지요. 아까 말했다시피 그때 상황에서 그 삶을 제가 받아들이지 않았으면 그런 고통은 안 겪었을 거예요. (언론에서 스캔들로 보도됐을 때) '모른다, 아니다'라는 식으로 저를 변명하고 싶지 않았던 거예요. 제가 관계됐고 저로 인해 문제가 됐으니까 책임지겠다고 한 것이지요.

— 최보식, 《얼굴》, "쩨쩨한 남자는 싫어" 중 발췌.

최보식 기자의 《얼굴》에 수록된 이 기사는 "쩨쩨한 남자는 싫어"라는 제목으로 소개되어 장안의 화제가 되었다. 영화배우라면 미모와 카리스마 같은 예쁜 면만 겉핥기로 보여주는 많은 기사들과 확연하게 차별되는 기사다. 애당초 미색이나 타이틀의 환상에 젖지 않고 다가간 기자의 질문에 배우는 거침없는 언사를 쏟아 부었고, 역설적이지만, 그런 면 때문에 배우는 더 매력적으로 드러나 보였다. 포장지 속의 내용물이 계속 포장지 속에 남아 있으면 신비감은 줄지언정 감동을 주기는 어렵다.

친화력을 놓지 않는다

오프라 윈프리는 친화력이 강한 인터뷰어다. 코미디언 빌 코스비(Bill Cosby)의 부인인 카밀 코스비(Camille Cosby)에 대해서 오프라는 "그녀를 단순히 만난다는 표현은 맞지 않다. 사람들은 그녀를 경험한다. 고귀함과 함께 눈부시게 빛나는 무언가를 발견할 것이다. 카밀 오리비아 행크스 코스비 박사라는 그녀의 이름을 듣게 되면, 나도 저렇게 되고 싶다는 생각을 하게 된다"고 찬사를 아끼지 않고 있다. 첫 질문 역시 "카밀 부인, 당신을 처음 만났을 때 생각이 나는군요. 그때 느낌을 아직도 기억합니다. 그런 느낌을 원하고 있었어요. 당신처럼 보이길 원한다기보다는 당신의 여성성이 갖고 있는 에너지를 원했습니다. 당신은 자신의 여성스러움을 알고 있나요?"라는 우호적인 내용으로 문을 연다. 그러나 오프라는 노련한 인터뷰어이다. 그 역시 코스비의 환상에 빠지지 않았다. 친화력을 놓지 않으면서 민감한 질문을 던져 진솔한 답변을 이끌어 냈다. 오프라는 평소 숭배하던 여성인 카밀 코스비가 답변하기 껄끄러워 할 만한 주제들, 즉 아들의 죽음, 남편의 외도, 여성으로서의 노화 같은 민감한 문제에 대해 질문을 던졌다. 난처한 질문들을 통해 오히려 상대방의 강인함과 현명함을 드러냈다. 질문은 코스비 부인의 아픈 부분들을 건드리며 다음과 같이 진행된다.

오프라(이하 오): 빌의 그림자에 가려진 채 살고 있다고 느낀 적은 없었나요?

카밀(이하 카): 심하게 가려져 있다고 느낀 적은 없었지만 빌을 존경했어요. 그는 나보다 7살이 많았고 항상 어른스러웠어요. 심지어 그가 26살에 나와 결혼할 당시에도 그랬죠. 그래서 그의 지혜와 지식을 존경했습니다. 내 삶은 빌과 결혼하면서 철저하게 변했어요. 결혼은 빌 역시 변화시켰어요. 결혼한 지 얼마 안 되어서 그의 경력은 〈I Spy〉(60년대 TV 쇼)에 의해 급진전했죠. 그래서 빌이 그랬듯이 저 역시 연설할 일이 많아졌어요. 결혼 초기의 부부에게 이것은 그저 시작에 불과했습니다. 뒤돌아보면 어떤 것들은 환상적이라 할 만하죠. 난 그 모든 것들에 의해 압도당했었다고 생각해요.

오: 그 당시에 가장 최악이었던 부분은?

카: 빌이 1965년경에 〈I Spy〉를 시작했을 때요. 그때는 시민운동기였고,

빌은 TV에서 주도적인 역할을 맡게 된 최초의 아프리카계 미국인으로서 확실한 목소리를 내라는 주위의 압력이 있었어요.

오: 흑인의 대변인이 되라는 것이었나요?

카: 맞아요. 그리고 다른 많은 일들이 함께 진행됐어요. 리처드 닉슨이 대통령이 되었을 때 우리가 모르는 사이에 빌을 요주의 인물 리스트에 올렸더군요. 우리 전화는 도청 당했어요. FBI가 집에서나 스튜디오에서 빌을 따라다니며 감시했지요.

오: 왜 빌이 요주의 인물이었나요?

카: 닉슨의 부탁을 그가 몇 번 거절했었어요. 그게 모든 이유였어요. 닉슨이 사망한 후 요주의 인물 리스트가 공개되자 우린 '바로 이것 때문이었군'이라고 알아차렸죠. 당시에는 공포 그 자체였어요. 우린 1년에 4번이나 세무조사를 당했으니까요.

(중략)

오: 에니스의 죽음 이후에 얼마나 오랫동안 혼란(*fog*) 속에 있었죠? 당혹스런 경험이었나요?

카: 초현실적인 경험이었다는 점에서 혼란스러웠어요. 그의 죽음을 이해할 수가 없었어요. 그것은 공포였고 왜 그런 일이 일어났는지 이해할 수 없었지요. 항상 아이들을 보호하는 것에서 커다란 자부심을 가져왔었는데, 그가 살해당하기 전날 밤 에니스에게 로스앤젤레스의 고속도로를 운전할 때는 조심하라고 주의시켰습니다. 무슨 일이 일어날 것이라는 직감 같은 것이었어요. 너무나 좋지 않은 기분이 들어서 어떤 방식으로든 그를 막고 싶었지만 그렇게 할 수 없었어요. 난 이곳에 있었고 그는 너무 멀리 있었죠.

오: 무언가 일어날 것이라고 느꼈던 건가요 아니면 그냥 신중한 어머니였던 건가요?

카: 신중한 어머니요. 하지만 그에게 조심하라고 말한 것으로 미루어 난 분명히 무언가 느꼈던 겁니다. 그에게 했던 마지막 말도 "조심해 에니스"였어요.

오: 정말로요?

카: 네. "조심해 에니스." 왜냐하면 LA에 살았던 적이 있고, 그곳의 고속도로에서 많은 죄나 사고가 벌어진다는 것을 알고 있었어요. 그래서 말했습니다. "에니스, 조심해야 해." 심지어 내 메르세데스를 운전하지 말라고까지 했어요.

오: 그게 당신의 차였나요?

카: 내 차였어요. 난 젊은이들이 좀더 빠른, 스포티한 차를 운전하고 싶어한다는 것을 알고 다른 차를 렌트하라고 했어요. 왜냐하면 솔직히 말해 나는 다른 사람이 괴롭히는 것보다 경찰이 비싼 차를 모는 흑인 남성을 괴롭힐지 모른다는 생각을 하고 있었으니까요. 사고가 났을 때 나는 범인을 잡아야겠다는 생각뿐이었어요. 세상의 그 어떤 것보다 내가 원했던 것은 살인자(를 잡는 것)였어요. LA 경찰과 난 그 점에서 뜻을 같이 했어요. 그가 잡혔을 때 난 비로소 깨어나서 우리 가족이 그동안 얼마나 큰 상처를 입었는지 알게 되었어요. 그러고 나서 나는 가족들이 상처를 딛고 일어나도록 모든 에너지를 쏟아 부었죠. 빌처럼 강한 사람도 어쩔 수 없는 상황에서는 아무 일도 할 수 없다는 이유로 무력감을 느낀다는 걸 알게 되었어요. 그리고 나는 해냈습니다. 우리 가족은 꼬박 3년이 걸려서야 일어설 수 있었습니다. 그리고 그 기간 동안 서로 의사소통하는 법을 배웠죠.

오: 어떻게 하는 거죠?

카: 더 깊고 의미 있는 방법으로요. 서로에게 말하면서 서두르지 않는 것을 배웠어요. 서로의 진심만을 말하고, 서로에 대한 감사를 표시했습니다. 하루를 그저 별 생각 없이 지내면서 가까운 사람들이 내일도 그 자리에 그대로 있을 것이라고 당연하게 여기는 일이 없어졌어요. 왜

냐하면 그중에 누구 하나라도 언제든지 사라질 수 있다는 것을 깨달았기 때문입니다. 그러는 사이 어린애이던 딸들이 훌쩍 자라났어요. 그리고 그들은 "그래, 내 안의 변화를 가져오기 위해 노력해야겠다"고 결심했어요.

(중략)

오: 어텀 잭슨(Autumn Jackson) 갈취사건 이야기인데요. 그 일이 일어난 것이 에니스의 죽음 이틀 후였던가요?

카: 아니요. 갈취사건은 에니스가 살해당하기 전에 이미 시작됐죠. 갈취음모에 4명이 연루되어 있었고, FBI가 개입했고… 이 사람들은 에니스가 죽은 날, 그리고 그 이튿날에도 갈취를 계속했어요. 그리고 그들 모두 결국 체포됐습니다.

오: 갈취 사건이 에니스 죽음 이후의 사건인 줄 알았어요.

카: 아니오. 그전부터 시도하고 있었어요. 빌이 변호사를 시켜 FBI가 사건을 조사하도록 했어요. 우리는 당시 상황을 극복해야 했어요. 결국은 함께 싸우면서 이겨냈어요.

오: 코스비의 불륜에 대한 보도가 퍼져나갔을 때, 망치로 머리를 얻어맞는 기분이었나요? 아니면 이미 그런 뉴스를 알고 있었나요?

카: 물론 알고 있었어요. 하지만 당시 내게 가장 중요했던 것은 2달 동안 잡히지 않고 있던 에니스의 살해범들을 찾아내는 일이었어요. 그래서 갈취사건이 다른 때에 일어났다면 그것에 빠져들었겠지요. 내게 아들을 잃었다는 것보다 더 중요한 일은 없었습니다.

오: 그래서 어텀 잭슨의 시련이 당신의 가족이나 당신과 빌과의 관계에 미친 효과가 있다면 어떤 것이죠? 빌이 이야기를 꺼낸 적이 있나요?

카: 아… 몇 년 전… 70년대에, 빌이 말한 적이 있어요. 그래서 알고 있었죠.

오: 그래서 빌이 댄 래더(Dan Rather)와 인터뷰를 하며 어텀이 그의 딸일

가능성이 있다고 말했을 때 — 그는 믿지 않았지만 — 어텀이 그의 딸이라는 점이 당신에게 문제가 되었나요? 빌이 DNA 테스트를 받기를 원했나요?

카: 네. 난 그가 확신을 갖기 위해서 테스트를 받으라고 말했어요. 그리고 그가 테스트를 받지 않으면 어텀 잭슨과 그녀의 공범자들이 그들의 이야기를 계속할 수 있을 것이라고 생각했죠.

오: 어텀이 DNA 테스트를 받지 않았을 때 놀랐나요?

카: 전혀 놀라지 않았어요. 왜냐하면 자기 아이 아버지가 누구라는 것을 알기를 원하는 진실한 사람이라면, 남에게 돈을 뜯어내려는 짓을 하려 하지 않았을 것이고 일당을 통해 4천만 달러를 요구하거나 하지 않을 것이라고 생각했기 때문이죠. 거기서 무언가 잘못된 겁니다. 그것을 이해하는 건 그리 어려운 일이 아니라고 봅니다.

오: 빌의 불륜 이야기 때문에 수치심을 느꼈는지요?

카: 우리의 사적인 삶의 침입이라는 차원에서는 당황스러운 것이었죠. 우리 둘에게는 굉장히 개인적인 것이었으니까요.

오: 하지만 이미 알고 있었지요?

카: 이미 알고 있었지만 전 세계가 알아야 할 일은 아니었죠. 어텀 잭슨이 빌의 약점을 잡아야 한다고 명백하게 느꼈던 것이고 그래서 그는 난처해졌죠. 아마 어텀 잭슨은 빌이 나나 가족들에게 자신의 존재를 말하지 않았을 것이라고 생각했던 것 같은데, 그렇지 않았어요. 그녀의 방식은 사건을 언론에 노출시켜 빌을 협박하는 것이었다고 생각해요.

(중략)

오: 그래서… 폐경기가 지났나요?

카: 지났죠.

오: 두려워할 만한 것이었나요?

카: 아니오. 내 생각엔 폐경은 개인적인 겁니다. 내게는 문제가 아니었어요. 아마 삶에 대한 전체적인 접근방법 때문일 테지요. 얼굴이 화끈거리거나 기분이 우울해지는 것을 경험하진 않았어요. 가족들은 다르게 생각할지도 모르지요.

오: 얼굴이 화끈거린 적이 없었다구요?

카: 절대로.

오: 내가 두려워했던 이유는 주변의 많은 여성들이 갱년기가 되면 불안해하는 마음이나 성에 대한 흥미가 없어지는 것에 대해 우려하는 소리를 들었기 때문이었어요. 하지만 그걸 두려워한 적이 한 번도 없었다구요?

카: 내가 마흔이 되기 전에는 공포를 가지고 있었어요. 30대일 때는 40이라는 나이가 너무 늙게 느껴졌어요. 그리고서 마흔이 되었을 때 '글쎄, 이건 어떤 정신적 상처를 입는 경험이 아닌 걸'하고 말했죠. 지금은 괜찮아요. 오히려 나이를 먹을수록 더 여성스럽게 느껴지기 때문이죠. 사소한 것에 얽매이지 않을 것이고 항상 화장을 하느라 혹은 5분마다 거울을 보고 옆을 지나가는 모든 남자들에게 매력적으로 보이기 위해 노력하지는 않게 될 겁니다. 당신은 여성이고 그래서 40이나 50대가 되었을 때 모든 종류의 경험을 가지게 될 거예요. 그래서 이건 사소한 일들이 더 이상 아니게 되는 겁니다. 이건 결국 자신에 관한 것이고 자신 안에 있는 것들에 관한 것이 될 테니까요.

—"오프라와 카밀의 인터뷰", 잡지 〈O〉, 2000년 5/6월 창간호 중 발췌.

—

사전 취재를 충실히 하여 독자의 이해를 돕는다

기자의 임무는 인터뷰 상황에서 오가는 말을 충실히 전달하는 데 있다. 그러나 질문과 답의 내용을 속기록처럼 전달하는 데 그친다면 자칫 표면적인 의사소통에 그칠 수도 있다. 독자를 배려하는 노련한 기자는 질문과 함께 그 질문을 해야 하는 이유와 배경을 설명하고, 대답에 담긴 뜻과 맥락을 해석적으로 전해준다. 뿐만 아니라 자신의 눈에 비친 장면이 전달하는 비언어 메시지를 충실히 전함으로써 독자가 마치 그 자리에 함께 하는 듯한 느낌을 갖게 한다. 그래서 이런 기자들이 작성한 인터뷰 기사를 읽는 독자는 스스로의 오감이 확장되는 기쁨을 맛볼 수 있다.

감독실에서 자장면 그릇이 나간 뒤 청바지에 양가죽 점퍼 차림의 감독과 마주 앉았다. 책상 뒤에는 각종 상패와 가족사진이 놓여 있었다. TV 드라마 〈꽃보다 아름다워〉에 출연한 탤런트 박성미(42) 씨가 그의 부인이다. 사진 속에는 큰아들 윤원(10)만 보이고 늦둥이 지완(2)은 빠져 있다. 아직 태어나기 전에 찍은 모양이다.

강 감독은 방 주인이 앉는 큰 소파 대신 작은 의자를 골라 앉았다. 인터뷰어가 자신보다 나이가 많아 예의를 차리는 것일까.

황호택(이하 황) : 〈태극기 휘날리며〉의 흥행 비결은 뭐라고 생각합니까.

강제규(이하 강) : 사회적, 심리적 분석은 단서를 끄집어내는 끈은 될 수 있지만 뿌리가 될 수는 없습니다. 관객이 영화관을 찾는 것은 영화에서 만족감을 얻기 때문입니다. 영화가 재미있고, 영화에서 강력한 떨림을 받고, 영화를 통해 얻고자 하는 그 무엇이 충족되기 때문에 영화를 보는 것이죠. 그것이 만족지수로 표시됩니다. 맥스무비 조사에 따르면 〈태극기 휘날리며〉의 관객 만족지수는 94%입니다. 〈반지의 제왕〉은 84%대 입니다. 작품명을 거론할 순 없지만 만족지수가 낮은 어떤 영화가 흥행에 성공한 것은 영화 외적 요소의 영향 때문이죠. 영화 주변에 조성된 환경이 관객으로 연결되는 경우가 있거든요. 그것을 꼭 나쁘다고 하기도 어렵습니다.

필자는 '만족지수가 낮은 데도 영화 외적 요소의 영향으로 흥행에 성공한 영화'가 뭘까 하고 궁리하다 비슷한 시기에 개봉된 영화 가운데 어림짐작으로 때려잡았다. 필자의 추측이 맞았던지 강 감독이 당황하는 빛을 보였다. 그 영화의 제목을 절대 써서는 안 된다고 신신당부했다. 그래도 안심이 되지 않았는지 후에 필자의 집으로 전화를 해 같은 부탁을 했다. 독자의 상상력을 촉발하는 의미도 있기 때문에 강 감독과의 약속은 지킨다.

(중략)

황 : 영화 〈실미도〉가 관객 1천만을 향해 나아가고 있을 때 〈태극기 휘날리며〉가 개봉돼 강우석 감독 쪽에서 싫어하지는 않았습니까.

강 : 촬영할 때부터 개봉일자를 협의했습니다. 〈실미도〉가 12월 14일 개봉하고 3주 뒤 〈태극기 휘날리며〉를 개봉하기로 했습니다. 솔직히 말하면 〈실미도〉 제작진은 관객을 3천만 정도 예상했습니다. 그래서 3주 뒤에 개봉하면 〈실미도〉가 시장의 파이를 충분히 가져갈 것이라 생각했지요.

그런데 〈태극기 휘날리며〉 개봉이 예정보다 3주가량 늦어졌습니다. 그래서 6주가 벌어진 상황이었기 때문에 전혀 문제가 없었습니다. 오히려 〈실미도〉 관객이 좀 떨어질 때쯤 〈태극기 휘날리며〉의 가장 큰

수혜자가 〈실미도〉입니다.

전국의 스크린 수는 1천 2백 개가량. 〈태극기 휘날리며〉는 한때 520개 스크린에서 상영됐다. 절반에 가까운 수치다. 스크린 12개짜리 멀티플렉스에서는 〈태극기 휘날리며〉 필름이 5개 스크린에서 동시에 돌아가기도 했다. 〈사마리아〉로 베를린 국제영화제에서 감독상을 수상한 김기덕 감독은 어느 인터뷰에서 영화계 큰손들의 스크린 독식 현상을 비난했다. 영화이름을 구체적으로 거론하지는 않았지만 분명히 〈실미도〉와 〈태극기 휘날리며〉를 겨냥한 발언이었다.

황 : 김기덕 감독의 항변에 대해 어떻게 생각합니까.

강 : 〈반지의 제왕〉이 450개 스크린을 가져갔을 때는 아무 말 없다가 한국영화가 인기를 끄니까 그런 말을 하네요. 씁쓸합니다. 동양그룹 계열의 배급사인 쇼박스가 어떤 극장에 태극기를 휘날리라고 강력하게 요구했다면 문제가 되겠죠. 그러나 우리의 경우는 그 반대거든요.

전주의 한 멀티플렉스는 공정거래 위원회에 공정거래신고서를 접수했다. 전주에서 가장 큰 멀티플렉스에 필름 '태극기 휘날리며'를 주지 않고 다른 영화관에만 준 것을 부당하다는 내용이었다. 그 문제는 배급사에서 이의를 제기한 극장에 필름을 공하는 것으로 일단락됐다.

강 : 한 영화가 스크린을 독식하는 현상을 막기 위해 연구를 해볼 필요는 있겠지요. 선진국 사례도 조사해 봐야겠지만 신중히 다뤄야 할 사안입니다.

〈사마리아〉는 4억 8천만 원을 들여 만든 저예산 영화다. 15일 동안 11번 촬영해 완성했다.

(중략)

〈태극기 휘날리며〉에는 1950년대 종로의 시장거리가 무대로 등장한다. 진태와 진석의 어머니는 시장 한켠에서 영신과 함께 국수를 판다. 진태는 종로 거리의 구두닦이다. 시장 상인들의 삶이 생동감 있게 묘사된다. 장터는 강 감독이 어린시적을 보낸 원체험의 무대다. 강 감독의 아버지는 마산 부림시장에서 주물장사를 했다. 시장 사람들은 그를 '솥집 아들'이라고 불렀다.

강 : 나는 장돌뱅이예요. 아버지가 사업에 실패해 가세가 급격히 기울었어요. 공장을 하다 그만두고 장사를 시작했습니다. 아버지 어머니가 아침에 시장에 나갔다 저녁에 오시니까 나도 시장에 가서 놀던 기억밖에 없어요.

그는 마산 중학교에 다닐 때 전교 1등을 다툴 정도로 공부를 잘했다. 강 감독은 경남의 명문학교인 마산고가 평준화되기 직전인 1978년에 입학했다. 그러나 사춘기를 심하게 치르며 공부와 멀어졌다.

고등학교 1학년 때는 수업이 끝나면 아버지가 사준 니콘 F 카메라를 들고 경남 일대 농어촌을 누비고 다녔다. '돝섬'이라는 문학 서클에 들어가 시를 썼다. 대학입시 같은 것은 시시하게 보이고 인간이 뭘까, 우주는 뭘까 하는 거창한 문제를 끌어안고 고민했다.

강 : 내가 공부를 왜 하지? 공부를 해서 뭘 어쩌자고? 공부를 잘한다고 인간답게 살아지나? 그런 고민을 너무 세게 했어요. 그러니까 공부가 안 되죠. 공부는 안 하고 시 쓰고 사진 찍으러 다니고…….

그는 영화에서 상징을 잘 쓴다. 〈은행나무 침대〉의 은행나무, 〈쉬리〉의

토종물고기, 그리고 〈태극기 휘날리며〉의 군화와 만년필……. 고교 때 익힌 시의 함축성과 상징성이 시나리오에 반영되고 있는 걸까.

황 : 그 시절에 감명 깊게 읽은 문학 작품은 어떤 것이었습니까.

강 : 생텍쥐베리와 리처드 버크를 좋아했습니다.

황 : 시인 중에서는…

강 : 고은 시인의 시를 즐겨 읽었습니다.

황 : 지난달에 만난 이수호 민주노총 위원장도 고은 시인을 좋아한다고 했는데…

강: 고은 시인뿐만 아니라 박목월 시인도 좋아했고 대학 다닐 때는 황지우 시인의 시를 애송했어요.

그의 책상 뒤에는 캘러웨이 빅버사 골프채 일습이 있었다.

강 : 10년 전에 시작한 골픈데 지금까지 연습장에 딱 3번 갔어요. 타수는 헤아릴 수 없습니다. 나는 왼손잡이입니다. 4년된 채가 깨끗합니다. 하도 골프를 안 치니까 누가 '채를 사주면 치겠지'하고 사줬는데, 짬을 내기가 어려웠습니다. 골프장에는 몇 번 갔는데 골프보다 잔디 위의 대화를 더 즐깁니다.

황 : 술은 어느 정도 마십니까.

강 : 30대에는 참 많이 먹었어요. 3년 전에 병원에 갔더니 혈압이 높대요. 그래서 담배를 끊고 술을 줄였어요. 건강이 신경 쓰여서.

황 : 영화배우 하고 싶은 생각은 없었습니까.

강 : 한 번도 없어요. 일단 언굴 생긴 게 영화배우 되기는 틀렸죠. 어릴 때부터 수줍음을 많이 탔어요. 남들 앞에 잘 나서지도 못하고, 대학에서 실습작품 찍을 때 출연해 봤는데, 내 모습을 화면으로 보니까 영 이상해요. 나한테 배우는 안 맞아요. 내가 직접 제작하는 것, 매체를

통해 기획하는 것, 카메라를 통해 표현하는 것이 훨씬 재미있고 나하고 잘 맞는 것 같습니다.

그는 영화감독은 '노가다'(막일꾼) 중에서도 '상노가다'라고 말했다.

강 : 작품을 할 때는 개인적인 시간이 없어요. 새벽에 일어나려면 일찍 자야 하니까 책을 읽는 게 부담스럽지요. 좋아하는 음악도 못 들어요. 〈태극기 휘날리며〉 하느라 다른 걸 못했어요. 요가를 해보고 싶습니다. 그동안 못 읽었던 책도 좀 읽어야지요.

〈태극기 휘날리며〉는 시나리오 집필, 기획, 촬영에 3년이 걸렸다. 3년 동안 오로지 한 영화에만 매달렸다. 강제규 영화에서 관객 만족지수가 높게 나오는 비밀은 바로 오랫동안 한 영화에 푹 빠져 구상하고, 수정하고, 가공하는 과정에 있다.

— 〈신동아〉, "황호택 기자의 특별한 만남 '생각의 리더 10인', 영화계 '지존' 입증한 흥행감독 강제규 인터뷰", 2004년 4월호에서 발췌.

때로는 공격적으로 해야

정치 지도자 인터뷰로 일가를 이룬 이탈리아의 언론인 겸 작가 올리아나 팔라치(Oriana Fallaci, 1929~2006)는 논리와 지식으로 무장했을 뿐 아니라, 공격적인 질문을 서슴없이 던지는 용기로 이미지와 수사의 단단한 벽에 둘러싸인 거물급 지도자를 해부한 노련한 인터뷰어였다. 미국의 키신저 전 국방장관이 팔라치와의 인터뷰를 일생일대의 실수로 꼽은 것은 결코 우연이 아니다.

노련한 인터뷰어는 독자들이 알고자 하는 부분이 무엇인지 직감적으로 안다. 사람들은 성공하고 실패한 여러 사람들의 이야기를 접할 때 은연중에 자신과 공통점을 찾고자 하는 심리가 있다. 비범해 보이는 사람 속에서 평범한 면을 찾고, 평범한 사람 속에 숨에 있는 비범함을 발견하기 바란다. 기자가 인터뷰 상대의 인간적인 고뇌를 건드리지 않는다면, 독자들의 공감을 얻는 인터뷰를 하기란 불가능하다.

올리아나 팔라치는 숨은 이야기를 발굴해 내는 데 비상한 재주를 지닌 인터뷰어이다. 그는 공격적이고 핵심을 찌르는 질문을 종종 무기로 사용한다. 헤밍웨이의 미망인과 가진 다음 인터뷰에서도 팔라치는 번뜩이는 호기심으로 무장하고 있다.

올리아나 팔라치(이하 올) : 얼마나 이상한지요, 미스 메리. 헤밍웨이가 그토록 싫어해서 오래 정착하지 않으려고 했던 뉴욕에서 당신을 찾아낸다는 것이 말이에요.

메리 헤밍웨이(Mary Hemingway, 이하 헤) : 나도 뉴욕이 싫어요. 이 더럽고 시끄러운 도시. 그럼 난 왜 여기서 살고 있을까요? 글쎄… 출판업자들, 변호사들, 공증인들, 외톨이들. 아시겠지만, 어니스트와 함께 있어 본 적이 없는 곳에서 산다는 게 더 쉬운 일이에요. 그의 기억을 떠올릴 일들이 적으니까요. 여기는 진짜 나의 집은 아닙니다. 나의 진짜 집은 여전히 쿠바에 있는 그곳이에요. 비록 더 이상은 — 그렇게 사랑스러운 집이 — 나에게 속해 있지 않다고 해도 말입니다. 모라비아의 글을 읽어본 적이 있어요? 그의 글은 우리 집을 아주 잘 묘사했는데, 내가 이해할 수 없는 한 가지는 어니스트와 나를 2명의 앵글로 색슨계 미국인이라고 묘사한 점이었어요. 내 집… 이 그림의 앞이 부서진 계단을 봐요. 야생화가 갈라진 틈에서 자라고 있었기 때문에 어니스트는 그걸 절대로 고치려고 하지 않았어요. 이쪽은 내 침실이고 어니스트의 침실은 다른 쪽이에요. 하지만 그는 절대로 그쪽에서 안 자고 나와 함께 잤지요. 우리는 16년간 그 방을 같이 썼고 그는 '네가 어디 가든 항상 여기 있을 거야'라고 말하곤 했습니다.

(중략)

올 : 방해해서 미안하지만, '그가 거기서 자살했다'고 그냥 말했어요. 내가 알기론 당신이 헤밍웨이의 자살을 처음으로 인정한 건데요. 지금까지 그리고 모든 증거에 반해서 당신은 그의 죽음이 우연한 것이었다는 입장을 고수했었지요.

헤 : 아니오. 그는 스스로를 쐈습니다. 스스로를요. 그냥 그것일 뿐 다른 것은 없습니다. 오랫동안 나는 스스로에게조차 이를 인정하길 거부했지만, 그것은 엄연한 사실입니다. 난 내 무의식 속에서 무슨 일이 일어났는지 몰라요. 내 말은, 정신과 의사와 함께 논의한 적은 없지만, 일종의 자기방어와 연관되어 있다고 생각해요. 이건 마치 누군가 당신을 때렸을 때와 같은 건데, 당신은 본능적으로 근육을 수축해서 고통을 경감하려고 하거나 얼굴을 가리거나 팔로 몸을 감싸거나 하겠지요. 난 그렇게 날 보호한 겁니다. 그것이 사고였다고 가정하면서요. 내 신경을 점령했던 그 사실을 인정하면 뇌가 갈라지는 것 같은 아픔이 뒤따랐으니까요. 하지만 곧 계속해서 가장하고 그것이 사고였다고 믿는 건 바보 같은 짓이라는 걸 깨달았죠 — 절대적으로 바보 같은 짓이죠. 당신과 같은 많은 사람은 그의 죽음을 설명하면서 그가 죽음에

굴복하고 침대에서 죽을 사람이 아니었다고 말합니다. 난 그것에 어떻게 대답해야 할지 모르겠습니다. 그를 잃는다는 것은 어떤 어둡고 끝이 없는 터널에 내던져진 것이고 이제야 그곳에서 도망쳐 나오려고 노력하고 있어요. 언젠가 한 번은 어니스트의 누이가 '만약 어니스트가 그렇게 하는 것이 최선이었다고 생각했다면 그가 그렇게 하는 것이 맞았어'라고 말하더군요. 글쎄요, 나에게 그건 그런 것이라 말하긴 너무나 힘들군요. 너무나 절박하게 그가 그리워요. 하지만 아프고 불안정하고 불행한 모습의 그를 보는 걸 바라지 않기에 난 동의합니다. 왜? 단지 그를 내 곁에 두기 위해? 그건 얼마나 이기적이겠어요. 그래요. 만약 어니스트가 그렇게 하는 것이 맞다고 생각했다면 난 그걸 받아들여야만 해요. 그가 날 남기고 떠나서 내가 얼마나 외로운지 생각하지 말고, 또 내가 그를 막을 수 없었던 것에 대해 후회하며 울지 말고 말입니다. 그는 아프고 절실했고 우리는 아프고 절박한 이가 한 행동의 옳고 그름을 판단할 수는 없을 겁니다. 그의 상황에서는 아마 나라도 갈등과 슬픔을 무시하려고 했을 것이고 그를 혼자 남긴다는 생각을 무시하려 했을 겁니다. 그러니까 내가 혼자 남겨진다는 것보다 더 나쁜 종류의 외로움이 세상에는 있다는 것이죠. 그리고 작가들은 외로운 사람들이에요. 그들이 사랑하고 사랑받을 때조차 그렇지요.

올 : 미스 메리, 그가 아팠다고 했죠. 무슨 병이었나요?

헤 : 1961년 겨울에 그가 마요 클리닉에 갔을 때 혈압이 아주 높았어요. 하지만 그의 진짜 문제는 심각한, 너무나 심각한 정신쇠약이었어요. 그는 너무나 우울해 했습니다. 그가 아주 우울하기 시작할 때면 심지어 말을 걸 수도 없었어요. 하지만 그가 자살을 생각했다고 말할 수는 없어요. 3개월 전에 내 생일에 써준 글을 봤지요? 그것이 자살을 생각하고 있는 사람의 글로 보이던가요? 물론 그가 아플 때의 몇 가지 에피소드를 기억합니다. 마지막 날들에 몇 가지 징후가 있었어요. 하지만 그

것들에 대해 사람들이 이야기해선 안 된다고 생각하기 때문에 말하지 않겠습니다. 작가는 대중에 속해 있지 않고 그의 작품이 대중에 속해 있을 뿐이죠. 프리마돈나나 여배우와는 다르게, 그가 사생활 보장을 원할 때 그걸 가질 권리가 있습니다. 그리고 어니스트는 그러길 원했고요. 그는 모든 이들이 어떤 사적인 것에 대한 권리를 가진다고 말하곤 했어요.

(중략)

올 : 마찬가지로, 미스 메리, 하나 물어봐야 하는 것이 있습니다. 그의 마지막 몇 년의 여러 가지 측면이 계속 화젯거리가 되고 있습니다. 혹은 적어도 그의 마지막 몇 달간에 대해서 말입니다. 헤밍웨이는 더 이상 글을 쓸 수 없다는 것을 스스로 알고 괴로워했다는데, 그것이 자살한 이유인가요? 그게 사실인가요?

헤 : 아니오, 그건 사실이 아닙니다. 그건 총체적으로 비합리적인 거짓말이에요. 어니스트는 1961년 6월 2일에 자살했어요. 최소한, 정말 최소한 1961년 봄까지는 일을 했습니다. 난 심지어 그가 1961년 3월까지 머물러 있던 마요 클리닉에서도 글 쓰는 일을 계속했다는 것을 확실히 말씀드릴 수 있습니다. 《파리는 날마다 축제》(*A Movable Feast*)와 관련해서 일하고 있었으니까요. 당시 그는 《위험한 여름》(*Dangerous Summer*)을 집필하고 있었습니다. 그는 하루에 약 1,550 단어를 썼어요. 엄청난 양이죠. 그가 더 이상 글을 쓰지 못하게 되었다고 말하는 건 바보 같은 말이에요. 그가 바로 마지막까지, 심지어 마요 클리닉을 떠난 후 케첨에서도 글을 썼던 겁니다. 케첨에서 그는 줄곧 그래왔듯이 매일 아침 6시에 일어났고 오후 늦게 햇빛이 잦아들 때까지 글을 썼어요. 그건 그의 일하는 방식이고 그가 밤에 글을 쓰는 것을 한 번도 본 적이 없어요. 가끔 그는 새벽에 일어났습니다. 그런

아침에 난 물을 마시려고 6시쯤 일어났고 그는 이미 일어나 있었던 걸 기억해요. 그는 항상 일찍 잠자리에 들고 일찍 일어날 수 있었죠. 그리고 그가 벌써 일어났다는 것에 놀라면서 곧 다시 자러 돌아가곤 했죠. 난 주로 7시쯤에, 그보다 늦게 일어났지요. 그래요. 그 총성이 날 깨웠어요. 네, 내가 그를 찾았을 때 그는 벌써 죽어 있었어요. 정말 죽어 있었던 겁니다. 우리가 무슨 이야기를 하고 있었죠?

올 : 원고에 대해서요, 미스 메리. 헤밍웨이가 남기고 당신이 출판하려고 하는 그 책들에 대해 엄청난 호기심이 있어요.

헤 : 그는 40파운드의 원고를 남겼습니다. 어니스트는 그의 인생에 대한 글을 많이 썼지만 출판에 대해서는 절대로 서두르지 않았습니다. 그가 소설이나 이야기를 끝낼 때면 그는 그걸 하바나에 있는 은행의 안전한 금고에 보관하고 어떤 때는 몇 년이나 거기에 그냥 놔뒀습니다. 가끔 그는 그가 여태까지 썼던 모든 것을 절대적으로 출판하는 것을 열망하고 있지는 않다고 말했고, 그의 출판업자들은 허무해 하면서 구걸하다시피 했죠. 왜 그가 그들의 말을 들어야 하지요? 그는 그가 좋아하는 방식으로 살 충분한 돈을 가지고 있었습니다. 그것은 필요에 의해서가 아니라 사랑에 대한 글을 쓰고, 낚시를 가고, 걷고, 사냥하고, 여행을 하는 겁니다. 날 믿어요. 그의 그러한 삶의 방식 때문에 나는 그의 유언 집행인이 되어 그것을 출판할지 말지 결정하는 일을 짐스러워 하는 것이랍니다. 그가 유언장을 썼던 1955년 난 언젠가 가지게 될 책임감을 상상하지 않았어요. 사실 지금까지 출판한 책은 단 한 권에 불과해요. 《파리는 날마다 축제》 말입니다. 출판을 결정한 것은 어니스트가 적절하고도 빠르게 그 작품을 출판하기를 바란다는 것을 알고 있었고 저명한 비평가인 말콤 모울리가 제안하길, 내가 너무 오래 기다려서는 안 된다고 했기 때문입니다. 2편 정도의 다른 소설이 남아 있어요. 《위험한 여름》과 카리브에서 지은 것 말입니다.

그리고 단편들이 많이 있어요. 아마 다음번에는 지중해에서 집필한 작품들이 출판된 것으로 확신합니다.

(중략)

올 : 헤밍웨이와 피델 카스트로는 서로 알고 있었나요?

헤 : 어니스트가 낚시대회에서 딱 한 번 카스트로와 만난 적이 있어요. 피델은 그날 낚시대회에서 이겼죠. 가장 큰 물고기를 잡았어요. 그리고 그 상을 수여한 사람은 어니스트였기 때문에 피델을 만났다고 할 수 있죠. 하지만 그들은 함께 많은 말을 하진 않았어요. 한 8분에서 10분 정도 이야기했을까요. 난 스페인어를 어느 정도 알고 있었음에도 그들의 말을 전혀 이해하지 못했기 때문에 정확히 무슨 말이 오갔는지는 말씀드릴 수가 없군요. 정치적인 연설을 하고 있을 때가 아니면 피델의 목소리는 부드럽고 낮았고 어니스트의 목소리 역시 너무 부드럽고 낮은 편이었지요. 하지만 그들이 낚시에 대해 줄곧 이야기했던 것을 기억합니다. 낚싯대와 후크, 이것저것을 잡기에 최고로 좋은 날씨…. 난 피델이 자신이 대단한 낚시꾼이 아니었다는 언급을 했던 것을 기억합니다. 그는 이번에 그저 운이 좋았다는 거지요. 그 다음에 그들은 한 번도 다시 만나지 않았지만 서로 좋아했고 우호적인 감정을 갖고 있었다는 정도는 압니다. 피델은 그가 《누구를 위해 종을 울리나》의 스페인어 번역판으로부터 게릴라 전술을 배웠다는 말을 한 적이 있지요. 그리고 어니스트가 '쿠바혁명은 역사적 필요'였다고 쓴 그림엽서를 발견한 적이 있어요. 그 혁명은 쿠바에서의 우리 삶을 바꾸지는 않았어요.

올 : 그다지 유쾌하게 들리지는 않겠지만 이 이야기를 해야겠군요. 몇 년 전에 유럽에는 루머가 돌았는데, 《노인과 바다》의 모험이야기가 한

어부가 실제로 경험한 것이고 그는 헤밍웨이와 보트를 교환하기로 하고 이 이야기를 했다는 겁니다. 하지만 루머에 따르면 헤밍웨이는 그 남자에게서 보트를 사진 않았다던데요.

헤 : 맞아요. 알고 있습니다. 하지만 당신은 정말로 어니스트가 이야기를 보트와 바꾸는 것 따위에 시간을 보냈다고 생각하는 건가요? 어니스트와 나는 비슷한 얘기를 항상 들었습니다. 쿠바에는 거대한 사이즈의 물고기와 싸워 본 자신만의 개인적 이야기를 가지고 있지 않은 어부가 없습니다. 그리고 책이 나왔을 때 그들 각자는 이것이 자신의 이야기가 재현된 것이라고 믿었죠. 얼마 전에 마이애미 이민당국으로부터 전화가 왔습니다. "안젤모라고 불리는 사람을 알아요?" 그들이 물었죠. "네, 안젤모를 압니다. 96세의 노인이고 좋은 사람이죠"라고 대답했습니다. "글쎄요. 그가 쿠바를 떠났습니다. 그리고 미국 입국을 원하는데 그가 그 책의 노인이라고 모두에게 말하고 있습니다." "만약 그렇게 믿는 게 그를 행복하게 만든다면 그를 실망시키지 마세요"라고 난 말했죠. 하지만 당신이 언급한 그 루머는 그다지 동기가 순수하지 않아요. 그의 이름은 기억나지 않지만 10달러 정도를 주고 하바나 신문에 뉴스거리를 주던 사람이 있다는 사실을 알고 있습니다. 사람들이 그 소식에 대해 듣자 다른 어부들이 우리 집에 그를 데려와서 테이프 녹음기 앞에서 그가 하는 말을 녹음하게 했습니다. 난 여전히 그 테이프를 가지고 있어요. "어서 해봐." 그들이 말했습니다. "만약 그게 당신의 이야기라면 다시 그걸 말해 보란 말이오. 우린 당신이 파파(Papa, 헤밍웨이의 별칭)에게 그 이야기를 언제, 그리고 어디서 어떻게 했는지도 듣고 싶소." 그리고 그는 꾸며낸 것임을 인정했습니다.

(중략)

올 : 어니스트에 관한 이야기를 할까요? 그는 여성을 어떻게 바라보았죠? 그는 여성들을 어떻게 좋아하고 그들과 어떻게 행동했었나요?

헤 : 어니스트는 진짜 남자였고 여성에 관해 그가 우선 바라본 건 아름다운 얼굴과 미끈한 다리와 동그란 가슴이었지요. 내 말은, 그것들이 그에게 기쁨을 줄 수 있었다는 겁니다. 난 어니스트가 여성의 평등과, 여성의 평등을 말하는 여성에게 단 1초라도 그의 관심을 내주었다고 믿지 않아요. 하지만 그는 동시에 까다로웠어요. 여성의 육체적 아름다움을 좋아했지만, 그런 것들은 그를 기쁘게 만들기 힘들었지요. 육체적 미인은 그에게 충분하지 않았던 겁니다. 그가 좋아하는 여성상에 대해 질문 받았을 때 그는 여성은 개성과 힘, 용기, 상식, 재치, 지혜, 그리고 대화를 할 수 있는 능력을 가져야 한다고 말했습니다. 다른 말로 하자면, 그는 아름다운 여성을 좋아했지만 그들은 그들이 뇌가 없거나 그가 말하는 것을 알아듣지 못했을 경우 더 이상 그의 관심을 지속시킬 수 없는 대상이었던 겁니다. 하루는 파리에서, 오, 그녀는 정말로 환상적으로 아름다운 소녀였지요. 어니스트는 같이 점심을 먹으러 나가자고 그녀에게 말한 다음 아주 흥분을 하고 있기에 난 말했죠. "혼자 가지 그래요? 당신은 혼자서 더 많이 즐길 수 있는 사람인데." 그는 혼자 나가고 점심식사 후에 돌아왔어요. 난 편지를 쓰고 있던 중이었습니다. 난 올려다보면서 중얼거렸죠. "난 당신이 멋진 시간을 보냈길 바라요, 파파(Papa)." 그는 대답했습니다. "그런 멍청이랑 같이 무슨 즐거움이 가능하겠어?"

올 : 질투하지는 않았나요?

헤 : 굉장히 드물었죠. 거의 안 했어요. 그런 남자에게 질투심을 가져본들 무슨 소용이 있겠습니까? 게다가 재능 있고 유명했던 그는 아주 매력적이고도 잘생겼지요. 어니스트와 함께 있으면 기껏해야 스스로에게 이런 말은 할 수 있겠지요. "세상에, 난 그가 저 소녀들을 쳐다볼 때

너무 행복하거나 흥분하지 않기를 바라야겠어.” 질투심은 남자들과 있을 때 시간 낭비입니다. 만약 남자가 자유롭다고 느끼지 않으면 그는 스스로 자유로워지기 위해 노력할 겁니다. 아시다시피, 어니스트는 질투심이 무엇을 의미하는지 몰랐어요. 그는 질투심이라는 것을 사람들이 그들의 아내에게 상투적으로 던지는 말 정도로 여겼습니다. 아마도 그가 그다지 위험하지 않다는 것을 알았기 때문에 난 그에게 그렇게 헌신했었나 봅니다. 그리고 달리 어찌할 수 있었겠어요? 난 모든 점에서 모든 것을 가지고 있었어요. 그는 남편다운 남편이었고 아주 남자다웠고, 헤밍웨이는 그런 남자였습니다. 물론 우린 가끔 다퉜지요. 우린 사소하고 우스운 것에 대한 단순한 논의에서 시작해서 소리 지르고 기분이 상한 채로 싸움을 끝낸 적도 있었지요. 하지만 30분 이상은 절대 지속되지 않았어요. 절대로, 그 30분 동안은 그는 날 미스 메리가 아닌 메리라고 불렀고, 난 파파(Papa)가 아니라 그를 어니스트라고 불렀어요. 이것뿐이에요. 난 그를 파파라고 불렀었는데 그는 누구라도 자신을 어니스트라고 부르는 것을 싫어했거든요. 그는 그걸 부르주아 식의 바보 같은, 인상적이거나 상상력이라곤 찾을 수 없는 이름으로 여겼습니다. 난 당신이 내 말을 이해하는지 모르겠군요. 영어로 어니스트는 다소간 '열심인, 충실한'이라는 단어로 발음이 되고 그게 의미하는 것은 착실하고 양심적이고 열성적이라는 걸 의미합니다. 그가 좋아하는 사람들에게 절대로 적용하지 않을 특성들이지요. 나도 마찬가지구요. 열심인 사람이라는 말은 엄격하고 굉장히 정확하고 완곡하게 말하는 사람으로 들려요. 당신은 그가 경건하고 절대로 욕을 안 할 사람으로 가정하고 있겠지요. 하지만 그가 죽었으니까 난 그를 어니스트라고 부릅니다. 그를 파파라고 부를 순 없어요.

(중략)

올: 당신은 외롭지 않나요?

헤: 전적으로 외로워요. 내 남편의 아들들은 전 세계에 흩어져 있어요. 하나는 아프리카, 하나는 마이애미, 하나는 샌프란시스코, 하지만 나는 아이가 없지요. 어니스트의 축소판을 세상에 데려다 놓지 못했던 것이 얼마나 슬픈지. 난 아이를 갖길 정말 원했어요. 그리고 그도 그랬고요. 1946년, 우리가 결혼한 지 1년 후에 임신을 하게 됐지요. 어니스트는 아주 행복했고 그는 여자아이이길 바랐지요. 그는 항상 딸을 원했어요. 하지만 아이는 결코 태어나지 않았고 와이오밍 여행에서 유산을 했습니다. 그건 어니스트의 죽음을 제외하고는 내 인생에서 최대의 손실입니다. 그래요. 난 혼자입니다. 검사와 출판업자와 변호사와 함께 혼자이고, 어니스트의 책에 대한 책임감을 가진 채 혼자이며, 내 외로움과 함께 혼자입니다. 내 삶을 채우기 위해 나도 글을 쓰기 시작했습니다. 자서전 같은 것인데 미네소타 북쪽에서 태어난 여성에 관한 이야기지요. 한 소녀가 신문사 일을 선택하여 시카고로 가고 그리고 나서 〈데일리 익스프레스〉(Daily Express) 지에서 일하기 위해 런던으로 간 다음 파리로 그리고 또다시 런던으로 가지요. 거기서 그녀는 어니스트 헤밍웨이를 만나고 그와 결혼합니다. 그녀는 쿠바에서 그와 함께 정착합니다. 난 연대기에 대해선 걱정하지 않고 쓰고 있으며, 우리의 아프리카 사파리에 관해서 지금까지 4만 개의 단어를 썼습니다. 다음 일은 어니스트가 스페인으로 돌아오는 부분이 될 겁니다.

올: 재혼에 대해 생각해 본 적이 있어요?

헤: 내가 다시 결혼할 거라 생각하지 않아요. 우선 내가 어디서 어니스트 같은 남자를 찾을 수 있겠어요? 누군가와 함께 하는 삶이란 끝없는 비교일 뿐입니다. 게다가 대부분의 시간을 전남편의 글을 정리하고 그의 책들을 출판하고 그에 대해서 글을 쓰는, 그를 끊임없이 떠올리는

아내를 가지길 원하겠어요? 특이한 운명이지만 울지는 않을 겁니다. 난 울지 않아요. 내가 유일하게 울었던 그 첫 아침, 내가 그의 주검을 발견했던 그때 난 견딜 수 없었고 그리고… 그리고 그걸로 끝입니다. 눈물은 단지 스스로에 대한 동정이고 그건 시간낭비이지요.

올 : 헤밍웨이의 표현대로 견고한 미스 메리로군요.
헤 : 그가 어떤 의미로 견고하다는 표현을 썼는지 아세요?

올 : 네. 내 생각엔 저항력 있고 지속적이고…
헤 : 그건 스스로가 지속되기를 바라기 때문에 어떤 것이 지속되는 걸 의미해요. 그것이 지속되기 위해서 지어진 것이 아니라는 겁니다. 바람에 노출된 한 조각의 철과 비, 태양은 견고하지 못해요. 왜냐하면 그건 그렇게 되기 위한 노력이 필요 없기 때문이지요. 하지만 거미줄은 견고합니다. 그건 깨질 것만 같지만 가장 강력한 폭풍과 바람과 비를 견뎌내지요. 쿠바에 있는 집의 정원에는 거미줄들이 많이 있었는데 폭풍이 올 때마다 날아갈 거라고들 생각합니다. 열대 폭풍은 그 위력에 있어서 무자비하게 나무와 길, 집들을 파괴해버리죠. 그래도 거미줄은 견고합니다.

— 올리아나 팔라치, 〈에고이스트〉, "메리 헤밍웨이와의 인터뷰" 중에서 발췌.

사려 깊게 들을 줄도 알아야 한다

그러나 무턱대고 민감한 면을 건드리기만 한다고 좋은 인터뷰어가 되는 것은 아니다. 공격적인 질문을 하는 것보다 중요한 것은 그에 대한 좋은 답을 얻어내는 일이다. 때로는 답을 기다리며 성실하게 듣는 자세도 중요하다. 특히 상대방이 달변인 경우, 논리가 정연한 경우, 핵심이 비교적 명확한 경우에는 대화의 흐름을 깨지 않고 일단 듣는 자세가 바람직하다.

오효진(이하 오) : 장관님, 활동을 그만두신다니 웬 말씀이십니까?
이어령(이하 이) : 아, 그거요?

(그가 아무렇지도 않게 받는 걸로 봐서 호칭이 무난하다 싶었다. 이 전(前) 장관은 "앞으로 일체의 강의도 않겠다. 여기저기 칼럼을 쓰지 않겠다. 방송출연도, 인터뷰도 않겠다"고 선언하고 있었다. 그러니까 이 인터뷰는 그가 이제까지 해온 공적 문화활동에 대한 대단원의 막을 내리는 마무리인 셈이다. 그걸 생각하니 또 두렵다. 역시 그는 청산유수였다.)

이 : 나는 경계에서 사는 사람입니다. 지금까지 이 지역과 다른 지역의 경계 안에서 사는 사람의 역할을 해왔는데, 가장 큰 경계가 20세기 농업사회에서 산업사회로 넘어오는 경계였지요. 또 지금 내가 산업사회에서 정보사회로 넘어가는 경계에 살고 있어요. 그런 경계선에서, 남이 보면 이것저것 한 것 같지만 문화와 문명에 관계되는 글을 쓰고 활동을 해온 겁니다.

오 : 그런데요?
이 : 제 역할은 이런 경계의 긴장 속에서 살아온 것인데, 이제 그 역할이 끝난 거죠.

오 : 아니 끝나다니요?
이 : 지금 20세기에서 21세기로 넘어가고, 산업사회에서 정보사회로 넘

어가고 있는데, 연령도 연령이지만, 지금은 내 시대가 아니라고 생각해요. 나는 경계가 있어야 역할이 있는데 지금 경계가 다 사라졌으니 역할이 없어진 거죠. 거창하게 말하면 문명사의 흐름이나 내 개인의 호기심이나 다 없어졌어요.

오 : 역할이 끝났다고 생각한 계기가 있으시겠죠?

이 : 새천년준비위원회 위원장을 하면서 그런걸 많이 느꼈어요. 2002년 월드컵 조직위원회에서도 내가 무전(武典) 문화 및 관광위원장을 맡고 있었는데, 개회식·폐회식도 다 내가 구상하고 있었거든요. 상암경기장 만들 때도 다 내가 관여했어요. 그때 기본개념이 젠더 프리(*Gender Free*), 배리어 프리(*Barrier Free*) 였어요. 21세기 월드컵이니 만치 새 콘셉트로 지어야 한다는 생각을 가지고 남이 하지 않은 여러 가지 아이디어를 낸 거죠.

화장실 쓰는 시간을 보면 여자가 남자보다 4~5배나 깁니다. 그런데 화장실 숫자를 똑같이 고정해 놓으면, 남자 화장실은 한가한데 여자들은 화장실 앞에 길게 줄을 서 있거든요. 그래서 상암경기장엔 젠더 프리 개념을 도입하도록 했죠. 화장실의 표기를 전자식으로 해서, 여자가 몰리면 그걸 여자 화장실로 바꾸고, 또 반대로 남자가 몰리면 남자 화장실로 바꾸도록 한 거죠. 성(性)의 벽을 없앤 것이죠.

오 : 배리어 프리라고 하셨는데 스포츠 경기장에서 장애인과 비장애인의 벽을 어떻게 허뭅니까?

이 : 이것도 내가 세계 최초로 아이디어를 내가지고, 경기장 양쪽에 전광판을 달아서 이퀄라이저의 막대기 여러 개가 경기장의 소음에 따라 한꺼번에 올라갔다 내려갔다 하도록 한 겁니다.

예를 들면 골이 들어가거나 멋진 플레이를 해서 사람들이 박수를 치면 이 막대기들이 막 올라갑니다. 반대로 프리킥을 할 때면 사람들이 조용히 숨을 죽이고 있잖아요. 그러면 막대기들이 다 내려와 있는 겁니다. 이렇게 되면 청각장애인이라고 하더라도 비장애인처럼 소리를 느끼면서 경기를 볼 수 있는 거죠.

오 : 이런 아이디어는 장관께서 제공해서 다 채택이 됐습니까?

이 : 그럼요. 다 채택되어 그대로 하고 있잖아요.

오 : 이런 게 채택돼서 시공 중에 있다면 장관님은 지금 역할을 아주 멋지게 수행하고 계신 것 아닙니까?

이 : 나는 경기장 천장의 끝부분에 고리를 만들어서 개막식이나 폐막식 때 거기서 광(光)섬유를 내리기도 하고 올리기도 하면서 그 끝에 천을 달아서 상징적인 퍼포먼스를 하려고 했던 겁니다.

오 : (나는 88올림픽 개막식 때의 어린이와 굴렁쇠가 생각나서 이렇게 물었다.) 이번엔 또 뭘 하려고 하셨습니까?

이 : 실크(비단) 로드, 사커(축구) 로드, 피스(평화) 로드, 이 3가지에 대한 상징적인 퍼포먼스를 하려고 했지요. 동서가 처음 실크로드를 통해 만난 거 아닙니까? 지금은 또 축구를 통해서 동서가 만나지 않습니까? 이 담엔 또 평화로 이어질 것 아닙니까? 이렇게 과거, 현재, 미래 3가지 개념을 세운 겁니다.

오 : 그랬는데요?

이 : 일을 하다 보니까 이게 안 돼요. 그래서 내가 월드컵도 다 그만두고 관여하지 않고 있어요. 또 대학에 관한 일도 다 그만두려고 합니다. 앞으로는 개인적으로 내가 해온 일들을 정리하려고 하는 겁니다.

(설명이 좀 미진했다고 생각했는지 그는 보충해서 예를 들었다.)

이 : 가을에 나뭇잎이 떨어져야 하는데 안 떨어지는 나뭇잎이 있어요. 치근치근하게 붙어서 비를 막 맞고도 떨어지지 않는 그런 낙엽이 되고 싶지 않아요. 시대가 나를 원하고 사람들이 나를 원할 때 내가 일을 하는 것이지…. 그래서 상당히 유감스럽지만 한계를 느끼고 이런 생각을 하는 겁니다.

오 : 그래도 좀 섭섭하시잖아요?
이 : 그런 걸 내가 다 받아들여야죠. 반드시 내가 옳은 것도 아니고.

(우리는 지식의 바다 속으로 빨려 들어간다.)

이 : 피카소가 죽었을 때 내가 마침 파리에 있었어요. 피카소가 개인전을 정력적으로 준비하다가 죽었는데, 그때 〈파리 마치〉(*Paris Match*) 에 실린 사망기사의 제목이 인상적이어서 지금까지 기억에 남아 있어요. "그가 화필을 들고 있으면 마치 총검을 들고 있는 사람처럼 연령도 죽음도 그 안으로 들어오지 못했다. 죽음도 그의 화필 바깥에서 얼씬거리고 돌아다녔다. 그는 명예를 가지고 있었고, 천재였고, 많은 여자도 있었고, 일할 수 있는 에너지도 있었지만, 신은 역시 공평하다는 걸 증명했다…."
(잠시 뒤 그는 말을 이었다.)
내가 피카소하고 견준다는 건 말도 안 되는 소리지만… 은퇴라는 것은 인간이 할 수 있는 가장 높은 경지의 행위지요. 밀려나서 쫓겨나는 게 아니고… 우리가 작은 만년필 하나도 버리지 못하고 죽는 거요. 그러니 항상 죽음 앞에 지는 거지요. 차라리 죽기 전에 좀더 높은 위치에서 정리해야 하는 게 아니냐, 네가 지금 떠들고 있는 재주가 별 게 아니다, 다 버리자, 이런 생각을 하는 겁니다.

오 : 정말 그렇게 정리하고 싶으세요?

이 : 나는 지금까지는 그렇게 살고 싶지 않았지요. 내가 지금까지 안 해본 게 없어요. 창조에 대한 열정이 아직도 대단합니다. 내가 제일 싫어하는 말이 강연 끝나고 나면 사람들이 몰려와서 '참 많이 생각케 하는 말씀을 하셨습니다', '그 통찰력 한번 대단하십니다' 이렇게 말하지 않고 '아이구, 근력이 대단하십니다', '힘도 참 좋습니다'하는 말이오. 그런 때 나는 참 절망을 느껴요. 내 힘은 근력에서 나오는 게 아니라 창조력, 통찰력 이런 데서 나오는 거요. 나는 앓다가도 기가 막힌 아이디어가 떠올라서 강의를 하게 되면 막 펄펄 나는 거요. 그렇게 살아왔는데 마지막 도전하는 게 바로 이거요. 버리고 가는 것.

오 : 이젠 아무것도 안 하시는 겁니까?

이 : 내가 해야 할 일이 있어요. 내가 아니면 안 되는 일이 있습니다. 이 세상에 남아 있는 고전 중의 고전으로, 언어의 영원한 지적(知的) 창조적 소산물들 — 이상(李箱)의 날개, 춘향전, 심청전 이런 명작들을 내 입장에서 해설하고 비평하는 책을 쓰는 겁니다. 한 작품에 책 한 권씩. 그걸 출판사와 계약했어요.

— 오효진, 《오효진의 인간탐험》, "이어령 인터뷰, 가을이 와도 떨어지지 않는 나뭇잎이 되고 싶지는 않다" 중 발췌.

때로는 대화하듯 해야

상대방의 말을 잘 듣는 분위기를 유지하다보면, 인터뷰의 긴장이 떨어지기 쉽다. 원로와의 대담류 기사가 인터뷰 기사보다 읽는 재미가 떨어지는 이유는 질문과 답이 밀고 당기는 긴장감이 덜하기 때문이다. 상대방과 반대의 입장에 서지 않고, 서로를 잘 이해하는 동시대의 대화자로서 이야기를 끌어가는 것도 장점은 있다. 무엇보다 대화의 상대방이 긴장을 푼다는 것이다.

선우휘 : 저는 이 달라져야 마땅할 직업관이나 기업관을 누군가가 국민들에게 계몽해야 하지 않을까 생각해요. 우리 사람들이 일반적으로 간단히 해치우려는 성격이 있거든요. 경영자 · 기업인 하면 돈만 가지고 홍청망청 노는 사람. 이렇게 간단히 정의해버려요. 제가 얼핏 생각해도 사람이 돈을 가질 만큼 가지면 돈벌이에만 만족하고 있을 수는 절대로 없다고 봅니다. 사람이 언제까지 그런 저차원의 욕망에만 머물러 있을 수 있겠습니까? 그런데 일반적으로는 그렇게 오해를 하고 있는 사람이 많다는 데 문제가 있는 것 같습니다. 이 회장님께서 아까 돈 벌려고 사업한 건 아니다. 그런 말씀을 하셨는데 돈의 철학이라 할까요, 여기에 대해서 좀….

이병철 : 해방 전, 1938년 그때 대구에서 사업을 하면서 사업이 목적이냐, 돈이 목적이냐, 노는 게 목적이냐… 이 3가지를 다 했제. 돈도 벌고 사업도 하고 놀기도 하고, 그때는 다 비슷했제, 아마. 그중에서도 제일 가는 게 뭐이냐. 첫째는 노는 거다. 둘째는 돈 버는 재미다. 셋째는 이익이 나야 돈을 벌 수 있으니 그때는 셋이 비슷했제.

해방 뒤에 또 돈이 뭐이냐, 스스로 물어보니, 역시 사업은 흥미가 없으면 안 된다는 생각은 그대로고 국가가 새로 나타났지. 나라도 독립하고 했으니 돈을 벌어 자본을 늘리고 나라를 위해 유익한 일을 할 수 있지 않겠느냐. 그래서 인생관이, 사업관이, 돈에 대한 관념이 조금 바뀌었제. 암만, 그러나 6 · 25가 나더니… 국가관이 더 강해졌지. 나라가 없어지면 사업도 없다. 무엇을 하든지 나라에 보탬이 되도록 해야겠다. 이런 뜻을 가지고 스물 몇 가지 사업을 출발시키게 되었지요. 1966년 그때는 나라가 자원이 없고 아직 부흥이 안 돼서 재정상태가 나빴제. 그런데 내 개인으로 돈이 너무 많다, 그런 생각이 자주 들었십니다.
시골을 가더라도 내 이름, 애들 이름에도 내 이름. 돈 못 가진 사람들은 원망도 나오지. 돈이 많다, 누가 많으냐, 이 아무개가 돈이 제일 많다, 뭘 해서 돈을 벌었나. 하… 계속해서 예사로 안 여겨지더라고. 그래 내가 생각했지요. 내가 일평생 쓰고 남는 것은 내 재산이 아닌데 내가 이거 국가 재산 가지고 너무 부담을 많이 지고 있다, 돈에 대한 느낌이 그렇게 들었십니다. 그때 내 총재산이 모아보니까 전부 180억 원이었는데 3개로 따갰어(쪼갰어). 우에 따갰느냐… 3분의 1은 문화재단, 3분의 1은 내가 가지고, 3분의 1은 유공자, 종업원을 위한 후생단체, 그리고 애들. 내가… 내가 가진 것 중에서도 애들한테 주고. 온 세상 사람들은 거짓말이라고 생각하고 있어, 허허. 돈을 내주었다고 하면 왜 그 돈을 갖다가, 180억을 어떻게 흩었나, 그게 다 거짓말이라 이거지. 안 믿어, 전부가. 그때 180억이면 지금 1조 이상 됐을끼라. 그때 은행을 3개나 갖고 있었으니께. 지금 십만 원씩 하는 땅이 백 원 할 때니까. 안 믿어, 안 믿어, 세상 사람들이. 괜히 줄 리가 만무하다는 거지. 그러나 시간이 흐르니까 돈 많이 가졌다는 말이 줄어들더구먼. 지금도 돈에 대한 얘기를 하면 재산이 분산이 많이 됐십니다. 삼성 계열에 내가 가진 재산, 극히 얼마 안 됩니다.

선우휘 : 돈이란 것도 개인이 쓰는 데는 한계가 있는 것 아니겠습니까? 그런데 돈을 많이 가진 것을 부담스럽게 생각하시는 것, 그거 참 힘듭니다. 사실 그게 옳은 생각인데도 대부분의 사람은 많이 가질수록 좋아합니다. 자고로 돈 가진 사람과 안 가진 사람이 맞서면 가진 입장이 불리한 경우가 많지요. 일본 속담인 줄 알고 있는데, 부자는 싸움을 안 한다

는 말이 있지요. 신문을 만들다 보면, 가령 돈 가진 자와 안 가진 자 사이에서 무슨 사건이 났다고 하면 기자의 생각이 어디로 가느냐 하면 가진 자가 나쁜 걸로 됩니다. 아주 그런 선입감이 들어 있는 겁니다. 과연 그런가, 생각해 본다면 참 어려운 문제거든요. 그래서 부를 부담스럽게 느낀다고 하신 것은 불교적으로 말하면 각(覺)과 통하는 게 아닐까요.

이병철 : 요즈음 소득세 랭킹에서 내가 조금 떨어졌지요. 20위, 30위…. 돈이 줄었으니까 당연하지. 그런데 왜 세금을 낼 걸 안내고, 1~2위 안 갖고 있느냐, 또 이럽니다. 그러니 이야기가 어렵제. 실지하고 세상 여론하고 부합이 안 돼. 그걸 내가 느꼈어.

선우휘 : 제가 많은 사람들을 만나서 이야기를 들어보면, 이런 게 있는 것 같습니다. '뭐니뭐니 해도 역시 삼성이란 데는 틀림없는 기업이다.' 국가나 개인이나 그런 신뢰를 받는다는 것은 대단한 일 아닙니까? 그동안 노심초사하시면서… 어떻습니까. 국가이익과 기업이익이 상치되는 것을 느끼신 적이 있는지요. 저는 반드시 국가이익이 우선해야 하고 가치가 있다고는 생각지 않습니다만….

이병철 : 케이스에 따라서 다르겠지요. 정부정책 방침이 반드시 국가를 위해 좋은 것만은 아니라고 저는 봅니다. 똑같은 조건이라면 물론 국가방침을 따라야겠지요. 제가 회의 때 강조하는 게 있십니다. 삼성이 중요하냐, 국가가 중요하냐? 국가가 중요하다. 국가가 부흥하면 삼성 같은 건 망해도 또 생길 수 있다. 그러나 국가가 망하면 삼성은 영원히 없어진다. 그러니 국가가 우선 아니냐. 그건 투철하게 생각합니다. 예를 들면 반도체 산업 같은 것을 적극 육성하도록 정부가 외국처럼 원조는 못 해줄망정 설비기재 들여오는 데 세금을 많이 매겨서야 되겠느냐, 이럴 때는 회사이익이 우선입니다. 회사가 잘되면 국가도 부흥하는 거니까….

선우휘 : 저는 삼성이 희생되어야 국가가 잘된다고는 생각하지 않습니다.

이병철 : 국가를 위해서는 삼성이 있는 게 좋지.

선우휘 : 삼성이 GNP 몇 %나 차지합니까?

이병철 : 8.8%쯤 되지요.

선우휘 : 옛날에 지금 경남 지방에 가야국이라는 나라가 있었습니다. 제가 경남의 어느 공업단지에 가보고 이거 가야국 이상의 규모와 경영이 아니냐 하고 놀란 적이 있었습니다. 10여만 명이 단지 안에 살고 있는데 국가와의 관련 이전에 그 많은 사람들이 그 지역에서 생활하고 교육하는 걸 보고, 사농공상의 서열은 이거 생각을 달리해 주어야 한다는 것을 절실하게 느꼈습니다. 삼성 종업원이 8만 명이라면 5인 가족으로 치면 40만 명이 생계를 유지하고 있고 계열 회사까지 합치면 더 엄청날 겁니다. 이건 이러고저러고 하기 전에 하나의 놀라움 올시다. 우리는 놀라야 할 때 놀라지 않는 뭐가 있어요. 정당하게 놀라야 하는데. 그러니 자기 자신도 왜소해지고 모든 것이 작아지는 것 아니겠습니까? 그런데 이 회장께선 그 많은 사람들, 회사와 관련되어 살아가는 사람들에 대해 어떻게 생각하십니까? 말하자면 이 회장님께선 그 많은 사람들의 생활에 절대적인 영향을 주시는 분 아니겠습니까?

이병철 : 그건 제가 항상 염두에 두고 있십니다. 부도, 파산, 이런 게 흔히 생기는데 아무 말 안 하고 있어서 그렇지, 그 내용을 들여다보면 정말 비극입니다. 원래부터 안 했더라면 괜찮지 않았나, 저는 그래 생각합니다. 괜히 거기에 가서 일하다가 직업 잃었다, 가족 못 살게 되었다, 무슨 이런 과오를 범하게 되었나…. 저는 이럴 경우, 경영자가 전 책임을 져야 한다고 생각합니다. 누가 책임을 질깁니까? 국가가 책임을 질 수 있습니까? 아무도 책임 안 집니다.

선우휘 : 그런 절실성의 면, 즉 회사가 잘못 되면 종업원들의 삶 자체가 큰

일난다는 그런 절실성은 우리가 외국보다도 더하겠지요?

이병철 : 그렇지요. 사회보장제도가 없으니까. 참 아까 가야국 이야기가 나왔으니까 생각나는데, 현대가 오늘 신문 보니까 백억 불 매상에 먼저 도달했다 하는데, GM, IBM, 쉘, 이 세 회사 중 하나가 우리나라에 옮긴다 해도 우리 GNP가 아마도 배 이상으로 늘어날 겁니다.

(중략)

선우휘 : 신문을 하면서 보면 구석만, 어두운 곳만 쑤시는 경향이 있어요. 들쑤시니까 그 어두운 면만 확대가 되고 그렇지 않은 밝은 면은 숨겨져 지나버리는 것 같고. 제가 요즘 나이 탓인지 좀 어떻게 해서 밝은 면을 보여주자, 그런 생각도 합니다만. 〈중앙일보〉가 생긴 시초에 연재소설을 쓴 적이 있습니다만, 그때 이 회장님께 인사를 드린 일이 있습니다. 그때 왜 신문을 하느냐 하는 것을 저에게 말씀하신 것을 인상적으로 기억합니다. 또 한 번 왜 언론을 하시게 됐느냐 하는 말을 들려주시죠.

이병철 : 4·19까지 국민으로서 할 수 있는 일은 다했다, 이겁니다. 뭐가 할 수 있는 일을 다했느냐 하면… 개인이 할 수 있는 일은 한계가 있는데 아니냐, 내 힘에 맞춰서 할 수 있는 일은 다했지 않느냐. 무슨 일을 했느냐? 나는 경제인으로서 국가 산업에 이바지했다, 전부 그때 수입에 의존해서 하는 당시에 나는 전부 맹글었다고 당시에. 맹글어서 소비자에게 헐한 값으로 좋은 물건을 공급했다, 경제인으로서 이 이상 최선을 다할 수 없는 게 아니냐. 거기다가 무직자에게 직업을 줬다. 그때도, 에, 한 2만 명쯤 됐제, 아마. 가족까지 합하면 10만 아니냐. 관련자까지 하면 20만. 간접으로, 납품한다 해서 의지할 수 있는 사람이 20만 명쯤 됐다, 이겁니다. 그런데 4·19가 나니 잡아 가두더라고. 사업하는 사람은 부정축재 했다고 해서 잡아 가두더란 말입니다. 거기에 대해서 굉장한 불만이 있었다고. 뭐이냐, 너거는 뭘 했는데 날 가두냐,

이거지(웃음). 니 한 것하고 내 한 것하고 비교를 해보자. 난 무직자를 위해서 잘했다…. 그렇게 불평이 나기 시작해서, 앞으로는 기업, 이거는 안 되겠더라 이거지. 정치를, 이 정치를 잘해야 되겠더라고. 기업이 없으면 나라가 살 수 없지마는 정치를 잘못하면 기업이 살 수 없다는 걸 알아야 돼. 그래서 정치를 할라고 정말 시작했어요. 정말 정치를 하려고 해보니 도저히 안 될 것 같애. 성격상, 여러 가지로 이유가 있었제, 암만. 뭐인가, 사업은 흥미가 없는데 그 다음에 뭘 해야 되겠느냐. 언론이에요. 언론으로서 좋은 정치를 할 수 있도록 만들자. 나쁜 정치를 못하도록 하는 것도 이거 언론 아니겠느냐. 그래 그 당시에 박 대통령하고 이야기를 했지, 아마. 요런 소신을 이야기했어요.

정말 좋은 정치, 좋은 사회를 할 수 있게 맹글겠다, 시작하는 이상에는 정말 목표를 가지고 일해야겠다, 돈벌이하기 위해서 하는 것도 아니겠고, 큰소리하고 뽐내기 위해서 하는 것도 아니겠고 정말 나라를 위해서 좋은 정치를 하도록 하자. 그래서 출발한 깁니다.

출발해 놓으니, 마음대로 되느냐. 그때 신문사마다 적자이고 적자 보며 운영하는 것이 댕연한 기다, 이렇게 생각하고 있더라고. 그러나 나는 이게 기업 아니냐, 이거. 이 신문이란 건 국민에게 필요한 상품 아니냐. 이 상품이 필요할 땐 반드시 가치가 있는 거다. 이 가치 있는 물건을 만드는데 어떻게 적자가 나느냐는 게 내 이야기지. 경영에 대한 원리상, 흑자는 크게 안 나도 적자는 절대로 날 수 없다는 기 내 생각이었십니다. 언론을 하려면 신문 하나 가지고는 안 되겠다, 라지오, 티브이, 신문을 다 같이 해야겠다, 그래서 신문을 1년 했더니 흑자가 났십니다. 라지오도 흑자가 나고 티브이만 적자가 났어요. 해서 신문이 장장 기세를 가지고 올라갔십니다. 그래서 티브이 없어진 뒤에 신문 전용 건물을 계획했지, 아매. 이왕 신문사를 짓는 김에는 잘 지어야 되지 않겠느냐, 의논이 그렇게 됐지, 아매. 신문사 그거는 사실, 출발할 때 대원칙만은 내하고 의논했지마는 나는 틀만 갖고 이야기하지. 이래 지라, 대리석을 어떻게 하라, 그런 걸 일체 모릅니다. 밑천이 얼만지 아십니까, 7억 가지고 시작했지, 7억. 티브이, 라지오 전부 7억이지, 아매. 7억 가지고 시작해서 지금 전 재산이 한 7, 8백억 되지. 이제 돈 안 넣십니다. 왜, 신문사가 돈 안 남십니까? 신문도 이익이 남는다고 생각합니다. 다 짓지는 않았지만 저 게(신축중인 중앙일보 건물을 뜻함) 아사히신문보다 큽니다. 2만 5천 평. 또 석조로 저렇게 아름다운 건물은 세계에서도 없지, 아마. 그래서 아주 이… 건물로서는 최고, 은행보다는 훨씬 잘 짓십니다. 7억, 그기 새끼를 쳐가지고….

선우휘 : 제 개인 생각인지 모르지만 우리나라 사람들이 대단히 위기의식이 강하다고 생각합니다. 그것도 근본적인 위기감입니다. 야, 이러다간 나라 망하지 않느냐, 희망이 있느냐…. 그런 경우, 국민들은 사회 각 분야를 이끌어 가고 있는 분들을 어떻게 보고 있는가, 퍽 궁금하게 생각합니다. 그분들이 걱정 없다고 하면 안심을 하고 그분들이 고개를 흔들면 불안해합니다. 이 회장님께서는 과연 우리에게 장래가 있다, 희망이 있다고 생각하십니까?

이병철 : 보는 사람들이 충분히 느낄 깁니다. 뭐하자고, 희망이 없고, 위기의식을 가진다고 그라면 뭐할라꼬 저 빌딩을 자꾸 지으며 신문사를 확장하느냐. 자신이 있고 장래에 대한 염려가 없기에 자꾸 저래 집을 짓고 있십니다. 사업도 키우고 반도체도 만들고…. 나라가 위태롭고 하면 뭘할라꼬 그라겠느냐. 보면 이야기 안 하더라도 알 수 있는 거지요. 왜 그래 하느냐, 물어 보신다고 가정하면, 안전한 게 있십니다. 내가 보기에는 뭐이 안전하느냐. 문제는 이북인데, 소련하고 중공하고 관계는 좀 멉니다, 거리가. 그리고 중공은 지금 소련하고 대립이 됩니다. 앞으로도, 내가 보기에는 합칠 가능성이 없십니다. 중공은 지금 자유주의로 가고 있십니다.

안 되겠다는 게 판단이 안 났느냐, 사회주의 공산주의로는 중공 지도자가 우수한 사람들인데 안 되는 방향으로 왜 끌고 가겠느냐, 이깁니다. 그러면 중공하고 소련이 협력이 돼서 한국을 공격할 가능성은 없다고 보고 있십니다.

세계 이목도, 여론도 있고, 그 다음에 문제는 이북이다. 이북은 남침할 수 있는 가능성이 많이 없어졌다. 뭐이 없어졌나… 경제적으로서 완전히 약체화됐다. 뭘 보고 약체화됐다 하느냐, 나는 다른 거 안 봅니다. 평양을 보면, 저는 GNP 2백 불 이상 안 보고 있십니다. 일부 기관에서는 7백 불, 5백 불, 그래 보지만 나는 그래 안 봅니다. 아주 정말 가난하게 살더라고. 또, 지금 2백 불, 3백 불 올라갈 가능성이 전혀 없더라고. 지금 움직이는 공장이 거의 없십니다. 거리에는 자동차도 거의 없다고 합니다. 뭐이 아주 좋은 바로미터냐 하면 기름입니다. 우리는 하루 40만 내지는 45만 배럴을 쓰는데 이북은 하루 5만, 그것도 중공에서 반, 소련에서 반이 들어옵니다. 그것마저. 우리의 10분의 1, 8분의 1밖에 안 된단 말입니다. 이러한데 우리와 겨룰 수 있느냐, 그 차이가 자꾸 더 난단 말입니다. 무기 없이, 비행기 없이, 미사일 없이, 핵무기 없이 어찌 전쟁에 이길 수 있느냐. 미국 사람 여기에 핵무기 다 준비 안 돼 있십니까. 그건 다 공개된 사실 아닙니까. 군대는 수적으로 적고 우리가 무장도 덜 되어 있다고 합니다. 그렇지만은 물량과 다른 양으로 저들한테 이긴다고, 저는 그렇게 봅니다. 절대 김일성이가 그런 무모한 짓은 못합니다. 김일성이 바보 아닙니다. 전에 해봤는데. 해보니 안 되는데 왜 또 하느냐. 지금은 그 때보다 더 차이가 있십니다. 김일성이 다 알고 앉아 있거든. 내 보기에는 영원히 안 된다, 이래보고 있십니다, 영원히. 정치적으로 고립이 되고 경제적으로 부흥할 가능성이 없고, 자꾸 지금 우리는 GNP가 올라가고 있고, 아까 이야기 했듯이 정신만 단합된다고 가정하면 어떻게 당하겠십니까, 이북이 우리한테….

— 〈월간조선〉, "특별 대담 - 선우휘 · 이병철 삼성그룹 회장", 신년호 중 발췌.

때로는 논쟁하듯 해야

대담이 모두 다 한가한 것은 아니다. 논리와 지식과 시각으로 무장한 상대와의 대담은 인터뷰라기보다 논쟁에 가까울 정도로 질문과 답변의 밀도가 높다. 여기서 인터뷰어는 질문을 던지고 얌전히 경청하는 상대가 아니라, 반대편 논리의 대리인(*a devil's advocate*)을 자처함으로써 상대의 허점을 파고든다. 논쟁 스타일의 인터뷰는 정치인 사상검증이나 지도자 자질검증에 적절하다.

조갑제(이하 조) : 김 이사장께서 지난 5월 미국 내셔널프레스클럽에서 연설한 원문을 구해서 읽어보니, 북한의 핵개발 목적이 외교적인 협상용이라는 입장을 가지신 것 같았습니다. 군사용이냐 외교용이냐에 대한 이견이 많았지만 지금 사태까지 이른 시점에서 북한의 핵개발은 군사용이라는 게 다수 의견입니다. 북한 핵개발을 외교카드로 보는 배경은 무엇입니까.

김대중(이하 김) : 소련 붕괴 이후 북한은 군사·경제적 배경을 모두 상실했습니다. 시기의 문제이지 붕괴가 임박한 것도 사실입니다. 이런 극도의 궁지에서 탈출하기 위해 북한은 국제 사회에서의 고립 탈피, 경제협력의 확보, 그리고 안전보장을 얻고자 합니다. 북한이 핵무기를 가지겠다는 확고한 의지가 있다는 주장이 강하지만 그것도 뒤집어 생각하면 이러한 3가지 목적을 달성하기 위해서나, 아니면 달성할 가능성이 없기 때문이라고도 볼 수 있습니다.

교차승인은 우리가 주장했습니다. 그런데 우리는 지금 중국과 러시아 등 과거 공산권 국가들과 모두 수교했지만 서방세계에서 북한과 수교한 나라는 아직 한 나라도 없습니다. 이런 외교·안보 위기를 타개할 아무런 방안이 없으니 극단적으로 이성을 상실해서 달려드는 게 핵개발이라고 볼 수 있는 겁니다.

조 : 저는 북한이 핵개발을 결코 포기하지 않을 것으로 봅니다. 왜냐하면 이미 30년 전부터 끈질기게 핵개발을 해왔고, 국가 최고의 과학기술 인력과 막대한 돈을 투입했습니다. 외교적인 목적으로 보기에는 너무 큰 규모의 국력을 동원했기 때문입니다.

김 : 핵무기를 사용하려면 폭발실험과 발사시험을 해야 합니다. 북한이 아직 폭발실험과 발사시험을 했다는 증거는 없습니다. 폭발실험과 발사시험은 감출 수도 없습니다. 그런 점에서 북한의 핵은 아직 안전장치가 남아 있다고 볼 수 있습니다. 따라서 북한이 핵을 개발하고 있다거나 이미 보유하고 있다고 단언하기는 빠릅니다. 이것은 미(美) 국무성의 공식 입장이기도 합니다.

조 : 이스라엘의 경우 핵실험을 하지 않고도 핵무기를 보유하고 있습니다. 지금은 컴퓨터 기술이 발달해서 컴퓨터 시뮬레이션으로 그 실험을 대체할 수도 있습니다.

김 : 제가 알기로는 폭발실험과 발사시험은 꼭 필요한 것으로 아는데요. 그래야 핵무기가 작동할 수 있느냐를 검증할 수 있는 것 아닙니까.

조 : 발사시험을 할 때는 핵폭탄을 장착하지 않고 할 수 있습니다. 북한의 노동1호와 대포동 등의 장거리 미사일을 그런 발사장치로 볼 수 있습니다.

김 : 세부적인 기술적 문제는 잘 모르지만 핵무기 발사에도 굉장한 기술적 수준이 요구된다는 전문가들의 말을 들었습니다. 그리고 컴퓨터 시뮬레이션에는 한계가 있습니다. 어떻든 북한이 핵을 만들고 있다거나 핵을 갖고 있다는 것은 아무도 증거할 수가 없습니다.

다시 원래의 문제로 돌아가면 북한이 핵무기를 가졌다고 경제적 · 안보적 문제가 해결되는 것도 아닙니다. 이것이 해결되지 않고는 핵이 있어봤자 북한은 살아남을 수 없습니다. 그들의 목표는 외교를 통해서 그런 문제들을 해결하자는 겁니다.

조 : 북한이 미국과 수교하면 경제적인 개방을 할 것으로 보십니까.

김 : 북한은 그 길을 선택할 수밖에 없을 것입니다. 북한의 현재 경제상태가 날로 악화되기 때문에 개방은 불가피합니다. 소련의 붕괴 당시 남북간 경제적 격차가 6대1, 7대1이라고 한 것이 최근 한국은행 발표에는 17대1까지 된다는 것이었습니다. 이대로 가면 곧 20대1, 30대1까지 갈 것입니다. 이런 상태에서 뭔가 활로가 트이지 않으면 북한 내부에서 경제적 붕괴가 가속화되기 때문에 북한의 개방은 필연적입니다. 또 다른 이유는 지금 같은 국제적 고립상태로 김정일에게 정권을 넘겨주더라도 유지하기가 힘듭니다. 그래서 김일성은 자기가 이 문제를 해결하고 넘겨주겠다고 하는 것 같습니다.

셋째 이유는 중국의 개방정책이 당초 북한이 예측한 것과는 달리 사회주의도 유지하고, 경제발전은 세계 최고의 성장률을 보인 데서 김일성은 개방에 대한 자신을 얻게 된 것입니다. 김일성이 작년 9 · 9절 성명을 통해 중국의 경제발전을 찬양하고 북한의 고위 관료와 기업인을 중국에 계속 파견하고 있는 것도 중국의 성공을 본받고자 하는 데 있는 것입니다.

조 : 두 가지 측면에서 이견을 제시하고 싶습니다. 우선 북한은 외부의 투자를 받아들일 수 있는 체제가 아닙니다. 계속 주체적 방법을 고수하고 있습니다. 김달현 부총리조차 해외에서 우리 기업가에게 "김일성 주석이 살아있는 한 경제 개방을 할 수는 없다"고 실토했습니다. 또 북한은 식량난으로 굶어 죽어가면서도 그 근본적 해결책인 자영을 허용하지

못합니다. 농토 자영을 제기한 테크노크라트는 숙청됐습니다. 이런 내부 체제로는 설사 수교가 되더라도 외부 투자를 받아들일 수 없는 것입니다. 다른 하나는 투자를 하는 사람들도 수익이 보장돼야 하는 것이지 '외교=경제투자'라는 등식이 바로 성립되는 것은 아닙니다.

김 : 북한이 개방을 통해 투자를 유치할 의사가 없다는 것은 사실과 다릅니다. 북한은 외국 자본을 받아들이는 것과 관련해 22개의 법률과 법령이 있습니다. 그중 16개가 최근 2년 동안에 만들어졌습니다. 법령을 검토해 본 모 재벌 경제연구소 책임자의 말을 들어 보니 어떤 것은 중국보다 더 진보적인 것이라고 합니다.

북한은 한국의 직접투자를 받기 위해 대우에게 남포공단을 직접 떼어주었던 적도 있습니다. 그것이 우리 쪽에서 허락하지 않아서 못 들어갔습니다. 개발을 합의해 놓고 설계도까지 만들었습니다. 정부도 알고 있습니다. 저는 그 설계도를 직접 봤습니다. 북한은 나진, 선봉만 개방하려다가 그것을 청진과 원산, 서쪽으로는 남포와 신의주로까지 확대하려고 합니다. 이런 예를 들면 북미 국교수립 후에 개방은 불가피 한 것을 알 수 있습니다.

북한의 남한에 대한 정책도 1991년 이후 남한의 공산화가 아닌 공존을 추구하고 있다는 것입니다. 이것은 외교안보연구원의 최근 보고가 지적하고 있습니다. 그러니 미국도 시간만 끌지 말고 그들에게 외교를 열어주고 핵 개발을 완전 포기시키는 것을 일괄해서 동시에 해결해야 합니다.

조 : 이것은 분명히 해야겠습니다. 북한에 대한 우리 쪽의 투자계획이 무산된 것은 우리 정부가 차단했기 때문이 아니라 북한의 핵문제 때문입니다.

김 : 김달현 부총리가 92년 봄에 남한으로 내려와 1주일 동안 있으면서 우리 정부와 기업체에 대해 투자해달라고 사정한 것은 공인된 사실 아닙

니까. 그래서 우리도 최각규 부총리를 올려보내겠다고 했는데 가지 않았습니다. 김달현의 그런 행적과 북한 법령, 북한의 경제특구 설정, 남포와 금강산 개발계획 등을 보면 북한이 개방하려는 것은 분명합니다. 그러나 이런 것들이 핵문제로 중단된 것입니다.

조 : 그러나 개방 추진자 김달현은 그 이후 좌천됐습니다. 또 핵문제가 첨예화된 상태에서 우리가 북한에 투자하는 것은 불가능한 일이었습니다. 그 책임은 우리에게 있는 것이 아니라 북한에 있는 것이죠.

김 : 물론 핵문제 해결 전에 북한에 직접투자 하는 것은 불가능합니다. 그러나 북한의 핵문제가 해결되면 북한의 개방과 우리의 직접투자도 해결 가능할 것입니다.

(중략)

조 : 국제 사회의 입장은, 북한은 NPT 가입국이고 핵 안전조치에 서명을 했으니 핵사찰을 받아들이고 그 투명성을 보장하라는 것입니다. 그것은 북한의 당연한 의무입니다. 당연히 지켜야 할 의무와 미국과의 수교를 비롯한 북한이 요구하는 많은 대가는 대칭관계가 성립할 수 없는 문제입니다. 미국이 일괄타결에 난색을 보이는 것도 바로 이런 이유라고 생각합니다.

김 : 반드시 그렇지는 않습니다. 클린턴 대통령은 북한이 핵만 포기하면 외교·경제·안전을 보장한다고 하고 있습니다. 우리 정부도 핵만 포기하면 북미수교를 반대하지 않는다고 하고 있습니다.

그리고 공산주의에 대한 우리 태도에 대해 한 가지 말하고 싶은 것이 있습니다. 공산주의 국가를 움직이는 힘은 이솝우화에서 나오듯 강풍이 아니라 햇볕입니다. 2차 대전 후 미국과 소련의 냉전이 시작됐습니다. 미국은 처음에 압도적인 핵 우위라는 강풍을 가지고 소련을 제압하려 했지만 소련도 적극적인 핵개발로 이에 저항하게 됨으로써 성과를 거두지 못했습니다.

결국 70년대에는 데탕트 정책으로 전환됐습니다. 그리하여 반공과 안보의 확고한 원칙을 지키는 범위에서 협력과 교류를 했습니다. 그 결과 소련은 붕괴하고 말았습니다. 중국과의 관계도 마찬가지입니다. 중국이 들어설 때 처음에는 악마의 등장이라고 해서 이를 말살하려 했으나 실패했습니다. 나중에는 핑퐁외교에서 시작해 국교수립까지 갔습니다. 햇볕정책으로 바꾼 것입니다. 그 결과 중국은 오늘같이 순화됐습니다.

반면에 월남에 대해서는 강풍으로 일관하다가 미국이 국력을 기울여서 싸웠음에도 불구하고 패전했습니다. 쿠바도 35년 동안 바람을 불어넣었지만 아직 변화를 못 시켰습니다. 북한도 마찬가지입니다. 바람으로는 안 되고 소련과 중국의 예처럼 햇볕정책을 통해야 변화시킬 수 있습니다. 그렇게 하면 우리는 결국 승리할 수 있는 것입니다.

— 〈월간조선〉, "조갑제 부장의 직격 인터뷰,
김대중 아태재단 이사장의 대북관을 묻는다" 중에서 발췌.

무엇보다 상대방의 어휘와 지식에 대화의 주파수를 맞춰야

노련한 인터뷰어는 상대방에 따라 탄력적이어야 한다. 독자의 궁금증 못지않게 인터뷰 상대방과 눈높이를 맞추어야 한다. 문학을 전공한 기자가 탐구한 시인의 현실 의식은 그래서 흥미롭다.

최보식(이하 최) : 선생님께서는 시류와 무관한 시, 소위 무의미의 시를 써왔지요.

김춘수(이하 김) : 정치 현실과 거리를 둔 시를 써왔어요. 나만의 내면세계에 집착해 왔다고 할 수 있겠지요.

(본론을 꺼냈다.)

최 : 시류와 무관한 시작을 견지해 온 선생님께서 5공 정권에서는 시류의 중심이라고 할 수 있는 정치(전국구 의원)에 몸담은 것은 묘한 역설입니다.

김 : 내 의지와는 전혀 관계없었어요. 청천벽력과 같았어요.

최 : 상황이 불가피했다 하더라도 본인의 의지와 전혀 무관했다는 것은 어폐가 있는 것 아니겠습니까.

("하기야 평양 감사도 제 하기 싫으면 못 하지요"라고 그는 쑥스럽게 입을 뗐다.)

김 : 사실 내 의지가 전혀 없었다고는 할 수 없지요. 그러나 그때 상황은 붙들려 가다시피 했어요. 붙들려 가면서까지 못 하겠다고는 할 수 없었어요. 당을 만드는 데 나 같은 사람이 필요했을 거요. 전혀 물들지 않은 사람이 필요했지 않겠어요. 하지만 민정당 발족 뒤에는 전혀 나를 돌보지 않았어요. 그때 시국에 대한 정확한 정보와 판단이 없었어요. 3김이 서로 대통령 되려고 맞붙고 거리에는 연일 데모가 일어나고, 언론은 제약을 받고 있었고…. 아마 광주사태 같은 사건의 진상을 알았다면 내가 더 결연할 수 있었겠지요.

최 : 문사라고 정치하지 말라는 법이 없는데, 정치참여 경력을 오점이라고 생각합니까.

김 : 서양에서는 단테, 괴테, 빅토르 위고, 앙드레 말로 등 큰 문학자들이 정치를 했어요. 한국에서는 유독 정치를 하면 이상하게 봐요. 하지만 그때 경험해 보니 나는 도저히 정치에 맞지 않았어요.

최 : 학생들이 시위해 대학으로 되돌아가지 못했지요.

김 : 나는 교수직을 갖고 있었으니 으레 대학으로 돌아갔거든. 하지만 학생들이 사방에 대자보를 붙여 '어용학자 물러가라'고 하는 거요. 한 번은 몇몇 학생들이 교실에 들어와 강의를 못하도록 방해했어요. '왜 그러냐'고 묻자, '역사에 반동을 했다'고 하더군요. 깜짝 놀랐어요. 순간 느낀 것이 '역사라는 게 이렇게 초라한 것인가'였어요. 저런 애들이 역사를 만드는구나! 세월이 지나 교과서와 역사책에 오르면 거창하게 보이지만, 직접 겪는 입장에서는 역사는 초라한 것이었어요. 불과 몇 명이었지만 제자들로부터 그런 말을 듣고는 더 이상 교단에 설 자신이 없어 사표를 냈어요. 한 학기만 지나면 정년퇴직이었어요. 우물쭈물 지내면 넘어갈 수도 있었으나 저로서는 그럴 수가 없었어요.

최 : 역사라는 걸 부정합니까.

김 : 일제시대, 6·25사변 등을 거치면서 내가 체험한 역사란 악의적인 것이었어요. 억압적인 힘으로 나를 골탕 먹이는…. 역사는 누군가가 필요에 따라, 구체적으로 힘 있는 사람들이 만드는 겁니다. 역사에 너무 의존하면 역사를 이용하는 자가 생깁니다. 역사를 팔아 제 사욕을 취한 놈이 얼마나 많았습니까.

최 : 순수시에 대한 집착에는 참여시를 주장한 김수영 시인(〈시여, 침을 뱉어라〉 등의 작품이 있음)과의 대결의식도 있었다고 들었습니다.

김 : 그가 영향을 끼쳤다고 할 수 있지요. 당초 그도 순수시 계열이었습니다. 그러나 4·19의거가 있은 후로 그는 참여시로 나갔습니다. 그 방면에서는 그가 나보다 더 뛰어날 것 같다는 예감이 들었어요. '만약 내가 참여시로 돌아서면 그 아류가 되거나 우습게 될 것이다. 그래서 난 그대로 가겠다.' 내가 해오던 것을 더 심화시키고 외곬으로 갔던 것이지요.

최 : 선생님은 사회 현실에 대한 인식이 없었습니까.

김 : 김수영이 그 방면으로 갔는데, 둘 다 갈 게 뭐 있어요. 저는 김수영을 높이 평가합니다. 우리 둘은 생전에 서로 만난 적 없고 시로써 서로 알던 사이였지요. 나는 시 작업에서 그를 많이 의식했고, 그 역시 나를 의식했다는 말을 나중에 들었습니다. 내 순수시는 반사회적입니다. 하지만 그 점 자체가 사회적입니다. 사회 집단에 맞선 개인성을 지키려는 것이었지요.

(그러면서 "김수영은 현대문학사에서 신화적인 인물이 되었지"라며 베란다 창을 바라보았다.)

최 : 김수영 시인의 치열한 삶도 그 시에 대한 후광이 되었지 않을까요.

김 : 상당히 작용했지요.

최 : 시인으로서의 삶은 어떠해야 한다고 봅니까.

김 : 예술에 대해 청결해야지요.

(기자가 잘 이해를 못 할까봐 주석을 달았다.)

김 : 예술 앞에서 양심적이어야 한다는 겁니다. 무슨 소리인가 하면, 자신의 예술적 입장에 충실하는 것, 그 입장에 거짓이 없어야 한다는 것이지요. 입장은 바뀝니다. 하지만 변하면 왜 변했는가의 자기 논리가

있어야 합니다. 상황에 따라 이리저리 변했다는 것, 가령 민중문학이 득세할 때 자신의 내면에서는 그렇지 않은데도 그 추세에 따라가고, 그것이 한풀 꺾이면 잽싸게 변신하고…. 우리 문단에 도덕 감각이 마비된 그런 사람이 부지기수요.

최 : 평생 시 작업과 강의, 책읽기로 생활하셨지요.
김 : 따분한 생활이지.

최 : 하지만 만족하셨지요.
김 : 만족보다 어쩔 수 없었지요. 다른 재능이 없고 능력도 없고. 해본들 내가 뭐하겠노.

최 : 인생이 어떻게 보입니까.
김 : 최근 근작시 사십여 편을 모아 정리하다가, '알리바이'(Alibi: 부재 증명)라는 단어가 떠올랐어요. 우리는 인생으로 만들어지는 현장에 없었다, 누군가 만들어 놓았다, 내가 세상에 나온 게 아니다. 내 비굴함, 어리석음, 탐욕, 철면피, 부도덕, 부끄러움을 의지에 의해 갖고 온 게 아니다. 누군가가 이런 요소를 나에게 집어넣어 나를 만들었다. 내 탓이 아니오! 차한(此限)에 부재(不在)다! 나는 없었다! 나는 관여하지 않았다! 내가 던져졌다는 알리바이! 실존주의가 이미 비슷한 말을 했지. 이런 간단한 이치를 왜 몰랐노! 언제까지 더 살지 모르지만 내가 풀어야 할 화두입니다.

최 : 죽음에 대해 생각합니까.
김 : 옛날에는 그런 게 있는가 보다였지. 관념이었지. 하지만 요새는 내 문제로 절실해졌어요.

최 : 죽으면 어떻게 될 것 같습니까.

김 : 그건 모르지요. 좌우간 불안하지요. 미지의 세계로 한 발짝 다가간다는 게 얼마나 불안합니까. 죽음만 생각하면 굉장히 불안해져요.

(칠순 노인의 엄살 같은 말을 듣는 순간, 그의 시 한 구절이 떠올랐다.
나는 시방 위험한 짐승이다/나의 손이 닿으면 너는/미지(未知)의 까마득한 어둠이 된다/존재의 흔들리는 가지 끝에서/너는 이름도 없이 피었다 진다….
〈꽃을 위한 서시(序詩)〉)

최 : 죽음에 달관하는 분들도 있던데.

김 : 아이구, 어림도 없어요.

(그의 입이 추위를 느끼는 것처럼 오므라들었다.)

20대, 30대에 들어선 사람들이 마치 세상을 달관한 것처럼 시를 쓰고…, 희한하다 싶어요. 어찌 저리 될꼬. 나는 70이 넘어도 그리 안 되는데…. 요즘 절실해지는 것은 이별입니다. 인연이란 헤어지기 위해서 있는 거구나! 어린 손녀가 잠깐 왔다 갈 때 눈물이 나요. 헤어지는구나! 끝내 죽음이라는 헤어짐과 연결되기 때문이지. 인간이란 개체는 숙명적으로 이렇게 슬픈 거다. 그러니 웬만하면 용서하고 살아라. 왜냐하면 인간은 누구나 슬픔을 짊어지고 있으니까.

최 : 그럼에도 사람들은 웃고 떠들지요.

김 : 슬픔에만 잠겨 있으면 못 살지요. 호머의 《일리아드》에도 나와. 오디세우스가 쫓겨가는데 부하들이 괴물에게 잡아먹혀. 슬프고 겁나고 무섭고 억울하고 분통 터지는 감정에 사로잡혔다가, 배고프니 들소 잡아먹을 꾀를 내고, 식곤증이 나니까 코를 골며 자는 것이니, 그게 인생이다! 호머 시대부터 있는 이야기라. 사람이 진보하면 그런 걸 졸업해야 하는데, 개뿔이 진보야!

— 최보식, 《얼굴》, "김춘수 인터뷰" 중에서 발췌.

김문환(1999), 《TV뉴스의이론과제작》, 서울: 다인미디어.
김소형(1999). "한국신문의 인터뷰 기사 도입과 변천에 관한 연구: 1890~1990 년대", 이화여자대학교석사학위논문.
김우룡(1981), 〈대인 커뮤니케이션으로서의 INTERVIEW〉, 考仁石朴有鳳博士華甲紀念論叢, pp. 425~453.
김창룡(1994), 《인터뷰, 그 기술과 즐거움》, 서울: 김영사.
나은영(2002), 《인간 커뮤니케이션과 미디어》, 서울: 한나래.
래리킹(2001), 《대화의 법칙》, 강서일 역, 서울: 청년정신.
미하엘할러(2008), 《인터뷰 저널리스트를 위한 핸드북》(*Das Interview Ein Handbuch fur Journalisten*), 강태호 역, 서울: 커뮤니케이션북스.
박재영·이완수(2008). "역피라미드 구조와 내러티브 스타일에 대한 기자와 에디터의 인식. 〈한국언론학보〉, 52권 6호, 123~145.
비올라 팔켄베르크(2001), 《인터뷰이를 위한 인터뷰의 이론과 실제》, 이현표 역, 서울: 커뮤니케이션북스.
송상근·박재영(2009). 《뉴스토리 뉴스타일》, 서울: 나남.
스티븐킹(2002), 《유혹하는 글쓰기》, 김진준 역, 서울: 김영사.
앤드류보이드(1997), 《방송보도실무》, 이경자·이인희 역, 서울: 한울아카데미.
오효진(2002), 《오효진의 인간탐험》, 서울: 월간조선사.

월간조선사 편(2002), 《한국의명문》, 서울: 월간조선사.
유애리(2005), 《화법과 방송언어》, 서울: 역락
이민웅(1996), 《한국 TV 저널리즘의 이해》, 서울: 나남.
일본방송협회 편(1988), 《방송진행의 테크닉》, 김성길 역, KBS 춘천방송총국.
잭 후버 · 딘 디긴스(1996), 《인터뷰 기법》, 한국언론연구원저널리즘실무서 5, 서울: 한국언론연구원.
조숙희(2004), 《방송진행의 이론과 실무》, 서울: 내하출판사.
최보식(1997), 《얼굴》, 서울: 둥지.
______(2002), 《최보식의 우리시대 사람 산책》, 서울: 생각의나무.
황호택(2004), 《생각의 리더 10인: 황호택 기자의 특별한 만남》, 서울: 동아일보사.

Banaca, William H. (1971), *Training in Depth Interviewing*, Harper & Row Publishers.
Beaman, Jimm(2000), *Interviewing for Radio*, Routledge.
Benedict, Helen(1990), *Portraits in Print*, Columbia University Press.
Benjamin, Alfred(1969), *The Helping Interview*, Houghton Mufflin Company.
Biagi, Shirley(1986), *Interviews That Work: A Practical Guide for Journalists*, Wadsworth Publishing Company.
Bradburn, Norman M. & Seymour Sudman and Associates(1979), *Improving Interview Method and Questionnaire Design*, Jossey-Bass Publishers.
Brady, John(1977), *The Craft of Interviewing*, Vintage Books.
Browne, Christopher(1999), *The Journalist's Handbook*, A&C Black.
Burrows, William(1977), *On Reporting the News*, New York University Press.
Charnley, Mitchell V. (1975), *Reporting*, Holt, Rinehart & Winston.
Cross, Crispin(1974), *Interviewing and Communication in Social Work*, Routledge & Kegan Paul.
Denzin, Norman K. (1970), "Triangulation: A case for methodological evaluation and combination", pt. 12 in Denzin(ed.), *Sociological Methods: A Sourcebook*, Aldine Publishing Co.

Downs, Cal W., G. Paul Smeyak & Ernest Martin (1980), *Professional Interviewing*, Harper & Row Publishers.

Fallaci, Oriana (1968), *The Egoists: Sixteen Surprising Interviews*, Henry Regnery Company.

Fear, Richard A. (1978), *The Evaluation Interview*, McGraw-Hill Book Company.

Fowler, Roger (1991), *Language in the News*, Routledge.

Gallope, George (1947), "The Quintamensional of Plan of Question Design", *Public Opinion Quarterly*, 11 (Fall, 1947), p. 385.

Gorden, Raymond. L. (1975), *Interviewing Strategy, Techniques and Tactics*, The Dorsey Press.

Gottlieb, Marvin (1986), *Interview*, Longman.

Hoenberg, John (1978), *The Professional Journalist*, Rinehart & Winston.

Kahn & Cannell (1957), *The Dynamic of Interviewing*, John Wiley & Sons.

Kessler, L. & D. McDonald (1986), *Uncovering The News: A Journalist's Search for Information*. Wordsworth Publishing Co.

Kilengerg, George M. & Rob Anderson (1989), *Before The Story*, St. Martin's Press.

Kovach, Bill & Tom Rosenstiel (2001), *The Elements of Journalism*, Crown Publishers.

Macpherson, C. B (2011). *The Political Theory of Possessive Individualism*, Oxford University Press.

Metzler, Ken (1977), *Creative Interviewing*, Prentice Hall, Inc.

Missouri Group (1999), *New Reporting and Writing* (6th ed.), Bedford/St. Martins.

Murray, Donald (1992), *Writing For Your Readers*, The Globe Pequot Press.

Rafe, Stephen C. (1991), *Mastering the News Media Interview: How to Do Successful Television, Radio, and Print Interviews*, Harper Business.

Scollon, Ron & Suzanne Wong Scollon (1995), *Intercultural Communication*, Blackwell.

Shenk, David (1997), *Data Smog*, Harper Edge.

Singleton Jr. Royce A., Bruce C. Strains & Margaret Miller Straits (1993),

Approaches to Social Research(2nd ed.), Oxford University Press.
Stewart, Charles J. & William B. Cash, Jr. (1978), *Interviewing Principles and Practices*, WM. C. Brown Company Publishers.
Thomas, Ted(1985), *I was Misquoted: A Guide to Dealing with the Media*, Corporate Communication Limited.
Wolfe, Tom(1973), *The New Journalism with an Anthology*, edited by Tom Wolfe and E. W. Johnson, New York: Harper & Row Publishers Inc.
Wolleat, Patricia L. (1971), "An investigation of changes in interviewing effectiveness of student. Counselors associated with enrollment in a combined didactic-experimental-practical core course", Ph. D. dissertation, Dept. of Education, University of Minnesota.
Zinsser, William(1990), *On Writing Well*, Harper Perennial.

찾아보기

· 용 어 ·

ㄱㄴ

ㄷㄹ

ㅁㅂ

ㅅㅇ

ㅈㅊ

ㅌㅍㅎ

· 인 물 ·

ㅈ ㅊ

ㅋㅌㅍㅎ